CBAC

Astudiaethau Crefyddol U2

Athroniaeth Crefydd

Peter Cole a Karl Lawson

Golygwyd gan Richard Gray

Illuminate Publishing

CBAC Astudiaethau Crefyddol U2: Athroniaeth Crefydd

Addasiad Cymraeg o *WJEC/Eduqas Religious Studies for A Level Year 2 & A2: Philosophy of Religion* a gyhoeddwyd yn 2018 gan Illuminate Publishing Ltd, P.O. Box 1160, Cheltenham, Swydd Gaerloyw GL50 9RW.

Archebion: Ewch i www.illuminatepublishing.com neu anfonwch e-bost at sales@illuminatepublishing.com

Ariennir yn Rhannol gan **Lywodraeth Cymru**
Part Funded by **Welsh Government**

Cyhoeddwyd dan nawdd Cynllun Adnoddau Addysgu a Dysgu CBAC

© Peter Cole, Karl Lawson (Yr argraffiad Saesneg)

Mae'r awduron wedi datgan eu hawliau moesol i gael eu cydnabod yn awduron y gyfrol hon.

© CBAC 2018 (Yr argraffiad Cymraeg hwn)

Cedwir pob hawl. Ni cheir ailargraffu, atgynhyrchu na defnyddio unrhyw ran o'r llyfr hwn ar unrhyw ffurf nac mewn unrhyw fodd electronig, mecanyddol neu arall, sy'n hysbys heddiw neu a ddyfeisir wedi hyn, gan gynnwys llungopïo a recordio, nac mewn unrhyw system storio ac adalw gwybodaeth, heb ganiatâd ysgrifenedig gan y cyhoeddwyr.

Data Catalogio Cyhoeddiadau y Llyfrgell Brydeinig

Mae cofnod catalog ar gyfer y llyfr hwn ar gael gan y Llyfrgell Brydeinig.

ISBN 978-1-911208-76-1

Argraffwyd gan: Severn, Caerloyw

08.18

Polisi'r cyhoeddwr yw defnyddio papurau sy'n gynhyrchion naturiol, adnewyddadwy ac ailgylchadwy o goed a dyfwyd mewn coedwigoedd cynaliadwy. Disgwylir i'r prosesau torri coed a gweithgynhyrchu gydymffurfio â rheoliadau amgylcheddol y wlad y mae'r cynnyrch yn tarddu ohoni.

Gwnaed pob ymdrech i gysylltu â deiliaid hawlfraint y deunydd a atgynhyrchwyd yn y llyfr hwn. Os cânt eu hysbysu, bydd y cyhoeddwyr yn falch o gywiro unrhyw wallau neu hepgoriadau ar y cyfle cyntaf.

Mae'r deunydd hwn wedi'i gymeradwyo gan CBAC, ac mae'n cynnig cefnogaeth o ansawdd uchel ar gyfer cymwysterau CBAC. Er bod y deunydd wedi bod trwy broses sicrhau ansawdd CBAC, mae'r cyhoeddwr yn dal yn llwyr gyfrifol am y cynnwys.

Atgynhyrchir cwestiynau arholiad CBAC drwy ganiatâd CBAC.

Gosodiad y llyfr Cymraeg: Neil Sutton, Cambridge Design Consultants

Dyluniad a gosodiad gwreiddiol: EMC Design Ltd, Bedford

Cydnabyddiaeth

Delwedd y Clawr: © Mellimage/Shutterstock

Delweddau:

Darluniau: Daniel Limon/Beehive Illustration

Cydnabyddiaeth ffotograffau: t. 1 ©Mellimage / Shutterstock; t. 6 (chwith) Ar gael i'r cyhoedd; t. 7 Jasminko Ibrakovic; t. 8 (brig) Bjanka Kadic / Alamy Stock Photo; t. 8 (gwaelod) Everett Historical; t. 9 Ar gael i'r cyhoedd; t. 11 Mike Peel – Creative Commons; t. 13 Ar gael i'r cyhoedd; t. 18 (brig) Bilha Golan; t. 18 (gwaelod) Ar gael i'r cyhoedd; t. 20 Ar gael i'r cyhoedd; t. 21 (brig) JustAnotherPhotographer; t. 21 (gwaelod) lassedesignen; t. 22 (canol) ArtOfPhotos; t. 22 (gwaelod) Creative Commons; t. 25 SUMITH NUNKHAM; t. 28 Dmytro Zinkevych; t. 33 (brig) Nice_Media; t. 33 (gwaelod) Creative Commons; t. 34 (brig) Creative Commons; t. 34 (gwaelod) Dan Etherington – Creative Commons; t. 35 Ar gael i'r cyhoedd; t. 37 (brig) Anthony Correla; t. 37 (gwaelod, chwith) Christopher Michel – Creative Commons; t. 37 (gwaelod, ail chwith) David Shankbone – Creative Commons; t. 37 (gwaelod, 3ydd chwith) Dmitry Rozhkov – Creative Commons; t. 37 (gwaelod, de) Fri Tanke – Creative Commons; t. 38 The Print Collector / Alamy Stock Photo; t. 39 Ar gael i'r cyhoedd; t. 46 Llun gan Terry Smith / The LIFE Images Collection / Getty Images; t. 48 (brig) Google Art Project / Creative Commons; t. 48 (canol) Creative Commons; t. 48 (gwaelod) Art Directors & TRIP / Alamy Stock Photo; t. 49 World Religions Photo Library / Alamy Stock Photo; t. 51 Creative Commons; t. 53 (gwaelod) Tinxi / Shutterstock.com; t. 61 Renata Sedmakova / Shutterstock.com; t. 62 (chwith) David Hume gan Allan Ramsay, 1766_Ar gael i'r cyhoedd; t. 62 (de) Ar gael i'r cyhoedd; t. 64 David Grossman / Alamy Stock Photo; t. 65 Gino Santa Maria; t. 66 incamerastock / Alamy Stock Photo; t. 73 Heartland Arts; t. 75 Elena_Titova; t. 76 (brig chwith) Ar gael i'r cyhoedd; t. 76 (gwaelod, chwith) Creative Commons; t. 76 (de) Evening Standard; t. 77 Creative commons; t. 84 Ellagrin; t. 85 I. R. Stone; t. 86 pixelparticle; t. 87 Igor Kisselev; t. 88 (chwith) Skylines; t. 88 (de) Jin Flogel; t. 90 Nasir Khan; t. 91 Amplion; t. 92 Crystal Eye Studio; t. 94 Tupungato; t. 93 ra2studio; t. 95 (chwith) Iqconcept; t. 95 (de) JUAWA; t. 96 A. G. S. Andrew; t. 97 Jan Krcmar; t. 98 Victorpr; t. 99 Rasica; t. 100 Komlev; t. 102 Filipe Frazao; t. 103 Emi; t. 104 Jannarong; t. 105 Pressmaster; t. 106 David Acosta Allely; t. 107 Roman Yanushevsky / Shutterstock.com; t. 108 Ian Dagnall / Alamy Stock Photo; t. 109 (chwith) Yurchyks; t. 109 (canol) Adwo; t. 109 (de) Niphon Subsri; t. 109 (gwaelod) A. G. S. Andrew; t. 110 Mopic; t. 110 (chwith) Angelal-ouwe; t. 110 (de) agenturfotogra_ n; t. 111 margouillaat photo; t. 112 (chwith) Yury Bobryk; t. 112 (de) Keystone Pictures USA / Alamy Stock Photo; t. 113 kraftwerk; t. 114 Sasikumar3g; t. 115 SimpleB; t. 116 artmig; t. 117 Dmitry Guzhanin; t. 118 intueri; t. 119 (chwith) PRABHAS ROY; t. 119 (canol) david156; t. 119 (de) Horizonman; t. 120 Adrian Niederhaeuser; t. 121 EtiAmmos; t. 122 Digital Storm; t. 123 Tnymand; t. 124 MicroOne; t. 125 (brig) 1ZiMa; t. 125 (gwaelod) DVARG; t. 126 (brig) Mikalai Steshyts; t. 126 (gwaelod) Gougnaf; t. 127 (brig) B; t. 127 (canol) James Steidl; t. 127 (gwaelod) LittleElephant; t. 128 LeshaBu; t. 129 lukpedclub; t. 130 Kheng Guan Toh; t. 131 woaiss; t. 132 Terri Butler Photography; t. 135 (brig) EtiAmmos; t. 135 (gwaelod) bleakstar; t. 136 Satina; t. 137 (brig) Y Beibl Cymraeg Newydd © Cymdeithas y Beibl 1988, 2004, 2014. Wedi'i ddefnyddio gyda chaniatâd, cedwir pob hawl; t. 138 (gwaelod) Stava Gerj; t. 138 Elenarts; t. 139 (brig, chwith) Deyan G. Georgiev / Shutterstock.com; t. 139 (brig, canol) Callahan; t. 139 (brig, de) Marcin Roszkowski; t. 139 (gwaelod) Vladimir Zadvinskii; t. 140 (brig) stockillustration; t. 140 (gwaelod) spectrumblue; t. 143 latesmile; t. 144 ibreakstock; t. 145 iQoncept; t. 146 Scanrail1; t. 148 Granger Historical Picture Archive / Alamy Stock Photo; t. 149 V_ctoria; t. 150 kkuroksta; t. 151 Hare Krishna; t. 153 (gwaelod) FrameAngel; t. 153 (brig) Geiriadur Cymraeg Gomer; t. 154 eenevski; t. 155 (brig) Anna Grigorjeva; t. 155 (gwaelod) samui; t. 156 Axel Bueckert; t. 157 Lance Bellers; t. 158 Rashad Ashurov

Cynnwys

Ynglŷn â'r llyfr hwn	**4**
Thema 1 : Heriau i gred grefyddol –	
Cred grefyddol fel cynnyrch y meddwl dynol	**6**
A: Cred grefyddol fel cynnyrch y meddwl dynol: Sigmund Freud	6
B: Cred grefyddol fel cynnyrch y meddwl dynol: Carl Jung	20
C: Materion yn ymwneud â gwrthod crefydd: Atheïstiaeth	33
Thema 2 : Profiad crefyddol	**46**
A: Dylanwad profiad crefyddol ar arferion crefyddol a ffydd	46
B: Diffiniadau gwahanol o wyrthiau	61
C: Safbwyntiau cyferbyniol ar bosibilrwydd bodolaeth gwyrthiau: David Hume a Richard Swinburne	73
Thema 3 : Iaith grefyddol	**84**
A: Problemau cynhenid iaith grefyddol	84
B: Iaith grefyddol yn wybyddol ond yn ddiystyr	94
C: Iaith grefyddol yn anwybyddol a chydweddiadol	108
Thema 4 : Iaith grefyddol	**120**
A: Iaith grefyddol yn anwybyddol ac yn symbolaidd	120
B: Iaith grefyddol yn anwybyddol ac yn fytholegol	134
C: Iaith grefyddol fel gêm ieithyddol	148
Cwestiynau ac Atebion	**160**
Atebion i'r cwestiynau cyflym	**168**
Geirfa	**170**
Mynegai	**173**

Ynglŷn â'r llyfr hwn

Yn y Safon Uwch newydd mewn Astudiaethau Crefyddol, mae llawer o waith i'w drafod a'i wneud i baratoi ar gyfer yr arholiadau ar ddiwedd y Safon Uwch. Nod y llyfrau hyn yw rhoi cefnogaeth i chi a fydd yn arwain at lwyddiant, gan adeiladu ar lwyddiant y gyfres UG.

Unwaith eto, mae'r gyfres lyfrau U2 yn canolbwyntio ar sgiliau wrth ddysgu. Mae hyn yn golygu mai'r bwriad yw parhau i drafod cynnwys y fanyleb a pharatoi ar gyfer yr arholiadau. Mewn geiriau eraill, y nod yw eich helpu i weithio drwy ail ran y cwrs, gan ddatblygu rhai sgiliau uwch pwysig sydd eu hangen ar gyfer yr arholiadau ar yr un pryd.

Er mwyn eich helpu i astudio, mae adrannau sydd wedi'u diffinio'n glir ar gyfer meysydd AA1 ac AA2 y fanyleb. Mae'r rhain wedi eu trefnu yn ôl themâu'r fanyleb ac maen nhw'n defnyddio penawdau'r fanyleb, pan fydd hynny'n bosibl, er mwyn eich helpu i weld bod y cynnwys wedi'i drafod ar gyfer Safon Uwch.

Mae'r cynnwys AA1 yn fanwl iawn ac yn benodol, gan roi cyfeiriadau defnyddiol at weithiau crefyddol/athronyddol a barn ysgolheigion. Mae'r cynnwys AA2 yn ymateb i'r materion sy'n cael eu codi yn y fanyleb ac yn cynnig syniadau i chi ar gyfer trafodaeth bellach, i'ch helpu i ddatblygu eich sgiliau dadansoddi beirniadol a gwerthuso eich hun.

Sut i ddefnyddio'r llyfr hwn

Wrth ystyried ffyrdd gwahanol o addysgu a dysgu, penderfynwyd bod angen hyblygrwydd yn y llyfrau er mwyn eu haddasu at bwrpasau gwahanol. O ganlyniad, mae'n bosibl eu defnyddio ar gyfer dysgu yn yr ystafell ddosbarth, gwaith annibynnol unigol, gwaith cartref, a 'dysgu fflip' hyd yn oed (os yw eich ysgol neu eich coleg yn defnyddio'r dull hwn).

Fel y byddwch yn gwybod, mae amser dysgu yn werthfawr iawn adeg Safon Uwch. Rydyn ni wedi ystyried hyn drwy greu nodweddion a gweithgareddau hyblyg, er mwyn arbed amser ymchwilio a pharatoi manwl i athrawon a dysgwyr fel ei gilydd.

Nodweddion y llyfrau

Mae pob un o'r llyfrau'n cynnwys y nodweddion canlynol sy'n ymddangos ar ymyl y tudalennau, neu sydd wedi'u hamlygu yn y prif destun, er mwyn cefnogi'r dysgu a'r addysgu.

Termau allweddol – yn esbonio geiriau neu ymadroddion technegol, crefyddol ac athronyddol

> **Termau allweddol**
> **Seice:** strwythur meddyliol neu seicolegol unigolyn

Cwestiynau cyflym – cwestiynau syml, uniongyrchol i helpu i gadarnhau ffeithiau allweddol am yr hyn sy'n cael ei ystyried wrth ddarllen drwy'r wybodaeth

> **cwestiwn cyflym**
> 1.1 I ba dair rhan roedd Freud yn credu bod y seice wedi'i rannu?

Dyfyniadau allweddol – dyfyniadau o weithiau crefyddol ac athronyddol a/neu weithiau ysgolheigion

> **Dyfyniad allweddol**
> ...mae seremoni gwledd y totem yn dal i oroesi, gyda dim ond ychydig o ystumio, ar ffurf y Cymun. (Freud)

Awgrymiadau astudio – cyngor ar sut i astudio, paratoi ar gyfer yr arholiad ac ateb cwestiynau

Awgrym astudio
Wrth i chi weithio drwy'r cwrs peidiwch ag anghofio y gallwch ddod â thystiolaeth arall o feysydd eraill i'ch helpu â'ch sgiliau gwerthuso. Mae Jung bob amser yn ffynhonnell dda i'w defnyddio wrth werthuso Freud.

Gweithgareddau AA1 – pwrpas y rhain yw canolbwyntio ar adnabod, cyflwyno ac esbonio, a datblygu'r wybodaeth a'r ddealltwriaeth sydd eu hangen ar gyfer yr arholiad

Gweithgaredd AA1
Ceisiwch ddod o hyd i dystiolaeth gefnogol a/neu enghreifftiau o'r grefydd rydych wedi ei hastudio ar gyfer y canlynol:
- Crefydd fel rhith
- Crefydd fel niwrosis cyffredinol

Gweithgareddau AA2 – pwrpas y rhain yw canolbwyntio ar gasgliadau, fel sail ar gyfer meddwl am y materion, gan ddatblygu'r sgiliau gwerthuso sydd eu hangen ar gyfer yr arholiad

Gweithgaredd AA2
Wrth i chi ddarllen drwy'r adran hon ceisiwch wneud y pethau canlynol:
1. Dewiswch y gwahanol ddadleuon sy'n cael eu cyflwyno yn y testun a nodwch unrhyw dystiolaeth gefnogol a roddir.

Geirfa o'r holl dermau allweddol er mwyn cyfeirio atyn nhw'n gyflym.

Nodwedd benodol: Datblygu sgiliau
Mae'r adran hon yn canolbwyntio'n fawr ar 'beth i'w wneud' â'r cynnwys a'r materion sy'n cael eu codi. Maen nhw i'w gweld ar ddiwedd pob adran, gan roi 12 gweithgaredd AA1 a 12 gweithgaredd AA2 gyda'r nod o ddatblygu sgiliau penodol sydd eu hangen ar gyfer astudiaeth uwch ar lefel U2.

Mae'r adrannau Datblygu sgiliau ar gyfer U2 wedi'u trefnu fel bod pob Thema yn canolbwyntio ar elfen benodol a fydd yn cael ei datblygu a'i pherffeithio'n raddol drwy gydol y Thema honno.

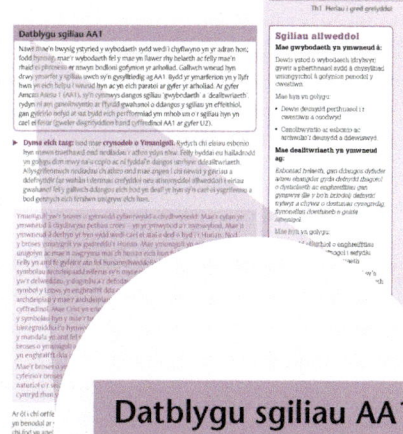

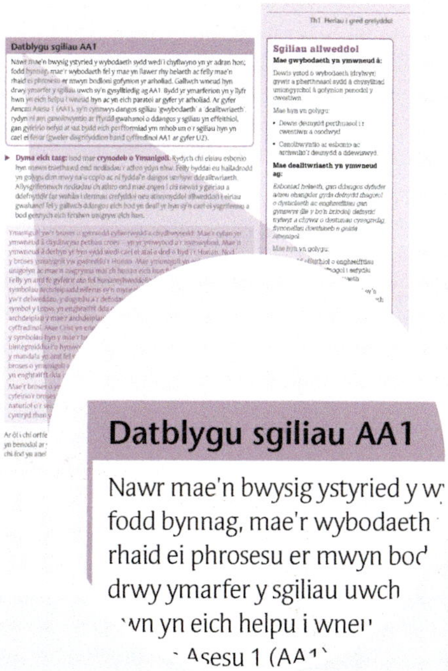

Atebion a sylwadau AA1 ac AA2
Yn yr adran olaf mae detholiad o atebion a sylwadau yn fframwaith ar gyfer barnu beth yw ymateb effeithiol ac aneffeithiol. Mae'r sylwadau yn tynnu sylw at rai camgymeriadau cyffredin a hefyd at enghreifftiau o arfer da fel bod pawb sy'n ymwneud ag addysgu a dysgu yn gallu ystyried sut mae mynd i'r afael ag atebion arholiad.

Richard Gray
Golygydd y Gyfres
2017

Th1 Heriau i gred grefyddol

Mae'r adran hon yn cwmpasu cynnwys a sgiliau AA1

Cynnwys y fanyleb
Crefydd fel niwrosis cyffredinol.

Termau allweddol

Ego: y rhan o'r seice sy'n byw yn bennaf yn yr ymwybod ac sy'n realiti gyfeiriedig. Mae'n cyfryngu rhwng dyheadau'r id a'r uwch-ego

Id: y rhan o'r seice sy'n byw yn yr anymwybod ac sy'n gysylltiedig ag anghenion a dyheadau sylfaenol

Seicdreiddiad: dull o astudio'r meddwl a thrin anhwylderau meddyliol ac emosiynol yn seiliedig ar ddatgelu ac ymchwilio i rôl y meddwl anymwybodol

Seice: strwythur meddyliol neu seicolegol unigolyn

Seicoleg: yr astudiaeth o'r meddwl ac ymddygiad

Uwch-ego: rhan o'r meddwl anymwybodol

Cwestiwn cyflym

1.1 I ba dair rhan roedd Freud yn credu bod y seice wedi'i rannu?

A: Cred grefyddol fel cynnyrch y meddwl dynol: Sigmund Freud

Cyflwyniad

Un ffordd o ddatrys gwrthdaro rhwng crefydd a'r gwyddorau ffisegol yw dadlau bod y gwyddorau yn ymwneud â'r byd ffisegol ond mae crefydd yn ymwneud â'r byd mewnol. Fodd bynnag, y byd mewnol yw ffocws **seicoleg** ac mae'n ceisio ei chyflwyno ei hun fel un o'r gwyddorau. Mae seicoleg yn archwilio personoliaeth a phrofiadau dynol. Mae'n ceisio darganfod deddfau am ymddygiad dynol a dod o hyd i resymau pam mae unigolion yn dal credoau arbennig. Mae syniadau oedd yn perthyn o'r blaen i faes arbennig crefydd felly yn cael eu herio. Mae'n ymddangos y gall ymddygiad, profiadau a chredoau dynol gael eu hesbonio heb droi at y syniad o Dduw.

Crefydd fel niwrosis cyffredinol

Un o'r seicolegwyr mwyaf dylanwadol yn yr 20fed ganrif oedd Sigmund Freud. Cafodd ei eni yn 1856 i rieni Iddewig ac astudiodd feddygaeth. Freud oedd sylfaenydd **seicdreiddiad** ac erbyn 1902 Athro Cyswllt mewn Niwropatholeg ym Mhrifysgol Vienna ydoedd – swydd y bu ynddi tan 1938. Yn ystod ei fywyd datblygodd ef ei syniadau am y **seice** (personoliaeth). Credai fod y seice wedi'i rannu yn **id**, **ego** ac **uwch-ego**, y mae pob un ohonynt yn datblygu ar gyfnodau gwahanol mewn bywyd. Yn ôl Freud, yr id yw'r rhan gyntefig a byrbwyll o'n seice sy'n ymateb i'n greddfau. Yr uwch-ego yw'r rhan foesol o bersonoliaeth sy'n cynnwys y gydwybod a'r ego-delfrydol. Yr ego yw'r rhan o'r bersonoliaeth sy'n gwneud penderfyniadau. Yr ego yw'r hunan ymwybodol sy'n cael ei greu drwy'r tensiynau a'r rhyngweithiau dynamig rhwng yr id a'r uwch-ego. Mae ganddo'r dasg o gysoni eu galwadau croes i'w gilydd â gofynion realiti allanol. Mae'r ego yn profi gwrthdrawiadau moesol ac roedd Freud yn credu eu bod yn cael eu hadlewyrchu mewn breuddwydion a symptomau niwrotig.

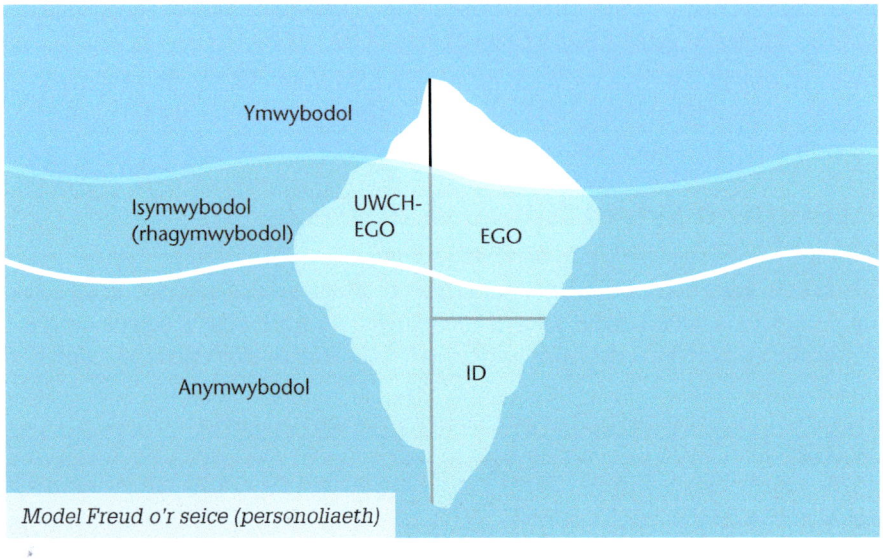

Freud

Model Freud o'r seice (personoliaeth)

Th1 Heriau i gred grefyddol

Ceisiai Freud ddeall crefydd ac ysbrydolrwydd, ac yn 1907 cyflwynodd bapur i Gymdeithas Seicdreiddiol Vienna o'r enw 'Gweithredoedd Obsesiynol ac Arferion Crefyddol'. Nododd fod pobl sy'n dioddef o **niwrosis obsesiynol**, sy'n golygu ailadrodd pethau dro ar ôl tro, yn dangos yr un patrymau ymddygiad â phobl grefyddol sy'n teimlo'n anniddig os ydynt yn esgeuluso gweithredoedd ailadroddus fel dweud y rosari. Mae'r ddau fath o bobl yn ofalus iawn hefyd am fanylion y ffordd y mae'n rhaid i'r gweithredoedd gael eu gwneud.

Sylwodd Freud hefyd fod o leiaf un gwahaniaeth arwyddocaol. Roedd e'n credu nad oedd pobl oedd yn dioddef o niwrosis obsesiynol yn deall ystyr eu gweithredoedd, ond bod pobl grefyddol yn deall ystyr eu harferion. Dadleuodd Freud ei fod ef, drwy gyfrwng seicdreiddiad, wedi darganfod bod ystyr i'r niwrosis obsesiynol. Roedd wedi'i achosi gan gymhellion anymwybodol oedd yn deillio o ddigwyddiadau blaenorol ym mywyd personol y claf, ac roedd yr **ysgogiadau greddfol** ataliedig hyn (fel yr ysfa rywiol) yn arwain at deimlad o euogrwydd. Cafodd y gweithredoedd ailadroddus a welodd Freud eu dehongli fel mesur gwarchodol anymwybodol yn erbyn y temtasiwn i ildio i'r ysgogiadau greddfol hyn. Gwelodd hefyd fod defodau crefyddol yn cael eu hysgogi yn yr un ffordd. Roedd ysgogiadau greddfol y person crefyddol yn cynnwys ysgogiadau fel hunan-geisio (*self-seeking*), oedd yn arwain at deimlad o euogrwydd yn dilyn temtasiwn parhaus. Fel yn y niwrosis obsesiynol y ceir dadleoli o'r peth pwysig go iawn i wrthrych arall (e.e. o'r gŵr, i gadair), felly hefyd mewn crefydd y ceir dadleoli (e.e. o wneud rhywbeth nad yw Duw yn ei gymeradwyo, i'r ddefod grefyddol o weddi/cyffes). Yn raddol, y defodau crefyddol fydd y peth hanfodol. Felly cafwyd disgrifiad Freud o 'grefydd fel niwrosis obsesiynol hollgyffredinol'. Mae'r cymelliadau niwrotig a'r defodau crefyddol yn cael eu gweld ym mhob man ac felly mae'n cael ei alw'n **niwrosis cyffredinol**.

Cwestiwn cyflym

1.2 Pa debygrwydd oedd Freud yn ei weld rhwng person crefyddol a pherson oedd yn dioddef gan niwrosis obsesiynol?

Cwestiwn cyflym

1.3 Pa wahaniaeth wnaeth Freud ei ganfod rhwng person crefyddol a pherson oedd yn dioddef gan niwrosis obsesiynol?

Termau allweddol

Niwrosis cyffredinol: afiechyd niwrotig sy'n effeithio ar bawb

Niwrosis obsesiynol: weithiau'n cael ei alw'n niwrosis cymhellol, obsesiynau na ellir eu rheoli a all greu defodau dyddiol penodol

Ysgogiadau greddfol: greddf sydd yn yr anymwybod ond yn weithredol yn y seice

Dyfyniad allweddol

Gellir mentro ystyried niwrosis obsesiynol fel ffurfiant patholegol o grefydd, a disgrifio'r niwrosis hwnnw fel crefyddusrwydd unigol a chrefydd fel niwrosis obsesiynol hollgyffredinol. **(Freud)**

Golchi dwylo yn obsesiynol a'r ddefod grefyddol o olchi

Crefydd fel niwrosis: y llu gwreiddiol

Casgliad Freud oedd mai ffurf ar niwrosis oedd crefydd ei hun, wedi'i achosi gan drawma yn ddwfn yn y seice. Yn 1913 ysgrifennodd Freud *Totem and Taboo* lle ceisiodd esbonio tarddiad y trawmâu hyn. Seiliodd ei ddamcaniaeth ar dybiaeth Charles Darwin bod bodau dynol wedi byw yn wreiddiol mewn grwpiau neu 'lluoedd' bach. Yna tybiodd Freud fod y llu, dros nifer o genedlaethau, wedi cael ei reoli gan wrywod trechol sengl oedd wedi cipio'r menywod iddyn nhw'u hunain ac wedi gyrru ymaith neu ladd pob cystadleuydd, yn cynnwys eu meibion. Cydnabu fod yr **alffa-wryw** hwn wedi'i amgylchynu gan harîm o fenywod yn debyg i drefniant grwpiau o gorilas yn eu cynefin naturiol lle mae un gorila mawr yn drechol (*dominant*). Unwaith, dychwelodd criw o frodyr cynhanesyddol oedd wedi cael eu taflu allan o'r grŵp alffa-wyryw i ladd eu tad, yr oedden nhw'n ei ofni ac yn ei barchu. Gwnaeth hyn eu galluogi i fod yn drechol dros y llu ac ennill menywod i'w hunain.

Fodd bynnag, ar ôl y digwyddiad, roedd y gwrywod ifanc yn teimlo'n euog oherwydd roedden nhw wedi caru ac wedi ofni'r tad. Ymhellach, gyda marwolaeth eu tad roedden nhw wedi dod yn gystadleuwyr i'w gilydd o ran meddiannu'r menywod. Wedi'u llethu gan euogrwydd ac yn wynebu gweld dymchwel eu trefn gymdeithasol, ffurfiodd y brodyr lwyth a gwnaeth **totem** gymryd lle'r tad, a thrwy hynny unodd y llwyth.

Roedd gan Freud ddiddordeb mewn anthropoleg gymdeithasol ac yn ei lyfr mae'n archwilio system **totemiaeth** ymhlith Cynfrodorion Awstralia. Sylwodd fod totem (anifail fel arfer) gan bob llwyth ac nid oedd hawl gan bobl i briodi'r rheini oedd â'r un totem â nhw. Deallai Freud hyn fel ffordd o atal llosgach. Roedd cysyniad y totem yn dylanwadu ar y llwythau i ddilyn normau ymddygiad penodol, a byddai peidio â'u dilyn yn waharddedig (tabŵ). Yn ôl Freud, 'Roedd aelodau'r totem wedi'u gwahardd rhag bwyta cnawd anifail y totem, neu yn cael gwneud hynny dan amodau penodol yn unig. Gwrth-ffenomen bwysig i hyn, nid yn gwbl anghyson chwaith, yw'r ffaith bod bwyta cnawd y totem, ar rai achlysuron, yn ffurfio rhyw fath o seremoni …'

Gwelodd Freud gydberthyniad rhwng totemiaeth a damcaniaeth llu gwreiddiol Darwin. Roedd ei seicdreiddiad o seremoni'r totem yn datgelu bod anifail y totem mewn gwirionedd yn rhywbeth oedd yn cymryd lle'r tad oedd yn cael ei garu a'i ofni. Dros amser magodd y syniad o'r tad a laddwyd naws ddwyfol. Dechreuwyd addoli'r totem ac yn y pen draw dyma oedd y duw. Cafwyd coffâd blynyddol gyda lladd defodol a bwyta anifail y totem. Mae bwyta ac yfed yn symbolau o frawdoliaeth a chyd-rwymedigaeth. Dadleuodd Freud fod y mewnwelediad hwn drwy seicdreiddiad yn esbonio'r teimlad etifeddol o euogrwydd sydd gennym i gyd. Mae'n deillio o atgof, sydd wedi parhau dros filoedd o flynyddoedd, o fod wedi lladd y tad neu wedi meddwl gwneud y fath beth.

I Freud, roedd hyn yn esbonio defod Gristnogol y Cymun Bendigaid gan fod Crist bellach yn cymryd lle'r tad fel canol defosiwn crefyddol drwy ei gynnig o **Yr Iawn**. Yn lle'r pryd o fwyd totemig cynharach ceir Cymun Bendigaid sy'n uniaethu â'r mab yn hytrach na thotem.

Cynnwys y fanyleb
Crefydd fel niwrosis: y llu gwreiddiol.

Totem Cynfrodorion Awstralia

Charles Darwin (1809–1882)

cwestiwn cyflym

1.4 Beth yw ystyr 'totem'?

Dyfyniad allweddol

…mae seremoni gwledd y totem yn dal i oroesi, gyda dim ond ychydig o ystumio, ar ffurf y Cymun. **(Freud)**

Termau allweddol

Alffa-wryw: y gwryw trechol mewn cymuned neu grŵp

Yr Iawn: gwneud yn iawn am ddrygioni; cymodi bodau dynol â Duw drwy fywyd, dioddefaint a marwolaeth aberthol Crist

Totem: rhywbeth (fel anifail neu blanhigyn) sy'n symbol i'r teulu neu'r llwyth

Totemiaeth: system gred lle dywedir bod gan fodau dynol ryw berthynas gyfriniol â bod ysbrydol, fel anifail neu blanhigyn

Crefydd fel niwrosis: y cymhleth Oedipws

Mae llawer o bobl heb gael eu hargyhoeddi gan esboniad Freud o'r llu gwreiddiol fel hanes tarddiad y cysylltiad mewn bodau dynol rhwng cymhleth y tad a chred yn Nuw. Y prif reswm yw bod y sail dystiolaeth yn cael ei hamau. Fodd bynnag, mae ei ddamcaniaeth am y **cymhleth Oedipws** wedi cael ymatebion mwy cadarnhaol fel hanes tarddiad cymhleth y tad hwn a'r gred mewn Duw yn yr unigolyn.

Credai Freud fod euogrwydd yn chwarae rhan sylfaenol yn y seice a'i fod yn gweithredu'n ddiarwybod. Roedd yn credu mai'r ysfa rywiol (libido) oedd y reddf fwyaf sylfaenol a'r un â'r gallu mwyaf i achosi problemau seicolegol mawr. Mae Freud yn ystyried y libido nid yn unig fel yr awydd i gael rhyw ond hefyd mae'n cynrychioli awydd y corff am foddhad sy'n tarddu yn yr id. Yn ei hanes am y llu gwreiddiol, sylweddolodd Freud fod grym chwerwder y meibion at y tad yn deillio o'r ffaith bod y tad yn rhwystro eu chwantau rhywiol rhag cael eu bodloni. Credai Freud fod y rhwystredigaeth rywiol hon, y gwrthdaro â'r tad a'r teimladau o euogrwydd wedi'u cuddio'n ddwfn yn yr anymwybod ond ei bod yn bosibl eu canfod yn natblygiad seicorywiol plentyn rhwng 3 a 6 oed. Cyfeiriodd at y cyfnod hwn fel y cymhleth Oedipws. Dyma'r cyfnod pan fydd plentyn yn dechrau dod yn rhywiol a'i adnabod ei hun fel bod rhywiol. Mae plentyn yn datblygu hunaniaeth rywiol bendant ac yn dechrau adnabod y gwahaniaethau corfforol a chymdeithasol rhwng dynion a menywod. Mae hyn yn newid y ddynameg rhwng y plentyn a'i rieni.

Bathwyd y term 'cymhleth Oedipws' ar ôl y cymeriad yn nhrasiedi Roegaidd Sophocles *Oedipus Rex*. Yn y ddrama mae Oedipws yn lladd ei dad yn ddiarwybod ac yn cyflawni llosgach gyda'i fam. Ar ôl iddo sylweddoli hyn, mae'n tynnu ei lygaid ei hun allan yn ei anobaith. Teimlai Freud fod poblogrwydd y ddrama drwy'r oesoedd yn deillio o fodolaeth y cymhleth Oedipws gwaelodol mewn oedolion – pryder diarwybod y mae'r rhan fwyaf o oedolion wedi ei brofi. Cafodd y pryder diarwybod hwn ei egluro ganddo o dystiolaeth ei gleifion.

Barn Freud oedd bod gan fechgyn 3–6 oed ryw fath o garwriaeth â'u mamau. Felly yn y cyfnod hwn o blentyndod mae'r mab yn gweld ei dad fel cystadleuydd am gariad ei fam, am ei sylw a'i serch hi, ac fe hoffai gymryd lle ei dad ond mae'n ofni hefyd beth allai ddigwydd wedyn.

O ganlyniad, gall plentyn yr oed hwnnw brofi pryder anymwybodol, hyd yn oed cymhleth ysbaddu, gan ofni colli ei organau rhywiol. Awgrymodd Freud dri rheswm i esbonio'r ofn hwn:

- Wrth gael ei ddiddyfnu, mae'r bachgen eisoes wedi cael ei amddifadu o fron ei fam yr oedd e'n credu ei bod yn rhan ohono.
- Pan oedd ei rieni wedi ei ddarganfod yn archwilio ei bidyn ac yn ymddangos wedi'u cynhyrfu gan hyn roedd wedi teimlo'r bygythiad o golli ei bidyn.
- Byddai wedi darganfod nad oes pidyn gan rai pobl ac mae'n dehongli hyn fel canlyniad i gosb, heb sylweddoli mai menywod ydyn nhw.

Os yw'r cymhleth Oedipws yn aros heb ei ddatrys ac yn cael ei atal yna'r canlyniad fydd ymddygiad niwrotig. Felly roedd Freud yn cysylltu'r cymhleth Oedipws â mynegi ymddygiad niwrotig. Roedd wedi dadlau'n barod mai dim ond mynegi ymddygiad niwrotig oedd credoau ac arferion crefydd.

Fel y gwelir, mae damcaniaeth y llu gwreiddiol a damcaniaeth cymhleth Oedipws yn rhannu nodweddion yr awydd i gael gwared ar y tad a'r dymuniad i fod yn berchen ar y fam. Credai Freud fod y ddau yn esboniadau posibl am yr euogrwydd a'r poen meddwl sy'n aml yn cael eu hatal a'u cuddio ac sydd yn y pen draw yn arwain at symptomau niwrotig sy'n cael eu mynegi drwy gred ac arfer crefyddol.

Th1 Heriau i gred grefyddol

Cynnwys y fanyleb
Crefydd fel niwrosis: y cymhleth Oedipws.

Cwestiwn cyflym

1.5 Ar ôl pwy cafodd y 'cymhleth Oedipws' ei enwi?

Term allweddol

Cymhleth Oedipws: y ddamcaniaeth bod bechgyn ifanc yn cael eu denu'n rhywiol at eu mamau ond yn dal dig wrth eu tadau. Mae'r teimladau'n cael eu hatal gan fod arnyn nhw ofn y tad. Mae Oedipws yn cyfeirio at gymeriad mewn chwedl Roegaidd a laddodd ei dad yn ddiarwybod a phriodi ei fam ei hun.

Dyfyniadau allweddol

Tynged pob un ohonom, efallai, yw cyfeirio ein hysfa rywiol gyntaf at ein mam a'n casineb a'n dymuniad cyntaf i ladd yn erbyn ein tad. Mae ein breuddwydion yn ein hargyhoeddi mai felly y mae.
(Freud)

Rydyn ni'n sylweddoli mai yng nghymhleth y rhieni y mae gwreiddiau'r angen am grefydd.
(Freud)

Yr Oedipws Dall yn Cyflwyno ei Blant i'r Duwiau *Bénigne Gagneraux*, (1784)

CBAC Astudiaethau Crefyddol U2 Athroniaeth Crefydd

> **Cynnwys y fanyleb**
> Crefydd fel rhith: cyflawni dymuniadau.

Dyfyniadau allweddol

Anthropoleg yw diwinyddiaeth. (Feuerbach)

Breuddwyd y meddwl dynol yw crefydd … (Feuerbach)

> **Cynnwys y fanyleb**
> Crefydd fel rhith: ymateb yn erbyn diymadferthedd.

Dyfyniadau allweddol

Ymgais oedd crefydd i gael rheolaeth dros fyd y synhwyrau, lle y'n gosodwyd, drwy gyfrwng byd y dymuniadau, byd rydyn ni wedi ei ddatblygu y tu mewn i ni o ganlyniad i angenrheidiau biolegol a seicolegol. (Freud)

Dim ond rhith yw crefydd sy'n deillio o ddymuniadau dynol. (Freud)

cwestiwn cyflym

1.6 Pa agweddau o ddiymadferthedd gafodd eu nodi gan Freud oedd yn esbonio syniadau crefyddol?

Crefydd fel rhith: cyflawni dymuniadau

Yn *The Future of an Illusion* (1927), amlinellodd Freud ei syniad o grefydd fel 'rhith' yn seiliedig ar gyflawni dymuniadau o chwantau a dyheadau agwedd ego-delfrydol yr uwch-ego. Dylanwadwyd yn gryf ar syniadau Freud gan yr athronydd Ludwig Feuerbach, oedd yn gweld Duw fel 'ymestyniad' o'r meddwl dynol yn seiliedig ar chwantau a dyheadau dynol.

Cynigiodd Freud fod tarddiad crefydd yn gorwedd yn ein dymuniadau dyfnaf fel yr awydd am gyfiawnder a'r awydd i ddianc rhag marwolaeth. Ystyrir bod crefydd wedi dod allan o'r fath ddyheadau. Er enghraifft, gellir dehongli pob un o briodoleddau Duw fel mynegiant o agwedd ar y gobaith sydd gan fodau dynol i fod yn rhydd rhag eu cyfyngiadau (e.e. sancteiddrwydd Duw – ein dymuniad i fod yn rhydd rhag pechod).

Roedd Freud yn dadlau bod yr unigolion a ddyfeisiodd yr athrawiaethau crefyddol yn gwneud hynny oherwydd bod yr athrawiaethau yn cyflawni eu dymuniadau. Yn yr un modd, mae'r bobl sy'n arddel safbwyntiau crefyddol yn gwneud hynny allan o awydd i gyflawni dymuniadau. Mae pethau fel awydd am gyfiawnder ac am ddianc rhag marwolaeth yn ymddangos yn gyffredin ar draws pob diwylliant. Felly, mae'n amlwg pam mae dyheadau o'r fath yn cael eu bodloni gan yr honiad y bydd Duw tragwyddol, hollalluog, hollgariadus yn atgyfodi'r meirw, yn cosbi'r anghyfiawn ac yn gwobrwyo'r rhai teilwng â'r addewid o nefoedd.

Crefydd fel rhith: ymateb yn erbyn diymadferthedd

Roedd Freud yn cysylltu syniadau crefyddol â diymadferthedd amlwg unigolyn yn wyneb grymoedd natur. Rydyn ni'n wynebu grymoedd naturiol ac yn teimlo'n ddiamddiffyn yn eu herbyn ac felly mae angen i ni ddyfeisio ffynhonnell diogelwch. Mae crefydd yn creu'r diogelwch hwn gyda'r gred nad yw'r grymoedd naturiol yn amhersonol bellach. Er enghraifft, gallai grymoedd natur gael eu troi yn dduwiau neu dduwiesau a all gael eu haddoli a'u rheoli. Hefyd, trwy gyfrwng defosiwn crefyddol bellach dydyn ni ddim yn ddiymadferth oherwydd ein bod yn credu y gallwn ni eu rheoli. Yn yr un modd, rydyn ni'n brwydro yn erbyn grymoedd mewnol natur, er enghraifft ein greddf ddynol sylfaenol i ymosod. Mae dysgeidiaeth grefyddol yn ceisio cyfyngu ar ryfel a thrais, ac yn cyflwyno syniadau am warchod y gwan a charu'n gelynion.

Gall yr ysfa rywiol gael ei rheoli gan ddeddfau crefyddol llym sy'n rheoli ymddygiad a pherthnasau rhywiol. Bydd y rheini sy'n ufuddhau yn cael eu gwobrwyo. Fel y mae'r tad yn diogelu ei blentyn, felly mae cred grefyddol yn cynnig ffigwr tadol i ddiogelu'r oedolyn. Felly, roedd Freud yn ystyried crefydd yn rhith plentynnaidd ond bod atheïstiaeth yn realiti aeddfed.

> **Gweithgaredd AA1**
>
> Ceisiwch ddod o hyd i dystiolaeth gefnogol a/neu enghreifftiau o'r grefydd rydych wedi ei hastudio ar gyfer y canlynol:
> - Crefydd fel rhith
> - Crefydd fel niwrosis cyffredinol
> - Y llu gwreiddiol mewn crefydd
> - Y cymhleth Oedipws
> - Crefydd fel cyflawni dymuniadau
> - Crefydd fel ymateb yn erbyn diymadferthedd.

Tystiolaeth gefnogol: ailgyfeirio cymhlethion euogrwydd

Daeth Freud yn argyhoeddedig y gallai'r ffordd mae'r meddwl yn gweithio gael ei hesbonio'n rhesymegol drwy'r dull gwyddonol o arsylwi a dadansoddi. Roedd ei resymeg yn seiliedig ar ei seicdreiddiad cyson o gleifion oedd yn dioddef o niwrosis, neu o symptomau corfforol nad oedd iddynt achos corfforol amlwg. Gadawodd Freud i'w gleifion siarad yn rhydd mewn ymgais i ddatgloi eu meddyliau oedd wedi cael eu hatal cyn hynny. O'i astudiaethau achos niferus gwelodd Freud dystiolaeth glir o blaid y cymhleth Oedipws, a daeth i'r casgliad mai teimladau rhywiol ataliedig oedd wrth wraidd yr afiechydon hyn.

Enghreifftiau o astudiaethau achos

(i) Daniel Schreber

Roedd Daniel Schreber yn farnwr uchel ei barch. Pan oedd yn ganol oed, roedd yn dioddef o niwrosis crefyddol lle roedd Duw cyfriniol wedi meddiannu ei gorff a mynd i mewn iddo, a'i drawsnewid yn raddol yn fenyw. Er na wnaeth Freud gyfarfod â'r barnwr erioed, astudiodd e'r achos a'i ddehongli fel tystiolaeth bod gan gred grefyddol ei gwreiddiau yn y cymhleth Oedipws, ac felly yn dangos bod crefydd yn gynhenid gysylltiedig â niwrosis.

Dadl Freud oedd bod libido Schreber, yn ei blentyndod, wedi'i gyfeirio at ei dad yn hytrach na'i fam. Cafodd y chwantau cyfunrywiol hyn eu hatal ond yn ddiweddarach gwnaethon nhw ailymddangos fel niwrosis crefyddol. Cafodd y gred bod Duw yn ei droi yn fenyw ei dehongli fel chwant Schreber am ei dad yn cael ei drosglwyddo i eitem dderbyniol o chwant, h.y. Duw. I Freud, roedd yr astudiaeth achos yn arwydd o'r niwrosisau cyffredinol roedd e'n eu cysylltu â chrefydd lle mae Duw yn cymryd lle perthynas unigolyn â'i dad.

(ii) Hans Bach

Roedd gan Hans ffobia am gael ei frathu gan geffyl ac felly roedd yn ceisio osgoi ceffylau. Dehonglodd Freud hyn fel ofn Hans o gael ei ysbaddu. Dangosodd Hans hefyd bryder mawr pan welodd geffyl yn cwympo yn y stryd ryw dro. Eto gwelodd Freud yr ofnau hyn fel symbolau'n adlewyrchu gwrthdaro mewnol o'r ysfa rywiol. Felly, roedd Freud yn dehongli hyn fel rhywbeth anymwybodol oedd yn atgoffa Hans am ei ddymuniad byddai ei dad yn marw, gan wneud iddo deimlo'n euog ac ofnus. Wrth drin Hans yn llwyddiannus, honnodd Freud bod hyn yn brawf uniongyrchol a chlir o'i ddamcaniaethau.

(iii) Y Dyn Blaidd

Roedd Sergei Pankejeff yn un o gleifion Freud ond er mwyn cadw ei enw yn gyfrinachol, roedd Freud yn cyfeirio ato fel 'Dyn Blaidd'. Roedd yn dioddef o iselder ac aeth at Freud i gael therapi. Canolbwyntiodd Freud ar freuddwyd gafodd Pankejeff pan oedd yn blentyn ifanc. Yn y freuddwyd roedd yn gorwedd yn ei wely pan agorodd y ffenestr yn sydyn a gwelodd ef chwech neu saith o fleiddiaid gwyn. Yn ei arswyd y byddai'n cael ei fwyta gan y bleiddiaid sgrechiodd a deffrodd.

Dehonglodd Freud hyn fel trawma ataliedig yn sgil Pankejeff yn gweld ei rieni yn cael rhyw. Eto, honnodd Freud iddo lwyddo i drin yr iselder ar ôl adnabod y trawma ataliedig.

I gefnogi damcaniaethau Freud, mae ymchwil diweddar ym Mhrifysgol Michigan, sy'n edrych ar weithgaredd yr ymennydd, yn awgrymu bod gwrthdaro diymwybod yn achosi neu'n cyfrannu at y symptomau pryder mae'r claf yn eu profi.

Mae barn Freud am ddehongli breuddwydion wedi achosi i **seicotherapi** gysylltu

---

Th1 Heriau i gred grefyddol

Cynnwys y fanyleb
Tystiolaeth gefnogol: ailgyfeirio cymhlethion euogrwydd.

Cofgolofn Freud yn Hampstead

Dyfyniad allweddol

I nodweddion rhyfedd a dihafal natur, mae'r oedolyn yn trosglwyddo'r nodweddion sy'n perthyn i ffigwr ei dad; mae'n creu'r duwiau iddo'i hun. (Freud)

Cwestiwn cyflym

1.7 Enwch dri o astudiaethau achos Freud.

Term allweddol

Seicotherapi: trin afiechyd meddwl neu emosiynol drwy siarad am broblemau yn hytrach na thrwy ddefnyddio meddyginiaeth neu gyffuriau.

obsesiynau, ffobiâu a phryderon ag atgofion ataliedig ac euogrwydd. Mae therapi sy'n defnyddio hypnosis wedi bod yn llwyddiannus hefyd yn treiddio i mewn i'r meddwl anymwybodol. Ar ôl i atgofion ataliedig gael eu nodi, mae'r pryder/ymddygiad obsesiynol oedd yn codi ohonynt yn aml wedi dod i ben. Yn wir mae seicoleg fodern yn cydnabod y gall atal y cof arwain at wadu (e.e. alcoholigion) a damcaniaethau dadleoli. Yn fwy diweddar, mae ymchwil ar weithgaredd yr ymennydd wedi dangos bod gwrthdaro diymwybod yn cyfrannu at symptomau gorbryder.

Tystiolaeth gefnogol: dyheadau greddfol yn deillio o sail esblygiadol (Charles Darwin)

Roedd Freud yn derbyn bioleg Darwin fel ei sail. Gwnaeth e'n amlwg bod astudio esblygiad yn rhan hanfodol o hyfforddi i fod yn seicdreiddiwr a bod damcaniaeth Darwin yn hanfodol i seicdreiddiad. Roedd dylanwad Darwin mor gryf ar Freud fel bod Vitz yn nodi: 'Cafodd Darwin ddylanwad mor fawr ar ddamcaniaethau seicdreiddiol Freud fel bod Freud wedi ysgrifennu mai *Origin of Species* Darwin oedd un o'r llyfrau pwysicaf i gael ei gyhoeddi erioed.'

Roedd y ddamcaniaeth a ddatblygodd Freud yn seiliedig ar syniad Darwin bod pob ymddygiad yn ganlyniad i ychydig o ysfaoedd anifeilaidd sylfaenol a gynhyrchwyd gan ddetholiad naturiol er mwyn hwyluso goroesiad. Roedd y genynnau goroesi gafodd eu pasio ymlaen yn cynnwys y rheini ar gyfer ysfa rywiol uchel. Dyma pam daeth yr ysfa rywiol yn ganolog yn namcaniaeth Freud am ymddygiad dynol.

Heriau: diffyg tystiolaeth anthropolegol ar gyfer llu gwreiddiol

Roedd holl ddamcaniaeth y llu yn seiliedig ar ddamcaniaethau Darwin ac nad oedden nhw'n fwy na thybiaethau gan Darwin. Credir bellach bod llawer mwy o amrywiaeth yn y ffordd yr oedd pobl yn ffurfio grwpiau. Mae'n annhebygol eu bod mewn lluoedd yn unig. Roedd Freud ei hun yn cyfaddef nad oedd y 'llu gwreiddiol' erioed wedi cael ei weld. Yn wir, honnir bod geiriau Darwin wedi cael eu cymryd allan o gyd-destun a'u gorbwysleisio. Nid yw'r llu gwreiddiol yn gysyniad y byddai Darwin yn ei adnabod ac mae ei weithiau wedi cael eu camgyfleu. Dehongliad Freud yw hwn yn hytrach na damcaniaeth gan Darwin. Nid oes tystiolaeth chwaith bod gan bob cymdeithas wrthrychau totem roedden nhw'n eu haddoli. Hyd yn oed ymhlith y rheini oedd yn defnyddio gwrthrychau totem, nid oedden nhw i gyd yn cael prydau totem. Oherwydd y diffyg tystiolaeth hwn mae amheuaeth fawr a ddigwyddodd y drosedd wreiddiol.

Hyd yn oed pe bai'r drosedd wreiddiol o'r mab yn lladd y tad wedi digwydd, nid yw'n ymddangos bod yna dystiolaeth dros y syniad y gall euogrwydd gael ei drosglwyddo yn y ffordd gwnaeth Freud ei hawgrymu. Cafodd damcaniaeth Lamarck am 'etifeddu nodweddion caffael' ddylanwad ar syniad Freud am drosglwyddo euogrwydd. Roedd Lamarck yn dadlau y gallai nodweddion a ddysgwyd gael eu trosglwyddo i blentyn drwy etifeddeg. Er gwaethaf arbrofion i roi prawf ar y ddamcaniaeth hon, mae pob un wedi methu cael ei brofi'n eglur. Y brif ddadl yn erbyn damcaniaeth o'r fath yw deallwriaeth ddiweddar o DNA a geneteg. Nid oes gan DNA ran mewn nodweddion organeb ac nid yw nodweddion organeb yn rheoli cyfansoddiad y DNA.

Heriau: dim tystiolaeth seicolegol gadarn i gefnogi'r cymhleth Oedipws hollgyffredinol

Er bod Freud yn dadlau bod y cymhleth Oedipws yn cyfrif am bobl yn modelu Duw ar eu tad, nid dyma'r unig ddelwedd o Dduw. Gellid dadlau ei fod yn fwy nodweddiadol o'r natur ddyn-ganolog mewn meddwl crefyddol.

Mae anthropolegwyr wedi dangos bod credoau, cymhellion ac ymatebion emosiynol i sefyllfaoedd yn amrywio'n rhyfeddol o'r naill ddiwylliant i'r llall. Er enghraifft, astudiodd Bronislaw Malinowski, anthropolegydd o Wlad Pwyl, hil y Trobriand pan fu'n rhaid iddo aros ar Ynysoedd y Trobriand oddi ar arfordir dwyreiniol Guinea Newydd.

CBAC Astudiaethau Crefyddol U2 Athroniaeth Crefydd

Cynnwys y fanyleb
Tystiolaeth gefnogol: dyheadau greddfol sy'n deillio o sail esblygiadol (Charles Darwin)

Dyfyniad allweddol
Credai Freud fod damcaniaeth Darwin yn dinistrio'r gred mewn grym ysbrydol sy'n gweithio oddi mewn i'r organeb. (Alexander a Selesnick)

Cynnwys y fanyleb
Heriau gan gynnwys diffyg tystiolaeth anthropolegol ar gyfer llu gwreiddiol; dim tystiolaeth seicolegol gadarn i gefnogi'r cymhleth Oedipws hollgyffredinol; mae'r sail dystiolaeth yn rhy gul.

Dyfyniad allweddol
Gellir diystyru crefydd yn llwyr. Mae olion oesau eu tarddiad yn rhan annatod o'i hathrawiaethau, dyddiau plentyndod anwybodus yr hil ddynol hon. (Freud)

cwestiwn cyflym
1.8 Enwch yr anthropolegydd a astudiodd hil y Trobriand.

Yn ei lyfr *Sex and Repression in Savage Society* (1927) ni welodd dystiolaeth o'r cymhleth Oedipws, er bod gan hil y Trobriand grefydd. Yn niwylliant y Trobriand, roedd plant yn cael eu disgyblu gan eu hewythrod ar ochr eu tad, ac felly roedd rôl y cystadleuydd rhywiol (y tad) a'r disgyblwr (yr ewythr) yn cael eu gwahanu. Mae hyn yn awgrymu does gan ryw ddim byd i'w wneud â chrefydd.

Mewn rhai diwylliannau rôl y fam sydd bwysicaf a dim ond ran fach sydd gan y tad mewn magu'r plentyn. Mewn diwylliannau eraill nid oes ffigwr Duw gwrywaidd na hyd yn oed ffigwr Duw o gwbl. Byddai hyn yn tanseilio'r syniad bod y cymhleth Oedipws yn rhywbeth hollgyffredinol.

Esboniad mwy tebygol yw nad y cymhleth sy'n achosi'r grefydd – yn hytrach mai'r grefydd, gyda'i rheolau caeth am ymddygiad a pherthnasoedd rhywiol, sy'n achosi'r cymhleth Oedipws sy'n arwain wedyn at niwrosis. Mae'n ymddangos bod Freud wedi seilio ei ddamcaniaeth cymhleth Oedipws ar bum prif achos astudiaeth ac yna wedi cyffredinoli, gan dybio bod y cymhleth Oedipws a ganfuwyd yn yr achosion hynny yn wir ym mhob man.

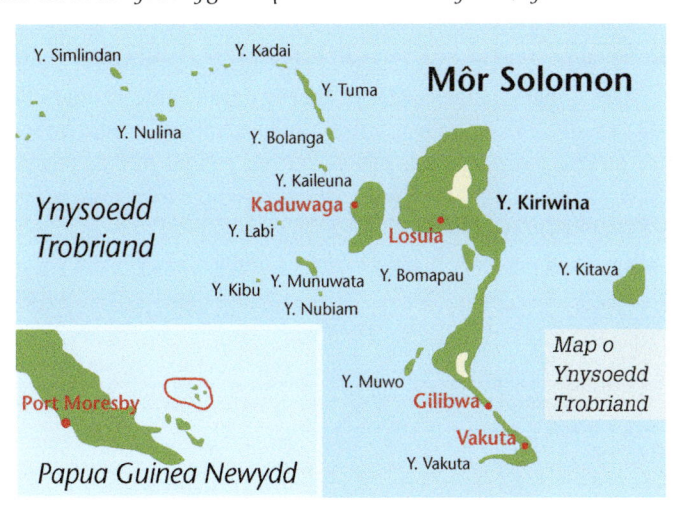

Malinowski gyda brodorion Ynysoedd Trobriand

Map o Ynysoedd Trobriand

Heriau: mae'r sail dystiolaeth yn rhy gul

Lluniodd Freud ddamcaniaeth i esbonio'r crefyddau hynny yr oedd e'n gyfarwydd â nhw. Felly canolbwyntiodd ar Iddewiaeth a Christnogaeth gan ddadlau bod pwysigrwydd ffigwr y tad wedi datblygu i greu'r Duw gwrywaidd. Fodd bynnag, methodd ag ystyried crefyddau sy'n seiliedig ar dduwiau benywaidd, fel cwlt Isis yn yr Aifft. Yn yr un modd nid ystyriodd grefyddau fel Bwdhaeth, lle nad oes duw.

Roedd Freud yn ei ystyried ei hun yn wyddonydd ac yn gweld seicdreiddiad fel gwyddor newydd. Fodd bynnag, yn ôl Karl Popper, mae'n rhaid i bob damcaniaeth wyddonol ddilys allu cael ei phrofi ac felly ei hanwirio, o leiaf mewn egwyddor. Mae damcaniaeth sy'n cyd-fynd â phob arsylwad posibl yn anwyddonol. Mae'n ymddangos y gallai damcaniaeth Freud gyd-fynd â phob sefyllfa bosibl ac felly nid yw'n bosibl ei hanwirio. Felly, nid yw damcaniaeth Freud yn wyddonol.

Un o brif feirniaid Freud yw Adolf Grunbaum (*The Foundations of Psychoanalysis: A Philosophical Critique 1984*). Roedd e'n honni bod damcaniaethau Freud yn osgoi unrhyw fath o brawf empirig ond bod llawer o bobl wedi eu mabwysiadu gan eu bod wedi llwyddo fel triniaeth. Un anhawster gyda'r dystiolaeth glinigol yw bod elfen o awgrymiadedd yn perthyn i'r broses driniaeth. Mae eraill wedi cyhuddo Freud o ffugio pethau. Heriodd Grunbaum y safbwynt mai dim ond y dull seicdreiddiol all gynnig mewnwelediad cywir i achosion niwrosisau a bod angen mewnwelediad cywir i wella'r niwrosisau hyn. Nododd ef fod triniaeth lwyddiannus wedi digwydd heb i'r naill neu'r llall o'r ddwy amod hyn gael eu bodloni.

Cafwyd beirniadaeth fwy diweddar yn erbyn Freud yn ymwneud ag achosion o gam-drin rhywiol. Ysgrifennodd am lawer o achosion o drawma a ddioddefodd ei gleifion, gan honni iddynt gael eu cam-drin yn eu plentyndod cynnar iawn gan berthnasau gwrywaidd hŷn. Roedd Freud yn amau gwirionedd yr honiadau hyn ac yn eu lle rhoddodd y sicrwydd mai'r disgrifiadau am ffantasïau plentyndod oedd yn cael eu cynnig. Yng ngoleuni digwyddiadau diweddar, mae'n bosibl iawn yr oedd yr honiadau'n wir.

Th1 Heriau i gred grefyddol

Dyfyniad allweddol

Mae dysgeidiaethau seicdreiddiad yn seiliedig ar nifer di-rif o arsylwadau a phrofiadau. (Freud)

Gweithgaredd AA1

Defnyddiwch y nodiadau o'ch gweithgaredd diwethaf i weld a fydden nhw'n gallu gwrthsefyll yr heriau uchod.

CBAC Astudiaethau Crefyddol U2
Athroniaeth Crefydd

Sgiliau allweddol Thema 1 ABC

Mae'r thema hon yn cynnwys tasgau sy'n ymdrin â hanfodion AA1 o ran blaenoriaethu a dewis y wybodaeth berthnasol allweddol, ei chyflwyno ac yna defnyddio tystiolaeth ac enghreifftiau i gefnogi ac ehangu ar hyn.

Sgiliau allweddol

Mae gwybodaeth yn ymwneud â:

Dewis ystod o wybodaeth (drylwyr) gywir a pherthnasol sydd â chysylltiad uniongyrchol â gofynion penodol y cwestiwn.

Mae hyn yn golygu:

- Dewis deunydd perthnasol i'r cwestiwn a osodwyd
- Canolbwyntio ar esbonio ac archwilio'r deunydd a ddewiswyd.

Mae dealltwriaeth yn ymwneud ag:

Esboniad helaeth, gan ddangos dyfnder a/neu ehangder gyda defnydd rhagorol o dystiolaeth ac enghreifftiau gan gynnwys (lle y bo'n briodol) defnydd trylwyr a chywir o destunau cysegredig, ffynonellau doethineb a geirfa arbenigol.

Mae hyn yn golygu:

- Defnydd effeithiol o enghreifftiau a thystiolaeth gefnogol i sefydlu ansawdd eich dealltwriaeth
- Perchenogaeth o'ch esboniad sy'n mynegi gwybodaeth a dealltwriaeth bersonol, NID eich bod yn ailadrodd darn o destun o lyfr rydych wedi ei baratoi a'i gofio.

Wrth i chi weithio drwy bob adran yn y llyfr, bydd y pwyslais ar amrywiaeth o agweddau gwahanol sy'n gysylltiedig ag AA1 er mwyn i chi berffeithio'r sgiliau cyffredinol sy'n gysylltiedig ag AA1.

Datblygu sgiliau AA1

Nawr mae'n bwysig ystyried y wybodaeth sydd wedi'i chyflwyno yn yr adran hon; fodd bynnag, mae'r wybodaeth fel y mae yn llawer rhy helaeth ac felly mae'n rhaid ei phrosesu er mwyn bodloni gofynion yr arholiad. Gallwch wneud hyn drwy ymarfer y sgiliau uwch sy'n gysylltiedig ag AA1. Bydd yr ymarferion yn y llyfr hwn yn eich helpu i wneud hyn ac yn eich paratoi ar gyfer yr arholiad. Ar gyfer Amcan Asesu 1 (AA1), sy'n cynnwys dangos sgiliau 'gwybodaeth' a 'dealltwriaeth', rydyn ni am ganolbwyntio ar ffyrdd gwahanol o ddangos y sgiliau yn effeithiol, gan gyfeirio hefyd at sut bydd eich perfformiad ym mhob un o'r sgiliau hyn yn cael ei fesur (gweler disgrifyddion band cyffredinol AA1 ar gyfer U2).

▶ **Dyma eich tasg:** Isod mae **crynodeb o'r cymhleth Oedipws**. Mae'n 200 gair o hyd. Rhaid ei ddefnyddio ar gyfer eich ateb, ond ni ellir ei ailadrodd i gyd mewn arholiad, felly rhaid crynhoi'r deunydd. Trafodwch pa bwyntiau sydd bwysicaf ac yna ailddrafftiwch eich crynodeb 100 gair eich hun.

Cymhleth Oedipws

Cafodd y cymhleth Oedipws ei enwi ar ôl y cymeriad yn y drasiedi Roegaidd, Oedipus Rex gan Soffocles. Mae'r ddrama wedi aros yn boblogaidd ac roedd Freud yn teimlo bod hyn oherwydd iddi adlewyrchu pryder anymwybodol y mae'r rhan fwyaf o oedolion wedi ei brofi. Yn y ddrama, mae Oedipws yn lladd ei dad yn ddiarwybod ac yn priodi ei fam ei hun. Ar ôl iddo sylweddoli hyn mae'n tynnu ei lygaid allan mewn euogrwydd ac anobaith. Roedd Freud yn teimlo bod euogrwydd tebyg ar waith yn anymwybodol yn ein seice a'i fod yn cael ei achosi gan ein greddf fwyaf sylfaenol – ein hysfa rywiol. Nododd Freud mai'r cyfnod allweddol yw datblygiad seicorywiol plentyn rhwng 3 a 6 oed. Dyma pryd mae plentyn yn datblygu hunaniaeth rywiol ac mae hyn yn newid y ddynameg rhwng y plentyn a'i riant. Fel Oedipws, mae gennym ryw fath o berthynas serch â'n mam. Felly mae'n tad yn cael ei weld fel cystadleuydd ond rydyn ni'n ofni'n tad. Y gwrthdaro hwn yw achos ein pryder anymwybodol. Mae'r pryder hwn mor fawr fel bod Freud yn teimlo ei fod yn datblygu yn gymhleth ysbaddu. Roedd y cymhleth Oedipws canlyniadol, os na fyddai'n cael ei ddatrys ond yn lle hynny'n cael ei atal, yn arwain at ymddygiad niwrotig. Credai Freud mai dim ond mynegiant o'r ymddygiad niwrotig hwn oedd crefydd.

Ar ôl i chi orffen y dasg, cyfeiriwch at y disgrifyddion band ar gyfer U2 ac edrychwch yn benodol ar y gofynion sydd wedi'u disgrifio yn y disgrifyddion band uwch y dylech chi fod yn anelu atyn nhw. Gofynnwch i chi'ch hun:

- A yw fy ngwaith yn dangos gwybodaeth a dealltwriaeth drylwyr, gywir a pherthnasol o grefydd a chred?
- A yw fy ngwaith yn dangos cydlyniad (cysondeb neu synnwyr rhesymegol), eglurder a threfn o safon ragorol?
- A fydd fy ngwaith, ar ôl ei ddatblygu, yn ateb helaeth a pherthnasol sy'n bodloni gofynion penodol y dasg?
- A yw fy ngwaith yn dangos dyfnder a/neu ehangder sylweddol ac yn gwneud defnydd rhagorol o dystiolaeth ac enghreifftiau?
- Os yw'n briodol i'r dasg, a yw fy ateb yn cynnwys cyfeiriadau trylwyr a chywir at destunau cysegredig a ffynonellau doethineb?
- A ellir gwneud unrhyw gysylltiadau treiddgar ag elfennau eraill o fy nghwrs?
- A fydd fy ateb, ar ôl ei ddatblygu a'i ehangu i gyfateb i'r hyn sy'n ddisgwyliedig mewn ateb arholiad, yn cynnwys ystod eang o safbwyntiau ysgolheigion/ysgolion o feddwl?
- A yw'r defnydd o iaith a geirfa arbenigol yn drylwyr a chywir, pan geir enghreifftiau o hynny?

Materion i'w dadansoddi a'u gwerthuso

I ba raddau y gellir ystyried mai niwrosis yw cred grefyddol?

Mae'n wir bod gwaith Freud yn trin cleifion â niwrosisau wedi tynnu ei sylw at y ffaith bod cyffelybiaethau rhwng eu hobsesiynau a chrefydd. Yn arbennig, roedd natur ddefodaidd gweithgaredd crefyddol yn adlewyrchu agweddau o niwrosis obsesiynol cymhellol. Felly, nid oedd yn afresymol meddwl bod yr un achos y tu ôl i'r ddau beth, sef atgofion ataliedig.

Yn *Obsessive Actions and Religious Practices (1907)* mae Freud yn dadlau bod niwrosis, gyda'i ymddygiad cymhellol, yn 'grefyddusrwydd unigol' a bod crefydd, gyda'i ddefodau ailadroddus, yn 'niwrosis obsesiynol hollgyffredinol'.

Yn ogystal, dadleuodd Freud fod dwy ffynhonnell hollgyffredinol o syniadau crefyddol.

Un ohonynt oedd atgofion anymwybodol yr hil am ladd y tad gwreiddiol. Roedd hyn yn golygu cof yn yr isymwybod am ddigwyddiadau mewn hanes dynol neu gynhanes. Cryfder y cynnig hwn yw bod damcaniaeth esblygol Darwin yn amlwg yn cefnogi damcaniaeth y llu gwreiddiol a thotemiaeth. I gefnogi ei ddadl, roedd Freud yn ystyried y Cymun Bendigaid fel datblygiad amlwg o bryd o fwyd totemig ac mae'n bosibl gweld cyffelybiaethau amlwg.

Yn ei dyb ef yr ail ffynhonnell oedd profiadau plentyndod cynnar ein rheini ein hunain. Gwnaeth ef eu cysylltu â thrawma rhywiol gan ei alw'n gymhleth Oedipws. Mae'r niwrosis sy'n ganlyniad i hyn yn cael ei ysgogi gan elfen rywiol y profiad trawmatig. Yr elfen hon a'r atgofion cysylltiedig yw'r hyn y mae unigolyn yn ceisio ei atal. Mae'r cymhleth Oedipws, er ei fod yn rhan normal o bob plentyndod, yn cynnwys ysgogiadau y mae'r unigolyn yn eu hystyried yn gywilyddus. Mae'r ysgogiadau yn cynnwys casáu'r tad a llosgach â'r fam. Mae hyn ychydig yn fwy anodd ei gefnogi'n uniongyrchol gan ei fod yn tueddu i ddibynnu ar ein dehongliad o straeon crefyddol, ond yn sicr gellir ei weld mewn agweddau o Hindŵaeth fel y mythau sy'n gysylltiedig â Ganesh neu Ganapati, er enghraifft.

Mae'r ddwy ffynhonnell yn awgrymu bod niwrosis gwaelodol i rai agweddau o gred ac arfer crefyddol.

At hynny, roedd astudiaethau achos Freud fel un Hans Bach yn ailddatgan y safbwynt bod crefydd yn fynegiant allanol o wrthdaro seicolegol mewnol. Anghydbwysedd yn y bersonoliaeth, a adlewyrchir mewn ymddygiad niwrotig arbennig sy'n debyg i weithgaredd crefyddol, yw'r gwrthdaro. Ailddeffro trawma ataliedig sy'n mynd ochr yn ochr ag ysgogiadau obsesiynol cymhellol yw'r nodwedd o niwrosis. Mae'n bosibl gweld hyn yn glir yn yr agweddau defodaidd a litwrgaidd mewn llawer o grefyddau.

Gellid awgrymu, felly, bod hyn i gyd yn cyd-fynd yn union â dealltwriaeth Freud o darddiad crefydd. Felly, mae crefydd yn glefyd niwrotig sy'n effeithio ar bawb. Safbwynt Freud yw mai afiechyd meddwl ydyw ac felly yn niweidiol. Mae hyn yn cysylltu'n uniongyrchol â'i ddealltwriaeth o niwrosisau.

Roedd Freud yn gweld monotheïstiaeth fel cred oedd yn ennyn niwrosis obsesiynol a chymhellol. Roedd teimladau o euogrwydd yn ddwfn y tu mewn iddo. Roedd y teimladau hyn o euogrwydd yn tarddu o berthynas euog yr unigolyn â'i dad ei hun a chof o'r llu gwreiddiol am y drosedd o lofruddio ei dad. Mae monotheïstiaeth felly yn ymgais i chwalu'r euogrwydd hwn. Felly euogrwydd yw'r prif ffactor yn natblygiad crefydd.

Awgrymodd Freud hefyd y byddai crefydd yn marw allan yn y diwedd ac y byddai gwyddoniaeth yn cymryd ei lle. Mae'n gweld cyffelybiaeth rhwng datblygiad y plentyn a datblygiad dynolryw. Bydd yr hil ddynol yn datblygu i aeddfedrwydd ac yn rhoi'r gorau i grefydd. Mae'r dystiolaeth o gynnydd atheïstiaeth a'r ddadl bod pobl yn symud i ffwrdd o grefydd yn yr 21ain ganrif yn ymddangos fel pe bai'n cefnogi'r safbwynt hwn.

Th1 Heriau i gred grefyddol

Mae'r adran hon yn cwmpasu cynnwys a sgiliau AA2

Cynnwys y fanyleb
I ba raddau y gellir ystyried mai niwrosis yw cred grefyddol.

Dyfyniad allweddol

O safbwynt gwyddonol, mae seicdreiddiad Freudaidd clasurol yn farw fel damcaniaeth o'r meddwl ac fel dull o therapi. **(Crews)**

Gweithgaredd AA2

Wrth i chi ddarllen drwy'r adran hon ceisiwch wneud y pethau canlynol:

1. Dewiswch y gwahanol ddadleuon sy'n cael eu cyflwyno yn y testun a nodwch unrhyw dystiolaeth gefnogol a roddir.
2. Ar gyfer pob dadl a gyflwynir, ceisiwch werthuso a yw'r ddadl yn un gryf neu wan yn eich barn chi.
3. Meddyliwch am unrhyw gwestiynau yr hoffech chi eu gofyn wrth ymateb i'r dadleuon.

Bydd y gweithgaredd hwn yn eich helpu chi i ddechrau meddwl yn feirniadol am yr hyn rydych chi'n ei ddarllen, ac yn eich helpu i werthuso effeithiolrwydd dadleuon gwahanol, gan ddatblygu eich sylwadau, a'ch barn a'ch safbwyntiau eich hun. Bydd hyn yn eich helpu wrth ddod i gasgliadau y byddwch yn eu gwneud yn eich atebion i'r cwestiynau AA2 sy'n codi.

CBAC Astudiaethau Crefyddol U2
Athroniaeth Crefydd

Dyfyniadau allweddol

Mae bron y cyfan o'r dystiolaeth mae Freud yn ei chyflwyno wedi cael ei amau mewn rhyw ffordd neu'i gilydd. (Palmer)

Nid oedd pob seicdreiddiwr yn cytuno â barn Freud am Dduw. (Armstrong)

Awgrym astudio

Wrth i chi weithio drwy'r cwrs peidiwch ag anghofio y gallwch ddod â thystiolaeth arall o feysydd eraill i'ch helpu â'ch sgiliau gwerthuso. Mae Jung bob amser yn ffynhonnell dda i'w defnyddio wrth werthuso Freud.

Gweithgaredd AA2

Rhestrwch rai casgliadau y byddai'n bosibl dod iddynt ar sail y rhesymeg AA2 yn y testun uchod; ceisiwch gyflwyno o leiaf dri chasgliad gwahanol posibl. Ystyriwch bob un o'r casgliadau a chasglwch dystiolaeth gryno i gefnogi pob casgliad o'r deunydd AA1 ac AA2 ar gyfer y testun hwn. Dewiswch y casgliad sy'n argyhoeddi fwyaf yn eich barn chi ac esboniwch pam mae hyn yn wir. Ceisiwch gyferbynnu hyn â'r casgliad gwannaf ar y rhestr, gan gyfiawnhau eich dadl gyda rhesymu clir a thystiolaeth.

Cynnwys y fanyleb

Pa mor ddigonol yw esboniad Freud o gred grefyddol.

Fodd bynnag, mae digon o heriau i'r ddadl. Er y derbynnir bod tystiolaeth i gefnogi safbwyntiau Freud, y teimlad cyffredinol yw nad yw'r dystiolaeth hon yn 'wyddonol' mewn gwirionedd, gan nad yw'n cynrychioli'r darlun cyfan. Mae rhai'n ystyried bod Freud yn 'ddetholus' o ran ei dystiolaeth, mae rhai'n ystyried bod ei dystiolaeth yn amheus ac mae rhai'n cwestiynu natur ei gasgliadau.

Er enghraifft, mae llawer yn herio casgliadau Freud ar sail diffyg tystiolaeth wirioneddol. Er bod Darwin wedi dadlau dros ddamcaniaeth y llu gwreiddiol, ychydig o dystiolaeth sydd i'w gefnogi heddiw ym maes gwyddorau biolegol ac ymddygiadol. Mae'r mwyafrif o bobl yn credu bod llawer mwy o amrywiaeth strwythur yn y grwpiau a'r llwythau cynharaf.

Mae ymchwil yn awgrymu hefyd bod y mwyafrif o bobl yn seilio eu syniad am Dduw ar eu mam yn hytrach na'u tad. Yn arbennig, mae'r gwaith gan Malinowski yn bwrw amheuaeth ar y ddamcaniaeth cymhleth Oedipws ac mae mynegiadau o'r dwyfol benywaidd yn Hindŵaeth yn cefnogi'r amheuaeth hon yn llwyr. Mewn gwirionedd, mae syniadau crefyddol a diwinyddol am Dduw yn llawer mwy cymhleth na'r hyn a awgrymir gan ddamcaniaethau Freud. Byddai rhai'n mynd mor bell â dweud bod safbwyntiau Freud am grefydd a Duw yn or-syml ac yn ddiwinyddol naïf ar y gorau, ac yn ansoffistigedig ac anwybodus ar y gwaethaf. Yn wir, mae'n bosibl mai esboniad mwy cywir fyddai mai crefydd sy'n achosi'r cymhleth Oedipws yn hytrach na'r ffordd arall.

Er gwaethaf hyder Freud yng ngrymoedd gwyddoniaeth, roedd ei ragdybiaethau yn amhosibl ei gwirio ac felly yn yr ystyr hwnnw roedd ei waith yn anwyddonol. Mae hyn yn arbennig o wir yng nghyd-destun natur seicoleg sy'n dehongli ymddygiad ac yn dod i gasgliadau ynghylch sut rydyn ni'n canfod pethau yn y lle cyntaf. Mae'n ymddangos nad oes tystiolaeth gadarn, ffisegol i gefnogi'r casgliadau.

Eto, dadl arall fyddai bod Freud hefyd yn tueddu i anwybyddu gwybodaeth nad oedd yn cyd-fynd â'r hyn roedd ef eisiau ei brofi, a'i bod yn well ganddo ddewis y pethau hynny oedd yn cefnogi ei safbwyntiau. Nid yw hon yn fethodoleg wyddonol. Mae'n rhaid cyfrif am bob amrywiad ac anghysondeb drwy brofi trylwyr drosodd a throsodd. Rhaid ystyried a phwyso a mesur pob casgliad posibl. Byddai rhai'n mynd mor bell â dweud na wnaeth Freud yn fwy na darganfod yr hyn roedd yn chwilio amdano yn y lle cyntaf.

Beirniadaeth bwysig arall o safbwyntiau Freud am grefydd fel niwrosis yw ei fod fel petai'n camddeall hanfod crefydd. Roedd yn ei gweld yn nhermau gweithredoedd a defodau sanctaidd yn unig yn hytrach na set o gredoau ac athrawiaethau y gellid eu trafod yng nghyd-destun tystiolaeth. Eto, byddai'n bosibl dadlau bod diffyg parch a gostyngeiddrwydd yn ymagwedd Freud wrth iddo anwybyddu aeddfedrwydd a chymhlethdod traddodiadau crefyddol.

Yn gyffredinol, er ei bod yn bosibl gweld rhywfaint o gydberthyniad rhwng ymddygiad crefyddol a niwrosis, y brif broblem i'w datrys yw pa mor arwyddocaol yw hyn yn nhrefn pethau. Hefyd, byddai'n ddiddorol trawsosod dehongliadau Freud o ymddygiad i weithle milwrol, system ysgol neu amgylchedd swyddfa a gweld a ellir esbonio cyffylebiaethau tebyg o ran grym, obsesiwn a theimlad personol o ddyletswydd drwy niwrosisau!

Pa mor ddigonol yw esboniad Freud o gred grefyddol?

Mae esboniadau Freud yn her i gred grefyddol gan ei fod yn gweld crefydd fel niwrosis – afiechyd meddwl sy'n niweidiol. Mae e'n gweld cred grefyddol fel rhywbeth sy'n methu'n ddeallusol gan nad yw'n bosibl ei chyfiawnhau'n rhesymegol a hefyd mae'n tanbrisio bywydau ac yn golygu nad yw pobl yn gallu newid y gymdeithas er gwell. Fodd bynnag, a yw Freud yn gywir yn ei esboniadau am gred grefyddol? A yw ei esboniadau yn dal wrth gael eu harchwilio?

Th1 Heriau i gred grefyddol

Dyfyniad allweddol

Mae damcaniaethau Freud yn hynafol a hen ffasiwn. (Western)

Mae'n ymddangos bod cyffelybiaethau rhwng rhai mathau o niwrosis a defod grefyddol. Mae pobl yn aml yn arddangos ymddygiad obsesiynol. Gall yr ymddygiad hwn, er enghraifft, ganolbwyntio ar wirio neu halogiad. Gall gwirio pethau fel drws y tŷ, tapiau dŵr a swits y ffwrn nwy arwain at wirio dro ar ôl tro, ambell waith cannoedd o weithiau ac am oriau, sy'n golygu bod y person yn hwyr i'r gwaith ac i apwyntiadau eraill. Gall y gwirio hwn hefyd achosi difrod i'r eitemau sy'n cael eu gwirio'n ddi-baid. Gall yr angen i lanhau ac ymolchi fod yn gymhelliad obsesiynol hefyd. Yn aml mae'n golygu golchi dwylo dro ar ôl tro nes bod y person yn 'teimlo' eu bod yn lân. Mae'n wir y gellir gweld agweddau o ymddygiad obsesiynol mewn crefydd hefyd. Er enghraifft mae Mwslimiaid yn gorfod ymolchi bum gwaith y dydd cyn gweddïo. Yr enw ar yr ymolchi hwn yw *Wudu* ac mae'n fath o olchiad defodol. Mae'n rhaid i rannau o'r corff gael eu golchi mewn trefn benodol ac mewn ffordd benodol. Os gwneir camgymeriad, yna rhaid dechrau'r holl broses eto.

Roedd gwaith clinigol Freud, yn dehongli breuddwydion a seicdreiddiad cleifion, yn aml yn llwyddo i drin yr obsesiwn. Gellir gweld hyn fel rhywbeth sy'n dilysu ei ddamcaniaethau, sef mai achos yr obsesiwn yw trawma ataliedig ac euogrwydd, ac felly'n cefnogi'r safbwynt bod crefydd a'i defod grefyddol yn deillio o'r un ffynhonnell, atgofion wedi'u hatal ac euogrwydd. Roedd y trawmâu ataliedig a nododd Freud ar gyfer crefydd yn cynnwys yr atgofion isymwybodol o gynhanes am y llu gwreiddiol a'r prydau totemig oedd yn mynegi euogrwydd rhywiol.

Hefyd, roedd damcaniaeth Freud am y cymhlyth Oedipws yn adnabod ffurf arall o atalnwyd oedd yn golygu mab yn cael ei ddenu'n rhywiol at ei fam ond yn dal dig wrth y tad. Gellir gweld cefnogaeth i'r safbwyntiau hyn yn namcaniaeth Darwin am y llu gwreiddiol, gwaith Robertson Smith ar y system totemau, a'r cymhlyth Oedipws a gefnogwyd gan waith Kline. Mae tystiolaeth o astudiaethau anthropolegol amrywiol yn cefnogi dadl Freud dros dotemiaeth a damcaniaeth y llu gwreiddiol. Ceir tystiolaeth bod bwyta cnawd y totem yn ffurfio rhyw fath o seremoni. Nid yw'n anodd gweld yn y dystiolaeth hon agweddau o ddefod Gristnogol y Cymun Bendigaid. Yn lle'r pryd o fwyd totemig cynharach ceir Cymun Bendigaid ac mae hwnnw'n cynrychioli'r mab yn hytrach na thotem.

Nid oes amheuaeth bod 'ffigwr y tad' yn nodwedd o grefydd ac mae'r tad delfrydol mewn awdurdod yn union fel y syniad o Dduw sy'n gallu ateb dymuniadau a dyheadau pobl. Gellir gweld bod athrawiaethau crefyddol yn adlewyrchu ein hawydd i gyflawni dymuniadau. Ar draws pob diwylliant mae yna awydd am gyfiawnder a dianc rhag marwolaeth. Felly, mae'n amlwg pam mae dyheadau o'r fath yn ymddangos mewn crefyddau. Mae'n teimlad ni o fod yn ddiymadferth yn erbyn grymoedd natur yn ein gyrru i ddyfeisio rhyw fath o sicrwydd. Bydd Duw tragwyddol, hollalluog, hollgariadus yn ateb ein hanghenion.

Mae angen rheoli'r ysfa rywiol hefyd, ac felly mae crefyddau'n cynnwys deddfau llym am ymddygiad a pherthnasoedd rhywiol.

Mae sylw Freud ar rôl yr anymwybod yn bwnc poblogaidd bellach ym meysydd seicoleg arbrofol a chymdeithasol. Ymchwiliwyd yn eang i'r syniad o'r anymwybod ac i ffenomen trosglwyddiad, ac, fe honnir, maen nhw wedi cael eu dilysu ym meysydd seicoleg wybyddol a seicoleg gymdeithasol (Westen a Gabbard 2002), er nad yw dehongliad Freud am weithgaredd meddyliol diymwybod yn cael ei ddilyn gan y rhan fwyaf o seicolegwyr gwybyddol. Yn wir mae seicoleg fodern yn cydnabod y gall atal y cof arwain at wadu (e.e. alcoholigion) a damcaniaethau dadleoli. Yn fwy diweddar, mae ymchwil i weithgaredd yr ymennydd wedi dangos bod gwrthdaro diymwybod yn cyfrannu at symptomau gorbryder.

Fodd bynnag, mae llawer o agweddau ar y dystiolaeth wedi cael eu herio gan gynnwys ei ymagwedd sylfaenol. Honnir mai'r cyfan oedd gan Freud oedd damcaniaethau; nid oedd tystiolaeth wiriadwy eglur na data ystadegol. I gefnogi'r ddadl hon mae llawer wedi cwestiynu a gwrthod dilysrwydd gwaith Freud, o fewn seicoleg fodern a thu hwnt.

Soffa enwog Freud

Gweithgaredd AA2

Wrth i chi ddarllen drwy'r adran hon ceisiwch wneud y pethau canlynol:

1. Dewiswch y gwahanol ddadleuon sy'n cael eu cyflwyno yn y testun a nodwch unrhyw dystiolaeth gefnogol a roddir.

2. Ar gyfer pob dadl a gyflwynir, ceisiwch werthuso a yw'r ddadl yn un gryf neu wan yn eich barn chi.

3. Meddyliwch am unrhyw gwestiynau yr hoffech chi eu gofyn wrth ymateb i'r dadleuon.

Bydd y gweithgaredd hwn yn eich helpu chi i ddechrau meddwl yn feirniadol am yr hyn rydych chi'n ei ddarllen, ac yn eich helpu i werthuso effeithiolrwydd dadleuon gwahanol, gan ddatblygu eich sylwadau, a'ch barn a'ch safbwyntiau eich hun. Bydd hyn yn eich helpu wrth ddod i gasgliadau y byddwch yn eu gwneud yn eich atebion i'r cwestiynau AA2 sy'n codi.

CBAC Astudiaethau Crefyddol U2
Athroniaeth Crefydd

> **Dyfyniad allweddol**
>
> Mae'n ymddangos mai'r rheithfarn fydd 'nis profwyd'; ... efallai fod damcaniaeth Freud am grefydd yn wir ond ni ddangoswyd ei bod yn wir. (Hick)

Cafodd ei honni bod gwaith Freud yn wyddonol, ond mae ei fethodolegau detholus a dilysrwydd ei gasgliadau wedi cael eu hamau a'u herio. Yn wir, ymosodwyd ar y damcaniaethau eu hunain, ac maen nhw wedi cael eu gwrthod, eu hamnewid neu eu gwawdio'n llwyr.

Yn benodol, mae damcaniaeth Darwin am y llu gwreiddiol wedi cael ei gwrthod, ac mae'r syniad am atgofion ataliedig o euogrwydd sy'n hollgyffredinol wedi cael ei wawdio. Mae'r rhain yn ganolog i system gyffredinol Freud o feddwl ac felly heb y rhain mae'n ymddangos nad oes llawer o werth ar ôl yn ei ddamcaniaethau. Nid yw'r cymhleth Oedipws hyd yn oed yn hollgyffredinol fel y dangoswyd gan waith Malinowski.

Efallai mai'r feirniadaeth fwyaf damniol o waith Freud yw'r ffaith nad oedd Freud yn academydd ym maes diwinyddiaeth ac astudiaethau crefyddol. Yn wir, fel y dywedwyd lawer o weithiau, mae ei ymagwedd yn dangos naïfrwydd ac anwybodaeth, a byddai'n bosibl dadlau bod ei ddamcaniaethau'n dangos diffyg parch at natur ddatblygedig a chymhleth traddodiadau crefyddol.

Er enghraifft, mewn llythyr am ddarllen llyfrau am grefydd, ysgrifennodd Freud: 'Rwy'n darllen llyfrau heb fawr o ddiddordeb ynddynt, gan fy mod yn gwybod y canlyniadau yn barod; mae fy ngreddf yn dweud hynny wrthyf.' Mae'r safbwynt hwn yn ymylu ar fod yn haerllug ac yn sicr mae i'w weld yn anwyddonol.

Hefyd, nid yw'n ymddangos bod rhagfynegiad Freud, sef y byddai crefydd yn marw allan wrth i wyddoniaeth gymryd drosodd, wedi dod yn wir. Er efallai fod cynnydd mewn atheïstiaeth, mae hefyd cefnogaeth newydd i draddodiadau crefyddol mewn nifer mawr o ffyrdd drwy'r byd heddiw. Mae yna hefyd agweddau o grefydd nad yw damcaniaethau Freud yn gallu eu hesbonio. Er enghraifft, sut mae'r damcaniaethau'n egluro Bwdhaeth?

Byddai llawer yn dadlau nad yw Freud yn deall hanfod crefydd. Mae ei gweld fel dim mwy na gweithredoedd a defodau sanctaidd yn diystyru'r ffaith bod gan grefyddau set o gredoau ac athrawiaethau y gellir eu trafod yng nghyd-destun tystiolaeth. Mae'n ymddangos fel pe bai'n anwybyddu aeddfedrwydd a chymlethdod traddodiadau crefyddol.

Mae esboniad Freud o gred grefyddol hefyd fel pe bai'n seiliedig ar dystiolaeth amheus. Bu gwahanol heriau i'w ddamcaniaeth. Er enghraifft, mae'n ymddangos bod ein dealltwriaeth ddiweddar o DNA yn diddymu'r syniad y gallai nodweddion wedi'u dysgu gael eu trosglwyddo i blentyn drwy etifeddeg. Mae'r ddwy sail waelodol i esboniad Freud am grefydd yn cynnwys damcaniaeth y llu gwreiddiol a'r cymhleth Oedipws. Cafwyd dadleuon cryf yn erbyn y ddwy. Roedd Freud ei hun yn cyfaddef nad oedd y 'llu gwreiddiol' erioed wedi cael ei weld. Yn wir, honnir bod geiriau Darwin wedi cael eu cymryd allan o gyd-destun a'u gorbwysleisio. Mae anthropolegwyr wedi dangos hefyd bod credoau, cymhellion ac ymatebion emosiynol i sefyllfaoedd yn amrywio'n rhyfeddol o'r naill ddiwylliant i'r llall. Mewn rhai diwylliannau rôl y fam sydd bwysicaf a dim ond rhan fach sydd gan y tad mewn magu'r plentyn. Mewn diwylliannau eraill nid oes ffigwr Duw gwrywaidd na hyd yn oed ffigwr Duw o gwbl. Byddai hyn yn tanseilio'r syniad bod y cymhleth Oedipws yn rhywbeth hollgyffredinol.

Fodd bynnag mae'n wir bod seicdreiddiad a hypnosis wedi bod yn llwyddiannus wrth drin niwrosis, ond bu dulliau eraill yn llwyddiannus hefyd, dulliau sydd ddim yn derbyn damcaniaethau Freudaidd. Mae'r anhawster yn aros bod esboniad Freud am grefydd yn cynnwys damcaniaethau nad yw'n bosibl eu profi'n empirig.

Yn gyffredinol, byddai'n bosibl dadlau bod yna esboniadau amgen sy'n llawer mwy llwyddiannus wrth herio crefydd na rhai Freud. Roedd Jung yn dangos llawer mwy o barch at grefydd ond ar yr un pryd roedd yn herio agweddau ohoni yn ei ddamcaniaethau. I lawer, mae cynnig y syniad am 'Dduw y bylchau' yn esboniad gwell o draddodiadau crefyddol neu, yn syml, yr esboniad bod crefydd yn ateb angen dynol sylfaenol fel ffynhonnell cysur a gobaith wrth wynebu'r anhysbys.

> **Awgrym astudio**
>
> Mae'n hanfodol yn AA2 eich bod yn trafod dadleuon ac nid yn unig esbonio beth mae rhywun wedi ei ddweud. Ceisiwch holi'ch hun, 'a oedd hwnnw'n bwynt teg i'w wneud?', 'a yw'r dystiolaeth yn ddigon cadarn?', 'a oes unrhyw beth i herio'r ddadl hon?', 'a yw hon yn ddadl gref neu wan?' Bydd dadansoddi beirniadol fel hyn yn eich helpu i ddatblygu'ch sgiliau gwerthuso.

> **Gweithgaredd AA2**
>
> Rhestrwch rai casgliadau y byddai'n bosibl dod iddynt ar sail y rhesymeg AA2 yn y testun uchod; ceisiwch gyflwyno o leiaf dri chasgliad gwahanol posibl. Ystyriwch bob un o'r casgliadau a chasglwch dystiolaeth gryno i gefnogi pob casgliad o'r deunydd AA1 ac AA2 ar gyfer y testun hwn. Dewiswch y casgliad sy'n argyhoeddi fwyaf yn eich barn chi ac esboniwch pam mae hyn yn wir. Ceisiwch gyferbynnu hyn â'r casgliad gwannaf ar y rhestr, gan gyfiawnhau eich dadl gyda rhesymu clir a thystiolaeth.

Datblygu sgiliau AA2

Nawr mae'n bwysig ystyried y wybodaeth sydd wedi'i chyflwyno yn yr adran hon; fodd bynnag, mae'r wybodaeth fel y mae yn llawer rhy helaeth ac felly mae'n rhaid ei phrosesu er mwyn bodloni gofynion yr arholiad. Gallwch wneud hyn drwy ymarfer y sgiliau uwch sy'n gysylltiedig ag AA2. Bydd yr ymarferion yn y llyfr hwn yn eich helpu i wneud hyn ac yn eich paratoi ar gyfer yr arholiad.

Ar gyfer Amcan Asesu 2 (AA2), sy'n cynnwys dangos sgiliau 'dadansoddi beirniadol' a 'gwerthuso' rydyn ni am ganolbwyntio ar ffyrdd gwahanol o ddangos y sgiliau yn effeithiol, gan gyfeirio hefyd at sut bydd eich perfformiad ym mhob un o'r sgiliau hyn yn cael ei fesur (gweler disgrifyddion band cyffredinol AA2 ar gyfer U2).

▶ **Dyma eich tasg:** Isod mae **crynodeb o ddau safbwynt gwahanol ynghylch ai gobaith ofer (*wishful thinking*) yw crefydd.** Mae'n 300 gair o hyd. Rydych chi eisiau defnyddio'r ddau safbwynt a'r dadleuon hyn ar gyfer gwerthusiad; fodd bynnag, nid yw eu rhestru yn unig yn gyfystyr â'u gwerthuso. Cyflwynwch y ddau safbwynt hyn mewn arddull gwerthusol gan grynhoi pob dadl yn gyntaf; yna, rhowch sylwadau yn nodi pa mor effeithiol yw pob un (mae gwan neu gryf yn dermau da i ddechrau arni). Dylech ysgrifennu cyfanswm o tua 350 gair.

Mae crefydd yn diystyru cyfiawnhad rhesymegol. Mae'n ffenomen ddiwylliannol. Mae credoau crefyddol yn parhau oherwydd bod y seice dynol yn eu dymuno ac felly'n anwybyddu'r ffaith na ellir eu cyfiawnhau. Mae'r dyheadau/dymuniadau dynol sylfaenol hyn yn cynnwys goresgyn bygythiadau i ddynoliaeth gan rymoedd allanol (natur fel daeargrynfeydd a marwolaeth ei hun) a grymoedd mewnol (greddfau dynol) a dyhead hollgyffredinol am ffigwr tadol. Gwelodd Freud ei bod yn bosibl rheoli'r grymoedd hyn drwy eu personoli a'u troi yn dduwiau. Yna gellir tawelu dig y duwiau. Daw gwrthrych yr addoli yn dad dyrchafedig sy'n gwylio drosom ac yn gwneud iawn am ein dioddefaint ar y ddaear â bywyd yn y dyfodol ar ôl marwolaeth. Mae Freud yn gweld mewn crefydd ddiymadferthedd plentyn a'r tad yn ei warchod. I Freud roedd rhithiau fel hyn yn sarhad ar ddeallusrwydd ac yn gwrth-ddweud realiti. Roedden nhw'n achosi i bobl ddibrisio eu bywydau a bod heb y gallu i newid y gymdeithas er gwell.

Gwawdlun yw disgrifiad Freud o grefydd. Mae'n cymryd nad oes gan ddiwinyddion, ysgolheigion beiblaidd ac apolegwyr ddiddordeb mewn tystiolaeth a dadl resymegol. Maen nhw'n rhoi cyfiawnhad rhesymegol ac yn troi at dystiolaeth hanesyddol fel yr hanesion am Iesu yn yr Efengylau. Mae ffydd Freud mewn gwyddoniaeth yn hytrach na chrefydd yn ymddangos yn rhith ynddo'i hun. Beth yw'r dystiolaeth dros ddamcaniaethau Freud am yr id, yr ego a'r uwch-ego? Ni ellir gwirio damcaniaethau Freud ei hun. Mae cyhuddo crefydd o fod yn ddihangfa rhag realiti yn rhagdybio mai gwyddoniaeth yw'r unig ffordd y gall realiti gael ei esbonio a'i ddeall. Golwg gwahanol ar realiti yw crefydd. Nid yw crefydd yn fwy o rith na gwyddoniaeth. Mae Freud yn anwybyddu crefyddau sy'n seiliedig ar dduwdodau benywaidd neu grefyddau heb un gwrthrych pennaf i'w addoli. Mae'n anwybyddu tystiolaeth o'r hil Trobriand, lle nad oedd gan y tad rôl bwysig, eto roedd ganddyn nhw grefydd. Er enghraifft, ai'r math o Dduw y byddai rhywun eisiau ei gyflwyno gan ei fod yn sanctaidd a chyfiawn yw Duw'r Beibl? Os gellir esbonio Crefydd gan yr angen am ffigwr tadol, yna a ellir esbonio atheïstiaeth gan beidio â chael profiad o ffigwr tadol? Mae Freud felly yn dethol ei dystiolaeth yn ofalus ac yn anwybyddu unrhyw beth nad yw'n ffitio.

Ar ôl i chi orffen y dasg, cyfeiriwch at y disgrifyddion band ar gyfer U2 ac edrychwch yn benodol ar y gofynion sydd wedi'u disgrifio yn y disgrifyddion band uwch y dylech chi fod yn anelu atyn nhw.

Th1 Heriau i gred grefyddol

Sgiliau allweddol Thema 1 ABC

Mae'r thema hon yn cynnwys tasgau sy'n ymdrin â hanfodion AA2 o ran datblygu arddull gwerthusol, adeiladu dadleuon a chodi cwestiynau beirniadol.

Sgiliau allweddol

Mae dadansoddi'n ymwneud â nodi materion sy'n cael eu codi gan y deunyddiau yn adran AA1, ynghyd â'r rhai a nodwyd yn adran AA2, ac mae'n cyflwyno safbwyntiau cyson a chlir, naill ai gan ysgolheigion neu safbwyntiau personol, yn barod i'w gwerthuso.

Mae hyn yn golygu:

- Bod eich atebion yn gallu nodi meysydd trafod allweddol mewn perthynas â mater penodol
- Eich bod yn gallu nodi'r gwahanol ddadleuon a gyflwynir gan eraill, a rhoi sylwadau arnyn nhw
- Bod eich ateb yn rhoi sylwadau ar effeithiolrwydd cyffredinol pob un o'r meysydd neu ddadleuon hyn.

Mae gwerthuso'n ymwneud ag ystyried goblygiadau amrywiol y materion sy'n cael eu codi, yn seiliedig ar y dystiolaeth a gafwyd wrth ddadansoddi ac mae'n rhoi dadl fanwl eang gyda chasgliad clir.

Mae hyn yn golygu:

- Bod eich ateb yn pwyso a mesur canlyniadau derbyn neu wrthod y dadleuon amrywiol a gwahanol a gafodd eu dadansoddi
- Bod eich ateb yn dod i gasgliad drwy broses rhesymu clir.

Wrth i chi weithio drwy bob adran yn y llyfr, bydd y pwyslais ar amrywiaeth o agweddau gwahanol sy'n gysylltiedig ag AA2 er mwyn i chi berffeithio'r sgiliau cyffredinol sy'n gysylltiedig ag AA2.

CBAC Astudiaethau Crefyddol U2
Athroniaeth Crefydd

Mae'r adran hon yn cwmpasu cynnwys a sgiliau AA1

Cynnwys y fanyleb
Mae crefydd yn angenrheidiol ar gyfer twf personol gan gyfeirio at anymwybod cyffredinol; ymunigoli; archdeipiau; y Duw oddi mewn.

B: Cred grefyddol fel cynnyrch y meddwl dynol: Carl Jung

Cyflwyniad

Cafodd Carl Gustav Jung ei eni yn 1875 yn y Swistir. Fel Freud, bu'n gweithio gyda chleifion seiciatrig ar ôl ennill ei ddoethuriaeth. I ddechrau, roedd Jung yn rhannu dealltwriaeth debyg o'r ffordd y mae'r meddwl yn gweithio ond daeth i sylweddoli'n fuan bod golwg Freud ar yr isymwybod yn rhy gul. Felly, aeth ati i ddangos dealltwriaeth gwbl arbennig o'r meddwl, dealltwriaeth fyddai'n gweld crefydd mewn ffordd lawer mwy cadarnhaol. Yn wahanol i Freud, oedd yn gweld crefydd fel niwrosis, roedd Jung yn ei gweld fel rhywbeth angenrheidiol ar gyfer twf personol.

Cynnwys y fanyleb
Crefydd yn angenrheidiol ar gyfer twf personol: anymwybod cyffredinol.

Crefydd yn angenrheidiol ar gyfer twf personol: anymwybod cyffredinol

Roedd Jung yn cytuno â Freud bod yr **anymwybod personol** yn cynnwys atgofion coll neu ataliedig a bod rhai ohonyn nhw'n ffurfio cymhlethoedd. Mae'n cynnwys pethau rydyn ni wedi eu hanghofio gan iddyn nhw fynd yn amherthnasol neu i'w gweld yn ddibwys ar y pryd. Yn y modd hwn, mae anymwybod personol Jung yn debyg i gyn-ymwybod Freud. Fodd bynnag, roedd Jung yn ystyried deunydd ataliedig fel un math o gynnwys anymwybodol yn unig. O dan yr anymwybod personol, yn ôl Jung, mae'r **anymwybod cyffredinol**. Y syniad hwn sy'n ei osod ar wahân i Freud.

Freud (chwith yn y blaen) a Jung (de ar y blaen) ym Mhrifysgol Clark, Massachusetts, UDA, yn 1909

cwestiwn cyplym

1.9 Yn ôl Jung, beth roedd yr anymwybod cyffredinol yn ei gynnwys?

Termau allweddol

Anymwybod cyffredinol: elfennau o anymwybyddiaeth sy'n cael eu rhannu â phawb arall.

Anymwybod personol: atgofion sydd wedi cael eu hanghofio neu eu hatal

Archdeipiau: yn golygu 'patrwm gwreiddiol' yn llythrennol – maen nhw'n cyfeirio at ffurfiau symbolaidd y mae pawb yn eu rhannu yn eu hanymwybod cyffredinol. Mae'r archdeipiau yn rhoi bodolaeth i ddelweddau yn y meddwl ymwybodol ac yn egluro'r themâu sy'n digwydd drosodd a throsodd. Mae'r rhain yn mowldio ac yn dylanwadu ar ymddygiad dynol

Cychwynnol: yn bodoli o'r dechrau

Dyfyniadau allweddol

Hyd nes y gwnewch yr anymwybod yn ymwybodol, bydd yn cyfeirio'ch bywyd a byddwch yn ei alw'n ffawd. (Jung)

Rwy'n galw'r haen ddyfnach hon yr 'anymwybod cyffredinol' ... nid yw'r rhan hon o'r anymwybod yn unigol ond yn hollgyffredinol ... mae ganddi gynnwys a dulliau o ymddygiad sydd fwy neu lai yr un peth ym mhob man ac ym mhob unigolyn. (Jung)

Felly, i Jung, roedd y seice yn cynnwys yr ego (ymwybyddiaeth), yr anymwybod personol a'r anymwybod cyffredinol. Fel yr ystyrir bod esblygiad ac etifeddeg yn darparu glasbrint i'r corff, felly roedd Jung yn ystyried bod esblygiad ac etifeddeg yn darparu glasbrint i'r seice. Yn ôl Jung, mae'r anymwybod cyffredinol yn cynnwys delweddau **cychwynnol**, sy'n deillio o hanes cynnar dynoliaeth. Mae'r delweddau hyn yn deillio o orffennol ein cyndadau, ac maen nhw'n cynnwys profiadau dynoliaeth a chyn-ddynoliaeth. Roedd Jung yn honni na allai'r delweddau neu syniadau hyn gael eu holrhain yn ôl i brofiadau blaenorol yr unigolyn ei hun.

Er y cyfeirir atyn nhw fel delweddau, nid lluniau ydyn nhw'n llythrennol ond mwy fel rhagdueddiadau i weithredu fel ein hynafiaid yn ein hymateb i'r byd. Oherwydd bod y rhain yn debyg i'r themâu mytholegol a chrefyddol a ymddangosodd drwy'r canrifoedd ar draws y byd, cyfeiriodd Jung atyn nhw fel **archdeipiau**.

cwestiwn cyplym

1.10 Yn ôl Jung, beth roedd y seice yn ei gynnwys?

Y Seice yn ôl Jung (diagram: Ego/ymwybyddiaeth, Anymwybod personol, Cymhlethoedd, Archdeipiau, Anymwybod cyffredinol)

Crefydd yn angenrheidiol ar gyfer twf personol: archdeipiau

Daw'r gair 'archdeip' o'r Groeg ac mae'n golygu 'patrwm gwreiddiol'. Nid yw archdeipiau yn cael eu dysgu. Eu swyddogaeth yw trefnu sut rydyn ni'n profi rhai pethau, sy'n aml yn ennyn emosiynau dwfn. Credai Jung fod ein gorffennol cyntefig yn ffurfio sail y seice dynol, yn cyfeirio ac yn dylanwadu ar ymddygiad y presennol. Nododd fod y symbolau a'r delweddau o wahanol ddiwylliannau yn aml yn debyg iawn oherwydd eu bod wedi dod o archdeipiau sy'n cael eu rhannu gan yr hil ddynol i gyd. Fodd bynnag, mae'r archdeipiau yn ddirgel ac nid ydyn nhw ar gael yn uniongyrchol i'r meddwl ymwybodol. Yr unig bryd bydd person yn unigol ymwybodol ohonyn nhw yw pan fyddan nhw'n cael eu hallanoli, fel arfer ar ffurf mythau a symbolau. Mae straeon, symbolaeth a defodau crefyddol, yn ogystal â breuddwydion a synfyfyrion i gyd yn ffyrdd o adnabod yr archdeipiau.

Fodd bynnag, nid yw'r archdeipiau yn set o ddelweddau/motiffau mytholegol pendant sydd wedi cael eu hetifeddu. Mae archdeipiau yn endidau anymwybodol dynamig sy'n cynhyrchu delweddau yn y meddwl ymwybodol, ond ni ellir eu hadnabod yn uniongyrchol. Nid yw ffigyrau archdeipaidd, fel y dyn doeth, yn archdeipiau fel y cyfryw ond yn hytrach yn ddelweddau archdeipaidd sydd wedi'u crisialu allan o'r archdeipiau. Yn ôl Jung, mae'r ffigwr archdeipaidd 'yn dueddiad i ffurfio cynrychioliadau o fotiff'. Felly, mae nifer y delweddau archdeipaidd yn ddi-ben-draw, er bod sawl un yn ailymddangos yn aml. Roedd hyn yn golygu bod Jung yn gallu adnabod patrymau ystyr rheolaidd o fewn byd yr archdeipiau. Gall cynrychioliadau'r archdeipiau amrywio'n fawr o ran eu manylion ond nid ydyn nhw'n colli eu hystyr craidd.

Y pedwar prif archdeip

Gwnaeth Jung adnabod pedwar prif archdeip, sef:

Y persona

Hwn yw'r masg rydyn ni'n ei wisgo i wneud argraff arbennig ar eraill a gall guddio ein gwir natur. Mae'r persona'n cynrychioli pob un o'r masgiau cymdeithasol gwahanol rydyn ni'n eu gwisgo ymhlith grwpiau gwahanol ac mewn sefyllfaoedd gwahanol. Er enghraifft, gall tad ystyried fod nodwedd fel disgyblu yn nodweddiadol o dad ac felly mae'n mabwysiadu'r nodwedd honno yn hytrach na nodwedd sy'n adlewyrchu ei wir bersonoliaeth. Gan fod y persona yn ddelwedd ddelfrydol a ddim yn adlewyrchiad cywir o'n hymwybod bersonol, gall arwain at wrthdaro mewnol ac atal ein hunigoliaeth ein hunain.

Y cysgod

Mae'r cysgod yn cyfeirio at y rhan guddiedig, anymwybodol o'r bersonoliaeth. Mae'n dynodi'r ochr honno o unigolyn y byddai'n well ganddo/ganddi beidio â'i datgelu. Yn aml mae'n cael ei symboleiddio fel pechod gwreiddiol, y diafol neu fel neidr. Ystyrir mai hwn yw ffynhonnell nid yn unig ein hegni creadigol ond hefyd ein hegni dinistriol. Mae'r cysgod mewn gwrthgyferbyniad â'r persona, yr hunan cyhoeddus. Gall yr ochr fwy tywyll hon o'n personoliaeth fod yn achos cywilydd a phryder. Felly rydyn ni'n tueddu i'w gwadu. Os nad yw'r cysgod yn cael ei gydnabod, mae'n cael ei daflu ar eraill y credir eu bod nhw'n ymgorffori'r tueddiadau ataliedig hynny sy'n byw yn seice'r person ei hun mewn gwirionedd. Y ddelwedd fwyaf adnabyddus o'r cysgod yw archdeip y dihiryn.

Cynnwys y fanyleb
Crefydd yn angenrheidiol ar gyfer twf personol: archdeipiau.

Dyfyniad allweddol

Mae ffurf y byd y mae person yn cael ei eni iddo eisoes wedi'i eni y tu mewn iddo, fel delwedd rithiol.
(Jung)

Cwestiwn cyflym

1.11 Beth yw ystyr y gair Groeg y mae'r gair 'archdeip' yn dod ohono?

Archdeip y persona – y masg rydyn ni'n ei wisgo.

Archdeip y cysgod – yr anymwybod sy'n cael ei atal.

CBAC Astudiaethau Crefyddol U2
Athroniaeth Crefydd

Archdeipiau'r anima a'r animus – magu nodweddion y rhyw arall.

Archdeip yr Hunan – y cydbwysedd rhwng yr ymwybod a'r anymwybod.

Term allweddol

Mandala: patrymau geometrig sy'n symbolaidd o'r bydysawd, yn cael eu defnyddio'n aml mewn Bwdhaeth fel cymorth i fyfyrio; maen nhw fel arfer ar ffurf cylch gydag un pwynt amlwg yn y canol

cwestiwn cyflym

1.12 Rhestrwch y pedwar prif archdeip.

Mandala Bwdhaidd nodweddiadol

Yr anima a'r animus

Agweddau mewnol yw'r rhain sy'n magu nodweddion y rhyw arall. Mae pob un o'r rhywiau yn dangos ymagweddau ac ymddygiad y llall o ganlyniad i ganrifoedd o fyw gyda'i gilydd. Wrth i unigolyn ddatblygu hunaniaeth rywiol mae'n atal y rhannau o'i bersonoliaeth a allai gael eu gweld yn adlewyrchu'r rhyw arall. Er enghraifft, gall dyn atal empathi mewn sefyllfaoedd cymdeithasol oherwydd bod y gymdeithas yn ystyried hwnnw'n fenywaidd.

Yr anima yw'r ddelwedd archdeipaidd o fenyw sy'n bresennol yn anymwybod pob dyn. Mae'n gyfrifol am hwyliau ac mae'n gymhlethdod mewn pob perthynas emosiynol. Y ddelwedd fwyaf adnabyddus o'r anima yw archdeip y fam ac mae'n cael ei gynrychioli mewn straeon gan gymeriadau fel Efa mewn Iddewiaeth, y Forwyn Fair mewn Cristnogaeth a Shakti mewn Hindŵaeth. Mae'r anima yn aml yn cael ei ddangos fel ogof neu long.

Yr archdeip cymaradwy yn y seice benywaidd yw'r animus, delwedd y fenyw o ddyn. Yn anymwybod y fenyw, mae'n gyfrifol am farn ddiresymeg. Mae'n cael ei gynrychioli'n aml gan eryr neu darw a symbolau ffalig fel tyrau. Mae angen i'r anima a'r animus fod mewn cydbwysedd.

Yr Hunan

Yr archdeip pwysicaf yw'r Hunan a dyma bwynt canol y bersonoliaeth – yn cydbwyso (hanner ffordd rhwng) yr ymwybod a'r anymwybod. Mae'r Hunan yn cynrychioli'r cytgord a'r cydbwysedd rhwng y gwahanol rinweddau croes sy'n ffurfio'r seice. Mae'r Hunan yn rhoi synnwyr o undod mewn profiad. Roedd Jung yn ystyried mai nod pob unigolyn oedd cyrraedd cyflwr o 'hunaniaeth (*self-hood*)'. Oherwydd ei bod bron yn amhosibl i unrhyw berson ymgorffori ei Hunan yn llawn, mae'r archdeip hwn yn aml yn cael ei fynegi ar ffurf geometrig neu haniaethol, fel **mandala**. Ffigyrau adnabyddus iawn sy'n mynegi'r Hunan yw Crist a Bwdha. Archdeipiau'r Hunan sy'n dod agosaf at yr hyn y mae llawer o grefyddau'n cyfeirio ato fel yr 'enaid'.

Gweithgaredd AA1

Nododd Jung bedwar prif archdeip ond roedd yn credu nad oedd terfyn i'r nifer a all fodoli. Yn wir, wrth ddadansoddi ffilm neu lenyddiaeth mae personoliaeth yn gallu dangos mathau gwahanol o archdeipiau fel arwr, dihiryn a morwyn. Ceisiwch lenwi'r tabl canlynol â chymeriadau o ffilmiau *Harry Potter*, *Star Wars* a *Lord of the Rings*.

Archdeip	Harry Potter	Lord of the Rings	Star Wars
Arwr			
Dihiryn			
Morwyn/*Maiden*			
Partner/*Sidekick*			
Hen ŵr doeth			

Crefydd yn angenrheidiol ar gyfer twf personol: ymunigoli

Dadleuodd Jung, wrth i ni gaffael rhinweddau archdeip o'r anymwybod cyffredinol, ein bod ni'n atal y priodoleddau hynny o'n gwir hunan gan nad ydyn nhw'n cydymffurfio â'r archdeip. Fodd bynnag, mae'n rhaid i'r nodweddion ataliedig hynny, sef ein gwir hunan, gael eu hintegreiddio i'n hymwybyddiaeth os ydyn ni am wireddu ein gwir hunan. Yr enw ar y broses hon lle mae person yn symud tuag at wireddu'r Hunan yw **ymunigoli**.

Mae'r integreiddio yn arwain at gyfanrwydd a chydbwysedd personoliaeth unigolyn. Mae archdeip yr Hunan yn gweithio ochr yn ochr â phob agwedd arall o seice unigolyn i'w hintegreiddio a dod yn gyfan. Ffurf ydyw ar 'hunanddatblygiad' neu 'hunansylweddoliad' – darganfod y gwir hunan.

Felly, mae ymunigoli yn ceisio tynnu oddi ar yr Hunan lapiadau ffug y persona a grym awgrymog y delweddau cychwynnol. Wrth wneud hynny, bydd yn cydbwyso natur anghyson yr archdeipiau ac yn uno pethau croes i'w gilydd.

Un enghraifft fyddai'r angen i uno da a drwg er mwyn i ni weld ein bod ni'n gallu gwneud y ddau beth. Mae symbol y lotws mewn crefyddau Asiaidd yn adlewyrchu'r uno hwn o bethau croes, lle mae gwreiddiau'r lotws yn y mwd brwnt/budr oddi tano a'i flodyn yn yr awyr lân uwchben. Mewn ffordd debyg, dadleuodd Jung fod yn rhaid i ni ddod i gysylltiad â'r cysgod a'r anima/animus os ydyn ni eisiau dod i gysylltiad â'r Hunan.

Mae'r archdeipiau yn dod i mewn i'n hymwybyddiaeth o'r anymwybod cyffredinol drwy gyfrwng symbolau'r archdeipiau. Mae'r symbolau archdeipaidd hyn yn cyfryngu proses ymunigoli wrth iddyn nhw fynegi ac achosi undeb y pethau croes. Gwelodd Jung mai'r symbolau hyn yw'r delweddau, y dogmâu a'r defodau sy'n ffurfio'r traddodiadau crefyddol.

Ceir hefyd rai enghreifftiau amlwg o symbolau archdeipaidd sydd i'w gweld yn y traddodiad crefyddol Cristnogol:

Crist

Nid oedd Jung yn golygu bod Iesu Grist o reidrwydd wedi bodoli mewn hanes. Nid oedd Crist yn ffigwr 'allan yno' ond yn realiti seicig y tu mewn i lefel ddyfnaf y seice dynol. Mae'n cael ei ystyried yn berffaith, ond yn anghyflawn, gan nad oes ganddo 'gysgod'. Mae gwahanu Crist oddi wrth Dduw ar ei enedigaeth, yn symbol o'n gwahaniad dynol ni oddi wrth ein rhieni. Mae marwolaeth Crist yn symbol o aberth angenrheidiol yr ego er mwyn dod yn fwy cyflawn.

Yr Ewcharist

Enw arall ar y Cymun Bendigaid yw'r **Ewcharist** – mae'n galw i gof sut anfonodd Duw ei fab ei hun, sef yntau hefyd, i gael ei aberthu; fodd bynnag, mae'r mab yn atgyfodi. I Jung, roedd hyn yn symbol o'r rheini sy'n aberthu rhan hunanol yr ego, gan arwain at drawsnewid yr hunan.

Y Drindod

Y Drindod – athrawiaeth Gristnogol y Tad, y Mab a'r Ysbryd Glân sy'n dri pherson ac eto yn un. Credai Jung fod y symbol yn unochrog gan nad oedd ganddo pethau croes (roedd yn berffaith dda). Felly, dadleuodd Jung fod pedwaredd elfen wedi cael ei gwrthod ac felly mae angen ei hychwanegu er mwyn darparu'r gwrthwynebiad grymusol sy'n hanfodol ar gyfer y broses o wireddu. Gallai'r bedwaredd elfen wrthwynebol fod yn Satan. Dadleuodd Jung hefyd fod y drindod yn gwbl wrywaidd, ac felly efallai mai'r Forwyn Fair fyddai'r bedwaredd elfen gyferbyniol.

Th1 Heriau i gred grefyddol

> **Cynnwys y fanyleb**
> Crefydd yn angenrheidiol ar gyfer twf personol: ymunigoli.

> **Termau allweddol**
> **Ewcharist:** y seremoni Gristnogol sy'n seiliedig ar swper olaf Iesu Grist gyda'i ddisgyblion, ac mae hefyd yn cael ei alw'n Offeren neu Gymun Bendigaid
>
> **Ymunigoli:** y broses o gyrraedd cyfanrwydd a chydbwysedd

cwestiwn cyflym

1.13 Beth yw'r enw a roddir ar y broses lle mae person yn symud tuag at gyflawni'r Hunan?

cwestiwn cyflym

1.14 Enwch dair enghraifft o symbolau archdeipaidd a nodir yn y traddodiad Cristnogol.

Cynnwys y fanyleb

Crefydd yn angenrheidiol ar gyfer twf personol: y Duw oddi mewn.

> **cwestiwn cyflym**
>
> **1.15** Pam mae ymunigoli yn cael ei weld fel ymchwil grefyddol?

> **cwestiwn cyflym**
>
> **1.16** Sut mae Jung yn wahanol i Freud yn ei safbwynt am grefydd?

Crefydd yn angenrheidiol ar gyfer twf personol: y Duw oddi mewn

Ymunigoli yw'r daith tuag at ddod yn unigolyn cyflawn. Dyma'r ymchwil i ddod o hyd i'r 'Duw oddi mewn' a'r symbol o'r 'Hunan'. Yn ei ystyr ehangaf, ymchwil grefyddol ydyw, oherwydd mai drwy ddelweddau crefyddol y mae'r bersonoliaeth yn gwireddu ei nod o integreiddio. Dim ond delweddau o'r hunan dyfnaf yw'r delweddau crefyddol.

Mae Jung yn ystyried bod Duw yn realiti 'mewnol' dwfn yn hytrach na gwrthrych neu berson allanol. Mae Duw yn fynegiant o'r anymwybod cyffredinol. 'Profiad crefyddol' gyda Duw yw cyfarfod yr 'Hunan' mewn gwirionedd ac mae'r profiad yn cael ei alw'n 'ysbrydol' neu'n 'nwminaidd'. Disgrifiodd Rudolf Otto, y diwinydd o'r Almaen, brofiad 'nwminaidd' fel un dirgel a llawn parchedig ofn. Yn ystod y profiad mae'r person yn teimlo mewn cymundeb ag 'arall cyfan gwbl'.

Roedd Jung yn ystyried bod archdeip yr Hunan yn creu'r un symbolaeth â'r honno sydd bob amser wedi mynegi duwdod. I Jung, yr Hunan yw'r 'Duw oddi mewn i ni'. Honnodd ei bod yn amhosibl gwahaniaethu rhwng symbol o'r Hunan a delwedd o Dduw.

Fel y gwelir, mae dealltwriaeth Jung am y syniad o Dduw yn wahanol iawn i un Freud. I Freud, mae Duw yn greadigaeth y meddwl dynol unigol a'i ddyheadau niwrotig. Mae'n ystyried ei fod yn fwy fel afiechyd meddwl, ac roedd yn credu y byddai crefydd yn diflannu yn y pen draw a gwyddoniaeth yn dod yn ei lle. Mewn cyferbyniad, mae Jung yn credu bod crefydd yn gallu helpu i gydbwyso iechyd meddwl, yn allwedd i'r broses o integreiddio ac ymunigoli.

Tystiolaeth gefnogol gan gynnwys cydnabod bod crefydd yn ffynhonnell o gysur

Cytunir yn gyffredinol bod damcaniaethau Jung wedi cael eu gyrru gan brofiad. Roedd ei gysyniadau wedi'u llunio o dystiolaeth oedd yn deillio o'i brofiad personol a'i arsylwadau clinigol. Daeth i'r casgliad fod archdeipiau'n digwydd yn hollgyffredinol ym mhob diwylliant a chyfnod hanesyddol. Roedd mythau a chrefyddau yn cynnwys themâu tebyg oedd hefyd i'w canfod ym mreuddwydion ei gleifion. Credai Jung fod yr archdeipiau'n cynnig ffordd o ddehongli breuddwydion, mythau a nodweddion crefyddau traddodiadol.

Yn wir, roedd Jung yn gweld crefydd fel ffactor cadarnhaol o werth seicolegol. Er bod crefydd yn cael ei gweld fel camgymeriad, serch hynny roedd yn gamgymeriad cadarnhaol gan ei fod yn rhoi sicrwydd a chryfder i ddynolryw. Roedd yn gweld y syniad o Dduw a ffenomenau crefyddol fel symbolau sy'n mynegi ac yn tynnu bodau dynol tuag at gyfanrwydd seicig.

Daeth Jung yn ymwybodol bod erchyllterau'r Rhyfel Byd Cyntaf yn broblem ysbrydol i'r person modern gan fod y pethau sicr crefyddol, cymdeithasol a gwleidyddol wedi cael eu dymchwel. O ganlyniad, roedd pobl wedi cael eu datgysylltu oddi wrth ddynoliaeth ac ysbrydolrwydd. Dilynodd ansicrwydd a dadrithiad a daeth gwareiddiad i gael ei arglwyddiaethu gan fateroliaeth, gwyddoniaeth a thechnoleg. Roedd y symbolau crefyddol oedd yn allanoli'r archdeipiau yn absennol yn aml a honnodd Jung fod hyn yn arwain at seiconiwrosis. Roedd hyn oherwydd bod niwrosis ac iselder yn deillio o anghytgord rhwng ymwybyddiaeth ac anymwybyddiaeth. Mae'n rhaid i wellhad a chyfanrwydd ddod trwy adfer cytgordd ynoch chi'ch hun a rhyngoch chi a'r byd allanol.

Yn 1932 ysgrifennodd:

'Ymhlith fy holl gleifion ... dros 35 – ni fu un lle yn y pen draw nad dod o hyd i agwedd crefyddol ar fywyd oedd ei broblem. ... aeth pob un ohonynt yn sâl oherwydd ei fod wedi colli'r hyn y mae crefyddau byw pob oes wedi ei roi i'w dilynwyr, ac nid oes yr un ohonynt wedi gwella'n iawn heb adennill ei agwedd grefyddol.' (*Psychotherapists or the Clergy*)

Roedd yn meddwl mai tasg y seicolegydd oedd adennill y weledigaeth fewnol i bob un o'i gleifion, a dadleuodd ei bod yn bosibl gwneud hyn drwy sefydlu cysylltiad rhwng y seice a'r delweddau sanctaidd.

Roedd angen rhoi sylw i negeseuon o'r anymwybod a'r mannau ysbrydol drwy ddadansoddi breuddwydion, cysylltiadau geiriau, a dehongli symbolau, trosiadau a gweithgareddau creadigol. I Jung, roedd deall ystyr symbolaidd yr archdeipiau yn yr anymwybod yn gam pwysig tuag at gyrraedd byw yn ystyrlon.

Tystiolaeth gefnogol gan gynnwys cydnabod bod crefydd yn hyrwyddo meddylfryd personol a chymdeithasol cadarnhaol yn deillio o gred grefyddol

Gwelodd Jung gefnogaeth i'w ddamcaniaethau o'r ffaith iddo sylwi bod gan fodau dynol syniadau cyffredinol a moesegau cyffredin y gellid eu canfod ym mhob crefydd. Yn wir, gwelai fod cred grefyddol yn helpu ymunigoli ac yn arwain at gyfanrwydd yr unigolyn.

Roedd Jung yn sylweddoli bod gwahaniaeth sylweddol rhwng meddyliau Gorllewinol ac Asiaidd. Iddo ef roedd y meddwl Gorllewinol yn allblyg ac yn chwilio am realiti allanol. Mewn cyferbyniad, roedd y meddwl Asiaidd yn fewnblyg ac yn chwilio am ffynhonnell pob bodolaeth, y seice ei hun. Felly roedd yn gweld gwerth arbennig yn y technegau myfyrdod Asiaidd.

Mewn myfyrdod Bwdhaidd, er enghraifft, mae cael gwared ar anwybodaeth yn hanfodol: mae hyn yn golygu symud rhwystrau fel dyheadau synhwyraidd, malais ac aflonyddwch. Mae'r myfyrdod yn ceisio dadorchuddio camsyniadau am bwy a beth ydyn ni. Er enghraifft, mae'r Brahma Viharas (rhinweddau Bwdhaidd) yn gyflyrau, meddyliau a gweithredoedd myfyrdodol i'w meithrin mewn myfyrdod Bwdhaidd. Y pedair Rhinwedd Bwdhaidd hyn yw caredigrwydd, tosturi, llawenydd dros eraill a hunanfeddiant. Mae'r ymarfer myfyrdodol hwn yn debyg i'r archdeip o Dduw sy'n golygu datblygu delweddau cadarnhaol, iachusol i fyfyrio amdanynt. Felly, mae'r syniad o archdeip yr Hunan yn trefnu a chydgordio'r 'darlun llawnach' o realiti yn debyg i'r syniad o fyfyrdod yn arwain at oleuedigaeth (nibbana/nirvana).

Roedd Jung yn teimlo bod y ffordd tuag i mewn i bobl yn y Gorllewin yn fwy anodd. Nid oedd dim byd yn y Gorllewin oedd yn wir yn cymharu â'r traddodiad myfyrio Asiaidd heblaw seicotherapi. Roedd hyn yn cynnwys pethau fel dadansoddi breuddwydion a'r nod oedd llywio'r claf tuag at gyfarfyddiad personol â'r anymwybod cyffredinol a'i archdeipiau. I Jung, dim ond os oedd symbolau'n ddynamig roedden nhw'n gweithio. Credai fod llawer o symbolau mewn crefydd gyfundrefnol wedi dod yn wrthrychau'n unig a'u bod felly wedi colli eu hystyr a'u grym i wireddu'r archdeip o Dduw. Daeth Jung i'r casgliad bod crefydd gyfundrefnol yn fethiant.

Mae arolygon am iechyd meddwl, hapusrwydd a buddion cymdeithasol yn dangos sgôr gadarnhaol ar gyfer y bobl sy'n grefyddol. Mae hyn yn awgrymu bod crefydd yn helpu cyfanrwydd ac yn helpu i integreiddio'r cynnwys ymwybodol ac anymwybodol i gyfanswm cydlynol yn y seice.

Mae arolygon yn awgrymu bod cydlyniad cymdeithasol a chymorth cymdeithasol i'w cael ymhlith aelodau eglwys. Mae'n ffynhonnell o integreiddio cymdeithasol i bobl sy'n aml yn cael eu gwrthod gan y gymdeithas ehangach. Ystyrir crefydd yn gysur hefyd gan ei bod yn cynnig ystyr i fywyd a rhyddid rhag ofn marwolaeth.

Cynnwys y fanyleb
Tystiolaeth gefnogol gan gynnwys cydnabod bod crefydd yn hyrwyddo meddylfryd personol a chymdeithasol cadarnhaol yn deillio o gred grefyddol.

cwestiwn cyflym

1.17 Pa wahaniaeth welodd Jung rhwng y meddwl crefyddol Gorllewinol ac Asiaidd?

Dyfyniad allweddol

Y delweddau/symbolau crefyddol (yn ôl Jung) 'yw'r ffordd y mae bodau dynol yn darganfod yr hyn ydyn nhw a'r hyn y mae'n bosibl iddyn nhw fod'. (Palmer)

Myfyrdod Bwdhaidd

CBAC Astudiaethau Crefyddol U2
Athroniaeth Crefydd

Cynnwys y fanyleb
Heriau gan gynnwys diffyg tystiolaeth empirig o gysyniadau Jungaidd a safbwyntiau lleihaol yn ymwneud â chred grefyddol yn deillio o dderbyn syniadau Jung.

Dyfyniadau allweddol

Mae damcaniaeth yr anymwybod cyffredinol yn ... ddatblygiad cwbl ddiangen i esbonio rhai arsylwadau y gellir eu hesbonio'n fwy syml mewn ffordd arall. (Brown)

Nid yw teimlad goddrychol o wirionedd syniad yn gefnogaeth dros ei dderbyn fel damcaniaeth. (Popper)

... os yw crefydd yn perthyn i ddigwyddiadau seicig ... i ddigwyddiadau eich enaid eich hun ... yna nid yw'n perthyn i Fod neu i Realiti ... Yn fwy manwl, nad y berthynas o Fi â Thi ydyw. Ond, dyma'r ffordd mae'r credyddau digamsyniol o bob oes wedi deall eu crefydd ... (Buber)

Termau allweddol

Bwdhaeth Theravada: ysgol o Fwdhaeth sy'n cael ei hysbrydoliaeth ysgrythurol o Ganon Pali

Tystiolaeth empirig: gwybodaeth a dderbynnir drwy gyfrwng y synhwyrau, yn enwedig drwy arsylwi ac arbrofi

Gweithgaredd AA1
Chwiliwch am fwy o symbolau archdeipaidd sydd i'w gweld yn y credyddau rydych chi wedi eu hastudio ac ar gyfer pob un:
a. Esboniwch archdeip o beth ydyw.
b. A oes digon o dystiolaeth gefnogol dros hyn neu beidio?
c. A fyddai'n gallu ymateb i'r heriau uchod?

Heriau – diffyg tystiolaeth empirig o gysyniadau Jungaidd

Mae rhywfaint o gefnogaeth i honiadau canolog Jung am archdeipiau gan eu bod yn ymddangos ym mythau a chrefyddau rhai diwylliannau a hefyd ym mreuddwydion pobl. Fodd bynnag, ni fu'n bosibl dyfeisio unrhyw ddull ymchwil a allai wirio honiadau Jung yn llawn. Nid yw'n bosibl dangos drwy **dystiolaeth empirig** bod yna anymwybod cyffredinol sy'n cynnwys yr archdeipiau. Nid yw tebygrwydd rhwng effeithiau yn golygu bod eu hachosion yn debyg. Felly, gall fod damcaniaethau eraill sy'n egluro delweddaeth gyffelyb.

Dywedodd y seicolegydd, Gordon Allport, mai esboniad llawer gwell yw bod y delweddau yn deillio o gydymffurfio â diwylliant. Serch hynny, mae Jung yn cymryd bod delweddau a themâu tebyg yn dystiolaeth o archdeipiau, ac oherwydd ei fod yn honni bod archdeip yn gysyniad cyffredinol, gellir grwpio'r delweddau amrywiol hyn mewn ffordd sy'n rhoi undod ystyr i bob un sydd yn y grŵp hwnnw. Fel mae Michael Palmer yn dweud: 'Felly, yn sgil ymddangosiad amodol delweddau o'r fath mae Jung yn awgrymu cynigiad angenrheidiol am fodau dynol yn gyffredinol, a bydd hwn felly yn berthnasol ni waeth pa ddelweddau bydden nhw efallai'n eu llunio.' Nid yw Jung yn rhoi unrhyw faen prawf i ni ar gyfer gwahaniaethu rhwng un ddelwedd archdeipaidd a'r llall.

Mae'n golygu bod yn rhaid i unrhyw ddelwedd sydd gan berson berthyn i grŵp archdeipaidd ac felly bydd ystyr penodol iddi. Tybiaeth arall mae Jung yn ei gwneud yw bod gan fodau dynol natur *a priori* i lunio delweddau o Dduw. Mewn geiriau eraill, mae delweddau o Dduw ac felly credoau crefyddol yn gynhenid. Roedd Jung yn osgoi gwneud rhagfynegiadau oedd yn seiliedig ar ei ddamcaniaethau ac roedd hynny'n ei ryddhau rhag cael ei brofi'n anghywir.

Cafodd Jung ei gyhuddo gan Hall a Lindzey o ddibynnu ar dechnegau ymchwil clinigol a chadair freichiau yn hytrach nag ar arbrofi a meintioli.

Heriau – safbwyntiau lleihaol yn ymwneud â chred grefyddol

Byddai llawer yn dadlau na ellir ystyried yn grefyddol brofiad sy'n deillio o'r meddwl ac felly sydd ddim yn allanol i'r goddrych o gwbl. Mae Crist, er enghraifft, yn fwy na symbol am rywbeth arall yn unig. Mae e'n berson hanesyddol y mae llawer yn ei ystyried yn Fab Duw. Dywedodd Fromm fod Jung 'yn ymddangos yn ddifater ynghylch y chwilio am wirionedd sydd wrth graidd dyheadau crefyddol'.

Felly, mae'n ymddangos nad oedd Jung yn credu ym modolaeth Duw yn yr ystyr traddodiadol o fod allanol. Nid oedd yn diystyru'r posibilrwydd ond roedd yn credu na allwn ni byth wybod a yw Duw yn bodoli. Mae Jung yn dilyn Kant yn ei safbwyntiau am brofion theistig. Mae'r ddau'n cytuno na all unrhyw ddadl ar sail profiad brofi bodolaeth unrhyw beth sy'n gorwedd y tu hwnt i ffiniau profiad dynol. Fodd bynnag, mae Jung yn dadlau bod bodau dynol yn meddu ar y briodwedd o ffurfio delweddau o Dduw ac felly mae'n casglu bod ein hanymwybod cyffredinol yn cynnwys y ffurf archdeipaidd ar Dduw.

Mae'r term 'crefydd' wedyn yn mynd mor eang ei gwmpas fel ei fod yn ymddangos yn derm priodol i'w ddefnyddio ar gyfer unrhyw system syniadau. Mae hyn yn ei gwneud hi bron yn amhosibl cyfeirio at neb fel un nad yw'n credu. Mae fel pe bai Jung yn anwybyddu bodolaeth atheïstiaid a chrefyddau an-theïstig fel **Bwdhaeth Theravada**.

Yr hyn sy'n bwysig i Jung yw nid yr Iesu hanesyddol ac a oedd yna berson Iesu mewn gwirionedd, ond y profiad seicig sy'n dod yn sgil y teitl 'Crist'. I Jung, Iesu yw'r enghraifftiad o archdeip. I Gristnogion, byddai'r fath ddealltwriaeth o Iesu a Christnogaeth yn annerbyniol.

Yr un mor ddadleuol oedd llyfr Jung *Answer to Job* (1951) lle mae'n dadlau bod daioni a drygioni hefyd yn agweddau ar Dduw.

Th1 Heriau i gred grefyddol

Datblygu sgiliau AA1

Nawr mae'n bwysig ystyried y wybodaeth sydd wedi'i chyflwyno yn yr adran hon; fodd bynnag, mae'r wybodaeth fel y mae yn llawer rhy helaeth ac felly mae'n rhaid ei phrosesu er mwyn bodloni gofynion yr arholiad. Gallwch wneud hyn drwy ymarfer y sgiliau uwch sy'n gysylltiedig ag AA1. Bydd yr ymarferion yn y llyfr hwn yn eich helpu i wneud hyn ac yn eich paratoi ar gyfer yr arholiad. Ar gyfer Amcan Asesu 1 (AA1), sy'n cynnwys dangos sgiliau 'gwybodaeth' a 'dealltwriaeth', rydyn ni am ganolbwyntio ar ffyrdd gwahanol o ddangos y sgiliau yn effeithiol, gan gyfeirio hefyd at sut bydd eich perfformiad ym mhob un o'r sgiliau hyn yn cael ei fesur (gweler disgrifyddion band cyffredinol AA1 ar gyfer U2).

▶ **Dyma eich tasg:** Isod mae **crynodeb o Ymunigoli**. Rydych chi eisiau esbonio hyn mewn traethawd ond nodiadau'r athro ydyn nhw. Felly byddai eu hailadrodd yn golygu dim mwy na'u copïo ac ni fyddai'n dangos unrhyw ddealltwriaeth. Ailysgrifennwch nodiadau'ch athro ond mae angen i chi newid y geiriau a ddefnyddir (ar wahân i dermau crefyddol neu athronyddol allweddol) i eiriau gwahanol fel y gallwch ddangos eich bod yn deall yr hyn sy'n cael ei ysgrifennu a bod gennych eich fersiwn unigryw eich hun.

Ymunigoli yw'r broses o gyrraedd cyfanrwydd a chydbwysedd. Mae'r cyfan yn ymwneud â chydbwyso pethau croes – yn yr ymwybod a'r isymwybod. Mae'n ymwneud â derbyn yr hyn sydd wedi cael ei atal a dod o hyd i'r Hunan. Nod y broses ymunigoli yw gwireddu'r Hunan. Mae ymunigoli yn golygu dod yn unigolyn ac mae'n awgrymu mai'ch hunan eich hun fyddech chi yn y pen draw. Felly yn aml fe gyfeirir ato fel hunansylweddoliad. Mae'n ymddangos mai'r symbolau archdeipaidd niferus sy'n mynegi ac yn dod â phethau croes ynghyd yw'r delweddau, y dogmâu a'r defodau sy'n rhan o draddodiadau crefyddol. Mae symbol y Lotws yn enghraifft dda o uno pethau croes. Drwy gyfrwng symbolau'r archdeipiau y mae'r archdeipiau'n dod i mewn i'n hymwybod o'r anymwybod cyffredinol. Mae Crist yn enghraifft dda o symbol archdeipaidd. Drwy gymorth y symbolau hyn y mae'r tueddiadau ataliedig, sef ein gwir hunan, yn cael eu hintegreiddio i'n hymwybod ac rydyn ni'n gwireddu ein gwir hunan. Defnyddir y mandala yn aml fel symbol o archdeip yr Hunan. Mae rhai pobl yn gweld y broses o ymunigoli ar waith mewn myfyrdod Bwdhaidd. Mae'r Brahma Viharas yn enghraifft dda o ddatblygu delweddau iachusol, cadarnhaol ar gyfer myfyrio.

Mae'r broses o ymunigoli yn angenrheidiol fel therapi a'r archdeipiau sy'n cyfeirio'r broses. Mae ymunigoli yn rhywbeth cynhenid i unigolion, yn ddeddf naturiol o'r seice. Golyga hyn, i raddau mwy neu lai, fod pob bod dynol yn cymryd rhan yn y broses o hunansylweddoliad.

Ar ôl i chi orffen y dasg, cyfeiriwch at y disgrifyddion band ar gyfer U2 ac edrychwch yn benodol ar y gofynion sydd wedi'u disgrifio yn y disgrifyddion band uwch y dylech chi fod yn anelu atyn nhw.

Sgiliau allweddol

Mae gwybodaeth yn ymwneud â:

Dewis ystod o wybodaeth (drylwyr) gywir a pherthnasol sydd â chysylltiad uniongyrchol â gofynion penodol y cwestiwn.

Mae hyn yn golygu:

- Dewis deunydd perthnasol i'r cwestiwn a osodwyd
- Canolbwyntio ar esbonio ac archwilio'r deunydd a ddewiswyd.

Mae dealltwriaeth yn ymwneud ag:

Esboniad helaeth, gan ddangos dyfnder a/neu ehangder gyda defnydd rhagorol o dystiolaeth ac enghreifftiau gan gynnwys (lle y bo'n briodol) defnydd trylwyr a chywir o destunau cysegredig, ffynonellau doethineb a geirfa arbenigol.

Mae hyn yn golygu:

- Defnydd effeithiol o enghreifftiau a thystiolaeth gefnogol i sefydlu ansawdd eich dealltwriaeth
- Perchenogaeth o'ch esboniad sy'n mynegi gwybodaeth a dealltwriaeth bersonol, NID eich bod yn ailadrodd darn o destun o lyfr rydych wedi ei baratoi a'i gofio.

CBAC Astudiaethau Crefyddol U2
Athroniaeth Crefydd

Mae'r adran hon yn cwmpasu cynnwys a sgiliau AA2

Cynnwys y fanyleb
I ba raddau yr oedd Jung yn fwy cadarnhaol na Freud am y syniad o Dduw.

Materion i'w dadansoddi a'u gwerthuso

I ba raddau yr oedd Jung yn fwy cadarnhaol na Freud am y syniad o Dduw

Mae Freud fel arfer yn cael ei bortreadu fel rhywun negyddol am y syniad o Dduw ond mae Jung yn cael ei weld yn fwy cadarnhaol. Fodd bynnag, nid yw pawb yn cytuno â hyn gan fod llawer yn ystyried bod Freud a Jung yr un mor negyddol.

Roedd Freud yn dweud bod crefydd yn debyg i afiechyd meddwl. Dim ond math arall o niwrosis ydoedd (yn arbennig niwrosis rhywiol) lle mae'r addolwr crefyddol a'r niwrotig obsesiynol yn treulio oriau yn gwneud defodau arbennig. Os nad yw'r defodau'n cael eu gwneud neu ddim yn cael eu cyflawni yn y ffordd gywir, yna mae'r person yn mynd yn bryderus ac yn ofnus. Felly, yn union fel y mae ar niwrotig obsesiynol angen therapi a thriniaeth i gael gwared â'r niwrosis, felly hefyd mae ar addolwr crefyddol angen therapi i'w ryddhau o'i niwrosis. O'i hystyried yn y cyd-destun hwn, mae crefydd yn niweidiol ac yn gyfyngol.

Er bod Freud yn ystyried gwahanol achosion y niwrosis (damcaniaeth y llu gwreiddiol, totemiaeth, y cymhleth Oedipws, ffigwr y tad), maen nhw i gyd yn rhannu'r un thema – mae'r niwrosis yn ganlyniad i atalnwyd.

Nid yw crefydd yn rhywbeth sy'n gwella ac yn gwneud yn gyflawn ond yn hytrach rhywbeth y mae angen ei drin a'i wella. Mae crefydd yn blentynnaidd a gall arwain at bobl yn peidio â gweithredu i wella cymdeithas. Maen nhw'n troi at weddïo ar ffigwr tadol hollalluog a graslon yn hytrach na gweithredu eu hunain. Mae Freud yn gweld y syniad o Dduw fel creadigaeth y meddwl dynol unigol a'i ddyheadau niwrotig. Gwelir bod niwrosis crefydd yn deillio o'r gwrthdaro rhwng y meddwl ymwybodol ac anymwybodol, lle mae'r unigolyn yn atal ysgogiadau a chysylltiadau blaenorol.

Mewn cyferbyniad, mae'n ymddangos bod Jung yn cynnig golwg llawer mwy cadarnhaol ar grefydd. Mae'n gwrthod y syniad o grefydd fel niwrosis rhywiol. Nid yw'r anymwybod yn cael ei weld fel rhyw fath o storfa sy'n cadw deunydd annifyr o blentyndod unigolyn, gyda'r atgofion a'r ysgogiadau hynny'n cael eu hatal. Yn hytrach, drwy ddatgloi lefel ddyfnaf yr anymwybod, mae'n arwain at ganolbwyntio ar y delweddau cychwynnol ac archdeipadd o ddynoliaeth, sef yr anymwybod cyffredinol. O'r anymwybod cyffredinol rydyn ni'n caffael rhinweddau archdeip sydd, yn eu tro, yn mowldio a dylanwadu ar ein hymddygiad. I Jung, mae Duw yn fynegiant o'r anymwybod cyffredinol.

Felly, mae crefydd yn gadarnhaol. Mae'n ymwneud â'r broses ddatblygol yn natblygiad y bersonoliaeth seicig – yn integreiddio agweddau ymwybodol ac anymwybodol y seice. Roedd Freud yn gweld crefydd fel cymysgedd o atalnwydau oedd yn llawn euogrwydd ac obsesiynau a fynegwyd drwy ddefod. Ond roedd Jung yn gweld crefydd fel dimensiwn naturiol a chyfiawn o weithgaredd seicig. Dim ond delweddau o'r hunan dyfnach yw delweddau crefyddol, a thrwy'r delweddau crefyddol hyn mae'r bersonoliaeth yn cyrraedd ei nod o integreiddiad. Felly, i Jung, realiti yn dod o ran ddyfnaf yr anymwybod cyffredinol dynol oedd Duw.

Mae crefydd felly yn gadarnhaol a buddiol gan ei fod yn angenrheidiol ar gyfer datblygiad seicig dynol. Mae'n weithgaredd hanfodol i fodau dynol. Roedd diffyg teimladau neu gred grefyddol yn awgrymu methiant yr unigolyn i integreiddio'r meddwl ymwybodol ac anymwybodol. Roedd Freud yn gweld symbolau fel ffordd i unigolyn osgoi realiti, ond roedd Jung yn gweld symbolau fel y ffordd i ennill gwybodaeth am fathau o realiti na ellid gwybod amdanynt ynddynt eu hunain. Roedd symbolau'n trawsnewid niwrosis yn hytrach nag arwain ato. Wrth awgrymu presenoldeb y ddelwedd archdeipaidd hollgyffredinol hon o Dduw, mae'n bosibl gweld bod Jung yn cadarnhau crefydd fel gweithgaredd sylfaenol y seice dynol.

Dyfyniad allweddol

Anodd ei ateb, rwy'n gwybod. Nid oes angen i mi gredu. Rwy'n gwybod. *(Jung yn 85 oed – pan ofynnwyd iddo a oedd yn credu yn Nuw)*

Seicotherapi

Gweithgaredd AA2

Wrth i chi ddarllen drwy'r adran hon ceisiwch wneud y pethau canlynol:

1. Dewiswch y gwahanol ddadleuon sy'n cael eu cyflwyno yn y testun a nodwch unrhyw dystiolaeth gefnogol a roddir.
2. Ar gyfer pob dadl a gyflwynir, ceisiwch werthuso a yw'r ddadl yn un gryf neu wan yn eich barn chi.
3. Meddyliwch am unrhyw gwestiynau yr hoffech chi eu gofyn wrth ymateb i'r dadleuon.

Bydd y gweithgaredd hwn yn eich helpu chi i ddechrau meddwl yn feirniadol am yr hyn rydych chi'n ei ddarllen, ac yn eich helpu i werthuso effeithiolrwydd dadleuon gwahanol, gan ddatblygu eich sylwadau, a'ch barn a'ch safbwyntiau eich hun. Bydd hyn yn eich helpu wrth ddod i gasgliadau y byddwch yn eu gwneud yn eich atebion i'r cwestiynau AA2 sy'n codi.

Cyflwynodd Rudolf Otto y term 'nwminaidd' mewn perthynas â phrofiad crefyddol. Gwnaeth Jung 'ymestyn ei ystyr ... drwy roi ansawdd nwminaidd i brofiad yr archdeip' (Ellenberger: *The Discovery of the Unconscious*). Felly, drwy ddod â phrofiad o'r archdeip i ymwybyddiaeth, gall yr unigolyn gyflawni profiad crefyddol dilys. Cafodd crefyddau'r byd eu cychwyn gan unigolion oedd wedi cael profiadau crefyddol dwys, er enghraifft Bwdha yn cyrraedd goleuedigaeth o dan y goeden Bodhi a Mohammed yn clywed llais Duw mewn ogof yn yr anialwch. Roedd Freud yn ystyried hanfod y profiad crefyddol fel symptom niwrotig ac felly'n negyddol, ond roedd Jung yn ei ystyried yn rhywbeth cadarnhaol – fel naill ai tystiolaeth o'r dwyfol neu elfen seicolegol oddi mewn i bob un ohonom, yr Hunan, sydd â'r gallu i gael mewnweledaid a doethineb.

Mae rhai'n cyflwyno achos sy'n dweud bod Freud a Jung yr un mor negyddol am Dduw. Fel Freud, roedd Jung yn cydnabod perthynas rhwng crefydd a niwrosis. Honnodd Jung, 'ymhlith ei holl gleifion yn ail hanner eu bywyd, nad oes un nad yw ei brif broblem yn gysylltiedig â'i agwedd at grefydd'.

Nid oedd Freud na Jung yn deall crefydd yn yr ystyr traddodiadol. Roedd Freud yn ei gweld yn nhermau defodau ac roedd Jung yn ei deall yn nhermau symbolau a phrofiadau crefyddol. Er nad oedd Jung yn galw crefydd yn 'niwrosis obsesiynol hollgyffredinol', roedd yn ystyried bod pob crefydd yn fytholegau cyffredinol. Yn eu hanfod nid oedden nhw'n real ond roedden nhw'n cael effaith ar y bersonoliaeth ddynol. Dywedodd Dr Szasz (*The Myth of Psychotherapy*), 'ym marn Jung mae crefyddau yn gymhorthion ysbrydol angenrheidiol, ond ym marn Freud, ffyn baglau rhithiol ydyn nhw. Roedd Freud yn ystyried crefyddau yn rhithiol a drwg ond roedd Jung yn eu gweld yn ddychmygol ond yn dda. Mae'n bosibl dadlau felly bod y ddau yn negyddol. Dim ond offeryn ar gyfer mynd i mewn i'r hunan oedd crefydd i Jung.

Gellid dadlau nad oedd naill ai Freud na Jung yn honni mewn gwirionedd nad oedd Duw yn bodoli. Fodd bynnag, mae'n ymddangos nad oedd gan yr un ohonynt ddiddordeb mewn gwirionedd gwrthrychol a hefyd nad oeddent yn meddwl am y syniad o Dduw yn yr ystyr traddodiadol o fod allanol. Mae rhai'n ystyried Jung fel sylfaenydd y Mudiad Oes Newydd. Pan ofynnwyd i Jung, yn 85 oed, a oedd yn credu yn Nuw, atebodd, 'Anodd ateb, rwy'n gwybod. Nid oes angen i mi gredu.' Mewn llythyrau a ysgrifennodd ar ôl y cyfweliad, ceisiodd esbonio yr hyn roedd yn ei feddwl - 'Y ddelwedd o Dduw yw'r mynegiant o brofiad gwaelodol o rywbeth na allaf ei gyrraedd mewn modd deallusol.' (Jung 1959).

Mae llawer yn credu bod Jung yn tanseilio athrawiaethau Cristnogaeth. Roedd ysgrif Jung am Job yn ddadleuol iawn gan ei fod yn dadlau bod Duw wedi anfon ei fab i ddynolryw i gael ei aberthu i wneud iawn am bechodau Duw, yn enwedig am y ffordd y triniodd Job. Mae Jung yn gweld hyn fel arwydd o ddatblygiad seicolegol parhaus Duw.

Mae rhai yn gweld gwirioneddau crefydd yn honiad Freud bod y presennol yn ganlyniad uniongyrchol ac anochel o'r gorffennol a bod y profiad o atalnwyd yn cael ei ailadrodd ym mhob unigolyn. Efallai fod hyn yn dangos rhai cysylltiadau â Christnogaeth o ran y Cwymp a phechod gwreiddiol. Felly, mae yna rai elfennau o ddamcaniaethau Freud, er y byddai'n bosibl awgrymu eu bod nhw'n negyddol, sy'n gallu cael eu disgrifio'n fwy cywir fel rhai realistig.

Tynnodd Freud sylw hefyd at y frwydr rhwng yr uwch-ego a'r id, sydd â chyffelybiaethau mewn crefyddau â'r frwydr rhwng yr ysbrydol a'r anysbrydol. Nid yw hyn o reidrwydd yn beth negyddol ond gallai gael ei weld fel profiad dysgu a rhywbeth sy'n helpu person i dyfu'n emosiynol ac ysbrydol.

Mewn cymhariaeth, dadleuodd Jung fod gan bob un ohonon ni Hunan-archdeip, ac mae'r Hunan yn fwyaf agos at y dwyfol. Mae ymunigoli yn gynhenid i unigolion ac mae modd gweld cyffelybiaethau yma â'r syniad o fodau dynol yn cael eu creu ar ddelw Duw a bod ganddynt agwedd neu ôl ysbrydol yn rhan o'u bod.

Yn wir, ysgrifennodd Raymond Hostie, diwinydd a Jeswit, fod Jung wedi 'ailddarganfod y crefyddol a'r sanctaidd ac wedi cael gwared ar resymoliaeth lethol'. (*Religion and the Psychology of Jung*, 1957)

Th1 Heriau i gred grefyddol

Dyfyniadau allweddol

Oherwydd yr wyf yn gwneud, nid y peth yr wyf yn ei ewyllysio ond y peth yr wyf yn ei gasáu... Y mae'r ewyllys i wneud daioni gennyf; y peth nad yw gennyf yw'r gweithredu. (Rhufeiniaid 7)

...mae fy ngwaith wedi profi'n empirig bod patrwm Duw yn bodoli ym mhob dyn ... (Jung)

Awgrym astudio

Unwaith eto, meddyliwch am eich sgiliau gwerthuso a cheisiwch ddatblygu'ch dadansoddi beirniadol drwy osod y dadleuon a gyflwynwyd yn nhrefn effeithiolrwydd. Dewiswch ddadl gref a dadl wannach ac esboniwch y rhesymau pam mae hyn yn wir yn eich barn chi.

Gweithgaredd AA2

Rhestrwch rai casgliadau y byddai'n bosibl dod iddynt ar sail y rhesymeg AA2 yn y testun uchod; ceisiwch gyflwyno o leiaf dri chasgliad gwahanol posibl. Ystyriwch bob un o'r casgliadau a chasglwch dystiolaeth gryno i gefnogi pob casgliad o'r deunydd AA1 ac AA2 ar gyfer y testun hwn. Dewiswch y casgliad sy'n argyhoeddi fwyaf yn eich barn chi ac esboniwch pam mae hyn yn wir. Ceisiwch gyferbynnu hyn â'r casgliad gwannaf ar y rhestr, gan gyfiawnhau eich dadl gyda rhesymu clir a thystiolaeth.

Cynnwys y fanyleb

Effeithiolrwydd ymagweddau empirig o ran beirniadu safbwyntiau Jungaidd ar grefydd.

Dyfyniad allweddol

Er i mi gael fy ngalw'n athronydd yn aml, empirydd ydw i ac felly rwy'n glynu wrth y safbwynt ffenomenolegol. (Jung)

Gweithgaredd AA2

Wrth i chi ddarllen drwy'r adran hon ceisiwch wneud y pethau canlynol:

1. Dewiswch y gwahanol ddadleuon sy'n cael eu cyflwyno yn y testun a nodwch unrhyw dystiolaeth gefnogol a roddir.
2. Ar gyfer pob dadl a gyflwynir, ceisiwch werthuso a yw'r ddadl yn un gryf neu wan yn eich barn chi.
3. Meddyliwch am unrhyw gwestiynau yr hoffech chi eu gofyn wrth ymateb i'r dadleuon.

Bydd y gweithgaredd hwn yn eich helpu chi i ddechrau meddwl yn feirniadol am yr hyn rydych chi'n ei ddarllen, ac yn eich helpu i werthuso effeithiolrwydd dadleuon gwahanol, gan ddatblygu eich sylwadau, a'ch barn a'ch safbwyntiau eich hun. Bydd hyn yn eich helpu wrth ddod i gasgliadau y byddwch yn eu gwneud yn eich atebion i'r cwestiynau AA2 sy'n codi.

At ei gilydd, byddai'n annoeth efallai awgrymu bod Freud yn gadarnhaol am grefydd; fodd bynnag, er ei bod yn amlwg y gellid dadlau bod Jung yn fwy cadarnhaol, ceir rhannau o ddamcaniaethau Freud nad ydynt yn amlwg negyddol.

Effeithiolrwydd ymagweddau empirig o ran beirniadu safbwyntiau Jungaidd ar grefydd

Mae tystiolaeth empirig yn cynnwys cofnod o arsylwadau neu brofiadau uniongyrchol rhywun, a gall y rhain gael eu dadansoddi yn ansoddol a meintiol. Roedd methodoleg Jung yn golygu cynnwys disgrifiadau o rai 'ffeithiau' seicig mae'n bosibl eu harsylwi, fel breuddwydion a gweledigaethau. Maen nhw'n 'ffeithiau' yn yr ystyr eu bod yn rhoi gwybodaeth am ein byd seicig ein hunain.

Roedd Jung yn mynnu bod defnyddio profiadau personol goddrychol yn ddilys fel dull empirig, gan mai delweddu realiti gan y seice oedd yr unig realiti i'r unigolyn sy'n ei greu.

Yn *Psychology and Religion* (1938) honnodd Jung 'er i mi gael fy ngalw'n aml yn athronydd, empirydd ydw i ac felly rwy'n glynu wrth y safbwynt ffenomenolegol'. I Jung, mae ffeithiau'n dynodi ffenomenau seicig gan eu bod yn cynnig gwybodaeth am ein byd seicig ni. Yn wir, roedd Jung yn dadlau mai dim ond bodolaeth seicig sy'n wiriadwy yn syth ac felly wrth i empirwyr archwilio'r byd maen nhw'n darganfod ffeithiau sydd o reidrwydd yn seicig.

Gall dulliau empirig ynddynt eu hunain gael eu beirniadu am fod yn ddetholus, yn anghynrychiadol, heb fod yn brawf llwyr ac yn agored i'w dehongli. Ond efallai hefyd fod haen arall o feirniadaeth debyg wrth edrych ar safbwynt Jung am grefydd oherwydd nid oes prawf empirig yn yr ystyr o brawf ffisegol. Fodd bynnag, dylid cofio bob amser bod gan unrhyw arbrawf ffisegol elfen o arsylwi a dehongli, ac felly hefyd mae methodoleg Jung yn seiliedig ar yr union ddwy egwyddor o arsylwi a dehongli.

Mae modd dadlau bod Jung wedi defnyddio tystiolaeth empirig a ddaeth o'i ymchwil i chwedlau a mythau hynafol. Roedd gafael amlwg ar y meddwl dynol gan y delweddau roedd e'n cyfeirio atynt. Daeth cefnogaeth bellach o'i sylw bod gan fodau dynol syniadau cyffredinol a moesegau ar y cyd sydd i'w cael ym mhob crefydd. Mae'r enghreifftiau cyson o symbolau o fytholeg mewn therapi personol yn cefnogi'r syniad o weddill diwylliannol cyffredinol cynhenid.

Dadl arall mae modd ei dilyn fyddai llwyddiant ei ddamcaniaethau wrth arwain at gyfanrwydd yr unigolyn. Cafodd ei arferion seicotherapi ganlyniadau cadarnhaol ac felly mae'n bosibl dadlau bod y canlyniadau llwyddiannus yn ei gleifion yn profi bod ei ddamcaniaethau'n gywir.

Yn fwy diweddar, mae'r Myers-Briggs Type Indicator (MBTI), wedi dod yn offeryn seicometrig poblogaidd; cafodd ei ddatblygu o ddamcaniaeth Jung am fathau seicolegol.

Fodd bynnag, roedd pobl yn amau ei fethodoleg, nid yn unig oherwydd y meysydd roedd e'n eu cynnwys fel tystiolaeth ddilys, fel breuddwydion a chredoau, ond oherwydd ei fod wedi eu codi o esboniadau metaffisegol, fel yr anymwybod cyffredinol ac archdeipiau.

Roedd dull Jung yn cael ei herio a'i gyhuddo o fod yn anwyddonol ac mae hyn yn parhau. Mae Michael Palmer yn nodi bod cyd-sylfaenydd Sefydliad Jung yn Zurich wedi galw yn 1968 am 'ddull mwy gwyddonol mewn seicoleg Jungaidd'. Yn yr un modd, dadleuodd Mary Mattoon fod y 'ffeithiau' seicig hyn yn 'ddefnyddiol yng nghyd-destun darganfod, ond nid yng nghyd-destun cyfiawnhau'.

Fel dewis arall, gallai rhywun ddadlau mai'r prawf sylfaenol o ddatganiad gwyddonol yw a oes modd ei wirio. Gan fod tystiolaeth Jung yn deillio o gyflyrau seicolegol mewnol yna nid yw 'arsylwi' ar hyn yr un peth ag arsylwi ar ba dymheredd y mae dŵr yn berwi.

Fel mae'n digwydd, mae Jung yn ymwneud â chyflwr y meddwl y mae'r goddrych yn ei brofi mewn gwirionedd; nid yw'n ymwneud â'r cwestiwn a oes gan y profiad goddrychol unrhyw sail mewn realiti sydd ar wahân i'r goddrych. Dyma ble, i lawer, mae'r ail haen o ymchwilio yn wahanol i'r dull gwyddonol. Goddrychol yw beth bynnag sy'n deillio o'r profiad.

Byddai hyn yn golygu nad yw gwirionedd yn yr amgylchiadau hyn yn ymwneud ag a yw'r profiad yn cyd-fynd â realiti ond ag a oedd y profiad goddrychol yn brofiad go iawn.

Er enghraifft, nid yr Iesu hanesyddol sy'n bwysig i lawer o Gristnogion wrth ystyried Crist ffydd. Y profiad Cristnogol a phrofiad yr eglwys Gristnogol gynnar yw'r dehongliad o ddigwyddiadau sydd i lawer yn perthyn i fyd ffydd ac nid gwyddoniaeth. Er bod y profiad hwn yn real, nid yw o reidrwydd yn 'real' yn y ddealltwriaeth empirig o beth yw realiti ac felly nid oes modd ei wirio drwy ddulliau gwyddonol/hanesyddol. I feddylwyr fel Jung a Rudolph Bultmann, diwinydd Cristnogol, mae'r materion o beth sy'n 'real' a beth sy'n 'hanesyddol' yn gwbl wahanol.

Roedd Jung yn dadlau nad yw gwirionedd rhyw brofiad seicig yn dibynnu ar a yw'n cyd-fynd â realiti, yn hytrach dim ond ar ai'r 'teimlad' yw ei fod yn wir. Anaml, os o gwbl, byddai'n gwneud rhagfynegiadau ac felly roedd hyn yn ei ryddhau rhag cael ei brofi'n anghywir. Roedd ei ddamcaniaethau'n cael eu ffurfio gan ei freuddwydion, ei feddyliau a'i fewnsyllu ei hun yn ogystal â rhai ei gleifion. Byddai llawer yn honni felly nad yw'r arsylwadau yn ddigon gwyddonol fel sail i ddamcaniaeth bwysig am y bersonoliaeth ddynol.

Mae agwedd Jung tuag at dystiolaeth empirig yn golygu nad yw'n amlwg a yw Duw i'w weld fel rhan o'r seice dynol yn unig neu fel rhywbeth ar wahân iddo. Mae natur y profiad crefyddol yn aneglur. A yw'n rhywbeth a gynhyrchir gan y seice ac felly yn seicolegol yn unig, neu a yw'n ymateb i dduwdod gwrthrychol?

Dadl arall fyddai herio gwerth tystiolaeth empirig ar y sail y dylen ni fod yn amheus am ein synhwyrau. Fel y nododd Hilary Putman, gallen ni i gyd fod yn ymennydd mewn tanc, yn cael ein hysgogi'n drydanol yn y fath fodd ag i roi'r profiad camarweiniol i ni ein bod yn byw'r bywyd rydyn ni'n gyfarwydd ag ef. Yn wir gallen ni hefyd amau ein gallu i resymu. Byddai agwedd fel hyn at dystiolaeth empirig yn golygu na fyddai unrhyw feirniadaeth o ddefnydd Jung o ddulliau empirig yn bwysig wrth bwyso a mesur safbwynt Jung am grefydd.

Byddai rhai'n dadlau bod y beirniadaethau hyn yn ddigon i wrthod safbwynt Jung am grefydd. Mae ei fethodoleg yn ddiffygiol ac felly mae ei gasgliadau'n ddiffygiol. Fodd bynnag, nid yw'n ymddangos eu bod yn fwy annilys na rhai'r credinwyr crefyddol.

Mae eraill yn fwy anfoddog i ddiystyru esboniadau Jung. Maen nhw'n tynnu sylw at astudiaeth Jung o fytholeg gymharol, ac mae canlyniadau'r astudiaeth yn cefnogi ei ddamcaniaethau. Yn wir, mae llawer yn meddwl bod ei ddamcaniaethau'n pontio rhwng y gwyddonol a'r crefyddol mewn ffordd sy'n barchus ac yn ymatal rhag barnu drwy osgoi problemau o wirio empirig.

Yn gyffredinol, gallai rhywun ddadlau'n rhesymegol bod damcaniaethau Jung, hyd yn oed os nad yw'r dystiolaeth yn wiriadwy, yn dal i roi esboniad am gredoau crefyddol sy'n cyd-fynd â'r dystiolaeth.

Awgrym astudio

Wrth werthuso a dadansoddi tystiolaeth a dadleuon yn feirniadol mae'n arfer da herio'r rhain drwy feddwl am gwestiynau y gallech eu gofyn mewn ymateb i'r hyn sy'n cael ei ddadlau neu ei gyflwyno.

Gweithgaredd AA2

Rhestrwch rai casgliadau y byddai'n bosibl dod iddynt ar sail y rhesymeg AA2 yn y testun uchod; ceisiwch gyflwyno o leiaf dri chasgliad gwahanol posibl. Ystyriwch bob un o'r casgliadau a chasglwch dystiolaeth gryno i gefnogi pob casgliad o'r deunydd AA1 ac AA2 ar gyfer y testun hwn. Dewiswch y casgliad sy'n argyhoeddi fwyaf yn eich barn chi ac esboniwch pam mae hyn yn wir. Ceisiwch gyferbynnu hyn â'r casgliad gwannaf ar y rhestr, gan gyfiawnhau eich dadl gyda rhesymu clir a thystiolaeth.

CBAC Astudiaethau Crefyddol U2
Athroniaeth Crefydd

Sgiliau allweddol

Mae dadansoddi'n ymwneud â nodi materion sy'n cael eu codi gan y deunyddiau yn adran AA1, ynghyd â'r rhai a nodwyd yn adran AA2, ac mae'n cyflwyno safbwyntiau cyson a chlir, naill ai gan ysgolheigion neu safbwyntiau personol, yn barod i'w gwerthuso.

Mae hyn yn golygu:

- Bod eich atebion yn gallu nodi meysydd trafod allweddol mewn perthynas â mater penodol
- Eich bod yn gallu nodi'r gwahanol ddadleuon a gyflwynir gan eraill, a rhoi sylwadau arnyn nhw
- Bod eich ateb yn rhoi sylwadau ar effeithiolrwydd cyffredinol pob un o'r meysydd neu ddadleuon hyn.

Mae gwerthuso'n ymwneud ag ystyried goblygiadau amrywiol y materion sy'n cael eu codi, yn seiliedig ar y dystiolaeth a gafwyd wrth ddadansoddi ac mae'n rhoi dadl fanwl eang gyda chasgliad clir.

Mae hyn yn golygu:

- Bod eich ateb yn pwyso a mesur canlyniadau derbyn neu wrthod y dadleuon amrywiol a gwahanol a gafodd eu dadansoddi
- Bod eich ateb yn dod i gasgliad drwy broses rhesymu clir.

Datblygu sgiliau AA2

Nawr mae'n bwysig ystyried y wybodaeth sydd wedi'i chyflwyno yn yr adran hon; fodd bynnag, mae'r wybodaeth fel y mae yn llawer rhy helaeth ac felly mae'n rhaid ei phrosesu er mwyn bodloni gofynion yr arholiad. Gallwch wneud hyn drwy ymarfer y sgiliau uwch sy'n gysylltiedig ag AA2. Bydd yr ymarferion yn y llyfr hwn yn eich helpu i wneud hyn ac yn eich paratoi ar gyfer yr arholiad.

Ar gyfer Amcan Asesu 2 (AA2), sy'n cynnwys dangos sgiliau 'dadansoddi beirniadol' a 'gwerthuso' rydyn ni am ganolbwyntio ar ffyrdd gwahanol o ddangos y sgiliau yn effeithiol, gan gyfeirio hefyd at sut bydd eich perfformiad ym mhob un o'r sgiliau hyn yn cael ei fesur (gweler disgrifyddion band cyffredinol AA2 ar gyfer U2).

▶ **Dyma eich tasg:** Isod mae **crynodeb byr o ddau safbwynt gwahanol ynghylch i ba raddau y mae esboniad Jung am grefydd yn llwyddiannus**. Rydych chi eisiau defnyddio'r ddau safbwynt a'r dadleuon hyn ar gyfer gwerthusiad; fodd bynnag, mae angen mwy o resymau a thystiolaeth gefnogol i ddatblygu'r ddadl yn llawn. Ailgyflwynwch y ddau safbwynt hyn mewn arddull gwerthusol llawn gan ychwanegu rhesymau a thystiolaeth ychwanegol sy'n cysylltu â'u dadleuon.

Mae Jung wedi dangos drwy ei astudiaeth o grefyddau'r byd y tebygrwydd rhwng y crefyddau gwahanol, yn enwedig yn eu delweddau a'u symbolau. Mae'n ymddangos yn rhesymol tybio nad cyd-ddigwyddiad yn unig yw'r pethau tebyg hyn, ond eu bod yn tarddu o ffynonellau tebyg. Daeth Jung i'r casgliad bod y symbolau hyn yn symbolau o archdeipiau sydd yn yr anymwybod cyffredinol. Roedd ei seicdreiddiad ar gleifion yn dystiolaeth bod ein tueddiadau ataliedig yn dod i mewn i'n hymwybod drwy'r symbolau archdeipaidd. Mae angen iddyn nhw gael eu hintegreiddio i'n hymwybod fel y gallwn wireddu ein gwir hunan. Ymchwil grefyddol yw hon gan mai dim ond delweddau o'r hunan dyfnach yw delweddau crefyddol. Mae profiad crefyddol yn gyfarfyddiad â'r Hunan. Mae'r ddealltwriaeth hon o grefydd yn agosach at grefyddau Asiaidd na rhai Gorllewinol. Mae'n esbonio crefydd i'r 21ain ganrif.

O ran esboniad Jung o grefydd, yn gyntaf nid oes tystiolaeth amdano ac yn ail nid yw'n ymdrin â chrefydd. Mae e'n honni ei fod yn wyddonol ond mae'n cynnig damcaniaethau nad yw'n bosibl eu gwirio. Mae ei holl dystiolaeth yn dibynnu ar brofiadau personol goddrychol ond nid yw fel pe bai'n poeni a yw cynnwys y profiadau hyn yn gysylltiedig â realiti mewn gwirionedd. Yn yr un modd, mae'n disgrifio crefydd ond nid dyna ystyr crefydd yn draddodiadol. Mae Jung yn siarad am Grist ond nid yn y modd y mae Cristnogion yn deall Crist. Mae'n methu mewn trydedd agwedd, sef bod Jung yn methu ag esbonio atheïstiaeth. Mae yna well esboniadau am grefydd na'r hyn y mae Jung yn ei gynnig.

Ar ôl i chi orffen y dasg, cyfeiriwch at y disgrifyddion band ar gyfer U2 ac edrychwch yn benodol ar y gofynion sydd wedi'u disgrifio yn y disgrifyddion band uwch y dylech chi fod yn anelu atyn nhw. Gofynnwch i chi'ch hun:

- A yw fy ateb yn ddadansoddiad beirniadol hyderus a gwerthusiad craff o'r mater?
- A yw fy ateb yn nodi'r materion a godwyd gan y cwestiwn yn llwyddiannus ac yn mynd i'r afael â nhw'n drylwyr?
- A yw fy ngwaith yn dangos cydlyniad, eglurder a threfn o safon ragorol?
- A fydd fy ngwaith, ar ôl ei ddatblygu, yn cynnwys safbwyntiau trylwyr, cyson a chlir wedi'u cefnogi gan resymeg a/neu dystiolaeth helaeth, fanwl?
- A yw safbwyntiau ysgolheigion/ysgolion o feddwl yn cael eu defnyddio'n helaeth a phriodol, ac yn eu cyd-destun?
- A yw fy ateb yn cyfleu dadansoddiad hyderus a chraff o natur unrhyw gysylltiadau posibl ag elfennau eraill o'm cwrs?
- A yw'r defnydd o iaith a geirfa arbenigol yn drylwyr a chywir, pan geir enghreifftiau o hynny?

Th1 Heriau i gred grefyddol

C: Materion yn ymwneud â gwrthod crefydd: Atheïstiaeth (Anffyddiaeth)

Mae'r adran hon yn cwmpasu cynnwys a sgiliau AA1

Cynnwys y fanyleb
Gwrthod y gred mewn duwdodau.

Gwrthod y gred mewn duwdodau

Dywedir fel arfer mai Diagoras o Melos oedd yr atheist cyntaf. Roedd e'n byw yn y 5ed ganrif CCC ac roedd yn fardd a **soffydd**. Dim ond straeon sydd ar ôl am ei safbwyntiau ynglŷn ag addoli duwiau cenedlaethol ond roedd y rhain yn ymddangos yn ddigon sarhaus ar y pryd i olygu ei fod yn gorfod dianc o Athen mewn ofn am ei fywyd. Mae'n bosibl bod enghraifft hyd yn oed yn gynharach o atheïstiaeth i'w gweld yng nghrefyddau Asiaidd Taoaeth, Bwdhaeth a Jainiaeth, gan nad ydyn nhw'n cynnwys duwdod fel y cyfryw ac mae'n bosibl eu dyddio'n ôl cyn belled â'r 6ed ganrif CCC. Fodd bynnag, byddai llawer yn dadlau bod hyn yn olwg gor-syml ar y crefyddau hynny a'i fod yn deillio o'r ffaith eu bod yn gwrthod y syniad o dduw greawdwr.

Mae'r gair 'atheïstig' yn ymddangos yn yr hen Roeg ac mae'n golygu 'di-dduw' neu 'amharchu'r duwiau lleol' er ei bod yn bosibl y bydden nhw wedi credu mewn duwiau eraill. Enghraifft dda yw Socrates a gafodd ei gyhuddo o lygru pobl ifanc Athen drwy eu hannog i beidio â chredu yn nuwiau'r ddinas. Roedd Socrates yn ystyried duwiau Homer yn llwgr, balch a hunangeisiol – yn y bôn yn blentynnaidd ac yn embaras. Ei ddisgrifiad ohonyn nhw oedd fel bodau dynol ar raddfa fawr, gan gynnwys ffaeleddau a rhinweddau.

Mae'r gair Groeg 'atheoi' i'w weld yn y Testament Newydd yn Effesiaid 2:12. Yma mae'n golygu 'heb Dduw'. Mewn geiriau eraill, nid oedd gan y bobl wybodaeth iawn am Dduw yn hytrach na'u bod yn gwrthod credu yn Nuw.

Nododd Justyn Ferthyr, yr apolegydd Cristnogol yn yr ail ganrif, fod Cristnogion fel yntau 'yn cael eu galw'n "atheïstiaid" hyd yn oed – sy'n wir o ran yr hyn rydych chi'n ei ystyried yn dduwiau, ond yn sicr ddim mewn perthynas â'r Duw Mwyaf Un'.

Fodd bynnag, mudiadau Ewropeaidd mawr y **Dadeni** a'r **Diwygiad** a fathodd y term 'atheist'. Roedd y term yn cael ei ddefnyddio'n gyfan gwbl fel sarhad, yn ôl yr awdur Karen Armstrong. Nad oedd neb eisiau cael ei ystyried yn atheist oherwydd ei fod yn awgrymu bod gan y person ddiffyg rheolaeth foesol.

Dyfyniadau allweddol

Pe bai atheïstiaeth yn cael ei dderbyn yn gyffredinol, byddai pob ffurf ar grefydd yn cael ei dinistrio a'i thorri yn y gwraidd. Ni fyddai mwy o ryfeloedd diwinyddol, dim mwy o filwyr crefydd – milwyr mor ofnadwy. Yn fyddar i bob llais arall, byddai meidrolion digyffro yn gallu dilyn gofynion digymell eu bod eu hunain, yr unig ofynion a all ... arwain at hapusrwydd. **(La Mettrie)**

Cefnu ar ffydd yw'r cam cyntaf i fwynhau bywyd. Nid oes bywyd i ddod, dim ond bywyd yn y presennol, y dylen ni ei fwynhau cymaint â phosibl. Ufuddhau i ddyheadau naturiol yw'r peth pwysig a dim ond ofergoel ormesol yw cred yn Nuw. **(Marquis de Sade)**

Socrates (470–399 CCC)

Cwestiwn cyflym
1.18 Beth orfododd Socrates i ddianc am ei fywyd o Athen?

Cwestiwn cyflym
1.19 Pa ddau fudiad pwysig yn Ewrop a fathodd y term 'atheist'?

Termau allweddol

Y Dadeni: cyfnod o hanes Ewrop rhwng y 14eg ganrif a'r 17eg ganrif oedd yn adeg o adfywiad mawr mewn celf, llenyddiaeth a dysg.

Y Diwygiad Protestannaidd: y mudiad crefyddol yn Ewrop yn yr 16eg ganrif a arweiniodd at greu ac esgyniad Protestaniaeth

Soffyddwyr: athrawon a llenorion Groegaidd oedd yn arbennig o ddawnus mewn rhesymu

Papyrus 46 yn dangos y gair 'atheoi' o Effesiaid 2:12

Dyfyniadau allweddol

Mae'n gam bach o'r syniad na all yr holl grefyddau gwahanol fod yn wir, er bod pob un yn honni ei fod, i'r syniad nad yw'r un ohonyn nhw'n wir yn ôl pob tebyg. **(Hick)**

Duw yw swm ein gwerthoedd, yn cynrychioli i ni eu hundod delfrydol, eu hawliau arnom a'u grym creadigol. **(Cupitt)**

Term allweddol

Oes y Goleuo mudiad deallusol ac athronyddol yn Ewrop yn y 18fed ganrif

cwestiwn cyflym

1.20 Pwy oedd y cyntaf i ddisgrifio Duw fel 'sail ein bod'?

cwestiwn cyflym

1.21 Beth yw'r enw a roddir i'r ffurf filwriaethus o atheïstiaeth sy'n gysylltiedig â phobl fel Christopher Hitchens a Richard Dawkins?

Ymgyrch y bws atheïstaidd

Cafodd dau fudiad arall yn y 18fed ganrif effaith ar herio cred yn Nuw. Y cyntaf oedd **Oes y Goleuo** oedd yn annog unigolion i feddwl drostyn nhw'u hunain ac yn apelio at reswm dynol a'r dull gwyddonol fel ffordd o ddod o hyd i wirionedd. Yn ail, gwnaeth Chwyldro Ffrengig 1789 symbylu deallusion; yn eu barn nhw roedd yr Eglwys yn sefydliad hen-ffasiwn oedd yn cynnal y frenhiniaeth.

Erbyn yr 1770au, roedd atheïstiaeth yn peidio â bod yn gyhuddiad mor beryglus; roedd yn datblygu i fod yn safbwynt y byddai rhai'n teimlo y gallen nhw ei gyfaddef yn agored. Erbyn hyn mae'r gair atheïstiaeth wedi dod i olygu gwadu bodolaeth Duw neu, ar y lleiaf, y dylai rywun fyw ei fywyd heb ystyried unrhyw dduw.

Y person olaf i gael ei garcharu am fod yn atheist ym Mhrydain oedd George Holyoake yn 1842. Cafodd ei ddedfrydu i 6 mis o garchar. Yn 1880, etholwyd Charles Bradlaugh yn AS Rhyddfrydol dros Northampton. Oherwydd iddo wrthod tyngu Llw Teyrngarwch ar y Beibl, yn hytrach na thyngu ei Lw Teyrngarwch yn syml heb sail grefyddol, ni chafodd yr hawl i gymryd ei sedd. Cafodd ei ailethol sawl gwaith dros bum mlynedd, ond ni chymerodd ei sedd tan 1886. Pan gymerodd ei sedd yn y diwedd, ef oedd Aelod Seneddol cyntaf Prydain i fod yn atheist agored.

Yn ystod yr 20fed ganrif, mae atheïstiaid mewn cymdeithasau Gorllewinol wedi dod yn fwy gweithredol. Daeth hyd yn oed atheïstiaeth wladwriaethol i'r amlwg yn Ewrop Asiaidd ac Asia, yn arbennig yn yr Undeb Sofietaidd a China Gomiwnyddol.

Drwy fwy o deithio a chyfathrebu daeth pobl yn ymwybodol o grefyddau eraill. O ganlyniad, roedd yn ymddangos bod y crefyddau yn gwrth-ddweud ei gilydd, sef eu bod yn dweud pethau gwahanol ac anghyson am natur realiti sylfaenol, gweithgaredd dwyfol a thynged yr hil ddynol. Dadleuwyd bod y grefydd rydych yn ei dilyn yn dibynnu ar ble cawsoch eich geni ac nad oes ganddi fawr i'w wneud â'r gwirionedd.

Yn yr 1960au gwelwyd mudiad o'r tu mewn i'r Eglwys Gristnogol yr oedd llawer yn ei ystyried yn agosach i atheïstiaeth nag i theïstiaeth. Roedd y mudiad diwinyddol hwn yn honni nad oedd yn bosibl dal y safbwynt traddodiadol bod Duw 'allan yna' bellach. Dim ond symbol pwerus iawn yw Duw, ond nid oes ganddo fodolaeth wrthrychol neu empirig 'real'.

Yr esgob Anglicanaidd John Robinson a wnaeth y safbwyntiau hyn yn boblogaidd ym Mhrydain. Roedd ei lyfr *Honest to God* (1963) yn disgrifio Duw fel 'sail ein bod' ('*the ground of our being*') yn hytrach na'r safbwynt traddodiadol bod Duw yn rym personol gwrthrychol. Roedd meddylfryd theïstig traddodiadol yn gosod Duw y tu allan i'r byd ac uwch ei ben. Fodd bynnag, roedd Robinson yn gosod Duw yn ddwfn yn y person dynol. Felly, ei ddadl ef oedd bod angen i bob un edrych y tu mewn iddo'i hun i ddod o hyd i Dduw.

Don Cupitt (g. 1934)

Yn ddiweddarach cyflwynodd Don Cupitt (1980au), oedd yn offeiriad Anglicanaidd ac yn Ddeon Coleg Emmanuel Caergrawnt, gyfres deledu o'r enw 'Sea of Faith'. Daeth y teitl o'r gerdd 'Dover Beach' gan Matthew Arnold lle mae'r bardd yn mynegi gofid bod credu mewn byd goruwchnaturiol yn araf lithro i ffwrdd. Yn ei gyfres deledu, dilynodd Cupitt hynt y trawsnewid o ryw fath o gred draddodiadol yn Nuw hyd at wrthod y byd goruwchnaturiol. Roedd Duw yn bodoli fel syniad ym meddyliau credinwyr yn hytrach nag yn fod allanol, gwrthrychol. Arweiniodd y ddealltwriaeth newydd hon o ffydd grefyddol at y Mudiad 'Sea of Faith'.

Nodwedd o'r 21ain ganrif fu'r hybu uchel ei phroffil o ffurf fwy milwriaethus o atheïstiaeth. Roedd y term 'Atheïstiaeth Newydd' yn cael ei gysylltu â phobl fel Christopher Hitchens a Richard Dawkins. Mae'n gweld crefydd fel bygythiad i oroesiad yr hil ddynol. Mae'r cysyniad o Dduw yn cael ei weld fel cred dotalitaraidd sy'n dinistrio rhyddid yr unigolyn.

Y gwahaniaeth rhwng agnosticiaeth ac atheïstiaeth

Fel y gwelsom uchod, mae'r diffiniad o atheïstiaeth wedi newid drwy'r canrifoedd. Mae Alister McGrath yn diffinio atheïstiaeth fel 'crefydd y bod dynol ymreolaethol a rhesymol, sy'n credu bod rheswm yn gallu datgelu a mynegi gwirioneddau dyfnaf y bydysawd'.

Ceir gwahanol arlliwiau o atheïstiaeth. Yn ei lyfr *The Presumption of Atheism* (1972), Antony Flew oedd y cyntaf i gyflwyno'r termau atheïstiaeth 'gwan' a 'chryf'. Roedd e'n dadlau mai'r safbwynt rhagosodedig ddylai fod atheïstiaeth.

'**Atheïstiaeth negyddol (gwan)**' – lle nad yw'r atheist yn dweud yn blaen nad yw Duw yn bodoli. Y thëist sy'n gwneud yr honiad ac felly y thëist sy'n gorfod ei brofi. Yr hyn y mae'r atheist yn ei ddweud yw nad yw'n credu bod unrhyw dduwiau'n bodoli ond nid yw'n honni ei bod yn wir nad oes unrhyw dduwiau'n bodoli.

Felly, byddai atheist negyddol yn dweud: ***Dw i ddim yn credu bod Duw yn bodoli, ond dywedwch wrtha' i pam rydych chi'n credu yn Nuw?***

'**Atheïstiaeth gadarnhaol (cryf)**' – yn yr achos hwn mae'n rhaid i'r atheist a'r thëist roi rhesymau i amddiffyn eu cred. Mae atheist cadarnhaol yn honni ei fod yn gwybod nad yw Duw neu dduwiau yn bodoli. Mewn modd tebyg mae'r thëist yn honni bod Duw yn bodoli.

Felly, byddai atheist cadarnhaol yn dweud: ***Dw i'n gwybod nad yw Duw yn bodoli, a dyma fy rhesymau, felly pam rydych chi'n credu yn Nuw?***

Mae mathau eraill o atheïstiaeth yn cynnwys:

'**Atheïstiaeth brotest**' – sef gwrthryfel yn erbyn Duw ar sail foesol. Yn nofel Dostoyevsky *Y Brodyr Karamazov*, mae'r atheist Ivan yn adrodd hanes bachgen ifanc a gafodd ei rwygo yn ddarnau gan gŵn hela o flaen mam y bachgen. Mae Ivan yn dweud hyd yn oed pe bai Duw yn bodoli (ac nid oedd yn credu hynny beth bynnag) na fyddai eisiau cael dim i'w wneud ag ef.

Felly, byddai atheist protest yn dweud: ***Hyd yn oed pe bai Duw yn bodoli ni allwn i dderbyn Duw yn foesol.***

'**Atheïstiaeth Newydd**' (gwrth-theïstiaeth) – y gred bod crefydd yn fygythiad i oroesiad yr hil ddynol. Mae'r safbwynt hwn am atheïstiaeth yn adwaith gelyniaethus i theïstiaeth ac mae'n cael ei draethu gan Richard Dawkins yn ei lyfr *The God Delusion*.

Byddai Atheist Newydd yn dweud: ***Dw i ddim yn credu bod Duw yn bodoli, ac ni ddylech chi gredu chwaith.***

Mewn cyferbyniad, mae'r gair agnosticiaeth yn cael ei ddefnyddio'n gyffredin i ddangos atal penderfyniad p'un ai i dderbyn neu wrthod cred yn Nuw. Cafodd y term 'agnostig' ei ddefnyddio gyntaf gan y biolegydd o Loegr Thomas Huxley mewn araith gerbron cyfarfod o'r Gymdeithas Fetaffisegol yn 1869. Daw'r gair o'r iaith Roeg, ac mae'n golygu 'heb wybodaeth'.

Felly, mae agnosticiaeth yn coleidio'r syniad bod bodolaeth Duw neu unrhyw realiti sylfaenol arall, mewn egwyddor, yn amhosibl ei wybod. Cyfyngedig yw'n gwybodaeth ni, ac ni allwn wybod y rhesymau sylfaenol dros bethau. Nid bod diffyg tystiolaeth, ond ni fydd tystiolaeth byth yn bosibl.

Mae llawer o bobl yn argyhoeddedig bod agnosticiaeth yn rhyw fath o 'ffordd ganol' neu 'drydedd ffordd' rhwng atheïstiaeth a theïstiaeth. Ond nid yw agnosticiaeth yn ymwneud â chred yn Nuw ond â gwybodaeth. Nid yw'n gredo ond yn fethodoleg. Dadleuodd Huxley na ddylai pobl ffugio bod casgliadau yn bendant os nad ydynt wedi cael eu dangos neu nad oes modd eu dangos.

Th1 Heriau i gred grefyddol

Cynnwys y fanyleb

Y gwahaniaeth rhwng agnosticiaeth ac atheïstiaeth.

Dyfyniadau allweddol

Yn y dehongliad hwn, nad yw atheist yn dod yn: rhywun sy'n honni'n bendant nad yw Duw yn bodoli; ond mae'n dod yn rhywun sydd yn syml iawn heb fod yn thëist. Gadewch i ni, i wneud pethau'n haws o hyn ymlaen, gyflwyno'r labeli 'atheist cadarnhaol' ar gyfer yr un cyntaf ac 'atheist negyddol' ar gyfer yr ail. **(Flew)**

Roedd eraill yn eithaf sicr eu bod wedi cyrraedd rhyw 'gnosis' – wedi llwyddo fwy neu lai i ddatrys problem bodolaeth, lle roeddwn i'n eithaf sicr nad oeddwn i wedi'i wneud, ac yn teimlo'n ddigon cryf nad oedd modd ei datrys ... Felly bûm yn meddwl, a dyfeisiais yr hyn y credwn oedd yn enw priodol, sef 'agnostig'. **(Huxley)**

Termau allweddol

Atheïstiaeth brotest: gwrthryfel yn erbyn Duw ar sail foesol

Atheïstiaeth gadarnhaol (cryf): mae'n credu bod yn rhaid i'r atheist a'r thëist roi rhesymau i amddiffyn eu cred

Atheïstiaeth negyddol (gwan): lle nad yw'r atheist yn dweud yn blaen nad yw Duw yn bodoli

Atheïstiaeth Newydd: cyfeirir ati hefyd fel gwrth-theïstiaeth. Dyma'r gred bod crefydd yn fygythiad i oroesiad yr hil ddynol

Thomas Huxley (1825–1895)

Dyfyniad allweddol

Fel athronydd, pe bawn yn siarad â chynulleidfa o athronwyr yn unig, fe ddywedwn y dylwn fy nisgrifio fy hun fel Agnostig, oherwydd nid wyf yn meddwl bod yna ddadl bendant y gellir ei defnyddio i brofi nad oes yna Dduw. Ar y llaw arall, os wyf am roi'r argraff gywir i'r dyn cyffredin yn y stryd, rwy'n meddwl y dylwn ddweud fy mod yn Atheist, oherwydd pan ddywedaf na allaf brofi nad oes yna Dduw, dylwn ychwanegu yn yr un modd na allaf brofi nad yw duwiau Homer yn bodoli. **(Russell)**

Nid wyf erioed wedi bod yn atheist yn yr ystyr o wadu bodolaeth rhyw Dduw. Credaf yn gyffredinol ... mai agnostig fyddai'r disgrifiad mwyaf cywir o'm cyflwr meddwl. **(Darwin)**

Rwy'n agnostig dim ond i'r graddau fy mod i'n agnostig am dylwyth teg ar waelod yr ardd. **(Dawkins)**

Cynnwys y fanyleb

Twf Atheïstiaeth Newydd (gwrth-theïstiaeth); ei phrif feirniadaethau o grefydd; di-feddwl; safbwynt byd-eang plentynnaidd; mae'n llesteirio cynnydd gwyddonol.

Termau allweddol

Agnosticiaeth gref: yr honiad ei bod yn amhosibl gwybod a yw Duw yn bodoli neu beidio

Agnosticiaeth wan: y gred nad oes neb yn gwybod ar hyn o bryd a yw Duw yn bodoli ond nid yw o reidrwydd yn amhosibl ei wybod.

cwestiwn cyflym

1.22 Pwy ddefnyddiodd y term 'agnostig' gyntaf?

cwestiwn cyflym

1.23 Pwy oedd 'Pedwar Angel (yr An-Ddatguddiad)'?

Fel gydag atheïstiaeth, mae arlliwiau gwahanol o agnosticiaeth:

'**Agnosticiaeth gref**' – yr honiad ei bod yn amhosibl gwybod a yw Duw yn bodoli neu beidio. Nid oes modd gwybod oherwydd bod ein gwybodaeth yn gyfyngedig, ac ni allwn ni wybod y rhesymau sylfaenol dros bethau. Nid bod diffyg tystiolaeth, ond ni fydd tystiolaeth byth yn bosibl.

Byddai agnostig cryf yn dweud:

'Wn i ddim a yw Duw'n bodoli neu beidio, ac ni wyddoch chi chwaith.'

'**Agnosticiaeth wan**' – y gred nad oes neb yn gwybod ar hyn o bryd a yw Duw yn bodoli, ond nid yw o reidrwydd yn amhosibl ei wybod. Gall Duw fodoli neu beidio â bodoli ond rhaid peidio â barnu nes bod tystiolaeth ar gael. Dyma'r defnydd cyffredin o agnosticiaeth lle mae'n nodi peidio â gwneud penderfyniad.

Byddai agnostig gwan yn dweud:

'Wn i ddim a yw Duw'n bodoli neu beidio – efallai gwyddoch chi.'

Yn y blynyddoedd diwethaf mae ystyr agnosticiaeth wedi symud eto. Mae'r athronydd Nicholas Everitt, yn *The Non-existence of God* (2004), yn ei ddefnyddio ar gyfer rhywun sy'n credu bod bodolaeth Duw a'i anfodolaeth yr un mor debygol. Mae'r defnydd hwn yn adlewyrchu'r syniad ôl-fodernaidd o wrthod sicrwydd absoliwt am wybodaeth.

> **Gweithgaredd AA1**
>
> Edrychwch ar y gwahanol ddiffiniadau o atheïstiaid ac agnostigiaid ac os bydd un ohonynt yn cyd-fynd â'ch safbwynt chi, esboniwch pam a chyfiawnhewch hyn i'ch grŵp. Os ydych yn gredinwr defnyddiwch y math o ddiffiniad a ddefnyddiodd Flew i esbonio'ch safbwynt, a chyfiawnhewch hyn i'ch grŵp.

Twf Atheïstiaeth Newydd (gwrth-theïstiaeth)

Ar 11 Medi 2001, cafwyd cyfres o bedwar ymosodiad terfysgol cysylltiedig gan derfysgwyr Islamaidd ar yr Unol Daleithiau. Yn sgil hynny, dechreuodd ymosodiad pwerus ar grefydd, gan fod crefydd yn cael ei weld fel prif achos y trychineb. Sbardunodd hyn fudiad oedd yn ystyried nid yn unig eithafwyr crefyddol ond crefydd yn gyffredinol fel rhywbeth peryglus a chamarweiniol.

Y cyntaf i fynegi'r safbwynt hwn oedd Sam Harris, yn ei lyfr llwyddiannus *The End of Faith* (2004). Erbyn 2006 ymunodd dau lais arall â'r drafodaeth, gan gyhoeddi llyfrau poblogaidd – Richard Dawkins a *The God Delusion* a Daniel Dennett a *Breaking the Spell*. Yn yr un flwyddyn, daeth y term 'Atheïstiaeth Newydd' i fod drwy ddefnydd Gary Wolf a ysgrifennodd erthygl am y tri awdur i'r cylchgrawn Prydeinig *Wired*. Yn 2007, ysgrifennodd Christopher Hitchens lyfr llwyddiannus iawn dan y teitl *God Is Not Great* oedd yn mynegi safbwyntiau tebyg, a daeth yr ymadrodd 'Pedwar Angel (yr An-Ddatguddiad)' i gael ei ddefnyddio i gyfeirio at y pedwar ohonynt.

Yn y gorffennol byddai atheïstiaid yn dadlau bod y rhai sy'n credu yn Nuw yn anghywir heb ddangos fawr dim gelyniaeth at gred neu arfer crefyddol. Ond, gwrth-theïstiaeth yw Atheïstiaeth Newydd. Mae'n dangos dicter cryf yn erbyn crefydd ac yn ei gweld yn niweidiol. Yn ôl Alistair McGrath mae Atheïstiaeth Newydd yn ei diffinio'i hun yn ôl yr hyn y mae yn ei erbyn yn hytrach na'r hyn y mae'n sefyll drosto.

Ei phrif feirniadaethau – di-feddwl

Un o'r nodweddion craidd sy'n diffinio Atheïstiaeth Newydd yw ei bwyslais ar resymoledd a'i safbwynt angerddol bod ffydd a chrefydd yn afresymol. Mae Dawkins yn dadlau bod crefydd yn golygu ffydd, a bod ffydd wrth natur yn groes i dystiolaeth. Mae e'n ystyried mai dim ond ymddiriedaeth ddall yw ffydd, yn absenoldeb tystiolaeth, hyd yn oed yn wyneb tystiolaeth. Mae ffydd yn ddeallusol anghyfrifol. Yn ôl Dawkins, 'Ffydd yw'r ddihangfa fawr, yr esgus i osgoi'r angen i feddwl a phwyso a mesur tystiolaeth ... Ni chaiff ffydd ei chyfiawnhau ei hun drwy ddadl.'

Dadl Dawkins yn *The God Delusion* yw bod pobl grefyddol yn ddi-feddwl a bod pobl grefyddol yn gwybod, heb dystiolaeth, mai ffydd eu teulu yw'r un wir ffydd, gyda'r lleill i gyd yn wyriadau neu'n gwbl ffug. Mae ffydd yn blentynnaidd a dywed Dawkins fod plant Cristnogol a Mwslimaidd yn cael eu magu i gredu yn ddigwestiwn. Caiff credu yn Nuw ei orfodi ar blant gan oedolion ac felly dylid ei wrthod. Mae'n cymharu ffydd yn Nuw â chredu yn Siôn Corn a'r Tylwyth Teg. Wrth dyfu i fyny, byddwch yn tyfu allan ohono. Sail ei gydweddiad yw bod y ddau beth yn cynrychioli ffydd mewn endidau nad ydynt yn bodoli.

I Atheïstiaid Newydd, mae'r cyhuddiad o fod yn ddi-feddwl yn mynd ymhell y tu hwnt i feddwl blêr neu afresymoldeb. Mae'n beryglus ac yn arwain at ffanaticiaeth. Mae hyd yn oed crefydd addfwyn a chymedrol yn helpu i ddarparu'r hinsawdd lle mae eithafiaeth yn ffynnu'n naturiol. Yn *The God Delusion* mae Dawkins yn gofyn pam gwnaeth 19 dyn dosbarth canol addysgedig gyfnewid eu bywydau yn y byd hwn am y fraint o ladd miloedd. Ei gasgliad oedd eu bod yn credu y bydden nhw'n mynd yn syth i baradwys am wneud hynny. Crefydd ei hun sydd ar fai nid eithafiaeth grefyddol. Mewn cyferbyniad, er bod atheïstiaid wedi gwneud pethau ofnadwy hefyd, nid oherwydd atheïstiaeth yr oeddent wedi gweithredu felly ond am resymau eraill.

Sam Harris  | Richard Dawkins  | Daniel Dennett  | Christopher Hitchens

Prif leisiau Atheïstiaeth Newydd – yn cael eu hadnabod fel y Pedwar Angel.

Ei phrif feirniadaethau – safbwynt byd-eang plentynnaidd

Yn ôl Atheïstiaeth Newydd mae'r safbwynt crefyddol am realiti yn ddiffygiol a thlawd o'i gymharu â'i fyd-olwg ei hun. Mae'n honni bod y safbwyntiau am y bydysawd a arddelir yn draddodiadol gan bobl grefyddol wedi bod yn dila, truenus a diwerth o'u cymharu â'r ffordd y mae'r bydysawd mewn gwirionedd.

Yn cyferbynnu â'r welediaeth dlawd o'r byd mae crefydd yn ei chynnig, mae gwyddoniaeth yn cynnig gweledigaeth hyderus a disglair gan weld y bydysawd fel rhywbeth mawreddog, prydferth a syfrdanol. Yn ôl Dawkins mae'r bydysawd a gyflwynir gan grefydd gyfundrefnol yn 'fydysawd canoloesol bach pitw, ac yn hynod o gyfyngedig'.

Mae Atheïstiaeth Newydd yn pwysleisio gwyddoniaeth ac yn honni bod y gofod dwfn, y biliynau o flynyddoedd o esblygiad bywyd, a phrosesau microsgopig bioleg ac etifeddeg yn cynnwys mwy o harddwch a rhyfeddod na 'mythau' a 'ffugwyddoniaeth'. Mae dethol naturiol yn ddigon i esbonio gweithrediad ymddangosiadol a chymhlethdod cyfundrefnol y byd biolegol. Mae'n gwrthod y syniad o'r goruwchnaturiol ac yn honni nad yw credoau o'r fath yn gwneud cyfiawnder â mawredd aruchel y byd real. Mae'r credoau hyn yn cynrychioli culhau realiti, gwneud yr hyn sydd gan y byd real i'w gynnig yn fwy tlawd.

Nid oes angen Duw fel esboniad am fodolaeth y bydysawd. Ni all bodolaeth Duw esbonio'r byd gan fod yn rhaid iddo fod o leiaf yr un mor gymhleth, ac felly yr un mor annhebygol, â'r byd ei hun; a byddai angen esboniad hefyd am endid mor annhebygol. Yn wir, yn *The God Delusion*, mae Dawkins yn llunio rhestr hir o ddiffygion tybiedig Yahweh, gan gynnwys, 'eiddigeddus ac yn falch o hynny; rhywun pitw, annheg, anfaddeugar sy'n mynnu bod mewn rheolaeth; glanhäwr ethnig dialgar ac awchus am waed; bwli gwreig-gasaol, homoffobig, hiliol, dinistriol, megalomanaidd, sadomasocistaidd, mympwyol faleisus, sy'n lladd babanod, hiliau a meibion'.

Th1 Heriau i gred grefyddol

Y sbardun i dwf Atheïstiaeth Newydd – yr ymosodiad ar y ddau dŵr, y Twin Towers.

Dyfyniadau allweddol

Roedd llawer ohonon ni'n ystyried crefydd yn nonsens diniwed. Efallai fod diffyg tystiolaeth gefnogol dros gredoau ond, roedden ni'n meddwl, os oedd ar bobl angen cynhaliaeth i'w cysuro, beth sydd o'i le yn hynny. Mae 11 Medi yn newid hynny i gyd. (Dawkins)

Nid wyf yn atheist yn gymaint ag yr wyf yn wrth-thëist; nid yn unig fy mod yn honni bod pob crefydd yn fersiwn o'r un anwiredd, ond credaf fod dylanwad eglwysi, ac effaith cred grefyddol, yn wirioneddol niweidiol. (Hitchens)

Nid yw 'Atheïstiaeth Newydd' yn fudiad nac yn newydd. Yr hyn sy'n newydd yw cyhoeddi llyfrau atheistaidd gan gyhoeddwyr mawr, sy'n cael eu darllen gan filiynau, ac yn ymddangos ar y rhestrau o'r llyfrau sy'n gwerthu orau. (Flynn)

Gall y rheini a all wneud i chi gredu pethau gwirion wneud i chi gyflawni erchyllterau. (Voltaire)

Oherwydd carai Duw y byd cymaint, fel y rhoddodd ei unig anedig Fab, fel y bydd pwy bynnag sy'n credu ynddo yn credu mewn unrhyw beth. Hitchens 3:16 (Hitchens)

Ffydd, gan ei bod yn gred sydd heb ei seilio ar dystiolaeth, yw prif wendid unrhyw grefydd. (Dawkins)

Dim ond ffydd grefyddol sy'n rym digon cryf i gymell y fath orffwylledd llwyr mewn pobl sydd fel arall yn gall a charedig. (Dawkins)

CBAC Astudiaethau Crefyddol U2
Athroniaeth Crefydd

Dyfyniadau allweddol

Mae'r Bydysawd yn llawer mwy nag a ddywedodd ein proffwydi, yn fwy crand, yn fwy cynnil, yn fwy cain? Yn hytrach maen nhw'n dweud 'Na, na, na! Duw bach yw fy nuw i ac rwyf am iddo aros felly.' (Sagan)

Rwyf yn erbyn crefydd oherwydd ei bod yn ein dysgu i fodloni ar beidio â deall y byd. (Dawkins)

Mae'r mwyafrif o atheïstiaid rwyf yn eu hadnabod yn bobl barchus a thosturiol. Yr hyn rwy'n ei wrthwynebu yw'r atheïstiaid milwriaethus sy'n gul eu barn am bobl grefyddol. (Kurtz)

Cwestiwn cyflym

1.24 Pa dair prif feirniadaeth y mae Atheïstiaeth Newydd yn eu codi yn erbyn crefydd?

Cynnwys y fanyleb

Ymatebion crefyddol i her Atheïstiaeth Newydd: grwpiau crefyddol yn gwrthod honiadau dilynwyr Atheïstiaeth Newydd sy'n dweud nad yw gwyddoniaeth a chrefydd yn cydweddu â'i gilydd; cynnydd mewn gweithgarwch crefyddol ffwndamentalaidd yn ymwneud â moesoldeb a'r gymuned; cynnydd ym mhresenoldeb apolegwyr crefyddol yn y cyfryngau.

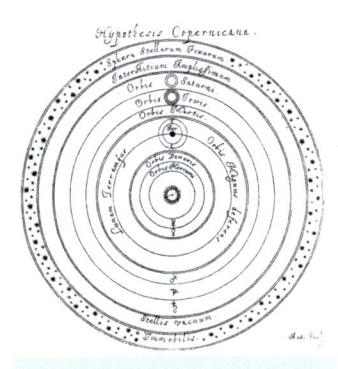

Diagram hynafol o'r bydysawd

Ei phrif feirniadaethau – mae'n llesteirio cynnydd gwyddonol

Mae Atheïstiaeth Newydd yn cadarnhau byd-olwg materolaidd. Rheolir mater gan ddeddfau, felly gall ddod dan ymchwiliad gwyddonol. Felly, mae theorïau gwyddonol yn seiliedig ar dystiolaeth yn unig, ond mae crefydd, mae'n honni, yn troi oddi wrth dystiolaeth. Mae atheïstiaeth yn rhesymegol a gwyddonol, ond mae crefydd yn afresymol ac ofergoelus. Mae ffydd ddall a di-feddwl yn arwain at ffanaticiaeth a thrais, ac mae ffwndamentaliaeth grefyddol yn tanseilio gwyddoniaeth.

Mae Atheïstiaid Newydd yn ystyried bod ffydd ddall yng ngwirionedd y llyfr sanctaidd yn acsiomatig i grefyddau. Felly, os yw'r llyfr yn wir ac mae tystiolaeth fel pe bai'n gwrth-ddweud hynny, yna mae angen i'r dystiolaeth, yn hytrach na'r llyfr, gael ei thaflu allan. Dadl Dawkins yw, pan fydd llyfr gwyddoniaeth yn anghywir, bydd rhywun yn darganfod y gwall yn y pen draw, ac wedyn bydd yn cael ei gywiro mewn llyfrau dilynol. Fodd bynnag, nid yw hynny'n digwydd gyda llyfrau sanctaidd.

Mae crefydd yn atal cynnydd gwyddonol gan iddi ddysgu i ni beidio â newid ein meddwl. Mae'n gwanhau'r deall. Yn ôl Dawkins mae crefydd ffwndamentalaidd yn benderfynol o ddifetha addysg wyddonol miloedd o feddyliau ifanc ac mae crefydd yn gyffredinol yn hybu'r syniad bod ffydd ddigwestiwn yn rhinwedd.

Ymatebion crefyddol i her Atheïstiaeth Newydd

Heriwyd safbwyntiau Atheïstiaeth Newydd yn helaeth. Y feirniadaeth sylfaenol o Atheïstiaeth Newydd yw iddi wneud dim mwy nag ymosod ar wawdluniau hawdd a diog neu ffurfiau gwan o grefydd, gan anwybyddu realiti'r mwyafrif. Hefyd mae'n methu cynnig dull cadarnhaol perswadiol ei hun. Arweiniodd ei safbwynt ffyrnig o negyddol i Paul Kurtz ei disgrifio fel 'ffwndamentaliaeth atheïstig'.

Un o'r awduron mwyaf cynhyrchiol sy'n trafod yr heriau a gynigir gan Atheïstiaeth Newydd yw Alister McGrath, cyn atheist sydd bellach yn Gristion. Ar hyn o bryd mae'n dal cadair Andreas Idreos mewn Gwyddoniaeth a Chrefydd ym Mhrifysgol Rhydychen yn ogystal â bod yn Athro Diwinyddiaeth.

Grwpiau crefyddol yn gwrthod honiadau dilynwyr Atheïstiaeth Newydd sy'n dweud nad yw gwyddoniaeth a chrefydd yn cydweddu

Fel y nodwyd uchod, mae Atheïstiaeth Newydd yn cymryd safbwynt cadarnhaol iawn am wyddoniaeth, gan ddadlau ei bod yn esbonio (neu â'r potensial i esbonio) popeth, yn cynnwys materion oedd fel arfer yn cael eu hystyried yn rhan o'r byd crefyddol. Mae'n gwrthod y syniad o esboniadau lluosog am yr un pethau, gan ddadlau mai dim ond yr esboniad gwyddonol all fod yn ddilys. Felly caiff gwyddoniaeth a chrefydd eu darlunio fel pethau sy'n cynnig esboniadau sy'n cystadlu â'i gilydd.

Ond yn ôl John Polkinghorne does dim cystadleuaeth. Mae'n dadlau bod angen gwau gwahanol lefelau o esboniad â'i gilydd i wneud cyfanwaith cyfoethog, cynhwysfawr. Er enghraifft, gall disgrifiad gwyddonol o'r byd ddisgrifio'r Glec Fawr ac esblygiad creaduriaid byw. Gall y rhai crefyddol siarad am Dduw yn dod â'r byd i fodolaeth a'i gyfeirio tuag at ei ganlyniad bwriedig. I rai mae'n broses sy'n cynnwys gweithredu dwyfol. I eraill, Duw sy'n creu ac yn gweithio drwy rymoedd naturiol.

Mae'r ddau safbwynt hyn yn ategu yn hytrach na gwrth-ddweud ei gilydd. Gall y byd naturiol gael ei ddehongli, heb golli cywirdeb deallusol, mewn nifer o ffyrdd gwahanol. Yn wir, dwy elfen o feddwl sy'n gorwedd y tu hwnt i gwmpas y gwyddorau naturiol yw'r syniadau am werth ac ystyr – gan nad ydyn nhw'n empirig.

Mae Alister McGrath yn dadlau bod tystiolaeth a chred mewn crefydd yn debyg i dystiolaeth a chred yn y gwyddorau naturiol. Mae'r ddau'n cynnwys dangos bod rhesymau da dros feddwl bod rhywbeth yn gywir, heb gael cadarnhad llwyr. Mae

Dawkins yn diffinio ffydd grefyddol yn anghywir fel credu mewn rhywbeth sydd heb dystiolaeth gefnogol. Mae'n methu gwahaniaethu rhwng 'absenoldeb llwyr o dystiolaeth gefnogol' ac 'absenoldeb tystiolaeth sy'n llwyr gefnogol'.

Cynnydd mewn gweithgarwch crefyddol ffwndamentalaidd yn ymwneud â moesoldeb a'r gymuned

Mae credoau crefyddol yn cynnwys byd-olwg sy'n rhan greiddiol o sut mae person yn meddwl ac yn ymddwyn. Felly, ni all crefydd fod yn fater hollol breifat i gredinwyr crefyddol. Nid yw'n bosibl byth cadw ochrau cyhoeddus a phreifat bywyd yn gwbl ar wahân. Mae'r ymosodiad ar grefydd gan Atheïstiaeth Newydd wedi arwain rhai grwpiau crefyddol i fod yn gryfach yn gwrthwynebu tueddiadau atheïstig yn y gymdeithas. Maen nhw'n gweld normau cymdeithasol traddodiadol yn cael eu tanseilio.

Yn arbennig, bu cynnydd mewn ffwndamentaliaeth Islamaidd a Christnogol. Ystyr y gair 'ffwndamentaliaeth' yw ymlyniad diwyro wrth set o gredoau anostyngadwy. Wrth i'r grwpiau crefyddol hyn weld y gymdeithas yn symud i ffwrdd o'r credoau sylfaenol hyn, felly mae'r grwpiau'n mynd yn fwy gweithredol yn gwrthwynebu'r newidiadau drwy geisio dylanwadu ar y gyfraith a pholisi cyhoeddus.

Er enghraifft, mae'r Dde Gristnogol yn yr UDA yn glymblaid anffurfiol o Brotestaniaid efengylaidd a Chatholigion sy'n ceisio cymhwyso eu dealltwriaeth o athrawiaethau Cristnogaeth at wleidyddiaeth a pholisi cyhoeddus. Maen nhw'n ceisio dylanwadu ar a chymell yr etholwyr ar faterion cymdeithasol penodol. Y prif faterion cymdeithasol fu cyfunrywiaeth, priodas un-rhyw, erthyliad ac ymchwil i fôn-gelloedd embryonig.

Yn y DU, mae sefydliadau fel y Sefydliad Cristnogol yn hybu safbwynt Cristnogol ceidwadol yn seiliedig ar gred yn anffaeledigrwydd y Beibl. Mae'r Sefydliad yn ymgyrchu ar faterion cymdeithasol a moesol gan geisio dylanwadu ar y Senedd ac ar adegau'n gweithredu'n gyfreithiol.

Mae ystyr negyddol i 'ffwndamentaliaeth Islamaidd' gan ei fod yn derm a gysylltir â grwpiau fel ISIS, a gafodd ei ddynodi yn fudiad terfysgol gan y Cenhedloedd Unedig. Ond, fel ffwndamentaliaeth Gristnogol gall hefyd gyfeirio at grwpiau sy'n dilyn Islam ac yn parchu'r gyfraith, sy'n ceisio dylanwadu ar y gymdeithas drwy weithredu'n gymdeithasol a gwleidyddol. Mae gweithredu cyfraith Shari'a yn un o'r prif nodau.

Cynnydd ym mhresenoldeb apolegwyr crefyddol yn y cyfryngau

Mae twf Atheïstiaeth Newydd wedi arwain at lawer o drafodaeth gyhoeddus am Gristnogaeth. Felly, mae wedi rhoi llwyfan i apolegwyr Cristnogol i gadarnhau a dangos bod y ffydd Gristnogol yn rhesymol. Mae wedi caniatáu mynegiant llawer llawnach a mwy dilys o natur a nodweddion Cristnogaeth. Ymddengys fod yr eglwys wedi cael ei sbarduno i ailddarganfod traddodiad apologetig. Agenda Atheïstiaeth Newydd sydd wedi diffinio'r meysydd mae apolegwyr Cristnogol wedi gorfod canolbwyntio arnynt, e.e. apêl at y gwyddorau naturiol i gefnogi ffydd.

Dywedodd Alister McGrath nad yw dadl yn creu argyhoeddiad, ond mae diffyg dadl yn dinistrio cred. Efallai na fydd croeso i'r hyn a brofir i bob golwg; ond bydd yr hyn nad oes neb yn dangos y gallu i'w amddiffyn yn cael ei adael yn gyflym.

Mae Atheïstiaeth Newydd wedi cael llawer o sylw yn y cyfryngau, yn enwedig drwy ymddangosiadau rheolaidd Richard Dawkins ar y teledu, radio a'r Rhyngrwyd. Mae'r nifer mawr o ddadleuon cyhoeddus ac mewn prifysgolion yn cynnwys un neu fwy o'r 'Pedwar Angel' wedi rhoi llwyfan i apolegwyr crefyddol amrywiol, fel William Lane Craig yn dadlau â Christopher Hitchens. Yn arbennig, mae'r cyfryngau cymdeithasol wedi agor y drafodaeth i gynulleidfa ehangach.

Th1 Heriau i gred grefyddol

Dyfyniadau allweddol

Y peth mwyaf anghredadwy am y bydysawd yw ei fod yn gredadwy. (Einstein)

Ni all gwyddoniaeth na chrefydd obeithio sefydlu prawf sy'n rhesymegol gymhelloll o'r math mai dim ond ffŵl allai ei wadu. (Polkinghorne)

cwestiwn cyflym

1.25 Enwch ddau wyddonydd y soniwyd amdanynt sy'n dadlau nad oes gwrthdaro rhwng gwyddoniaeth a chrefydd.

Protest gan y Dde Gristnogol am y ffordd mae ffoaduriaid yn cael eu trin.

Gweithgaredd AA1

I helpu i'ch arwain at AA2, trefnwch ddadl ddosbarth, yn casglu o'r uchod dystiolaeth o blaid ac yn erbyn y farn 'Nid oes gan grefydd ymateb effeithiol i'r cynnydd mewn atheïstiaeth.'

CBAC Astudiaethau Crefyddol U2
Athroniaeth Crefydd

Sgiliau allweddol

Mae gwybodaeth yn ymwneud â:

Dewis ystod o wybodaeth (drylwyr) gywir a pherthnasol sydd â chysylltiad uniongyrchol â gofynion penodol y cwestiwn.

Mae hyn yn golygu:

- Dewis deunydd perthnasol i'r cwestiwn a osodwyd
- Canolbwyntio ar esbonio ac archwilio'r deunydd a ddewiswyd.

Mae dealltwriaeth yn ymwneud ag:

Esboniad helaeth, gan ddangos dyfnder a/neu ehangder gyda defnydd rhagorol o dystiolaeth ac enghreifftiau gan gynnwys (lle y bo'n briodol) defnydd trylwyr a chywir o destunau cysegredig, ffynonellau doethineb a geirfa arbenigol.

Mae hyn yn golygu:

- Defnydd effeithiol o enghreifftiau a thystiolaeth gefnogol i sefydlu ansawdd eich dealltwriaeth
- Perchenogaeth o'ch esboniad sy'n mynegi gwybodaeth a dealltwriaeth bersonol, NID eich bod yn ailadrodd darn o destun o lyfr rydych wedi ei baratoi a'i gofio.

Datblygu sgiliau AA1

Nawr mae'n bwysig ystyried y wybodaeth sydd wedi'i chyflwyno yn yr adran hon; fodd bynnag, mae'r wybodaeth fel y mae yn llawer rhy helaeth ac felly mae'n rhaid ei phrosesu er mwyn bodloni gofynion yr arholiad. Gallwch wneud hyn drwy ymarfer y sgiliau uwch sy'n gysylltiedig ag AA1. Bydd yr ymarferion yn y llyfr hwn yn eich helpu i wneud hyn ac yn eich paratoi ar gyfer yr arholiad. Ar gyfer Amcan Asesu 1 (AA1), sy'n cynnwys dangos sgiliau 'gwybodaeth' a 'dealltwriaeth', rydyn ni am ganolbwyntio ar ffyrdd gwahanol o ddangos y sgiliau yn effeithiol, gan gyfeirio hefyd at sut bydd eich perfformiad ym mhob un o'r sgiliau hyn yn cael ei fesur (gweler disgrifyddion band cyffredinol AA1 ar gyfer U2).

▶ **Dyma eich tasg:** Isod mae **crynodeb byr o'r gwahaniaethau rhwng agnosticiaeth ac atheïstiaeth**. Rydych chi eisiau esbonio hyn mewn traethawd ond ar hyn o bryd mae'n rhy fyr. Er mwyn dangos mwy o ddyfnder dealltwriaeth, datblygwch y crynodeb hwn drwy roi enghreifftiau fydd yn eich helpu i'w hesbonio ymhellach. Anelwch at tua 300 o eiriau i gyd.

Daw 'atheïstiaeth' o'r gair Groeg sy'n golygu 'heb Dduw'. Ceir gwahanol raddau o atheïstiaeth, e.e. mae 'Atheïstiaeth brotest' yn wrthryfel yn erbyn Duw ar sail foesol. Yn ôl 'Atheïstiaeth gadarnhaol' does dim Duw na duwiau'n bodoli. Bathwyd y term 'Atheïstiaeth Newydd' (gwrth-theïstiaeth) gan Christopher Hitchens.

Mewn cyferbyniad, defnyddir Agnosticiaeth yn aml i ddangos atal y penderfyniad i dderbyn neu wrthod cred yn Nuw. Defnyddiwyd y term 'agnostig' gyntaf gan y biolegydd o Loegr, Thomas Huxley. Mae'r gair yn tarddu o'r Groeg, ac yn golygu 'heb wybodaeth'. Ceir gwahanol fathau o agnosticiaeth yn union fel y mae gwahanol fathau o atheïstiaeth.

Rhan o agnosticiaeth yw'r syniad nad yw'n bosibl gwybod, mewn egwyddor, a yw Duw neu ryw realiti sylfaenol arall yn bodoli. Nid bod diffyg tystiolaeth, ond ni fydd tystiolaeth byth yn bosibl. Defnyddir y gair yn wahanol gan rai.

Mae llawer o bobl yn argyhoeddedig bod agnosticiaeth yn rhyw fath o 'ffordd ganol' neu 'drydedd ffordd' rhwng atheïstiaeth a theïstiaeth. Fodd bynnag, nid yw Agnosticiaeth yn ymwneud â chred yn Nuw ond â gwybodaeth. Gallwch fod yn atheist agnostig neu yn theist agnostig.

Ar ôl i chi orffen y dasg, cyfeiriwch at y disgrifyddion band ar gyfer U2 ac edrychwch yn benodol ar y gofynion sydd wedi'u disgrifio yn y disgrifyddion band uwch y dylech chi fod yn anelu atyn nhw. Gofynnwch i chi'ch hun:

- A yw fy ngwaith yn dangos gwybodaeth a dealltwriaeth drylwyr, gywir a pherthnasol o grefydd a chred?
- A yw fy ngwaith yn dangos cydlyniad (cysondeb neu synnwyr rhesymegol), eglurder a threfn o safon ragorol?
- A fydd fy ngwaith, ar ôl ei ddatblygu, yn ateb helaeth a pherthnasol sy'n bodloni gofynion penodol y dasg?
- A yw fy ngwaith yn dangos dyfnder a/neu ehangder sylweddol ac yn gwneud defnydd rhagorol o dystiolaeth ac enghreifftiau?
- Os yw'n briodol i'r dasg, a yw fy ateb yn cynnwys cyfeiriadau trylwyr a chywir at destunau cysegredig a ffynonellau doethineb?
- A ellir gwneud unrhyw gysylltiadau treiddgar ag elfennau eraill o fy nghwrs?
- A fydd fy ateb, ar ôl ei ddatblygu a'i ehangu i gyfateb i'r hyn sy'n ddisgwyliedig mewn ateb arholiad, yn cynnwys ystod eang o safbwyntiau ysgolheigion/ysgolion o feddwl?
- A yw'r defnydd o iaith a geirfa arbenigol yn drylwyr a chywir, pan geir enghreifftiau o hynny?

Materion i'w dadansoddi a'u gwerthuso

Llwyddiant dadleuon atheïstig yn erbyn cred grefyddol

Mae atheïstiaeth newydd yn cyflwyno atheïstiaeth fel yr unig opsiwn i'r person difrifol, blaengar a meddylgar. Mae ei gynigwyr wedi canolbwyntio ar y ddadl bod gwyddoniaeth wedi gwrthbrofi Duw. Yn wir, mae Richard Dawkins yn dadlau mai crefydd 'yw gwreiddyn pob drygioni' am y rheswm ei bod yn mynd yn erbyn pob egwyddor wyddonol ac yn hybu anwybodaeth. Mae'n hyrwyddo 'bod yn ddi-feddwl' ac nid yw cred yn seiliedig ar dystiolaeth. Yn hytrach ffydd ddall ydyw ac mae crefydd yn rhywbeth afresymol. Dylai crefydd gael ei gadael gan fod yr hil ddynol wedi symud ymlaen ac wedi datblygu yn ei gwybodaeth wyddonol.

Mae Atheïstiaeth Newydd yn honni bod datblygiadau gwyddonol bellach wedi dileu Duw o unrhyw esboniad angenrheidiol am y bydysawd. Yn y pen draw bydd gwyddoniaeth yn esbonio popeth. I Dawkins, nid yw 'Duw y bylchau' yno mwyach oherwydd bod y 'bwlch' wedi cau erbyn hyn. Mae gwyddoniaeth yn ateb ein cwestiynau am darddiad bywyd a'r byd heb yr angen am esboniad crefyddol. Er bod y syniad o 'bwrpas' yn cael ei ddefnyddio gan wyddoniaeth a chrefydd fel ei gilydd, i'r biolegydd mae'n cyfeirio'n unig at gynnyrch detholiad naturiol Darwin yn hytrach na'r syniad crefyddol o ddylunio ar gyfer pwrpas gan greawdwr deallus. Mae'n sicr yn wir bod gwyddoniaeth wedi darparu rhai atebion o ran esboniadau naturiol am bethau lle mai Duw oedd yr esboniad o'r blaen.

Fodd bynnag, mae gan wyddoniaeth gyfyngiadau difrifol. Mae'r gwyddorau naturiol y tu hwnt i gwmpas syniadau an-empirig fel gwerth ac ystyr. Ni all gwyddoniaeth ddweud wrthym beth sy'n iawn. Byddai Atheïstiaeth Newydd yn herio'r ymateb hwn. Mae atheïstiaid fel Sam Harris yn ei lyfr *The Moral Landscape* yn dadlau bod gwerthoedd moesol yn ymwneud â hyrwyddo llesiant dynol a bod gwyddoniaeth yn dweud wrthym beth sy'n hyrwyddo llesiant. Felly, gall gwyddoniaeth ddweud wrthym beth sy'n foesol gywir.

Maes arall sy'n gysylltiedig â gwyddoniaeth a fu'n arwyddocaol o ran herio cred grefyddol yw empiriaeth, sy'n agwedd bwysig ar y dull gwyddonol. Yr honiad yw nad yw Duw yn agored i ymchwiliad drwy gyfrwng y synhwyrau gan nad yw Duw yn wrthrych ffisegol. Mae gwyddoniaeth yn awgrymu mai profiad drwy'r synhwyrau yw ffynhonnell sylfaenol ein holl gysyniadau a'n gwybodaeth. Felly, mae damcaniaethau gwyddonol yn seiliedig ar dystiolaeth yn unig ond maen nhw'n honni bod crefydd yn troi oddi wrth dystiolaeth. Mae atheïstiaeth yn rhesymegol a gwyddonol ond mae crefydd yn afresymol ac ofergoelus.

Fodd bynnag, mae hyn yn tybio bod unrhyw beth na ellir ei wirio yn ddim mwy na barn neu gred breifat neu hyd yn oed rhithdyb. Ond, rhaid bod dadlau am fodolaeth Duw ac ystyr bywyd yn agored i drafodaeth resymegol hyd yn oed os yw y tu hwnt i'r dull gwyddonol. Mae'r dull gwyddonol yn tynnu ar debygolrwydd rhesymol yn hytrach na sicrwydd, ac eto mae atheïstiaid fel pe baent yn gwadu unrhyw bosibilrwydd arall ac felly maen nhw'n gwneud camgymeriad diddwythol.

Mae methiant ymddangosiadol y dadleuon dros Dduw a drafodir gan Dawkins yn *The God Delusion* yn codi amheuon am fodolaeth Duw. Yn y bôn, mae Atheïstiaeth Newydd yn gweld gwyddoniaeth a chrefydd mewn gwrthdaro parhaus a phwysig gan fod unrhyw esboniad crefyddol yn gweithredu o safbwynt ffydd. Ystyrir bod ffydd grefyddol yn rhith – cred ffug sefydlog. Fodd bynnag, mae safbwynt o'r fath yn ymddangos yn wirion gan fod llawer o wyddonwyr fyddai'n honni eu bod yn arddel ffydd grefyddol heb weld gwrthdaro rhwng y ddau. Agwedd arall efallai fyddai honni nad yw gwyddoniaeth a chrefydd yn gwrthdaro oherwydd bod eu perthynas yn un o annibyniaeth. Mae crefydd

---

Th1 Heriau i gred grefyddol

> **Mae'r adran hon yn cwmpasu cynnwys a sgiliau AA2**
>
> **Cynnwys y fanyleb**
> Llwyddiant dadleuon atheïstig yn erbyn cred grefyddol.

Gweithgaredd AA2

Wrth i chi ddarllen drwy'r adran hon ceisiwch wneud y pethau canlynol:

1. Dewiswch y gwahanol ddadleuon sy'n cael eu cyflwyno yn y testun a nodwch unrhyw dystiolaeth gefnogol a roddir.
2. Ar gyfer pob dadl a gyflwynir, ceisiwch werthuso a yw'r ddadl yn un gryf neu wan yn eich barn chi.
3. Meddyliwch am unrhyw gwestiynau yr hoffech chi eu gofyn wrth ymateb i'r dadleuon.

Bydd y gweithgaredd hwn yn eich helpu chi i ddechrau meddwl yn feirniadol am yr hyn rydych chi'n ei ddarllen, ac yn eich helpu i werthuso effeithiolrwydd dadleuon gwahanol, gan ddatblygu eich sylwadau, a'ch barn a'ch safbwyntiau eich hun. Bydd hyn yn eich helpu wrth ddod i gasgliadau y byddwch yn eu gwneud yn eich atebion i'r cwestiynau AA2 sy'n codi.

Dyfyniadau allweddol

Mae bod yn empirydd yn golygu peidio â chredu yn unrhyw beth sy'n mynd y tu hwnt i'r ffenomenau gwironeddol mae'n bosibl eu gweld. **(Fraassen)**

[Mae fel pe bai] uwch-feddyliwr wedi ymhél â ffiseg, yn ogystal ag â chemeg a bioleg, ac nad oes unrhyw rymoedd dall sy'n werth sôn amdanynt mewn natur. **(Hoyle)**

Mae pob crefydd yn fersiwn o'r un anwiredd. **(Hitchens)**

Gweithgaredd AA2

Rhestrwch rai casgliadau y byddai'n bosibl dod iddynt ar sail y rhesymeg AA2 yn y testun uchod; ceisiwch gyflwyno o leiaf dri chasgliad gwahanol posibl. Ystyriwch bob un o'r casgliadau a chasglwch dystiolaeth gryno i gefnogi pob casgliad o'r deunydd AA1 ac AA2 ar gyfer y testun hwn. Dewiswch y casgliad sy'n argyhoeddi fwyaf yn eich barn chi ac esboniwch pam mae hyn yn wir. Ceisiwch gyferbynnu hyn â'r casgliad gwannaf ar y rhestr, gan gyfiawnhau eich dadl gyda rhesymu clir a thystiolaeth.

---

yn delio â moeseg ac ysbrydolrwydd, a gwyddoniaeth â chwestiynau empirig. Fodd bynnag, byddai eraill yn dadlau dros berthynas gadarnhaol a rhyngweithiol rhwng gwyddoniaeth a chrefydd, yn arbennig drwy ddiwinyddiaeth naturiol. Er enghraifft, mae'r dybiaeth bod gan y bydysawd darddiad tymhorol yn nodwedd mewn dadleuon cosmolegol cyfoes dros fodolaeth Duw. Mae'r cyweirio manwl sydd i'w weld yn y bydysawd, ar y lleiaf, yn gyson â'r safbwynt crefyddol am y bydysawd.

Mae rhesymoledd yn rhan greiddiol o Atheïstiaeth Newydd gan ei fod yn honni nad yw unrhyw safbwynt gwahanol yn rhesymegol. Mae'n honni bod cred grefyddol yn afresymol. Fodd bynnag, mae hyn yn gwadu'r dystiolaeth hanesyddol dros y ffydd. Er enghraifft, mewn Cristnogaeth mae achos i'w ateb o ran atgyfodiad Iesu. Er y gallai'r ddwy ochr anghytuno, byddai'n dal i fod yn ddadl resymegol.

Un o'r agweddau lle mae Atheïstiaeth Newydd wedi ymosod ar gred grefyddol yw drwy'r honiad bod bodau dynol wedi dyfeisio Duw a bod y Duw a ddyfeisiwyd ganddynt yn ddrwg. Mae Dawkins yn disgrifio Duw'r Hen Destament fel 'efallai'r cymeriad mwyaf annymunol ym mhob ffuglen; eiddigeddus ac yn falch o hynny; rhywun pitw, annheg, anfaddeugar sy'n mynnu bod mewn rheolaeth; glanhäwr ethnig dialgar ac awchus am waed; bwli gwreig-gasaol, homoffobig, hiliol, dinistriol, megalomanaidd, sadomasocistaidd, mympwyol faleisus, sy'n lladd babanod, hiliau a meibion.'

Fodd bynnag, y cyhuddiad yw bod portread Atheïstiaeth Newydd o grefydd yn wawdlun. Honnir ei bod yn camddarlunio crefydd a dysgeidiaeth grefyddol, gan ddewis canolbwyntio ar y rheini sy'n eithafol ac yn troi at drais. Os dyfeisiwyd Duw gan ddyn, fel maen nhw'n dadlau, yna rhaid bod hynny'n golygu mai bodau dynol yw achos y trais, nid Duw. Yn wir, mae credinwyr crefyddol yn adleisio'r atheïstiaid pan ddaw'n fater o gwyno am ymddygiad pobl grefyddol. P'un ai'r Croesgadau, chwil-lys crefyddol, bomio hunanleiddiol neu fateroliaeth, a'r amharodrwydd i rannu mwy na dyrnaid â'r rheini mewn angen – mae pob un o'r gweithredoedd hyn yn annheilwng o bobl grefyddol. Fodd bynnag, ni waeth pa mor wael y mae pobl grefyddol yn ymddwyn, nid yw hynny'n gwrthbrofi Duw nag athrawiaethau penodol. Nid yw'n dangos mwy na bod rhai credinwyr yn byw mewn ffordd sy'n anghyson ag athrawiaethau o'r fath. Yn wir, gellid dadlau bod gweithredoedd fel hyn yn dangos gwirionedd y rhan fwyaf o grefyddau, sef bod gan bobl natur bechadurus.

Mae cwestiynau am ddaioni Duw yn gymaint o broblem i'r Atheist Newydd ag ydyw i'r credinwr crefyddol. Gan fod Atheïstiaid Newydd yn gweld safonau moesegol fel dim mwy na syniadau preifat am foesoldeb, ni all drygioni fod yn bresenoldeb gwrthrychol ac felly ni ellir rhoi'r bai wrth draed Duw. Os dyfeisiwyd Duw gan ddyn, fel maen nhw'n dadlau, yna rhaid bod hynny'n golygu mai bodau dynol yw achos y trais, nid Duw.

Mae Atheïstiaeth Newydd yn methu hefyd â bod yn realistig am ochr dywyllach Atheïstiaeth (e.e. Lenin a'i ymdrechion drwy drais i ddileu cred grefyddol). Amcangyfrifir bod llywodraethau atheist a seciwlar yn yr ugeinfed ganrif yn unig, wedi lladd dros 100 miliwn o bobl, mwy na 100 waith cyfanswm y marwolaethau a achoswyd gan Gristnogion o'r Croesgadau tan heddiw. Mae Atheïstiaid Newydd hefyd yn anwybyddu'r ddysgeidiaeth am ymwrthod â thrais a maddeuant sydd yng nghrefyddau'r byd.

Mae dadleuon atheïstig yn erbyn profiadau crefyddol yn faes arall sydd wedi arwain at lawer o drafodaeth. Agwedd Dawkins yw trin profiadau crefyddol fel rhithweledigaethau yn unig, yn wahanol i orffwylledd dim ond yn y graddau y maen nhw'n cael eu derbyn mewn cymdeithas. Fodd bynnag, mae safbwynt o'r fath yn anwybyddu'r gwahaniaethau sylfaenol rhwng datguddiad crefyddol a symptomau afiechyd meddwl. Ni chymerir sylw o'r profiadau cyfriniol a ddisgrifiwyd ar draws amser a lle a chefndir diwylliannol. Yn hytrach, mae disgrifiadau o'r fath yn cael eu diystyru fel dim mwy na rhithweledigaethau neu dueddiad arbennig y meddwl dynol i greu profiadau o'r fath.

Mae ymosodiad atheïstiaeth ar gred grefyddol wedi canoli hefyd ar fodolaeth nifer mawr o grefyddau'r byd. Nid yn unig y maen nhw'n gwrth-ddweud ei gilydd ond ar yr un pryd maen nhw'n honni datguddiad dwyfol; ond hefyd, dadleuir bod y grefydd a ddilynwch yn dibynnu'n bennaf ar ble cawsoch eich geni. Nid oes ganddo fawr i'w wneud â'r gwirionedd.

Fodd bynnag, nid yr un credoau sydd gan bob crefydd. Yn wir, mae rhai pobl yn troi o un ffydd at ffydd wahanol. Mae gwahaniaethau mawr rhwng crefyddau Asiaidd a rhai Gorllewinol – er enghraifft rhwng Bwdhaeth a'r crefyddau Abrahamaidd.

Efallai y dylid mesur llwyddiant dadleuon atheïstig nid yn erbyn pa mor berswadiol yw eu dadleuon academaidd/deallusol ond yn ôl eu dylanwad yn y maes cyhoeddus ac ym meddwl pob dydd. Yn sicr mae Atheïstiaeth Newydd wedi cael proffil uchel ac mae llawer yn teimlo ei fod wedi gwneud awdurdod crefyddol yn llai perthnasol yn y gymdeithas gyfoes. Mae safbwyntiau gwrth-theïstig yn aml yn cael lle blaenllaw yn y drafodaeth gyhoeddus drwy'r cyfryngau poblogaidd gyda chefnogwyr Atheïstiaeth Newydd yn cael sylw ar y cyfryngau.

Mewn rhai ffyrdd, mae Atheïstiaeth Newydd wedi cyfrannu at hyrwyddo cred grefyddol. Mae'r trafodaethau cyhoeddus â ffigyrau adnabyddus wedi ennyn mwy o ddiddordeb mewn crefydd ac mae'r achos dros grefydd wedi cael ei glywed gan lawer na fyddent wedi cymryd diddordeb o'r blaen. Bu cynnydd mewn ymwybyddiaeth a diddordeb mewn ysbrydolrwydd a meddylgarwch. Ar yr un pryd mae aelodaeth rhai grwpiau crefyddol ffwndamentalaidd wedi cynyddu. Mae'r portread o grefydd gan rannau o Atheïstiaeth Newydd, sydd braidd yn elyniaethus, dibrisiol a gwawdluniol, wedi llwyddo i gryfhau ffurfiau traddodiadol o grefydd. Byddai'n bosibl gweld twf ysgolion ffydd fel adwaith i'r bygythiadau ymddangosiadol yn erbyn crefydd gan fudiadau fel Atheïstiaeth Newydd.

Fodd bynnag, mae'n ddiddorol bod Atheïstiaeth Newydd wedi dod o dan lach atheïstiaid eraill hefyd. Er enghraifft, mae C. J. Werleman yn *The New Atheist Threat: The Dangerous Rise of Secular Extremists* yn disgrifio ymrwymiad anfeirniadol yr Atheïstiaid Newydd i wyddoniaeth, eu dealltwriaeth blentynnaidd o grefydd, eu Islamoffobia eithafol a'u hanoddefgarwch o amrywiaeth ddiwylliannol. Mae llawer yn dadlau nad yw gwyddoniaeth a rhesymoledd ar ochr atheïstiaeth o reidrwydd na bod y rhain yn perthyn i atheïstiaeth yn unig. Mae'n amlwg nad yw atheïstiaeth wedi osgoi cael ei herio wrth iddi ddadlau yn erbyn credoau crefyddol.

I ba raddau y mae ymatebion crefyddol i Atheïstiaeth Newydd wedi bod yn llwyddiannus

Nid yw'r ymosodiad gan Atheïstiaeth Newydd ar gredoau crefyddol wedi osgoi cael ei herio. Mae Atheïstiaeth Newydd yn dadlau bod gwyddoniaeth wedi gwrthbrofi Duw a bod credinwyr crefyddol yn gwadu datblygiadau gwyddoniaeth o ran esbonio'r bydysawd. Ond, mae'n ddiddorol bod rhai o'r lleisiau sy'n herio Atheïstiaeth Newydd wedi dod gan wyddonwyr eu hunain. Yn wir, mae llawer o wyddonwyr yn arddel cred grefyddol ac nid ydyn nhw'n gweld bod gwyddoniaeth a chrefydd yn gwrth-ddweud ei gilydd. Mae'r Athro Lennox, sy'n Gristion, wedi cynnal nifer o ddadleuon cyhoeddus â Dawkins ond nid yw'r un o'r ddau wedi cael eu perswadio i newid ei farn.

Dywedodd Stephen Gould, yn seiliedig ar safbwyntiau crefyddol biolegwyr esblygiadol blaenllaw, 'Naill ai mae hanner fy nghydweithwyr yn sobor o dwp, neu mae gwyddor Darwiniaeth yn hollol gydnaws â chredoau crefyddol confensiynol – ac yr un mor gydnaws ag atheïstiaeth.' Roedd Gould yn gwneud y pwynt y gall natur gael ei dehongli mewn ffordd theïstig neu atheïstig – ond nid yw'n mynnu'r un o'r rhain. Fel y mae Alister McGrath yn nodi 'Mae'r ddau yn bosibiliadau gwirioneddol i wyddoniaeth.'

Yr ymateb crefyddol i Atheïstiaeth Newydd yw ei bod yn anwybyddu cyfyngiadau gwyddoniaeth. Mae'r gwyddorau naturiol yn defnyddio'r fethodoleg wyddonol o arsylwi ac arbrofi, sy'n empirig yn eu dull. Ond ni all empiriaeth ddyfalu am realiti y tu hwnt i'r byd y gellir ei weld.

Fodd bynnag, mae'n wir hefyd bod llawer o wyddonwyr heb fod yn grefyddol ac yn ystyried byd-olwg crefyddau yn wahanol iawn i'w dealltwriaeth 'wyddonol' nhw.

Th1 Heriau i gred grefyddol

Awgrym astudio
Mae'n hanfodol yn AA2 eich bod yn trafod dadleuon ac nid yn unig esbonio beth mae rhywun wedi dweud. Ceisiwch ofyn i chi'ch hun, 'a oedd hwnnw'n bwynt teg i'w wneud?', 'a yw'r dystiolaeth yn ddigon cadarn?', 'a oes unrhyw beth i herio'r ddadl hon?', 'ydy hon yn ddadl gref neu wan?' Bydd dadansoddi beirniadol fel hyn yn eich helpu i ddatblygu'ch sgiliau gwerthuso.

Dyfyniad allweddol
Mae rhai atheïstiaid yn dechrau credu mewn unrhyw beth ar ôl iddynt roi'r gorau i gredu yn Nuw.
(Nanda)

Cynnwys y fanyleb
I ba raddau y mae ymatebion crefyddol i Atheïstiaeth Newydd wedi bod yn llwyddiannus.

Gweithgaredd AA2
Wrth i chi ddarllen drwy'r adran hon ceisiwch wneud y pethau canlynol:

1. Dewiswch y gwahanol ddadleuon sy'n cael eu cyflwyno yn y testun a nodwch unrhyw dystiolaeth gefnogol a roddir.
2. Ar gyfer pob dadl a gyflwynir, ceisiwch werthuso a yw'r ddadl yn un gryf neu wan yn eich barn chi.
3. Meddyliwch am unrhyw gwestiynau yr hoffech chi eu gofyn wrth ymateb i'r dadleuon.

Bydd y gweithgaredd hwn yn eich helpu chi i ddechrau meddwl yn feirniadol am yr hyn rydych chi'n ei ddarllen, ac yn eich helpu i werthuso effeithiolrwydd dadleuon gwahanol, gan ddatblygu eich sylwadau, a'ch barn a'ch safbwyntiau eich hun. Bydd hyn yn eich helpu wrth ddod i gasgliadau y byddwch yn eu gwneud yn eich atebion i'r cwestiynau AA2 sy'n codi.

Gallen nhw'n hawdd honni bod y byd-olwg crefyddol yn cynnwys agweddau na ellir eu gwybod ac felly maen nhw'n cwestiynu pam maen nhw'n cael eu cynnwys.

Mae Atheïstiaeth Newydd yn ymosod ar ffydd, gan honni ei bod yn gred sy'n cael ei dal yn absenoldeb llwyr unrhyw dystiolaeth, ond mae gwyddoniaeth yn seiliedig ar dystiolaeth ac felly mae'n ein gorfodi i dderbyn y gwirionedd. Mae Alister McGrath yn herio'r safbwynt hwn am ffydd a gwyddoniaeth. Mae e'n cyhuddo'r Atheïstiaid Newydd o fethu â gwahaniaethu rhwng 'absenoldeb llwyr o dystiolaeth gefnogol' ac 'absenoldeb tystiolaeth sy'n llwyr gefnogol'. Ystyr ffydd yw gweithredu ar yr hyn y mae gennych reswm da i gredu ei fod yn wir. Nid yw'r dystiolaeth mewn gwyddoniaeth yn arwain yn awtomatig at un casgliad. Er enghraifft, mae gwyddonwyr yn anghytuno ynghylch a oes yna un bydysawd neu gyfres o fydysawdau.

Fodd bynnag, gellid honni y gall gwirionedd yr anghytundeb gwyddonol gael ei ddatrys yn y dyfodol, ond nid felly'r honiadau crefyddol. Mewn ymateb, gallai'r person crefyddol ddadlau, os oes Duw, yna mae gwiriad eschatolegol o Dduw yn bosibl, neu gall Duw hyd yn oed ei wneud ei hun yn wybyddus ar y ddaear neu drwy brofiad crefyddol.

Mae ymatebion crefyddol am y dadleuon dros fodolaeth Duw yn nodi nad prawf ydynt ac ni honnwyd hyn erioed. Maen nhw'n arddangosiadau *a posteriori* (rhesymu yn seiliedig ar arsylwi) o gydlyniad ffydd. Serch hynny, yn ddiweddar mae credinwyr crefyddol fel y Cristion William Lane Craig a Richard Swinburne wedi amddiffyn y dadleuon traddodiadol dros Dduw, gan ddangos y gellir eu cyfiawnhau yn hytrach na'u profi. Nodir hefyd gan Alister McGrath fod cosmoleg yr 21ain ganrif yn llawer mwy cefnogol i gred Gristnogol nag yr oedd ganrif yn ôl.

Un o'r prif ymosodiadau eraill ar grefydd gan Atheïstiaeth Newydd yw'r cyhuddiad mai crefydd yw gwreiddyn pob drygioni, yn enwedig o ran trais. Yr ymateb crefyddol fu herio'r defnydd o'r gair 'crefydd' a herio'r honiad bod crefydd yn achosi trais. Hollgyffredinolyn ffug yw 'crefydd' yn yr ystyr nad yw 'crefydd' fel y cyfryw yn bodoli, ond yn hytrach mae crefyddau unigol yn bodoli. Mae gan y crefyddau unigol ddysgeidiaethau hefyd am heddwch, ymwrthod â thrais a maddeuant fel agweddau pwysig o'u credoau, er enghraifft ahimsa yng nghrefyddau Asia neu faddeuant mewn Cristnogaeth ac Islam. Mae Atheïstiaid Newydd yn canolbwyntio ar grŵp bach o eithafwyr ac yn cyhuddo pawb yr un fath. Fodd bynnag, ni ellir gwadu ei bod yn ymddangos i gred grefyddol arwain rhai pobl at weithredoedd treisgar fel bomio hunanleiddiol. Mewn ymateb, dywedir bod y trais yn fwy gwleidyddol na chrefyddol, ond a yw hynny'n wir? Gall y llythyrau y mae pobl o'r fath yn gadael ar eu hôl awgrymu fel arall. Mae pobl grefyddol yn honni'n aml bod rhywun sy'n llofruddio yn enw crefydd wedi camddehongli gwir ddaliadau crefydd. Fodd bynnag, mae Sam Harris yn mynnu bod credoau anghywir ac egwyddorion gweithredu nad ydynt yn cynrychioli'r byd o'u cwmpas yn gywir yn beryglus ynddynt eu hunain. Maen nhw'n mynd yn farwol, fodd bynnag, wrth ychwanegu ffydd. I Atheïstiaid Newydd, mae ffydd yn golygu gwrthod meddylfryd sy'n seiliedig ar dystiolaeth.

Mae athroniaeth crefydd wedi gweld rhywfaint o adfywiad wrth geisio mynd i'r afael â rhai o'r dadleuon a gyflwynwyd gan yr Atheïstiaid Newydd. Yn ogystal ag amddiffyniad newydd o'r dadleuon traddodiadol dros Dduw gan bobl fel Craig a Swinburne, mae athronwyr wedi bod yn trafod y mater o foesoldeb gwrthrychol. Mae atheïstiaeth yn ceisio cael gwared ar unrhyw hawliadau crefyddol i awdurdod moesol ac mae'n edrych at wyddoniaeth i'n harwain ni. Ond o ystyried bod atheïstiaeth yn gweld safonau moesegol fel dim mwy na syniadau preifat am foesoldeb, ni allan nhw apelio at unrhyw fath o foesoldeb gwrthrychol. Daw moesoldeb yn fwy o fater o chwaeth bersonol unigol. Felly, mae crefydd wedi ymateb i ymosodiadau atheïstaeth ar foesoldeb a drygioni.

Os rhywbeth, mae'r ymosodiadau gan atheïstaeth fel pe baen nhw wedi arwain at atgyfnerthiad mewn cred grefyddol yn hytrach na dirywiad. Mae credinwyr crefyddol wedi cael eu gorfodi i wynebu'r cyhuddiadau ac felly cafwyd llwyfan cyhoeddus annisgwyl a diddordeb i'w groesawu ym maes credoau crefyddol yn gyffredinol. Mae crefyddau wedi cael cyfleoedd i fynegi eu credoau ac i'w cyfiawnhau. Tybed a fyddai wedi bod yn fwy effeithiol pe bai atheïstaeth wedi dweud dim yn hytrach na chymryd rhan mewn dadleuon proffil uchel. Mae llawer o lyfrau wedi ymddangos sy'n amddiffyn rhesymoledd cred grefyddol. Fodd bynnag, mae'n wir hefyd bod crefydd draddodiadol, os caiff ei mesur gan y nifer sy'n mynd i addoli, yn dirywio, o leiaf yn y Gorllewin, er y bu diddordeb cynyddol mewn crefyddau Asiaidd.

Mae'n ymddangos bod yr ymatebion crefyddol wedi bod yn llwyddiannus gan fod Atheïstiaeth Newydd wedi methu â rhoi'r ergyd farwol i grefydd y byddai wedi dymuno ei wneud. Yn hytrach, o bosibl oherwydd ei gwawdluniau neu efallai oherwydd yr ymatebion crefyddol, mae Atheïstiaeth Newydd fel pe bai'n dirywio. I lawer erbyn hyn mae'n cael ei ystyried yn fath o ffwndamentaliaeth anoddefgar oedd yn canolbwyntio'n fwy ar wawdio'r gwrthwynebwyr yn hytrach na chymryd rhan mewn dadl ddeallusol.

Nid yw Atheïstiaeth Newydd yn diffinio crefydd yn glir a gallai hyn esbonio pam mae wedi canolbwyntio ar eithafwyr fel enghreifftiau o gred grefyddol. Efallai mai yn yr agwedd hon y dylai crefydd ddechrau ei hymateb os yw am lwyddo.

Datblygu sgiliau AA2

Nawr mae'n bwysig ystyried y wybodaeth sydd wedi'i chyflwyno yn yr adran hon; fodd bynnag, mae'r wybodaeth fel y mae yn llawer rhy helaeth ac felly mae'n rhaid ei phrosesu er mwyn bodloni gofynion yr arholiad. Gallwch wneud hyn drwy ymarfer y sgiliau uwch sy'n gysylltiedig ag AA2. Bydd yr ymarferion yn y llyfr hwn yn eich helpu i wneud hyn ac yn eich paratoi ar gyfer yr arholiad.

Ar gyfer Amcan Asesu 2 (AA2), sy'n cynnwys dangos sgiliau 'dadansoddi beirniadol' a 'gwerthuso' rydyn ni am ganolbwyntio ar ffyrdd gwahanol o ddangos y sgiliau yn effeithiol, gan gyfeirio hefyd at sut bydd eich perfformiad ym mhob un o'r sgiliau hyn yn cael ei fesur (gweler disgrifyddion band cyffredinol AA2 ar gyfer U2).

▶ **Dyma eich tasg:** Isod mae **dadl yn ymwneud â gwyddoniaeth yn cael gwared ar Dduw**. Mae angen i chi ymateb i'r ddadl hon drwy feddwl am dri chwestiwn allweddol y gallech chi ofyn i'r awdur fyddai'n herio ei safbwynt ac yn amddiffyn ei ddadl ymhellach.

Mae Atheïstiaeth Newydd yn honni bod datblygiadau mewn gwyddoniaeth bellach wedi dileu Duw o unrhyw esboniad angenrheidiol am y bydysawd. Yn y pen draw bydd gwyddoniaeth yn esbonio popeth. Ni ellir gwadu bod gwyddoniaeth wedi rhoi rhai atebion o ran esboniadau naturiol, lle o'r blaen Duw oedd yr esboniad. Er enghraifft, mae damcaniaeth Darwin o ddethol naturiol wedi dangos mai maes y gad yw natur. O'r blaen, y ddadl oedd bod natur yn fecanwaith ac felly wedi'i dylunio'n ddeallus. Roedd Duw wedi creu popeth i fod yn dda ac felly nid oedd angen eu haddasu o gwbl. Roedd hyn yn gwrthdaro â damcaniaeth Darwin. Fodd bynnag, roedd gan ddamcaniaeth Darwin dystiolaeth i'w chefnogi. Nid oes tystiolaeth dros grefydd Mae cred grefyddol yn ymwneud â ffydd yn llwyr. Ond wedyn dechreuodd pobl fynnu cael tystiolaeth dros gredu. Bu'n rhaid i'r rheini oedd â ffydd amddiffyn eu safbwynt. Gan nad oes tystiolaeth, yna lledaenodd atheïstiaeth.

I Atheïstiaid Newydd mae ffydd ddall yng ngwirionedd y llyfr sanctaidd yn acsiomatig i grefyddau. Felly, os yw'r llyfr yn wir ac mae'r dystiolaeth fel pe bai'n gwrth-ddweud hyn, yna mae angen i'r dystiolaeth, yn hytrach na'r llyfr, gael ei thaflu allan. Mae Dawkins yn dadlau, pan fydd llyfr gwyddoniaeth yn anghywir, bydd rhywun yn y diwedd yn darganfod y gwall a bydd yn cael ei gywiro mewn llyfrau dilynol. Fodd bynnag, nid yw hynny'n digwydd gyda llyfrau sanctaidd.

Hefyd, ffynhonnell sylfaenol ein holl gysyniadau a'n gwybodaeth yw ein profiad drwy'r synhwyrau. Mae'r dull gwyddonol yn seiliedig ar y safbwynt hwn bod gwybodaeth wedi'i chyfyngu i'r hyn y gellir ei wybod oherwydd profiad drwy'r synhwyrau. Mae'r fethodoleg yn golygu casglu data, ffurfio rhagdybiaeth, gwneud rhagfynegiad yn seiliedig ar y rhagdybiaeth a phrofi'r rhagfynegiad. Pan ddaw'n fater o Dduw, mae'n amlwg pam mae sgeptigiaeth yn codi. Nid yw Duw yn agored i gael ei ymchwilio drwy gyfrwng y synhwyrau. Nid yw Duw yn wrthrych ffisegol.

Mae gwyddoniaeth a'r dull gwyddonol wedi cwtogi credoau afresymegol am y goruwchnaturiol. Dyna pam nad yw'r mwyafrif o wyddonwyr yn credu yn Nuw.

Yn wir, mae gwyddoniaeth a chrefydd yn rhyfela, oherwydd bod gwyddoniaeth wedi dryllio ffydd yn Nuw, gan ddiraddio Duw i ymylon diwylliant. Mae Dawkins yn nodi mai 'un o effeithiau crefydd sy'n wirioneddol ddrwg yw ei bod yn ein dysgu mai rhinwedd yw bod yn fodlon ar beidio â deall.' Mae crefydd yn llesteirio cynnydd gwyddonol oherwydd ei bod yn ein dysgu i beidio â newid ein meddyliau. Mae'n gwanhau'r deall.

Ar ôl i chi orffen y dasg, cyfeiriwch at y disgrifyddion band ar gyfer U2 ac edrychwch yn benodol ar y gofynion sydd wedi'u disgrifio yn y disgrifyddion band uwch y dylech chi fod yn anelu atyn nhw.

Th1 Heriau i gred grefyddol

Gweithgaredd AA2

Rhestrwch rai casgliadau y byddai'n bosibl dod iddynt ar sail y rhesymeg AA2 yn y testun uchod; ceisiwch gyflwyno o leiaf dri chasgliad gwahanol posibl. Ystyriwch bob un o'r casgliadau a chasglwch dystiolaeth gryno i gefnogi pob casgliad o'r deunydd AA1 ac AA2 ar gyfer y testun hwn. Dewiswch y casgliad sy'n argyhoeddi fwyaf yn eich barn chi ac esboniwch pam mae hyn yn wir. Ceisiwch gyferbynnu hyn â'r casgliad gwannaf ar y rhestr, gan gyfiawnhau eich dadl gyda rhesymu clir a thystiolaeth.

Sgiliau allweddol

Mae dadansoddi'n ymwneud â nodi materion sy'n cael eu codi gan y deunyddiau yn adran AA1, ynghyd â'r rhai a nodwyd yn adran AA2, ac mae'n cyflwyno safbwyntiau cyson a chlir, naill ai gan ysgolheigion neu safbwyntiau personol, yn barod i'w gwerthuso.

Mae hyn yn golygu:

- Bod eich atebion yn gallu nodi meysydd trafod allweddol mewn perthynas â mater penodol
- Eich bod yn gallu nodi'r gwahanol ddadleuon a gyflwynir gan eraill, a rhoi sylwadau arnyn nhw
- Bod eich ateb yn rhoi sylwadau ar effeithiolrwydd cyffredinol pob un o'r meysydd neu ddadleuon hyn.

Mae gwerthuso'n ymwneud ag ystyried goblygiadau amrywiol y materion sy'n cael eu codi, yn seiliedig ar y dystiolaeth a gafwyd wrth ddadansoddi ac mae'n rhoi dadl fanwl eang gyda chasgliad clir.

Mae hyn yn golygu:

- Bod eich ateb yn pwyso a mesur canlyniadau derbyn neu wrthod y dadleuon amrywiol a gwahanol a gafodd eu dadansoddi
- Bod eich ateb yn dod i gasgliad drwy broses rhesymu clir

Th2 Profiad crefyddol

Mae'r adran hon yn cwmpasu cynnwys a sgiliau AA1

Cynnwys y fanyleb
Dylanwad profiad crefyddol ar arferion crefyddol.

Alister Hardy (1896–1985)

Termau allweddol
Cred-bod: cred sy'n honni ei bod yn ffaith wrthrychol

Cred-yn: cred sy'n cyfleu ymagwedd o ymddiriedaeth neu ymrwymiad

cwestiwn cyflym

2.1 Pwy sefydlodd yr Uned Ymchwil i Brofiad Crefyddol (RERU)?

Cynnwys y fanyleb
Dylanwad profiad crefyddol ar ffydd.

A: Dylanwad profiad crefyddol ar arferion crefyddol a ffydd

Profiad crefyddol ac arferion crefyddol

Yn 1969 sefydlodd y biolegydd morol o Loegr, Alister Hardy, yr Uned Ymchwil i Brofiadau Crefyddol yn Rhydychen gyda'r amcan o archwilio hyd a lled a natur profiadau crefyddol pobl ym Mhrydain. Roedd Hardy newydd ymddeol o'i Gadair yn Rhydychen fel gwyddonydd ond bu ganddo ddiddordeb mewn crefydd drwy ei fywyd. Yn arbennig, er bod ganddo agwedd fiolegol at sut roedd crefydd wedi 'esblygu', roedd yn gweld y datblygiad hwn fel ymateb i ddimensiwn arall o realiti.

Wrth lunio cronfa ddata o brofiadau crefyddol, yr hyn a ddaeth yn amlwg yn fuan i Hardy ac eraill yn y maes, oedd yr ehangder ac amrywiaeth fawr o'r profiadau hyn. Roedd yr hanesion hynny yn cynnwys y profiadau crefyddol mwy traddodiadol oedd yn ymwneud â dilynwyr y gwahanol grefyddau.

Yn ôl Hardy, mae profiad crefyddol:

'… fel arfer yn ysgogi yn y person dan sylw argyhoeddiad nad y byd pob dydd yw'r cyfan o realiti; mae dimensiwn arall i fywyd … mae ymwybyddiaeth o'i bresenoldeb yn effeithio ar sut mae'r person yn gweld y byd. Mae'n newid ymddygiad ac yn newid agweddau.'

Mae'r thema hon yn y fanyleb yn canolbwyntio ar ddylanwad profiad crefyddol ar arferion crefyddol a ffydd. Mae arferion crefyddol yn cynnwys defodau, seremonïau crefyddol a gwyliau crefyddol ond hefyd bywyd pob dydd sy'n aml yn cynnwys dyletswyddau a myfyrdodau crefyddol.

Gall defodau, yn ogystal â bod yn brofiad crefyddol ynddynt eu hunain, fod yn sbardun hefyd i brofiad crefyddol pellach. Yn ogystal, mae gweddïo ac ymprydio yn aml yn baratoad ar gyfer gweithredoedd defodol, seremonïau neu wyliau ac maen nhw hefyd yn brofiadau crefyddol personol neu gymunedol.

Mae gwyliau eraill yn dathlu digwyddiad yn y gorffennol sydd â'i wreiddiau mewn profiad crefyddol arwyddocaol. Er enghraifft, yn ystod Ramadan, mae Mwslimiaid yn dathlu'r amser pan gafodd adnodau'r Qur'an eu datgelu i'r proffwyd Muhammad. Mae'r holl ffurfiau hyn o arferion crefyddol a ffydd wedi dod dan ddylanwad profiad crefyddol a hefyd gallan nhw arwain at brofiad crefyddol.

Profiad crefyddol a ffydd

Mae'r rhan fwyaf o feddylwyr yn diffinio ffydd yn nhermau rhyw gymysgedd o weithredu gan yr ewyllys, ymddiriedaeth, a chred mewn corff o wirioneddau sy'n cael eu mynegi mewn datganiadau neu osodiadau. Roedd Aquinas yn ystyried y ffydd Gristnogol yn rhywbeth rhesymegol, gan y gellid ei chefnogi a'i harchwilio gan reswm. Fodd bynnag, nid oedd yn meddwl y gallai rheswm ar ei ben ei hun ddarganfod ei gwirioneddau a'i mewnweledigaethau. Roedd angen datguddiad dwyfol hefyd.

Mae llawer yn gweld ffydd fel **cred-bod** yn ogystal â **cred-yn**.

Datganiad cred-bod nodweddiadol yw 'Credaf mai Guru Nanak yw'r Guru cyntaf mewn Sikhiaeth.' Mae'r datganiad yn gwneud honiad sydd yn wrthrychol wir a bod rhywbeth yn ffaith. Mae'r math hwn o gred wedi'i seilio mewn digwyddiadau ffisegol, hanesyddol yn aml, ond mae'n gallu cynnwys rhywfaint o ddehongliad hefyd. Er enghraifft, gall Bwdhyddion nodi iddyn nhw gredu bod Siddhartha Gautama yn athro doeth; fodd bynnag, mae hyn yn dal i fod wedi'i seilio yn y byd rydyn ni'n ei brofi.

Enghraifft o ddatganiad cred-yn, fodd bynnag, fyddai 'Credaf yn Iesu'. Mae hyn fel arfer yn golygu mwy na dim ond cred bod Iesu yn ffigur hanesyddol. Mae'n awgrymu ymddiriedaeth yn Iesu. Mae'n ymestyn y tu hwnt i fyd ein profiad i mewn i faes ffydd. Mae'r gred a'r ymddiriedaeth yn Iesu wedi'u cysylltu'n gynhenid â honiadau ffydd am iachawdwriaeth, atgyfodiad a gobaith at y dyfodol am fodolaeth 'mewn byd arall'. Mae cred-yn yn tueddu i ymestyn dehongliad y gosodiad cred-bod i fod yn ddatganiad metaffisegol. Eto, byddai Bwdhyddion yn credu bod Siddhartha Gautama yn ddoeth oherwydd iddo ddysgu myfyrdod a honni profiad **goleuedigaeth** (**nirvana**) a hefyd daeth i fod y Bwdha; fodd bynnag, cred-yn yw cred yn y Bwdha fel ffigwr ysbrydoledig oherwydd y ffydd (mae Bwdhyddion yn defnyddio'r gair **sraddha** sy'n golygu 'ymddiriedaeth') mewn cysyniad arallfydol o nirvana fel dyhead realistig i bawb.

I lawer o bobl, mae'r symud o 'cred-bod' i 'cred-yn', yn digwydd drwy brofiad crefyddol personol. Yn yr un modd, gall profiad crefyddol pobl eraill fod yn ffynhonnell i'ch ffydd eich hun hefyd. Er enghraifft, gall rhywun ddarllen popeth am fywyd y Bwdha neu fywyd Muhammad a gallai hyn arwain at dröedigaeth. Darllenodd Cat Stevens y Qu'ran ac am fywyd Muhammad ac arweiniodd hyn at ei dröedigaeth i Islam.

Rôl arall profiad crefyddol sy'n gysylltiedig â ffydd yw annog neu gryfhau ffydd. Er enghraifft, mewn Cristnogaeth garismataidd mai ar gyfer addysgu'r gymuned o gredinwyr y mae rhoddion yr Ysbryd Glân.

Mae'n ymddangos bod profiad crefyddol yn gallu symud pobl i mewn i ffydd a bod ffydd yn gallu arwain pobl at brofiad crefyddol. Hefyd, mae llawer o fathau o brofiadau crefyddol sy'n amlygu eu hunain mewn nifer o ffyrdd, o fyfyrio tawel a meddwl am y dwyfol, er enghraifft gweddi breifat neu fyfyrdod, i fynegi ffydd yn agored a chyhoeddus, er enghraifft drwy'r 'llefaru â thafodau' sy'n afieithus a gorfoleddus.

Profiad crefyddol a datguddiad

Drwy **ddatguddiad** y mae dynoliaeth yn dod i wybod am y dwyfol (neu'r gwirionedd sylfaenol i Fwdhyddion). Gall unrhyw fath o brofiad crefyddol fod yn ddatguddiad. Gall datguddiad o wirionedd crefyddol gael ei gyfleu (naill ai'n uniongyrchol neu'n anuniongyrchol gan Dduw neu drwy gael mewnweledidad) i fodau dynol drwy brofiad crefyddol. Er enghraifft, mae llawer o bobl yn y traddodiadau crefyddol, yn enwedig y sylfaenwyr, yn honni iddyn nhw brofi hyn.

Cynnwys y datguddiad hwn yw corff o wirioneddau sydd fel arfer yn cael eu mynegi mewn datganiadau neu osodiadau. Yn Iddewiaeth cafwyd y datguddiad o'r Gyfraith i Moses ar Fynydd Sinai (Exodus 19–23).

Gall datguddiad drwy brofiad crefyddol hefyd fod yn eiliad o 'sylweddoliad' yn digwydd ar ddiwedd cyfnod o fyfyrio. Mewn cyferbyniad â'r safbwynt gosodiadol sy'n cynhyrchu corff o wirioneddau am Dduw neu'r realiti sylfaenol, mae'r cysyniad an-osodiadol o ddatguddiad yn cynrychioli ymdrechion dynol i ddeall arwyddocâd digwyddiadau neu brofiadau datguddiol. Mae'n golygu gweld neu ddehongli digwyddiadau neu brofiadau mewn ffordd arbennig, fel rhai sydd ag arwyddocâd ysbrydol yn hytrach nag arwyddocâd gwleidyddol neu gymdeithasegol yn unig.

> **Termau allweddol**
>
> **Datguddiad:** datgeliad goruwchnaturiol i fodau dynol
>
> **Goleuedigaeth:** mewn Bwdhaeth, y profiad o ddeffro i fewnweledidad i wir natur pethau
>
> **Nirvana:** Goleuedigaeth Fwdhaidd
>
> **Sraddha:** y term agosaf at 'ffydd' mewn Bwdhaeth sy'n cael ei gyfieithu o'r Sanskrit weithiau fel 'ymddiriedaeth' neu 'hyder'

Cwestiwn cyflym

2.2 Beth yw'r gwahaniaeth rhwng 'cred-bod' a 'cred-yn'?

Dyfyniadau allweddol

Mae ffydd sy'n osgoi cwestiynau beirniadol yn ffydd sy'n dangos diffyg hyder, sydd ddim yn hollol sicr ei bod wed dod o hyd i wirionedd.
(Evans)

Aeth Moses i fyny at fynydd Duw, a galwodd yr Arglwydd arno o'r mynydd a dweud, 'Fel hyn y dywedi wrth dylwyth Jacob ac wrth bobl Israel: 'Fe welsoch yr hyn a wneuthum i'r Eifftiaid, ac fel y codais chwi ar adenydd eryrod a'ch cludo ataf fy hun. Yn awr, os gwrandewch yn ofalus arnaf a chadw fy nghyfamod, byddwch yn eiddo arbennig i mi ymhlith yr holl bobloedd, oherwydd eiddof fi'r ddaear i gyd. Byddwch hefyd yn deyrnas o offeiriaid i mi, ac yn genedl sanctaidd.' Dyma'r geiriau yr wyt i'w llefaru wrth bobl Israel.
(Exodus 19:3-6)

'Moses yn Malu Llechi'r Gyfraith', Rembrandt (1659)

Er enghraifft, gwelodd proffwydi'r Hen Destament Gwymp Jerwsalem fel barn ar ei phobl oherwydd anufudd-dod. Roedd hyn yn adlewyrchu cred bod Duw yn weithredol yn y byd.

Awgrym astudio

Pan fyddwch yn ysgrifennu ateb am brofiad crefyddol a ffydd mae'n bwysig defnyddio enghreifftiau bob amser i gefnogi'ch pwyntiau. Mae rhai wedi'u rhoi yn y llyfr ond dylech dynnu rhai o'ch astudiaeth chi o un o grefyddau'r byd hefyd.

> **Gweithgaredd AA1**
>
> Ceisiwch esbonio mewn 30 eiliad wrth gyd-ddisgybl beth yw'r gwahaniaeth rhwng 'cred-bod' a 'cred-yn' drwy ddefnyddio enghreifftiau amlwg o un neu fwy o grefyddau'r byd. Gwrandewch ar eich cyd-ddisgybl wrth iddyn nhw wneud yr un peth ac yna cymharwch eich ymatebion ac ysgrifennwch grynodeb byr.

Gwerth i'r gymuned grefyddol – cadarnhad o system gred

Yn y rhan fwyaf o grefyddau, ceir yn aml ffigwr canolog sy'n gysylltiedig â sefydlu'r grefydd honno. Fel arfer mae'r ffigyrau hyn yn mynd drwy ddigwyddiad arbennig o arwyddocaol sy'n nodi dechrau eu gweinidogaeth. Mae eu hawdurdod yn deillio o'u profiad crefyddol oherwydd ystyrir hwnnw yn gadarnhad ac atgyfnerthiad o'u neges.

Er enghraifft, dywedir bod yr angel Gabriel wedi ymddangos gerbron Muhammad wrth iddo weddïo ar ei ben ei hun mewn ogof. Gorchmynnodd yr angel i Muhammad adrodd adnodau fyddai'n cael eu cynnwys yn y Qur'an. Parhaodd y datguddiadau am 23 blynedd gan ffurfio'r Qur'an sy'n cael ei ystyried yn holl ddatguddiad Duw. Roedd y datguddiadau a dderbyniodd weithiau'n ychydig o adnodau, rhan o bennod neu'r bennod gyfan. Ystyrir Muhammad yn gyfrwng goddefol a thrwyddo ef gwnaeth Allah gyfleu'r neges derfynol i ddynoliaeth.

Yn yr un modd, mewn Sikhiaeth, derbyniodd Guru Nanak ddatguddiad, sydd ar ddechrau pob pennod ac is-bennod yn y Sri Guru Granth Sahib (Ysgrythur sanctaidd y Sikhiaid). Mae Guru Nanak yn adrodd sut yr aeth i ymdrochi yn yr afon a diflannu i mewn i'r dyfroedd. Bu ar goll am ddau ddiwrnod a dwy noson. Ar y trydydd diwrnod ailymddangosodd allan o'r dŵr gyda phennill ar ei wefusau a bellach cyfeirir ati fel y Mul Mantra.

Guru Nanak ar lan yr afon lle cafodd ei brofiad crefyddol.

Cynnwys y fanyleb

Dylanwad profiad crefyddol ar arferion crefyddol a ffydd: gwerth i'r gymuned grefyddol yn cynnwys: cadarnhad o system gred.

Dyfyniadau allweddol

Gogoniant fo i Allah, A anfonodd y Llyfr at ei Was, ac na chaniataodd unrhyw Anuniondeb ynddo: (Mae ef wedi ei wneud) yn Union (a Chlir) er mwyn iddo Ef rybuddio (yr annuwiol) am Gosb ofnadwy ganddo Ef, ac er mwyn iddo roi Newyddion Da i'r Credinwyr sy'n cyflawni gweithredoedd cyfiawn, fel y cânt Wobr helaeth, Yn y Lle y byddant yn aros am byth. **(Sura 3:18)**

Y Gwir Un a'r unig Hanfod Anfarwol Hollbresennol o realiti. Y Creawdwr, yr Hollbwybodus a'r Hollalluog, yr Annealladwy (y di-ofn). Cyn pob Dechreuad ac ar ôl pob Diwedd, y Tu Hwnt i Amser, Gofod a Ffurf (a gelyniaeth). Yn rhydd o gylch Genedigaethau a Marwolaethau, yr Hunan-amlygwyd. Y Goleuwr Trugarog Cariadus (A Wireddwyd gyda'i Ras drwy Ufudd-dod llwyr i'w Ewyllys). **(Mul Mantra)**

Mae Bwdhaeth yn adrodd sut roedd Siddhartha Gautama yn eistedd o dan ffigysbren (neu'r goeden Bodhi bellach) pan addawodd na fyddai byth yn codi nes iddo ddod o hyd i'r gwirionedd. Ar ôl 49 diwrnod o fyfyrio, dywedir iddo gyrraedd Goleuedigaeth a dod i gael ei adnabod fel y Bwdha (yr Un a Ddeffrowyd neu'r Un Goleuedig).

Dyfyniadau allweddol

Pan oeddwn yn gwybod ac yn gweld fel hyn, cafodd fy meddwl ei ryddhau o staen dyheadau'r cnawd, o staen bodolaeth, ac o staen anwybodaeth. Pan gafodd ei ryddhau, fe ddaeth y wybodaeth: 'Fe'i rhyddhawyd.' Roeddwn yn gwybod yn syth: 'Mae genedigaeth wedi'i dinistrio, mae'r bywyd sanctaidd wedi cael ei fyw, mae'r hyn y bu'n rhaid ei wneud wedi cael ei wneud, nid oes mwy o gyrraedd unrhyw gyflwr o fodolaeth.'

Dyma'r drydedd wybodaeth gywir a enillwyd gennyf yng ngwylfa olaf y nos. Cafodd anwybodaeth ei bwrw heibio a chododd gwybodaeth gywir, cafodd tywyllwch ei fwrw heibio a chododd goleuni, fel sy'n digwydd mewn un sy'n byw yn ddiwyd, yn frwd, ac yn benderfynol. Ond ni wnaeth y teimlad dymunol a gododd ynof oresgyn fy meddwl ac aros. **(Majjhima Nikaya 36)**

Fel hyn y bu genedigaeth Iesu Grist. Pan oedd Mair ei fam wedi ei dyweddïo i Joseff, cyn iddynt briodi, fe gafwyd ei bod hi'n feichiog o'r Ysbryd Glân. A chan ei fod yn ddyn cyfiawn, ond heb ddymuno ei chywilyddio'n gyhoeddus, penderfynodd Joseff, ei gŵr, ei gollwng ymaith yn ddirgel. Ond wedi iddo gynllunio felly, dyma angel yr Arglwydd yn ymddangos iddo mewn breuddwyd, a dweud, 'Joseff fab Dafydd, paid ag ofni cymryd Mair yn wraig i ti, oherwydd y mae'r hyn a genhedlwyd ynddi yn deillio o'r Ysbryd Glân. Bydd yn esgor ar fab, a gelwi ef Iesu, am mai ef a wareda ei bobl oddi wrth eu pechodau.' **(Mathew 1:18–21)**

Mewn Cristnogaeth, roedd y datguddiad drwy ymddangosiad yr angylion i Mair a Joseff yn cadarnhau athrawiaeth yr **ymgnawdoliad** a'r enedigaeth wyryfol. Mae profiad y disgyblion o'r Iesu atgyfodedig yn cadarnhau credoau am fywyd ar ôl marwolaeth ac effeithiolrwydd aberth Iesu ar gyfer maddau pechod.

Mae Paul hefyd yn cael ei ystyried yn ffigwr dylanwadol yn yr Eglwys. Yn draddodiadol mae 14 o'r 27 llyfr yn y Testament Newydd wedi cael eu priodoli iddo. Mae'r rhain yn cynnwys craidd diwinyddiaeth Gristnogol. Newidiodd Paul o fod yn rhywun oedd â'i fryd ar arestio Cristnogion i fod yn rhywun oedd yn pregethu ac yn dioddef oherwydd cyhoeddi mai Iesu o Nasareth oedd Meseia yr Iddewon a Mab Duw. Yr hyn a sbardunodd y newid oedd nifer o brofiadau crefyddol, yn cynnwys profiad o dröedigaeth pan ymddangosodd yr Iesu atgyfodedig gerbron Paul ar y ffordd i Ddamascus, Ananias yn profi gweledigaeth am Paul, a Paul yn cael ei lenwi â'r Ysbryd Glân.

Mewn hanesion o'r fath, mae Duw i'w weld yn cadarnhau unigolyn penodol ar gyfer tasg, drwy gyfrwng rhyw fath o brofiad crefyddol. Drwy'r unigolion hyn, mae datguddiad yn cael ei roi. Y profiadau crefyddol sy'n argyhoeddi dilynwyr bod yr unigolyn wedi'i apwyntio gan Dduw ac felly mae'n cadarnhau ei rôl a statws o awdurdod fel un y gellir dibynnu arno i dderbyn datguddiad.

Dyfyniad allweddol

Yr oedd Saul yn dal i chwythu bygythion angheuol yn erbyn disgyblion yr Arglwydd, ac fe aeth at yr archoffeiriad a gofyn iddo am lythyrau at y synagogau yn Namascus, fel os byddai'n cael hyd i rywrai o bobl y Ffordd, yn wŷr neu'n wragedd, y gallai eu dal a dod â hwy i Jerwsalem. Pan oedd ar ei daith ac yn agosáu at Ddamascus, yn sydyn fflachiodd o'i amgylch oleuni o'r nef. Syrthiodd ar lawr, a chlywodd lais yn dweud wrtho, 'Saul, Saul, pam yr wyt yn fy erlid i? Dywedodd yntau, 'Pwy wyt ti, Arglwydd?' Ac ebe'r llais, 'Iesu wyf fi, yr hwn yr wyt ti yn ei erlid.' **(Actau 9: 1–5)**

Th2 Profiad crefyddol

cwestiwn cyflym

2.3 Pwy dderbyniodd ddatguddiad y Mul Mantra?

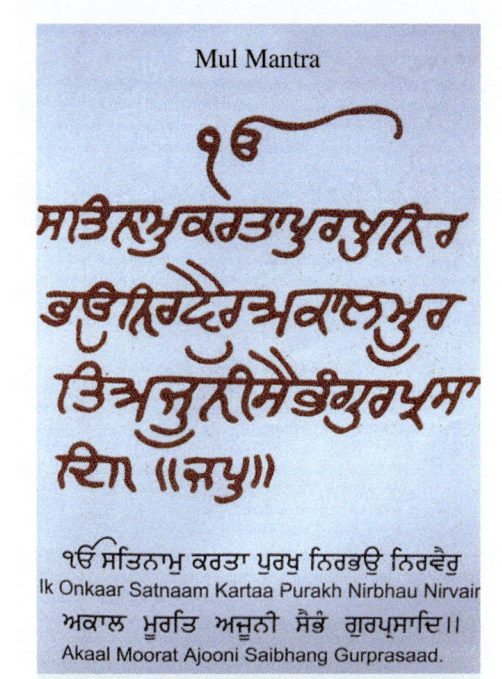

Y Mul Mantra (Mul Mantar) yn Punjabi

Term allweddol

Ymgnawdoliad: ymgorfforiad Duw y Mab mewn cnawd dynol fel Iesu Grist

cwestiwn cyflym

2.4 Pa ddigwyddiad y dywedir iddo newid bywyd Paul o erlid Cristnogion i ddod yn ddilynwr?

CBAC Astudiaethau Crefyddol U2
Athroniaeth Crefydd

Cynnwys y fanyleb
Dylanwad profiad crefyddol ar arferion crefyddol a ffydd: gwerth i'r gymuned grefyddol yn cynnwys: hyrwyddo system gwerth ffydd.

Gwerth i'r gymuned grefyddol – hyrwyddo system gwerth ffydd

Yn ogystal â'r safbwynt mai sicrwydd am ddatguddiad a dderbyniwyd am athrawiaeth a chredoau yw profiadau crefyddol, mae profiad crefyddol hefyd yn gallu bod yn ffynhonnell datgelu safonau moesol. Mae Moses yn cael ei anrhydeddu ymhlith Iddewon fel 'gosodwr cyfraith Israel'. Mae Exodus 3 yn adrodd sut y gwelodd Moses berth yn llosgi nad oedd yn cael ei ddifa. Siaradodd Duw ag ef o'r berth a chomisiynodd Moses yn broffwyd a rhyddhäwr pobl Israel.

Yn ddiweddarach, derbyniodd Moses y Deg Gorchymyn, wedi'u hysgrifennu ar ddwy lech garreg, ynghyd â deddfau'r cyfamod, oedd yn cynnwys deddfau arferol a gorchmynion defod. Mae'r rhain yn rhoi canllawiau moesol penodol ac felly'n rheoli ymddygiad y crediniwr.

Yn yr un modd mae profiad goleuedigaeth y Bwdha yn enghraifft o fyfyrdod i'w efelychu gan eraill. Roedd y Bwdha yn rhoi pwyslais mawr ar chwilio a phrofi drosoch eich hun yn union fel y gwnaeth ef, ac mae'r arferion myfyrio amrywiol yn enghreifftiau o hyn.

Mae Cristnogaeth yn ystyried bod Iesu a Paul yn datgelu ac egluro safonau ac ymddygiad moesegol. Yn ôl yr Efengylau, crynhodd Iesu gyfraith Iddewig yn y geiriau, 'Câr yr Arglwydd dy Dduw â'th holl galon ac â'th holl enaid ac â'th holl nerth ac â'th holl feddwl, a châr dy gymydog fel ti dy hun.' Mae Cristnogion yn credu mai Mab Duw yw Iesu a bod ei awdurdod wedi cael ei gadarnhau gan ei wyrthiau, ei farwolaeth a'i atgyfodiad.

Dyfyniad allweddol
Datblyga fyfyrdod tosturi. Oherwydd pan fyddi'n datblygu myfyrdod tosturi, bydd creulondeb yn diflannu. (Maha Rahulovada Sutta 62)

Fel y trafodwyd uchod, derbyniodd Muhammad ddatguddiadau oedd yn ffurfio'r adnodau yn y Qur'an y mae crefydd Islam wedi ei seilio arnynt. Mae dysgeidiaethau ac arferion Muhammad yn cael eu cynnal hefyd gan Fwslimiaid ac yn cael eu defnyddio fel ffynonellau Cyfraith Islamaidd.

Dyfyniad allweddol
Dyma'r Llyfr; ynddo y mae arweiniad sicr, diamheuol, i'r rheini sy'n ofni Allah. Sy'n credu yn yr Anweledig, sy'n gadarn mewn gweddi, ac sy'n gwario allan o'r hyn yr ydym Ni wedi ei ddarparu ar eu cyfer; Ac sy'n credu yn y Datguddiad a anfonwyd atat, ac a anfonwyd cyn dy amser, ac (yn eu calonnau) yn meddu ar sicrwydd y Byd a Ddaw. Mae ganddyn nhw'r (gwir) arweiniad, oddi wrth eu Harglwydd, a'r rhain fydd yn llewyrchu. (Sura 2:2–5)

Cryfhau cydlyniad cymuned grefyddol

Mae cymuned grefyddol yn dathlu profiad crefyddol blaenorol neu gymuned grefyddol ar y cyd yn mynegi addoliad, er enghraifft, yn gallu bod yn achlysuron pan mae'r gymuned yn cael ei chryfhau drwy brofiad crefyddol. Mae gwerth hanfodol i'r gymuned grefyddol yn y weithred o ddod at ei gilydd fel cymuned grefyddol i gymryd rhan mewn addoliad neu i goffáu digwyddiad o bwys, a dyma galon bywyd crefyddol.

Mae dod ynghyd fel hyn fel cymuned yn rhoi cyfle ar gyfer profiadau crefyddol eraill a manteision ysbrydol fel:

- Cryfhau'r gymuned yn ysbrydol drwy addoli ar y cyd
- Creu teimlad dyfnach o undod drwy gymdeithas

Dyfyniadau allweddol
'Yn awr y mae gwaedd pobl Israel wedi dod ataf, ac rwyf wedi gweld fel y bu'r Eifftiaid yn eu gorthrymu. Tyrd, yr wyf yn dy anfon at Pharo er mwyn iti arwain fy mhobl, meibion Israel, allan o'r Aifft. Ond gofynnodd Moses i Dduw, 'Pwy wyf fi i fynd at Pharo ac arwain meibion Israel allan o'r Aifft?' Dywedodd yntau, 'Byddaf fi gyda thi; a dyma fydd yr arwydd mai myfi sydd wedi dy anfon: wedi iti arwain y bobl allan o'r Aifft, byddwch yn addoli Duw ar y mynydd hwn.' (Exodus 3: 9–12)

Dywedodd yr Arglwydd wrth Moses, 'Tyrd i fyny ataf i'r mynydd, ac aros yno; yna fe roddaf iti lechi o garreg, gyda'r gyfraith a'r gorchymyn a ysgrifennais ar eu cyfer i'w hyfforddi.' (Exodus 24:12)

Cynnwys y fanyleb
Dylanwad profiad crefyddol ar arferion crefyddol a ffydd: gwerth i'r gymuned grefyddol yn cynnwys: cryfhau cydlyniad cymuned grefyddol.

- Sefydlu hunaniaeth gyffredin
- Amlygu pwrpas cyffredin drwy ddigwyddiadau penodol, e.e. gwyliau a defodau newid byd
- Atgyfnerthu ffydd, e.e. credoau, darllen testunau crefyddol, defodau, emynau
- Mynegi a rhannu'ch ysbrydolrwydd â phobl eraill, e.e. tystiolaethau, profiadau personol.

Gwerth dathlu profiad crefyddol blaenorol

Mae hyn yn digwydd fel arfer drwy wyliau neu bererindod. I lawer o Fwdhyddion, mae Wesak yn dathlu goleuedigaeth y Bwdha. Mae cartrefi'n cael eu haddurno ac mae gwasanaethau arbennig yn y deml.

Mewn Islam, mae gŵyl Ramadan yn dathlu'r amser pan gafodd y Qur'an ei ddatgelu gyntaf i Muhammad. Mae ymprydio yn ystod mis Ramadan yn orfodol i Fwslimiaid. Caiff Ramadan ei ystyried fel amser i dreulio gyda ffrindiau a theulu. Bydd yr ympryd yn aml yn cael ei dorri pan fydd gwahanol deuluoedd Mwslimaidd yn dod at ei gilydd i rannu pryd o fwyd gyda'r nos.

Gŵyl Fwslimaidd arall yw Eid ul Adha. Mae'n cofio parodrwydd Abraham i aberthu ei fab pan orchmynnodd Allah iddo wneud hynny. Mae Eid yn dechrau fel arfer gyda'r Mwslimiaid yn mynd i'r mosg i weddïo. Mae hefyd yn adeg iddyn nhw ymweld â theulu a ffrindiau yn ogystal â rhoi anrhegion. Yn y ddwy ŵyl Islamaidd hyn mae'r gymuned grefyddol yn dod at ei gilydd – gan gydrannu'r un defodau a chredoau.

Mewn Iddewiaeth, mae gŵyl Pesach yn cofio digwyddiadau'r Pasg Iddewig pan gafodd yr Israeliaid caeth eu rhyddhau rhag marwolaeth pob cyntaf-anedig a dianc o'r Aifft. Mae pryd bwyd y Seder, sy'n digwydd gyda theulu a ffrindiau, yn cynnwys ailadrodd yr hanes ac mae pawb yn cymryd rhan. Mae cydrannu fel hyn yn mynegi eu hunaniaeth gyffredin fel aelodau o'r gymuned grefyddol.

Addoli a defodau heddiw

Mae'n bosibl gweld profiad credinwyr crefyddol ein dyddiau ni wrth iddyn nhw gasglu i addoli bob wythnos fel profiad crefyddol. Gall addoli ar y cyd arwain at fath arbennig o brofiad cymunedol. Gall darllen a phregethu'r testun sanctaidd fod yn sbardun i brofiad crefyddol. Mae'r rhan fwyaf o grefyddau'n ystyried mai gair datguddedig Duw yw eu hysgrythurau. Drwy'r testunau hyn ac eraill, mae Duw yn siarad â'r unigolyn.

Dywedodd Iesu lle bydd dau neu dri wedi dod ynghyd i weddïo, bydd ef yno yn eu canol hefyd. Mae hyn yn awgrymu bod yna rywbeth arbennig ynghylch credinwyr crefyddol yn dod ynghyd. Mae gweddïo dydd Gwener yn y mosg a chynulliad y Sabath yn y synagog yn achlysuron penodol sy'n cryfhau cydlyniad y gymuned grefyddol arbennig honno.

Mae defod yn atgyfnerthu'r profiad cymunedol hefyd. Mae'n rhoi teimlad o gefnogaeth ac undod grŵp a theimlad o berthyn i rywbeth sy'n fwy na'r unigolion sy'n rhan ohono. Mae'r defodau mewn Cristnogaeth, fel yr Ewcharist (Offeren neu Gymun Bendigaid), hefyd yn adegau arbennig pan, fel cymuned yn addoli gyda'i gilydd, ceir y profiad a'r dirgelwch hwnnw y disgrifiodd Hardy fel – 'nid y byd pob dydd yw'r cyfan o realiti ... mae dimensiwn arall i fywyd'. Mae gan **addoli carismataidd** Cristnogol bwyslais ar yr Ysbryd Glân ar waith ymhlith yr addolwyr a'r disgwyliad o hynny. Cydrannu profiadau crefyddol yw'r disgwyliad grŵp hwn o gyfarfyddiad â Duw ac felly mae'n gallu cryfhau cydlyniad y gymuned grefyddol honno.

Dyfyniad allweddol

Mae'n debyg mai defod yw'r ffynhonnell fwyaf cyffredin o brofiad crefyddol i'r rhan fwyaf o bobl. **(Momen)**

Dyfyniad allweddol

Yr oedd yr holl gredinwyr ynghyd yn dal pob peth yn gyffredin. Byddent yn gwerthu eu heiddo a'u meddiannau, a'u rhannu rhwng pawb, yn ôl fel y byddai angen pob un. A chan ddyfalbarhau beunydd yn unfryd yn y deml, a thorri bara yn eu tai, yr oeddent yn cydgyfranogi o'r lluniaeth mewn llawenydd a symledd calon, dan foli Duw a chael ewyllys da'r holl bobl. Ac yr oedd yr Arglwydd yn ychwanegu beunydd at y gynulleidfa y rhai oedd yn cael eu hachub.
(Actau 2:44–47)

Cwestiwn cyflym

2.5 Pa un o grefyddau'r byd sy'n dathlu Dydd Wesak?

Dathlu Dydd Wesak

Term allweddol

Addoli carismataidd: ffurfiau gorfoleddus ac afieithus o addoli, yn aml yn cynnwys profiadau crefyddol ecstatig fel siarad mewn 'tafodau' a gwyrthiau iacháu

CBAC Astudiaethau Crefyddol U2
Athroniaeth Crefydd

Cynnwys y fanyleb

Gwerth i'r unigolyn yn cynnwys adfer ffydd; cryfhau ffydd yn wyneb gwrthwynebiad; adnewyddu ymrwymiad i ddelfrydau ac athrawiaethau crefyddol.

cwestiwn cyplym

2.6 Beth yw Hajj?

Dyfyniadau allweddol

Cofia mai caethwas fuost yn yr Aifft, ac i'r Arglwydd dy Dduw dy waredu oddi yno. (Deuteronomium 24:18)

Yna dywedodd Iesu wrth ei ddisgyblion, 'Os myn neb ddod ar fy ôl i, rhaid iddo ymwadu ag ef ei hun a chodi ei groes a'm canlyn i.' (Mathew 16:24)

Yn wyneb hyn yr ydych yn gorfoleddu, er eich bod, fe ddichon, newydd brofi blinder dros dro dan amryiol brofedigaethau. Y mae hyn wedi digwydd er mwyn i ddilysrwydd eich ffydd chwi, sy'n fwy gwerthfawr na'r aur sy'n darfod – ac y mae hwnnw'n cael ei brofi trwy dân – gael ei amlygu er mawl a gogoniant ac anrhydedd yn Nydd datguddio Iesu Grist. (1 Pedr 1:6–7)

Term allweddol

Khalsa: yr enw am y rheini sydd wedi mynd drwy seremoni'r Amrit – mae'r gair 'khalsa' yn golygu 'pur' yn llythrennol

Gwerth i'r unigolyn – adfer ffydd

Gall ei brofiad crefyddol ei hun a thystiolaeth a hanesion profiad crefyddol pobl eraill fod o werth i'r unigolyn. Os ydych yn cael trafferth â'ch ffydd eich hun ac yn profi amheuon, yna mae cael profiad crefyddol, cyfarfyddiad â Duw, yn gallu cael gwared ar amheuon ac adnewyddu ffydd mae'n amlwg. Efallai daw profiad o'r fath o amser gweddïo neu fyfyrio neu ddarllen testun sanctaidd. Neu fe all ddod oddi wrth fod gydag eraill o'r gymuned grefyddol. Gall y profiad ddod drwy gymryd rhan mewn defod grefyddol fel yr Ewcharist. Mae'n gallu digwydd ar unrhyw adeg y mae person yn agor ei hun i chwilio am Dduw neu i wrando arno.

Gall y profiad sy'n adfer ffydd ddod drwy bobl eraill hefyd. Wrth wrando ar brofiad crefyddol rhywun arall, gall eich ffydd eich hun gael ei hadnewyddu drwy glywed sut mae Duw wedi dylanwadu ar fywyd y person hwnnw. Mae'r profiad crefyddol sy'n dod wrth fynd ar bererindod yn gallu ailgynnau'r ffydd a'r ymrwymiad sy'n edwino. Er enghraifft, yn Islam yr Hajj yw un o'r pum colofn ac mae disgwyl i bob Mwslim wneud y bererindod hon o leiaf unwaith yn ei fywyd.

Dyfyniadau allweddol

Am hynny, calonogwch eich gilydd, ac adeiladwch bob un eich gilydd – fel yn wir, yr ydych yn gwneud. (1 Thesaloniaid 5:11)

Mae'r sangha yn gymuned lle dylai fod cytgord a heddwch a dealltwriaeth. Dyna rywbeth sy'n cael ei greu gan ein bywyd dyddiol gyda'n gilydd. Os oes cariad yna yn y gymuned, os ydym wedi cael ein porthi gan y cytgord yn y gymuned, yna ni fyddwn byth yn symud i ffwrdd oddi wrth gariad. (Thich Nhat Hhan)

Gwerth i'r unigolyn – cryfhau ffydd yn wyneb gwrthwynebiad

Gall ffydd unigolyn gael ei gryfhau yn wyneb gwrthwynebiad wrth iddyn nhw glywed am brofiadau crefyddol a gafodd credinwyr wrth iddyn nhw wynebu gwrthwynebiad. Gall gynnwys rhyw hanes am weithred Duw lle cawsant eu hachub o sefyllfa, neu hanes lle cafodd credinwyr gryfder i wynebu a goresgyn y gwrthwynebiad.

Efallai mai hanes merthyron hyd yn oed sy'n ysbrydoli ffydd yn wyneb gwrthwynebiad. Yn aml mae hanesion yn y testunau sanctaidd am ddilynwyr a wynebodd erledigaeth. Mewn Cristnogaeth yr esiampl eithaf yw Iesu, a aeth drwy ddioddefaint a marwolaeth ac sy'n rhybuddio ei ddilynwyr y byddan nhw hefyd yn dioddef os ydyn nhw'n ei ddilyn ef.

Yn hanes tarddiad y **Khalsa** mewn Sikhiaeth roedd pum Sikh yn fodlon marw dros eu ffydd, ac fe all hyn fod yn ysbrydoliaeth ac yn sbardun i brofiad crefyddol.

Sefydlu'r Khalsa

Yn dilyn ei ymddiddan ysbrydoledig, fflachiodd ei gleddyf a dynnwyd o'i wain a dywedodd fod pob gweithred fawr yn cael ei ragflaenu gan aberth yr un mor fawr. Gofynnodd, gyda chleddyf noeth yn ei law, 'Mae arnaf angen un pen. A oes unrhyw un yn eich plith, sy'n barod i farw dros ei ffydd?' Pan glywodd y bobl ei alwad, cawsant eu syfrdanu. Gadawodd rhai o'r dilynwyr petrus y gynulleidfa, a dechreuodd eraill edrych ar ei gilydd mewn rhyfeddod. Ar ôl ychydig funudau, safodd Sikh dewr o Lahore o'r enw Daya Ram ar ei draed a chynnig ei ben i'r Guru. Aeth y Guru ag ef i babell oedd wedi'i gosod gerllaw, ac ar ôl ychydig, daeth allan gyda chleddyf oedd yn diferu gan waed. Roedd y Sikhiaid yn meddwl bod Daya Ram wedi cael ei ladd.

Ailadroddodd y Guru ei alwad gan ofyn am Sikh arall fyddai'n fodlon marw ar ei orchymyn. Yr ail dro, roedd hyd yn oed mwy o bobl wedi eu synnu ac roedd ofn ar rai. Dechreuodd ychydig mwy o'r dilynwyr petrus ymlwybro o'r gynulleidfa yn ddistaw bach.

Fodd bynnag, er syndod i lawer, safodd rhywun arall ar ei draed. Yr ail Sikh a gynigiodd ei hun oedd Dharam Das. Nid hynny oedd diwedd yr hanes rhyfeddol hwn. Cyn bo hir roedd tri arall, Mohkam Chand, Sahib Chand a Himmat Rai, yn cynnig eu pennau i'r Guru. Aethpwyd â phob Sikh i mewn i'r babell ac roedd rhai'n meddwl eu bod yn clywed sŵn 'cnoc' – fel pe bai cefn y cleddyf yn disgyn ar wddf y Sikh.

Nawr roedd pum Sikh ar goll gyda'r Guru yn y babell. Roedd yn adeg arteithiol i'r sangat (y gynulleidfa). Gallech glywed pin yn disgyn wrth i bawb hoelio ei sylw ar agorfa'r babell. Ar ôl yr hyn oedd yn teimlo fel oes, symudodd agorfa'r babell a daeth y Guru allan. Dim cleddyf noeth y tro hwn!

Yn fuan cafodd y pum Sikh eu cyflwyno'n fyw i'r gynulleidfa yn gwisgo gwisgoedd addurnedig newydd sbon. Y rhain oedd y Panj Pyare: y Pum Anwylyd, a gafodd eu bedyddio fel y Khalsa neu'r Rhai Pur drwy weinyddu'r Amrit. Dywedodd y Guru: 'O hyn ymlaen, bydd y Khalsa yn cael eu bedyddio ag Amrit sy'n cael ei greu o ddŵr wedi'i droi â chleddyf daufiniog – Khanda – wrth i eiriau Gurbani gael eu llefaru.' (SikhiWiki)

Mae gweddïo a myfyrio yn wyneb gwrthwynebiad yn gallu arwain at brofiad crefyddol lle mae'r person yn ennill cryfder a ffydd i wynebu'r sefyllfa. Mae'r teimlad bod Duw gyda'r credinwyr o ganlyniad i brofiad crefyddol a gafodd yn galluogi'r person i sefyll yn gadarn a mynd ymlaen er gwaethaf bygythiadau o erledigaeth. Yn yr eglwys fore mae yna hanes profiad crefyddol ar y Pentecost pan honnir bod yr Ysbryd Glân wedi dod i lawr ar y disgyblion. Canlyniad hyn oedd iddyn nhw fynd allan i gyhoeddi am Iesu ac, wrth wynebu erledigaeth, medden nhw na allen nhw stopio. Roedd yn rhaid iddyn nhw ufuddhau i Dduw yn hytrach nag i fodau dynol.

Gwerth i'r unigolyn – adnewyddu ymrwymiad i ddelfrydau ac athrawiaethau crefyddol

Yn y rhan fwyaf o grefyddau mae yna achlysuron lle mae dilynwyr y ffydd yn cael cyfle i adnewyddu eu hymrwymiad i'r ffydd a'r delfrydau. Yn aml mae hyn ar ffurf ymrwymiad cyhoeddus lle mae'r person yn cadarnhau ei ffydd. Gall y penderfyniad hwn i wneud ymrwymiad o'r fath fod yn brofiad crefyddol – teimlad eich bod yn cael eich galw. Gall cael eich derbyn i ffydd fod yn adeg o adnewyddiad ac ymrwymiad. Mae rhyw fath o seremoni dderbyn yn y rhan fwyaf o grefyddau.

Mewn Sikhiaeth, seremoni'r **Amrit** yw'r ddefod dderbyn. Yn ystod y seremoni, mae emynau o'r ysgrythur Sikhaidd a gweddïau yn cael eu hadrodd ac mae egwyddorion Sikhiaeth yn cael eu cadarnhau. Mae'r ymgeiswyr wedyn yn yfed rhywfaint o'r amrit o'r un ddysgl, ac yn cael ychydig wedi'i ysgeintio ar eu llygaid a'u gwallt. Yna mae pob un yn adrodd y Mul Mantra. Mae mynd drwy seremoni'r Amrit yn golygu bod unigolyn wedi ymuno â'r Khalsa.

Seremoni wreiddiol Amrit y Sikhiaid

Wrth weinyddu amrit i'r Pum Anwylyd (Panj Pyare), gofynnodd y Guru iddyn nhw ei fedyddio yn yr un modd, felly'n pwysleisio'r cydraddoldeb rhwng y Guru a'i ddisgyblion.

Rhoddodd Guru Gobind Singh yr enw Khande di Pahul, sef bedydd y cleddyf daufiniog, ar y seremoni newydd, ac enw arall amdani yw Amrit-Sanchar. Trodd ddŵr mewn dysgl haearn â'r cleddyf, gan adrodd pum cyfansoddiad pwysig, Japji, Jaap, Savaiyye, Benti Chaupai ac Anand Sahib, tra safodd y pum Sikh i'w wynebu. Gwnaeth gwraig y Guru, Mata Sahib Kaur roi pyffion siwgr yn y dŵr. Cafodd y neithdar a gynhyrchwyd fel hyn ei alw yn 'Khanday-da-Amrit' neu yn syml 'Amrit'. Roedd hyn yn awgrymu y byddai brawdoliaeth newydd y Khalsa nid yn unig yn llawn dewrder ac arwriaeth, ond hefyd wedi'i llenwi â gostyngeiddrwydd. (SikhiWiki)

Th2 Profiad crefyddol

Dyfyniadau allweddol

Galwasant hwy i mewn, a gorchymyn nad oeddent i siarad na dysgu o gwbl yn enw Iesu. Ond atebodd Pedr ac Ioan hwy: '... Ni allwn ni dewi â sôn am y pethau yr ydym wedi eu gweld a'u clywed.' **(Actau 4: 18–20)**

Dileu rhagfarn, cyfartaledd braint ymhlith ein gilydd ac â'r Guru, addoli cyffredin, lle cyffredin o bererindod, bedydd cyffredin i bob dosbarth ac, yn olaf, ymddangosiad allanol cyffredin – y rhain oedd y ffyrdd yn ogystal ag arweinyddiaeth gyffredin a'r gymuned o ddyhead yr oedd Gobind Singh yn eu defnyddio i ddod ag undod ymhlith ei ddilynwyr a thrwy hyn roedd yn eu rhwymo gyda'i gilydd mewn torf gryno. **(Narang)**

Term allweddol

Amrit: enw'r dŵr cysegredig sy'n cael ei yfed yn seremoni fedyddio i mewn i'r Khalsa mewn Sikhiaeth – mae'r gair 'amrit' yn golygu 'anfarwoldeb' yn llythrennol

Defod y Khalsa

CBAC Astudiaethau Crefyddol U2
Athroniaeth Crefydd

Mae cael eich bedyddio fel oedolyn a chael tröedigaeth yn brofiadau crefyddol tebyg lle mae ymrwymiad cyhoeddus i ffydd yn cael ei wneud, yn aml gyda thystiolaeth gan y person sy'n disgrifio ei daith ffydd.

Gall gwyliau fod yn adegau hefyd lle mae credinwyr crefyddol yn cael eu hysgogi i adnewyddu eu hymrwymiadau i ffordd grefyddol o fyw. Mewn Iddewiaeth, mae'r **Rosh Hashanah** yn nodi dechrau'r cyfnod 10 diwrnod o gymod sy'n arwain at **Yom Kippur**. Yn ystod y cyfnod hwn mae Iddewon yn cael gorchmyn i chwilio eu heneidiau a gwneud iawn am bechodau sydd wedi'u cyflawnu. Yom Kippur yw diwrnod mwyaf sanctaidd y flwyddyn Iddewig ac mae llawer o Iddewon yn treulio'r diwrnod cyfan yn gweddïo yn y synagog.

Mae cyfle tebyg i fyfyrio ac adnewyddu ymrwymiad i'w gael mewn Cristnogaeth yn ystod adeg y **Grawys**. Mae hwn yn gyfnod o chwe wythnos pan fydd llawer o Gristnogion yn cadw cyfnod o ympryd, edifeirwch, hunanymwadiad a disgyblaeth ysbrydol. Y nod, fel mewn crefyddau eraill, yw datblygu perthynas agosach â Duw.

Nodwedd gyffredin rhwng crefyddau yw'r weithred o ympryd, a'i bwriad yw helpu i ddysgu hunanddisgyblaeth. Mae hwn i fod yn amser i dynnu'n llygaid oddi ar bethau'r byd hwn ac, yn lle hynny, canolbwyntio ar Dduw. Felly, mae'n cael ei gysylltu â phrofiadau crefyddol yn aml.

Mae'n bosibl ystyried lleoedd sanctaidd hefyd fel sbardun i brofiad crefyddol sy'n arwain at adnewyddu ac ailymrwymo i gredoau crefyddol. Fel arfer maen nhw'n lleoedd naill ai ble digwyddodd rhywbeth neu ble mae pobl yn teimlo rhywbeth sanctaidd, o bosibl lleoedd ble mae addoli wedi digwydd ers amser maith. Er enghraifft, Jerwsalem a'r mur Gorllewinol neu Deml Aur y Sikhiaid yn Amritsar. Yn aml maen nhw'n dod yn lleoedd o bererindod fel Makkah. Ystyrir bod lleoliadau fel hyn yn lleoedd ble y ceir cyfarfyddiad sanctaidd rhwng yr ysbrydol a'r ffisegol.

Termau allweddol

Y Grawys: mewn Cristnogaeth, mae'n gyfnod o 40 diwrnod o weddïo ac ymprydio cyn y Pasg

Rosh Hashanah: Y Flwyddyn Newydd Iddewig

Yom Kippur: mewn Iddewiaeth, mae'n cyfeirio at Ddydd y Cymod a dyma ddiwrnod mwyaf sanctaidd y flwyddyn.

cwestiwn cyplym

2.7 Yn ystod pa ŵyl y mae Iddewon yn chwilio eu heneidiau ac yn gwneud iawn am bechodau a gyflawnwyd?

Dyfyniad allweddol

... proses o newid crefyddol, sy'n trawsnewid y ffordd y mae'r unigolyn yn gweld gweddill y gymdeithas a'i le personol ei hun ynddi, gan newid byd-olwg rhywun.
(McGuire – yn cyfeirio at dröedigaethau)

Awgrym astudio

Wrth i chi ateb cwestiwn o dan amodau wedi'u hamseru, dylech ddal i edrych dros bob paragraff a gwneud yn siŵr nad ydych yn ailadrodd eich hun drwy gael cynllun clir ac amrywiaeth o enghreifftiau i'w croesi allan wedi i chi eu defnyddio.

Gweithgaredd AA1

Cwblhewch y tabl canlynol gan ddefnyddio'r wybodaeth rydych wedi ei darllen yn y bennod hon:

Dylanwadau profiad crefyddol	Enghraifft

Datblygu sgiliau AA1

Nawr mae'n bwysig ystyried y wybodaeth sydd wedi'i chyflwyno yn yr adran hon; fodd bynnag, mae'r wybodaeth fel y mae yn llawer rhy helaeth ac felly mae'n rhaid ei phrosesu er mwyn bodloni gofynion yr arholiad. Gallwch wneud hyn drwy ymarfer y sgiliau uwch sy'n gysylltiedig ag AA1. Bydd yr ymarferion yn y llyfr hwn yn eich helpu i wneud hyn ac yn eich paratoi ar gyfer yr arholiad. Ar gyfer Amcan Asesu 1 (AA1), sy'n cynnwys dangos sgiliau 'gwybodaeth' a 'dealltwriaeth', rydyn ni am ganolbwyntio ar ffyrdd gwahanol o ddangos y sgiliau yn effeithiol, gan gyfeirio hefyd at sut bydd eich perfformiad ym mhob un o'r sgiliau hyn yn cael ei fesur (gweler disgrifyddion band cyffredinol AA1 ar gyfer U2).

▶ **Dyma eich tasg nesaf:** Isod mae amlinelliad o **sut mae profiad crefyddol o atgyfodiad Iesu yn werthfawr o ran cadarnhau system gred Cristnogaeth**. Ar hyn o bryd, nid yw'n cynnwys unrhyw ddyfyniadau i gefnogi'r pwyntiau sy'n cael eu gwneud. O dan yr amlinelliad mae tri dyfyniad y byddai'n bosibl eu defnyddio ynddo er mwyn ei wella. Eich tasg chi yw ailysgrifennu'r amlinelliad gan ddefnyddio'r dyfyniadau. Efallai gall ymadroddion fel 'yn ôl ...', 'mae'r ysgolhaig ... yn dadlau', neu, 'mae ... wedi awgrymu' fod o gymorth i chi.

Mae llawer o hanesion am brofiad crefyddol mewn Cristnogaeth. Yn wir, honnir mai datguddiad Duw i'w bobl yw Cristnogaeth. Mae'n cynnwys y gred nid yn unig bod Duw yn cyfathrebu â'i bobl, ei bod yn bosibl ei adnabod, a'i fod yn weithredol yn y byd; ond bod Duw hefyd wedi byw ar y ddaear ar ffurf Iesu.

Mae'r ffordd y cyrhaeddodd ac y gadawodd Iesu'r byd hwn yn cynnwys disgrifiadau o'r goruwchnaturiol. Mae breuddwydion, datguddiadau ac ymddangosiadau wedi'u cofnodi. Mae Cristnogion yn aml yn honni bod atgyfodiad Iesu yn dystiolaeth dda dros wirionedd y ffydd Gristnogol. Mae'n cadarnhau'n glir bod yna fywyd ar ôl marwolaeth, bod marwolaeth aberthol Iesu yn ddigonol, ac ei bod yn bosibl maddau ein pechodau. Heb brofiad y disgyblion o atgyfodiad Iesu, ni fuasai tystiolaeth i gadarnhau gwirionedd dysgeidiaeth a phroffwydoliaethau Iesu. Mae llawer o Gristnogion yn ystyried yr atgyfodiad corfforol yn sail i'w cred mewn Cristnogaeth.

1. Mae awduron y Testament Newydd yn siarad mewn ffordd sy'n awgrymu mai camp Crist yn codi o'r marw oedd y digwyddiad cyntaf o'i fath yn holl hanes y bydysawd. Ef yw'r 'ffrwythau cyntaf', 'arloeswr bywyd'. Mae wedi gwthio drws ar agor a fu ar glo ers marwolaeth y dyn cyntaf. Mae wedi cyfarfod, ymladd, a churo Brenin Marwolaeth. Mae popeth yn wahanol oherwydd ei fod Ef wedi gwneud hynny. Dyma ddechrau'r Greadigaeth Newydd: mae pennod newydd mewn hanes cosmig wedi ei agor. (C. S. Lewis)

2. Nid oes cyfiawnhad dros leihau ystyr 'atgyfodiad Iesu' i rywbeth fel 'arwyddocâd parhaus Iesu' neu'r 'disgyblion yn sylweddoli na allai neges Iesu farw'. Drwy 'atgyfodiad' roedden nhw'n amlwg yn golygu bod rhywbeth wedi digwydd i Iesu ei hun. Roedd Duw wedi ei gyfodi, nid yn unig wedi rhoi tawelwch meddwl iddyn nhw. Roedd yn fyw eto. (Dunn)

3. Ffydd yn yr atgyfodiad yw'r un peth mewn gwirionedd â ffydd yn effeithiolrwydd y Groes fel gwaredwr. (Bultmann)

Ar ôl i chi orffen y dasg, ceisiwch ddod o hyd i ddyfyniad arall y gallech ei ddefnyddio ac ymestyn eich ateb ymhellach.

Sgiliau allweddol Thema 2 ABC

Mae'r thema hon yn cynnwys tasgau sy'n canolbwyntio ar agwedd benodol ar AA1 o ran defnyddio dyfyniadau o ffynonellau awdurdod a'r defnydd o gyfeiriadau.

Dyfyniad allweddol

Meddai wrthynt, 'Tangnefedd i chwi'. O achos eu dychryn a'u hofn, yr oeddent yn tybied eu bod yn gweld ysbryd. Gofynnodd iddynt, 'Pam yr ydych wedi cynhyrfu? Pam y mae amheuon yn codi yn eich meddyliau? Gwelwch fy nwylo a'm traed; myfi yw, myfi fy hun. Cyffyrddwch â mi a gwelwch, oherwydd nid oes gan ysbryd gnawd ac esgyrn fel y canfyddwch fod gennyf i' ... Yna agorodd eu meddyliau, iddynt ddeall yr Ysgrythurau. (Luc 24:36–45)

Sgiliau allweddol

Mae gwybodaeth yn ymwneud â:

Dewis ystod o wybodaeth (drylwyr) gywir a pherthnasol sydd â chysylltiad uniongyrchol â gofynion penodol y cwestiwn.

Mae hyn yn golygu:

- Dewis deunydd perthnasol i'r cwestiwn a osodwyd
- Canolbwyntio ar esbonio ac archwili'r deunydd a ddewiswyd

Mae dealltwriaeth yn ymwneud ag:

Esboniad helaeth, gan ddangos dyfnder a/neu ehangder gyda defnydd rhagorol o dystiolaeth ac enghreifftiau gan gynnwys (lle y bo'n briodol) defnydd trylwyr a chywir o destunau cysegredig, ffynonellau doethineb a geirfa arbenigol.

Mae hyn yn golygu:

- Defnydd effeithiol o enghreifftiau a thystiolaeth gefnogol i sefydlu ansawdd eich dealltwriaeth
- Perchenogaeth o'ch esboniad sy'n mynegi gwybodaeth a dealltwriaeth bersonol, NID eich bod yn ailadrodd darn o destun o lyfr rydych wedi ei baratoi a'i gofio.

CBAC Astudiaethau Crefyddol U2
Athroniaeth Crefydd

Mae'r adran hon yn cwmpasu cynnwys a sgiliau AA2

Cynnwys y fanyleb
Effaith profiadau crefyddol ar gredoau ac arferion crefyddol.

Materion i'w dadansoddi a'u gwerthuso

Effaith profiadau crefyddol ar gredoau ac arferion crefyddol

Byddai'n bosibl dadlau ei bod yn anodd gwahanu profiad crefyddol oddi wrth gredoau ac arferion crefyddol, os ydyn ni'n deall bod profiadau crefyddol yn cyfeirio at y profiadau hynny sy'n amlwg yn grefyddol (e.e. gwasanaeth crefyddol, darllen testunau sanctaidd).

I gefnogi hyn, mae'n amlwg bod gweddi unigolyn ar Dduw yn brofiad crefyddol iddo ef neu iddi hi. Er efallai nad yw'n cymharu â gweddi Iesu yng Ngardd Gethsemane, neu weddi Paul am iachâd gwyrthiol, mae'n dal yn brofiad crefyddol. Mae gweddïo, felly, yn brofiad crefyddol ynddo'i hun. Yn wir, fe honnir yn aml nad profiad un ffordd yn unig yw gweddi breifat gan fod llawer o bobl grefyddol yn credu ei bod yn ymarfer mewn gwrando ar 'lais' Duw hefyd. Mae gweddi, i gredinwyr crefyddol o'r fath, felly yn ymwneud â chymundeb â Duw. Disgrifiodd William James weddi fel 'enaid a hanfod crefydd' ac felly mae ei heffaith ar gredoau ac arferion crefyddol yn sylweddol.

Mae'n bosibl y bydd llawer sydd ag ymrwymiad dwfn i ffydd grefyddol yn treulio cryn dipyn o amser mewn gweddi bob dydd. Ceir myfyrdod hefyd ac un o nodau myfyrdod yw cael profiad crefyddol, p'un ai nirvana neu, yn syml, cyflwr o dawelwch mewn Bwdhaeth neu gyflwr o undod â'r dwyfol mewn Hindŵaeth.

Mae crefyddau theïstig yn ceisio undod â Duw, ac mae crefyddau an-theïstig yn ceisio colli'r hunan, ond mae'r ddau beth yn y bôn yn brofiadau crefyddol ac yn union sylfaen eu hymarfer.

Yn India yoga yw'r hyfforddiant mewn mewnwelediad cyfriniol. Drwy gyfrwng ymarfer sy'n seiliedig ar bethau fel deiet, ymddaliad, anadlu a chanolbwyntio'r deall, mae'r person yn ymarfer bhavana (datblygiad meddyliol) er mwyn gallu amgyffred y byd ysbrydol yn well.

Mae gweddi yn brofiad crefyddol, a hefyd mae bedydd neu gymryd rhan mewn defod newid oed yn brofiad crefyddol. Er ei bod yn bosibl nad yw'r Ewcharist i unigolyn yr un mor nodedig i eraill ag yr oedd bedydd Iesu, neu brofiad yr Ewcharist yr un peth â thorri'r bara yn y swper olaf, eto, gall fod yn brofiad crefyddol o hyd. Yn wir, gellir dadlau bod dealltwriaeth yr Eglwys Gatholig o ystyr yr Ewcharist, sef traws-sylweddiad, yn dod â'r profiad crefyddol o drawsnewid y bara a'r gwin yn gorff a gwaed Crist yn ei sgil.

Felly, gall arfer crefyddol ei hun gael ei ystyried yn brofiad crefyddol yn ei rinwedd ei hun ac felly gall gael effaith sylweddol.

Fodd bynnag, gallai eraill gwestiynu'r safbwynt hwn. Nid yw cymryd rhan mewn arfer crefyddol ar ei ben ei hun yn sicrhau bod y person sy'n cymryd rhan yn derbyn profiad crefyddol. Gallai'r cymryd rhan fod yn fecanyddol bron, yn enwedig os yw'n weithred sy'n cael ei hailadrodd yn aml. Er enghraifft, gallai dweud y Mul Mantra neu Weddi'r Arglwydd fod yn weithredoedd lle mae'r union eiriau'n cael eu hailadrodd yn beiriannol, bron yn ddiarwybod.

Yn wir, o ddilyn y ddadl hon mae effaith profiadau o'r fath gryn dipyn yn llai na'r rheini sydd â gwir fwriad neu, fel byddai'r Mwslimiaid yn ei fynegi, niyyah neu niyat, sef yr unig bethau sy'n dilysu gweithred grefyddol.

Mewn Cristnogaeth, bydd y credo yn cael ei adrodd yn y rhan fwyaf o wasanaethau Catholig ac Anglicanaidd. Cafodd y credo ei lunio o rai profiadau crefyddol allweddol (e.e. gweledigaethau neu wyrthiau) sydd wedi cadarnhau'r credoau crefyddol. Yn yr ystyr hwnnw, mae'r profiadau crefyddol yn hanfodol ar gyfer y credoau crefyddol. Mae ailddatgan y credoau yn caniatáu i unigolion a chymunedau ddangos yr hyn sy'n bwysig iddyn nhw. Gallan nhw hyd yn oed fod yn ffordd i'r rheini y tu allan i'r gymuned grefyddol ddod i sylweddoli beth sy'n cael ei gredu/ei arfer.

Dyfyniad allweddol

Mae atgyfodiad Crist yn bendant felly yn gwestiwn prawf ac mae gwirionedd neu anwiredd y grefydd Gristnogol yn dibynnu arno. Dyma naill ai'r wyrth fwyaf neu'r rhith mwyaf a gofnodir gan hanes.
(Schaff)

Gweithgaredd AA2

Wrth i chi ddarllen drwy'r adran hon ceisiwch wneud y pethau canlynol:

1. Dewiswch y gwahanol ddadleuon sy'n cael eu cyflwyno yn y testun a nodwch unrhyw dystiolaeth gefnogol a roddir.

2. Ar gyfer pob dadl a gyflwynir, ceisiwch werthuso a yw'r ddadl yn un gryf neu wan yn eich barn chi.

3. Meddyliwch am unrhyw gwestiynau yr hoffech chi eu gofyn wrth ymateb i'r dadleuon.

Bydd y gweithgaredd hwn yn eich helpu chi i ddechrau meddwl yn feirniadol am yr hyn rydych chi'n ei ddarllen, ac yn eich helpu i werthuso effeithiolrwydd dadleuon gwahanol, gan ddatblygu eich sylwadau, a'ch barn a'ch safbwyntiau eich hun. Bydd hyn yn eich helpu wrth ddod i gasgliadau y byddwch yn eu gwneud yn eich atebion i'r cwestiynau AA2 sy'n codi.

Th2 Profiad crefyddol

I lawer o gredinwyr crefyddol, gall y credoau hyn gael eu dyfnhau gan brofiad crefyddol cysylltiedig ac felly mae eu gwerth yn cynyddu. Fodd bynnag, hyd yn oed pan fydd geiriau'n cael eu hadrodd ar y cyd gan gynulleidfa fawr, nid yw ailadrodd y geiriau o angenrheidrwydd yn brofiad crefyddol ynddo'i hun. Serch hynny, gall cadarnhau credoau ddal i fod yn ddilys hyd yn oed os na fydd profiad crefyddol yn digwydd.

Mae profiadau crefyddol yn dylanwadu ar gredoau ac arferion gan mai nhw yn aml yw'r rheswm dros yr arfer crefyddol, fel pererindod grefyddol neu ŵyl grefyddol. Er enghraifft, yn ystod Ramadan, mae Mwslimiaid yn dathlu'r amser pan gafodd adnodau o'r Qur'an eu datgelu i'r proffwyd Muhammad. Wesak (Diwrnod y Bwdha) yw pan fydd Bwdhyddion yn dathlu bywyd y Bwdha a'i ddysgeidiaethau a'i ddatguddiadau am natur marwolaeth, karma ac ailenedigaeth, dioddefaint a chwant.

Yn amlwg mae'r credoau a'r arferion hyn yn bwysig i gredinwyr crefyddol. Maen nhw'n eu hatgoffa o pam maen nhw'n credu a beth maen nhw'n ei gredu – cadarnhad o'u ffydd. Maen nhw'n dangos beth sy'n bwysig iddyn nhw ac maen nhw'n dyst i'r rheini y tu allan i'r ffydd. Eu pwrpas yw uno'r gymuned grefyddol a rhoi hunaniaeth arbennig iddi. Maen nhw'n cryfhau'r gymuned grefyddol.

Fodd bynnag, gallech ddadlau bod llawer, yn yr 21ain ganrif, wedi amau gwirionedd y profiadau crefyddol blaenorol sy'n cael eu honni. Er enghraifft, mewn Cristnogaeth mae llawer o ysgolheigion modern yn herio'r dehongliad llythrennol o'r enedigaeth wyryfol ac atgyfodiad corfforol Iesu. Maen nhw'n eu hystyried yn ychwanegiadau mytholegol a diweddarach – yn symbolaidd yn hytrach na hanesyddol a llythrennol. Eto i gyd, gallech ddadlau bod gan y symbolaeth arwyddocâd a gwerth i'r credinwr crefyddol.

Gallai rhai ddadlau nad yw profiadau crefyddol yn angenrheidiol o ran credoau ac arferion. Nid yw ymgynnull mewn lle addoli yn brofiad crefyddol ond mae'n bosibl ei ystyried yn werthfawr o ran cryfhau cydlyniad yn y gymuned grefyddol. Mae hyn yn bwysig fel ffordd o gadw hunaniaeth ac atgyfnerthu clymau cyffredin rhwng y rheini sy'n perthyn i'r grefydd. Fodd bynnag, mae'r rheswm dros ddod ynghyd mewn lle addoli fel arfer yn gysylltiedig â rhyw brofiad crefyddol yn y gorffennol. Felly, mae'n ymddangos bod gan brofiadau crefyddol effaith sylweddol ar gredoau ac arferion crefyddol. Mae profiadau tröedigaeth yn enghreifftiau amlwg o brofiad crefyddol sy'n cael effaith ar gred grefyddol yr unigolyn. Maen nhw wedi newid credoau ac arferion yr unigolyn a gafodd y profiad. Gallai enghreifftiau gynnwys John Wesley, Sant Paul ac Yusuf Ali (neu Cat Stevens gynt). Gallai'r dröedigaeth fod o un enwad i un arall yn yr un grefydd, er enghraifft o'r Bedyddwyr i fod yn Gatholig neu o Sunni i Shi'a. Neu, gallai'r dröedigaeth fod o un grefydd i un arall, neu o ddim crefydd i grefydd. Mae ymuno â chrefydd yn aml yn cynnwys rhyw seremoni dderbyn sy'n nodi aelodaeth. Er enghraifft, mewn Cristnogaeth gallai olygu bedydd ac, mewn Sikhiaeth, seremoni'r Amrit ydyw. Fel arfer mae aelodau o'r grefydd yn tystio neu'n cymryd rhan yn y seremoni a gall hyn gael effaith arnyn nhw o ran adnewyddu eu hymrwymiad crefyddol eu hunain. Gall arferion o'r fath gryfhau ffydd yn wyneb gwrthwynebiad gan y rheini nad ydyn nhw'n rhan o'r grefydd.

Byddai dadl arall yn amau i ba raddau y mae profiad crefyddol yn newid cred. Gallai rhai ddadlau mai brwydrau mewnol mewn gwirionedd yw profiadau o dröedigaeth ac y byddai casgliadau yr unigolyn wedi digwydd heb y profiad crefyddol.

Pwysleisiodd William James gynnyrch y profiad crefyddol fel tystiolaeth bod profiadau crefyddol yn cael effaith gadarnhaol ar fywyd unigolyn. Mae'n bosibl gweld yr effeithiau mewn newid yn ei ymddygiad. Fodd bynnag, mae'n anodd profi bod y newidiadau yn ganlyniad i'r profiad crefyddol yn hytrach nag i resymau seicolegol. Yn y naill achos neu'r llall, nid yw profiadau crefyddol yn profi bod Duw yn real.

Dyfyniad allweddol

Os nad yw tröedigaeth i Gristnogaeth yn gwneud unrhyw welliant yng ngweithredoedd allanol dyn – os yw'n parhau i fod yr un mor snobyddlyd neu sbeitlyd neu genfigennus neu uchelgeisiol ag yr oedd o'r blaen – yna credaf fod rhaid i ni amau fod ei 'dröedigaeth' yn ei ddychymyg gan mwyaf. **(C S Lewis)**

Gweithgaredd AA2

Rhestrwch rai casgliadau y byddai'n bosibl dod iddynt ar sail y rhesymeg AA2 yn y testun uchod; ceisiwch gyflwyno o leiaf dri chasgliad gwahanol posibl. Ystyriwch bob un o'r casgliadau a chasglwch dystiolaeth gryno i gefnogi pob casgliad o'r deunydd AA1 ac AA2 ar gyfer y testun hwn. Dewiswch y casgliad sy'n argyhoeddi fwyaf yn eich barn chi ac esboniwch pam mae hyn yn wir. Ceisiwch gyferbynnu hyn â'r casgliad gwannaf ar y rhestr, gan gyfiawnhau eich dadl gyda rhesymu clir a thystiolaeth.

CBAC Astudiaethau Crefyddol U2
Athroniaeth Crefydd

Cynnwys y fanyleb

A yw cymunedau crefyddol yn gwbl ddibynnol ar brofiadau crefyddol.

Dyfyniad allweddol

Mae'n debygol bod Cristnogaeth wedi dechrau ... gyda syniad gwahanol am yr atgyfodiad i'r un a honnir heddiw. Mae'r dystiolaeth yn awgrymu bod y Cristnogion cyntaf, o leiaf hyd at ac yn cynnwys Paul, wedi meddwl bod 'enaid' Iesu wedi cael ei gymryd i fyny i'r nef a'i wisgo mewn corff newydd, ar ôl gadael ei hen gorff yn y bedd am byth. Mae'n debygol bod y stori ddiweddarach, sef bod Iesu wedi cerdded allan o'r bedd gyda'r un corff â'r un a aeth i mewn gan adael bedd gwag i syfrdanu pawb, yn chwedl a ddatblygodd yn ystod y ganrif gyntaf, gan ddechrau gyda 'bedd gwag' trosiadol yn Efengyl Marc. **(Carrier)**

Gweithgaredd AA2

Wrth i chi ddarllen drwy'r adran hon ceisiwch wneud y pethau canlynol:

1. Dewiswch y gwahanol ddadleuon sy'n cael eu cyflwyno yn y testun a nodwch unrhyw dystiolaeth gefnogol a roddir.
2. Ar gyfer pob dadl a gyflwynir, ceisiwch werthuso a yw'r ddadl yn un gryf neu wan yn eich barn chi.
3. Meddyliwch am unrhyw gwestiynau yr hoffech chi eu gofyn wrth ymateb i'r dadleuon.

Bydd y gweithgaredd hwn yn eich helpu chi i ddechrau meddwl yn feirniadol am yr hyn rydych chi'n ei ddarllen, ac yn eich helpu i werthuso effeithiolrwydd dadleuon gwahanol, gan ddatblygu eich sylwadau, a'ch barn a'ch safbwyntiau eich hun. Bydd hyn yn eich helpu wrth ddod i gasgliadau y byddwch yn eu gwneud yn eich atebion i'r cwestiynau AA2 sy'n codi.

A yw cymunedau crefyddol yn gwbl ddibynnol ar brofiadau crefyddol

Mewn crefyddau amrywiol ceir credoau ac arferion sy'n deillio o brofiadau crefyddol blaenorol. Yn sicr, sylfaen y ffydd fel arfer yw rhyw fath o brofiad crefyddol i ddangos awdurdod ffigwr canolog y ffydd. Mewn Iddewiaeth, mae gennym brofiad cyfamod Abraham, Moses yn gweld y berth yn llosgi, a llawer o enghreifftiau eraill o brofiad crefyddol wedi'u britho drwy'r ysgrythurau Hebraeg. Mae Cristnogaeth yn seiliedig ar atgyfodiad Iesu, gwyrthiau Iesu a hanesion fel bedydd a gweddnewidiad Iesu. Profiad y Bwdha o oleuedigaeth yw holl sail athrawiaeth ac arferion Bwdhaidd. Nid yn unig y mae datguddiad y Qur'an i Muhammad drwy'r angel Jibril yn gyfarfyddiad crefyddol, ond ystyrir mai'r Qur'an ei hun yw'r wyrth olaf i ddynoliaeth gan Allah. Mae'r Vedas mewn Hindŵaeth yn gynnyrch mewnwelediadau'r rsis (proffwydi) mewn Hindŵaeth hynafol, a phwrpas ac uchafbwynt puja yw profi'r darshan (cipolwg ar y dwyfol). Mewn Sikhiaeth, profiad crefyddol Guru Nanak yn yr afon lle y diflannodd am dridiau yw'r trobwynt yn ei weinidogaeth. Mae'r rhain i gyd yn enghreifftiau amlwg o ddibyniaeth sylfaenol, er yn anuniongyrchol, cymunedau crefyddol ar brofiad crefyddol eu sylfaenwyr.

Yn yr un ffordd, mae digwyddiadau arbennig yn y ffydd grefyddol yn aml yn gysylltiedig â phrofiad crefyddol. Mae'r rhain yn cael eu cofio a'u dathlu drwy wyliau a phererindodau. Er enghraifft, mae gŵyl y Pesach yn cofio digwyddiadau y Pasg Iddewig pan gafodd yr Israeliaid caeth eu rhyddhau rhag marwolaeth pob cyntaf-anedig a dianc o'r Aifft. Mae hyn yn sefydlu hunaniaeth gyffredin ac yn atgyfnerthu ffydd. Mae teulu a ffrindiau yn dod ynghyd ar gyfer pryd bwyd y Seder lle maen nhw'n ailddweud yr hanes ac mae pawb yn cymryd rhan. Mae dod ynghyd fel hyn i gofio'r profiad crefyddol blaenorol a chydrannu'r un defodau a chredoau, yn creu teimlad arbennig o undod.

Fodd bynnag, yn yr 21ain ganrif, mae llawer o'r profiadau crefyddol hyn wedi cael eu herio a'u hamau fel digwyddiadau hanesyddol. Yn hytrach maen nhw'n cael eu dehongli fel rhai symbolaidd neu fytholegol. Mae'n anodd mesur i ba raddau y mae hyn yn gwneud profiadau crefyddol o'r fath yn hanfodol i gymunedau crefyddol. Os na ddigwyddodd y digwyddiadau ac nad oedd profiad crefyddol, a all y disgrifiad ddal i fod yn hanfodol i'r gymuned grefyddol? Gall rhai ddadlau, er enghraifft, bod hanes atgyfodiad Iesu, os yw'n cael ei ddehongli'n symbolaidd, o hyd yn gallu ysgogi'r gymuned grefyddol a bod yn ystyrlon iddi.

Mae profiadau crefyddol preifat, fel gweddïo neu Dduw yn siarad â chredinwyr, yn ganolog i gymuned grefyddol. Mae'n bosibl ystyried mai profiad crefyddol yw profiad dilynwyr crefyddol ein dyddiau ni wrth iddyn nhw ymgasglu i addoli bob wythnos. Mae Mwslimiaid yn dod ynghyd mewn undod ar gyfer gweddïau dydd Gwener, mae Bwdhyddion yn cwrdd ac yn ymarfer fel sangha mewn mynachlogydd i fyfyrio. Mae yna enghreifftiau niferus. Gall yr addoli ar y cyd hwn arwain at fath arbennig o brofiad cymunedol. Dywedodd Iesu lle mae dau neu dri wedi dod ynghyd i weddïo, mae ef yno yn eu canol hefyd. Mae hyn yn awgrymu bod rhywbeth arbennig pan fydd credinwyr crefyddol yn dod ynghyd i weddïo ac addoli. Mae hefyd yn achlysur sy'n cryfhau cydlyniad y gymuned grefyddol arbennig honno. Felly, mae'n ymddangos bod cymunedau crefyddol yn dibynnu ar brofiadau crefyddol.

Mae tystio i'r profiad crefyddol yn ffordd bwysig o apelio at eraill dros ddilysrwydd credoau ac arferion y ffydd arbennig honno. Mae'n cryfhau ac yn cadarnhau'r traddodiad ffydd. Mewn rhai enwadau Cristnogol mae tystiolaeth yn aml yn rhan bwysig o wasanaeth bedydd lle mae unigolyn yn cadarnhau ei ffydd mewn ymrwymiad cyhoeddus. Yn wir gall y penderfyniad hwn i wneud ymrwymiad o'r fath fod yn brofiad crefyddol – teimlad eich bod yn cael eich galw. Mae'r dystiolaeth yn cynnig cyfle hefyd i rannu eich ysbrydolrwydd ag eraill, a all fod yn gryfder i'r gymuned grefyddol.

Th2 Profiad crefyddol

Gall dadl wahanol herio dilysrwydd profiadau crefyddol i gyd a'u dehongli yn fwy yn nhermau seicoleg fodern. Hyd yn oed os ydyn nhw'n cael eu hystyried yn ddilys, gall profiadau crefyddol achosi rhaniadau mewn cymuned grefyddol. Mae arferion crefyddol yn agored i bawb, ond mae'n bosibl ystyried bod profiadau crefyddol, yn enwedig rhai cyfriniol, yn gyfyngedig i'r dethol rai yn unig. Gall y bobl nad ydynt yn cael y profiadau deimlo eu bod nhw'n llai ysbrydol, neu gael eu gweld felly. Yn aml rhoddir statws uwch i'r bobl sydd wedi mynd drwy brofiad crefyddol yn eu traddodiadau crefyddol ac fe'u hystyrir fel rhai sydd wedi'u breintio â math o awdurdod dwyfol neu arbennig.

Yn wir, os nad yw Duw yn weithredol ym mywydau credinwyr crefyddol, yna ym mha ystyr y mae'n gymuned grefyddol. Byddai diffyg profiad crefyddol fel hyn yn awgrymu mai dim ond Duw'r gorffennol yw Duw, nid Duw i bob amser a lle. Dylai profiadau crefyddol fod yn rhan o brofiad cymunedau crefyddol. Felly, ar un ystyr, mae cymunedau crefyddol yn ddibynnol ar brofiadau crefyddol.

Fodd bynnag, mae credoau ac arferion yn deillio o brofiadau blaenorol, ac nid yw diffyg profiadau crefyddol heddiw yn dirymu'r digwyddiadau blaenorol hynny. Maen nhw'n dal i gael eu dehongli fel digwyddiadau sy'n hyrwyddo system gwerthoedd ffydd ac yn arwain cymuned grefyddol. Pe na fyddai profiadau crefyddol o'r gorffennol yna ni fyddai unrhyw gymunedau crefyddol.

Gall dadl arall olygu gwahaniaethu i raddau rhwng y gwahanol brofiadau crefyddol. Er enghraifft, gweddïo ac addoli yw arferion sylfaenol credinwyr crefyddol dros y byd ac felly bydden nhw'n rhan hanfodol o'r hyn mae'n ei olygu i fod yn grefyddol. Fodd bynnag, efallai nad yw profi gweledigaethau a digwyddiadau cyfriniol ar gael i bob credinwr crefyddol ac felly nid ydyn nhw'n rhan hanfodol o'r hyn mae'n ei olygu i fod yn grefyddol.

Nid yw cymunedau crefyddol yn gwbl ddibynnol ar brofiad crefyddol gan fod cred grefyddol yn gallu bod yn ganlyniad i ymholiad rhesymegol. Nid yw ffydd resymegol yn galw am brofiad crefyddol. Ond, ym marn eraill mae bod yn grefyddol yn golygu adnabod Duw ac yn aml maen nhw'n ei fynegi yn nhermau'r angen am wybodaeth y pen a gwybodaeth y galon. Gwybodaeth y galon sy'n galw am brofiad crefyddol. Mewn geiriau eraill, gall credinwyr crefyddol ddadlau bod ar unigolion angen profiad personol o Dduw yn hytrach na hanesion ail-law. Yn y safbwynt hwn, gall profiad crefyddol fod yn hanfodol i'r unigolyn cymaint ag i gymuned grefyddol.

Fodd bynnag, gall rhai profiadau crefyddol fod yn agored i ddehongliadau gwahanol sy'n awgrymu nad ydyn nhw'n gwbl ddigonol fel sail i gred. Felly, nid yw profiadau crefyddol o'r fath yn hanfodol i'r traddodiad ffydd.

Mae dadleuon diweddar am darddiad profiadau crefyddol wedi bwrw rhywfaint o amheuaeth ar eu holl natur. Mae ffactorau ffisiolegol fel cyffuriau ac ymchwil i symbylu'r llabedi arleisiol, wedi awgrymu esboniadau naturiol am brofiadau crefyddol. Mewn modd tebyg, mae ffactorau seicolegol fel rhai nodweddion personoliaeth a gwaith Jung wedi codi amheuon am ddilysrwydd profiadau crefyddol.

Mewn ymateb, mae athronwyr wedi amddiffyn eu dilysrwydd, er enghraifft Richard Swinburne. Mae ei ddadl ef yn seiliedig ar egwyddor hygoeledd ac egwyddor tystiolaeth, sy'n dadlau ei bod yn bosibl ystyried yn rhesymegol bod profiadau crefyddol yn ddilys pe bai profi trwyadl yn digwydd yn ôl meini prawf arbennig.

Felly, mae'n bosibl nad yw'r mater yn ymwneud cymaint ag a yw cymunedau crefyddol *yn* ddibynnol ar brofiadau crefyddol ond yn fwy ag a ddylen nhw byth fod yn ddibynnol, o ystyried yr amheuon posibl am ddilysrwydd unrhyw brofiad crefyddol.

Gweithgaredd AA2

Rhestrwch rai casgliadau y byddai'n bosibl dod iddynt ar sail y rhesymeg AA2 yn y testun uchod; ceisiwch gyflwyno o leiaf dri chasgliad gwahanol posibl. Ystyriwch bob un o'r casgliadau a chasglwch dystiolaeth gryno i gefnogi pob casgliad o'r deunydd AA1 ac AA2 ar gyfer y testun hwn. Dewiswch y casgliad sy'n argyhoeddi fwyaf yn eich barn chi ac esboniwch pam mae hyn yn wir. Ceisiwch gyferbynnu hyn â'r casgliad gwannaf ar y rhestr, gan gyfiawnhau eich dadl gyda rhesymu clir a thystiolaeth.

CBAC Astudiaethau Crefyddol U2
Athroniaeth Crefydd

Sgiliau allweddol Thema 2 ABC

Mae'r thema hon yn cynnwys tasgau sy'n canolbwyntio ar agwedd benodol ar AA2 o ran defnyddio dyfyniadau o ffynonellau awdurdod a'r defnydd o gyfeiriadau i gefnogi dadleuon a gwerthusiadau.

Dyfyniadau allweddol

Nid yw'r cyfriniwr yn rhoi unrhyw wybodaeth i ni am y byd allanol, dim ond gwybodaeth anuniongyrchol am gyflwr ei feddwl ei hun y mae'n ei rhoi i ni. **(Ayer)**

Pan fydd un person yn dioddef o ledrith, gwallgofrwydd yw'r term amdano. Pan fydd llawer o bobl yn ddioddef o ledrith, Crefydd yw'r term amdano. **(Pirsig)**

Sgiliau allweddol

Mae dadansoddi'n ymwneud â:

Nodi materion sy'n cael eu codi gan y deunyddiau yn adran AA1, ynghyd â'r rhai a nodwyd yn adran AA2, ac mae'n cyflwyno safbwyntiau cyson a chlir, naill ai gan ysgolheigion neu safbwyntiau personol, yn barod i'w gwerthuso.

Mae hyn yn golygu:

- Bod eich atebion yn gallu nodi meysydd trafod allweddol mewn perthynas â mater penodol
- Eich bod yn gallu nodi'r gwahanol ddadleuon a gyflwynir gan eraill, a rhoi sylwadau arnyn nhw
- Bod eich ateb yn rhoi sylwadau ar effeithiolrwydd cyffredinol pob un o'r meysydd neu ddadleuon hyn.

Mae gwerthuso'n ymwneud ag:

Ystyried goblygiadau amrywiol y materion sy'n cael eu codi, yn seiliedig ar y dystiolaeth a gafwyd wrth ddadansoddi ac mae'n cynnig dadl fanwl eang gyda chasgliad clir.

Mae hyn yn golygu:

- Bod eich ateb yn pwyso a mesur canlyniadau derbyn neu wrthod y dadleuon amrywiol a gwahanol a gafodd eu dadansoddi
- Bod eich ateb yn dod i gasgliad drwy broses rhesymu clir.

Datblygu sgiliau AA2

Nawr mae'n bwysig ystyried y wybodaeth sydd wedi'i chyflwyno yn yr adran hon; fodd bynnag, mae'r wybodaeth fel y mae yn llawer rhy helaeth ac felly mae'n rhaid ei phrosesu er mwyn bodloni gofynion yr arholiad. Gallwch wneud hyn drwy ymarfer y sgiliau uwch sy'n gysylltiedig ag AA2. Bydd yr ymarferion yn y llyfr hwn yn eich helpu i wneud hyn ac yn eich paratoi ar gyfer yr arholiad. Ar gyfer Amcan Asesu 2 (AA2), sy'n cynnwys dangos sgiliau 'dadansoddi beirniadol' a 'gwerthuso' rydyn ni am ganolbwyntio ar ffyrdd gwahanol o ddangos y sgiliau yn effeithiol, gan gyfeirio hefyd at sut bydd eich perfformiad ym mhob un o'r sgiliau hyn yn cael ei fesur (gweler disgrifyddion band cyffredinol AA2 ar gyfer U2).

▶ **Dyma eich tasg nesaf:** Isod mae gwerthusiad o **a all profiad crefyddol gadarnhau system gred**. Ar hyn o bryd nid yw'n cynnwys unrhyw ddyfyniadau i gefnogi'r ddadl sy'n cael ei chyflwyno. Yn yr ymyl mae dau ddyfyniad y byddai'n bosibl eu defnyddio ynddo er mwyn ei wella. Eich tasg chi yw ailysgrifennu'r amlinelliad gan ddefnyddio'r dyfyniadau. Efallai bydd ymadroddion fel 'yn ôl ...', 'mae'r ysgolhaig ... yn dadlau', neu, 'mae ... wedi awgrymu' o gymorth i chi.

Yn y rhan fwyaf o grefyddau, yn aml bydd ffigwr canolog sy'n gysylltiedig â sefydlu'r grefydd honno. Fel arfer mae'r ffigyrau hyn yn profi digwyddiad arbennig o arwyddocaol sy'n nodi dechrau eu gweinidogaeth. Mae eu hawdurdod yn deillio o'u profiad crefyddol gan fod hwnnw'n cael ei weld fel cadarnhad ac atgyfnerthiad o'u neges. O ganlyniad, mae ymddiriedaeth yn eu datguddiad ac mae'n ffurfio sail eu ffydd. Mae'n cael ei dderbyn fel cred y credinwr unigol ei hun. Fodd bynnag, mae ysgolheictod modern wedi codi amheuon am ddibynadwyedd hanesion o'r fath. Ar seiliau seicolegol a ffisiolegol, mae'n ymddangos bod esboniadau naturiol yn hytrach na goruwchnaturiol gan brofiadau crefyddol.

Hefyd, mae dull beirniadaeth hanesyddol fel yr un mewn beirniadaeth Feiblaidd wedi cwestiynu dibynadwyedd testunau sanctaidd hynafol. Mae'n debygol y dylid dehongli adroddiadau am brofiadau crefyddol yn fwy fel rhai symbolaidd neu fytholegol yn hytrach na rhai hanesyddol a llythrennol.

Tynnodd David Hume sylw at y ffaith na all profiadau crefyddol, gwyrthiau yn arbennig, gael eu defnyddio i gadarnhau system gred gan fod hanesion o'r fath mewn llawer o grefyddau ac felly maen nhw'n gwrth-ddweud ei gilydd. Os ydych yn troi at brofiad crefyddol i gadarnhau cred, yna beth am yr holl brofiadau crefyddol eraill mewn crefyddau eraill sy'n cadarnhau eu credoau nhw?

Mae cadarnhau cred drwy brofiadau crefyddol yn tybio bod rhesymau yn barod dros gredu yn Nuw a'r goruwchnaturiol. Felly, nid yw'n bosibl troi at brofiadau crefyddol i ddangos bod Duw yn bodoli.

Mae pobl eraill yn cwestiynu safbwyntiau o'r fath gan droi ymhlith pethau eraill at egwyddor hygoeledd ac egwyddor tystiolaeth Swinburne. Hefyd, nid yw'r ffaith bod crefyddau eraill yn hawlio profiadau crefyddol yn cau allan y ffaith nad yw Duw yn weithredol mewn crefyddau eraill. Dull arall fyddai cwestiynu a yw'r dystiolaeth dros yr holl hanesion mewn crefyddau eraill yr un mor gryf bob tro. Os yw'r profiad yn unol â natur Duw, yna nid yw'n ymddangos bod unrhyw reswm dilys dros wrthod y profiad crefyddol.

Ar ôl i chi orffen y dasg, ceisiwch ddod o hyd i ddyfyniad arall y gallech ei ddefnyddio ac ymestyn eich ateb ymhellach.

B: Diffiniadau gwahanol o wyrthiau

Cyflwyniad

Ar ddechrau trafodaeth athronyddol am wyrthiau, byddai rhywun yn disgwyl rhyw fath o ddiffiniad. Fodd bynnag, mae'r cwestiwn am beth yn union sy'n cael ei gynnwys mewn cysyniad cywir o'r gwyrthiol yn rhan o'r ddadl. Agwedd ddadleuol arall yw'r sail dros benderfynu a yw gwyrth wedi digwydd.

Er enghraifft, a fyddech chi'n ystyried yr hanes canlynol yn enghraifft o wyrth? Pam/pam ddim?

Mae'n rhaid i chi fod yn eithaf dewr i neidio allan o awyren – ond mae angen lwc arnoch chi hefyd i oroesi'r naid gyda pharasiwt diffygiol. Roedd ffawd ar ochr Lareece Butler ym mis Mawrth, pan wnaeth hi ddianc yn fyw o gwymp rhydd o 3,000 troedfedd gyda dim gwaeth na thorri ei choes a'i phelfis, a chyfergyd (*concussion*). Wrth i Butler blymio tua'r ddaear, ymdroellodd rhaffau'r parasiwt o'i hamgylch. Dywedodd wrth ohebwyr yn ddiweddarach ei bod hi wedi gweddïo, 'O Dduw achub fi, plîs; mae gen i fab,' ond ni allai gofio dim byd arall tan iddi ddeffro yn yr ysbyty, gyda'i theulu syn a diolchgar o'i hamgylch. (o http://www.oprah.com/spirit/real-life-miracles_1#ixzz4oK1ubF7t)

Daw'r gair Saesneg am wyrth, *miracle*, o'r gair Lladin am 'rhyfeddod'. Prif nodweddion gwyrth yw ei bod mewn rhyw ffordd yn anarferol neu'n eithriadol, i'r fath raddau bod pobl yn rhyfeddu ati. Bu nifer o ddiffiniadau gwahanol athronyddol o wyrth ac mae pedwar o'r prif rai yn cael eu trafod isod.

Sant Thomas Aquinas

Rhoddodd Sant Awstin (354–430) ddiffiniad cynnar o wyrth. Roedd e'n dweud nad yw gwyrth yn groes i natur oherwydd bod y posibiliadau cudd mewn natur sy'n gwneud gwyrthiau'n bosibl wedi cael eu rhoi yno gan Dduw. Felly mae'n groes dim ond i'n gwybodaeth ni am natur.

Cafodd y ddealltwriaeth hon ei datblygu gan Sant Thomas Aquinas (1225–1274). Roedd e'n diffinio gwyrth fel 'Yr hyn y mae iddo achos dwyfol, nid yr hyn y mae person dynol yn methu â deall ei achos'. Credai fod gan bopeth oedd yn bodoli natur, h.y. pethau y mae'n gallu eu gwneud. Mae gwyrth yn ddigwyddiad y tu hwnt i rym naturiol unrhyw fod a grëwyd. Mae ganddi 'achos dwyfol' ac felly nid yw'n rhan normal o natur pethau. Dim ond Duw all gyflawni gwyrthiau oherwydd ni chafodd ef ei greu. Gwahaniaethodd ef rhwng tri math o wyrth:

- Digwyddiadau lle mae Duw'n gwneud rhywbeth na allai natur byth ei wneud. Er enghraifft, yr haul yn mynd am yn ôl ar ei lwybr ar draws yr awyr.
- Digwyddiadau lle mae Duw'n gwneud rhywbeth y gall natur ei wneud, ond nid yn y drefn hon. Er enghraifft, rhywun yn byw ar ôl marwolaeth.
- Digwyddiadau lle mae Duw'n gwneud rhywbeth y mae gwaith natur yn ei wneud fel arfer, ond heb weithredu egwyddorion natur. Er enghraifft, rhywun sy'n gwella'n syth o salwch sydd fel arfer yn cymryd yn llawer hirach i wella.

Yn y tri digwyddiad hyn mae Duw yn weithredol.

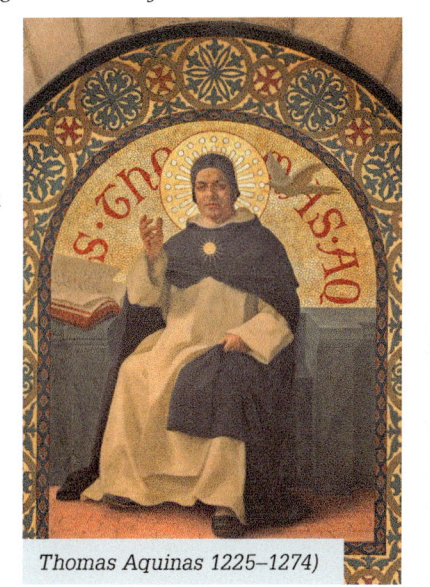

Thomas Aquinas 1225–1274)

Th2 Profiad crefyddol

Mae'r adran hon yn cwmpasu cynnwys a sgiliau AA1

Cynnwys y fanyleb
Gwyrthiau – diffiniadau.

Dyfyniad allweddol
Gwyrth yw ... yr hyn y mae iddo achos dwyfol, nid yr hyn y mae person dynol yn methu â deall ei achos. (Aquinas)

Cynnwys y fanyleb
Sant Thomas Aquinas (gwyrthiau yn wahanol i'r drefn arferol).

cwestiwn cyflym
2.8 Enwch ddau faes allweddol yn y dadleuon ynglŷn â gwyrthiau.

cwestiwn cyflym
2.9 Pa ddadl a ddefnyddiodd Aquinas i esbonio pam nad oedd gwyrthiau yn groes i natur?

CBAC Astudiaethau Crefyddol U2
Athroniaeth Crefydd

Cynnwys y fanyleb
David Hume (yn groes i ddeddf natur).

cwestiwn cyflym

2.10 Ym mha ffordd allweddol yr oedd diffiniad Hume o wyrthiau yn wahanol i un Aquinas?

cwestiwn cyflym

2.11 Ym mha un o lyfrau Hume mae ei ysgrif enwog am wyrthiau yn ymddangos?

cwestiwn cyflym

2.12 Nodwch y diffiniad o 'wyrthiau' a roddwyd gan Hume.

Dyfyniad allweddol

Nid yw dim yn cael ei ystyried yn wyrth, os yw byth yn digwydd yng nghwrs arferol natur. (Hume)

cwestiwn cyflym

2.13 Beth yw ystyr y dehongliad 'meddal' o ddeddf natur?

David Hume

Cafodd dealltwriaeth Aquinas o wyrthiau ei mynegi yn nhermau gwrthrychau'n cael eu llywodraethu gan eu natur a roddodd rai pwerau iddynt i weithredu. Fodd bynnag, ers yr 17eg ganrif, roedd unrhyw sôn am ymddygiad pethau yn cael ei fynegi yn nhermau deddfau natur neu ddeddfau naturiol. Erbyn amser David Hume roedd pobl yn credu bod deddfau naturiol yn hollgyffredinol ac yn llywodraethu pob digwyddiad. Yn Adran X o lyfr Hume *Enquiry Concerning Human Understanding* mae'n diffinio gwyrth fel 'rhywbeth sy'n torri'r ddeddf naturiol'.

Mae Hume yn datblygu hyn wedyn drwy gynnig diffiniad llawnach: 'deddf natur yn cael ei thorri oherwydd bod y Duwdod eisiau hynny'n benodol, neu oherwydd bod rhyw gyfrwng anweledig yn ymyrryd.' I Hume, roedd yn rhaid i wyrth nid yn unig fod yn ddigwyddiad oedd yn torri deddfau natur ond hefyd roedd yn rhaid iddi fynegi achos dwyfol.

Enghraifft o hyn fyddai codi person o'r marw. Mae'n torri'n profiad arferol o ddeddf natur ac yn galw am ymyrraeth gan Dduw neu ryw asiant goruwchnaturiol. Mae'n wyrth p'un ai bod rhywun yn cydnabod hynny neu beidio.

Gallai enghreifftiau eraill gynnwys iacháu dyn gyda braich ddiffrwyth gan adfer y fraich i'w chyflwr normal, neu gerdded ar ddŵr heb unrhyw gynhaliaeth o dan y dŵr a heb i'r traed suddo i mewn i'r dŵr.

Dyfyniad allweddol

Mae'r syniad o atal deddf naturiol yn gwrth-ddweud ei hun... Gall y gwrth-ddweud hwn sefyll allan yn gliriach os, yn lle *deddf naturiol*, rydyn ni'n defnyddio'r ymadrodd *gwir gwrs digwyddiadau*. Byddai *gwyrth* wedyn yn cael ei diffinio fel 'digwyddiad sy'n golygu atal gwir gwrs digwyddiadau'. A byddai rhywun oedd yn mynnu disgrifio digwyddiad fel gwyrth yn y sefyllfa ddigon rhyfedd o honni bod y digwyddiad yn groes i wir gwrs digwyddiadau. (McKinnon)

Iesu yn cerdded ar y dŵr

Deddfau natur

Mae dealltwriaeth Hume o ddeddf natur wedi cael ei deall gan athronwyr mewn dwy ffordd wahanol. Cyfeirir at y cyntaf yn aml fel y dehongliad 'caled'. Mae hyn yn rhagdybio bod deddfau natur i gyd yn unffurf ac yn ddigyfnewid. Os yw gwyrthiau yn 'torri' yr hyn na ellir ei newid, yna mae gwyrthiau yn amhosibl.

Mae dehongliad 'caled' tebyg yn dadlau mai'r hyn sy'n ymddangos fel pe bai'n torri deddf natur yw deddf natur a gafodd ei chamfynegi. Mae'n rhaid addasu'r deddfau a ragdybiwyd er mwyn cynnwys yr amgylchiad newydd, fel bod deddf natur newydd bellach yn codi, un sydd heb eithriadau. Unwaith eto, y safbwynt yw na ellir torri deddf natur.

Mae yna ddealltwriaeth wahanol o dorri deddf natur a chyfeirir ati fel y safbwynt 'meddal'. Nad yw hon yn gweld deddfau natur fel deddfau sefydlog na allant gael eu newid dan unrhyw amgylchiad, ond yn hytrach fel deddfau naturiol y gall fod eithriadau iddynt. Felly, mae deddfau naturiol yn cael eu hystyried yn batrymau rheolaidd normal o ddigwyddiadau ond maen nhw'n gallu cael eu newid, drwy ymyrraeth Duw. Mae hyn yn golygu felly nad yw'r cwestiwn o gredu mewn gwyrthiau yn ymwneud ag amhosibilrwydd rhesymegol ond ag a yw'r dystiolaeth dros y ddeddf a newidiwyd yn gredadwy ac yn argyhoeddi.

David Hume (1711–1776)

Awgrym astudio

Pan fyddwch yn ateb cwestiynau o dan amodau wedi'u hamseru mae'n bwysig i chi ddal i ganolbwyntio ar union eiriad y cwestiwn. Gwnewch yn siŵr eich bod yn cyfeirio at hwn yn gyson wrth i chi ateb.

Gweithgaredd AA1

Caewch y llyfr a gweld a allwch esbonio i un o'ch cyd-ddisgyblion dri pheth am bob un o'r ddau ddiffiniad rydych wedi darllen amdanynh nhw hyd yn hyn (Aquinas a Hume). Ar ôl gwrando ar eich cyd-ddisgybl yn gwneud yr un peth, ceisiwch feddwl rhyngoch chi am y tri phwynt gorau am bob un (gall fod yn gyfuniad o'r ddau ateb).

Term allweddol

Gwyrth amodoldeb: cyd-ddigwyddiad hynod a manteisiol sy'n cael ei ddehongli mewn modd crefyddol

R. F. Holland

Mae Ray Holland (1923–2013) yn cyflwyno agwedd hollol wahanol at ddiffinio gwyrth. Roedd e'n dadlau nad oes rhaid i wyrth olygu torri deddfau natur, nag ymyriad gan Dduw. Dim ond yn erbyn cefndir crefyddol y gellir siarad am wyrth, lle gwelir y wyrth fel arwydd. Felly, gellir diffinio gwyrth fel 'cyd-ddigwyddiad hynod a manteisiol sy'n cael ei dehongli mewn ffordd grefyddol'. Mae Holland yn cyfeirio at hyn fel '**gwyrth amodoldeb**' (*contingency miracle*).

Yr enghraifft a ddefnyddiodd Holland oedd plentyn wedi'i ddal yn sownd rhwng traciau'r rheilffordd yn ei gar tegan, ac roedd trên yn dod ato'n gyflym heb i'r bachgen allu ei weld. Gallai'r fam weld y bachgen ar y traciau a'r trên yn agosáu. Sylweddolodd hi y byddai'r bachgen yn cael ei daro gan y trên gan nad oedd digon o le iddo stopio ar ôl i'r gyrrwr weld y bachgen. Fodd bynnag, dechreuodd y trên arafu ac yn y diwedd stopiodd tua metr i ffwrdd o'r bachgen. Roedd y fam yn dal i ddweud ei bod yn wyrth, hyd yn oed ar ôl clywed pam roeddy trên wedi stopio. Roedd y gyrrwr wedi cael trawiad ar y galon ac wedi llewygu, gan wneud system frecio awtomatig y trên yn weithredol ac felly stopio'r trên.

Yn enghraifft Holland, mae'r fam yn diolch i Dduw. Byddai person anghrefyddol yn disgrifio'r digwyddiad fel lwc eithriadol. Fodd bynnag, i'r person crefyddol, er nad yw'n torri deddfau natur, mae'n cael ei weld fel gwyrth. Nid yw'n ymwneud â gweithred real sy'n cael ei gwneud gan fod goruwchnaturiol. Dehongliad o ddigwyddiad cyffredin sy'n ei wneud yn wyrth. Dim ond os bydd rhywun yn dehongli'r digwyddiad fel gwyrth y gellir galw'r digwyddiad yn wyrth.

Cynnwys y fanyleb

R. F. Holland (gwyrth amodoldeb).

Enghraifft Holland o wyrth.

Richard Swinburne

Mae Richard Swinburne (g.1934) yn cefnogi diffiniad Hume ac yn derbyn bod gwyrth yn ddigwyddiad gwrthrychol lle gwnaeth Duw ymyrryd. Fodd bynnag, mae'n gwneud dau newid/ychwanegiad pwysig hefyd:

(i) Mae'n benthyca ymadrodd gan Ninian Smart, i ddod dros yr hyn mae'n ei ystyried yn ymadrodd camarweiniol wedi'i ddefnyddio gan Hume. Yn hytrach nag ymadrodd Hume, 'torri deddf natur', mae Swinburne yn defnyddio'r ymadrodd 'digwyddiad o wrth-achos i ddeddf natur sy'n an-ailadroddadwy'. Gan hyn, roedd yn golygu, a derbyn bod yna ddeddf natur (L), y dylid tybio bod digwyddiad (E) yn digwydd, h.y. gwrth-achos. Yna nid yw'n bosibl y gallai E gael ei ragfynegi drwy roi deddf fwy llwyddiannus yn lle deddf L. Hefyd byddai'n rhaid bod yn wir, am unrhyw ddeddf a newidiwyd fyddai'n llwyddo i ganiatáu rhagfynegi digwyddiad E, fod y ddeddf a newidiwyd yn rhoi rhagfynegiadau anghywir ym mhob digwyddiad arall. Ond os ydyn ni'n gadael deddf L fel y mae, mae gennym reswm da dros gredu y byddai'n rhoi rhagfynegiadau cywir ym mhob amgylchiad tebygol arall.

(ii) Mae gan wyrthiau ryw arwyddocâd crefyddol dyfnach na thorri deddfau natur yn unig. I fod yn wyrth mae'n rhaid i ddigwyddiad gyfrannu'n sylweddol at bwrpas dwyfol sanctaidd i'r byd. Mae gwyrthiau'n cael eu gweld hefyd fel arwyddion

Cynnwys y fanyleb

Richard Swinburne (arwyddocâd crefyddol).

cwestiwn cyflym

2.14 Pa derm y mae Holland yn ei ddefnyddio i ddiffinio ei fath ef o wyrth?

CBAC Astudiaethau Crefyddol U2
Athroniaeth Crefydd

oddi wrth Dduw. Defnyddir y gair 'arwydd' yn Efengyl Ioan i gyfeirio at wyrthiau Iesu sydd bob amser fel pe baent yn tynnu sylw at rywbeth y tu hwnt i'r union ddigwyddiad. Nid yw'r gwrthiau'n cael eu gweld fel pwrpas ynddynt eu hunain.

Ystyried rhesymau pam mae credinwyr yn derbyn bod gwyrthiau'n digwydd

Mae crediniwr crefyddol yn derbyn bod Duw yn bodoli. Gall bodolaeth Duw gael ei chefnogi'n annibynnol gan ddadleuon theïstig traddodiadol fel y ddadl ddylunio. Os oes tystiolaeth hanesyddol gref bod gwyrth wedi digwydd, yna byddai'n rhesymol credu ei fod wedi digwydd, cyhyd â bod yna gymhelliant addas i Dduw weithredu yn y modd hwn.

Mae Swinburne yn dadlau bod diwinyddiaeth naturiol yn sefydlu'r tebygolrwydd y byddai Duw'n cynhyrchu datguddiad, a byddai angen cadarnhau ei fod yn un dilys. Gallai gwyrthiau fod yn gyfrwng ar gyfer hwn cyhyd â bod y wyrth yn gallu cael ei barnu ar sail ymchwiliad hanesyddol.

Gall y ffaith bod natur Duw yn gariadus a thosturiol fod yn rheswm arall pam mae credinwyr crefyddol yn derbyn bod gwyrthiau'n digwydd. Gallai fod disgwyl i Dduw yn ei gariad ymyrryd drwy dosturi. Mae gwahanol grefyddau'r byd yn deall bod Duw yn gariadus ac yn gofalu am ei bobl. Felly, gall fod disgwyl i Dduw ymyrryd ar adegau drwy wyrthiau er mwyn dangos y cariad a'r gofal hynny.

Mae Swinburne yn awgrymu hefyd y byddai tystiolaeth ychwanegol dros gredu bod gwyrth yn digwydd yn gallu cynnwys gwyrth yn digwydd mewn ateb i weddi ac os oedd y weddi wedi'i chyfeirio at berson arbennig (e.e. Iesu, Allah). Os creadigaeth Duw yw'r byd, mae'n dod yn llawer mwy tebygol y byddai'n dymuno ymyrryd ac ymateb i geisiadau i wneud hynny.

Gwasanaeth iacháu

Tystiolaeth o destunau cysegredig

Mae testunau cysegredig llawer o grefyddau yn cofnodi digwyddiadau goruwchnaturiol i gyfiawnhau honiadau'r rheini sy'n cael eu derbyn fel negesyddion Duw ar y Ddaear. Mewn Cristnogaeth, er enghraifft, mae'r hanesion am Moses a'r Môr Coch yn gwahanu i adael i'r Israeliaid ddianc rhag yr Eifftiaid oedd yn eu hymlid; gwyrthiau Iesu, atgyfodiad Iesu, y gwyrthiau a wnaed gan yr Apostolion Pedr a Paul.

Mae rhai haneswyr, fel Carl Becker, yn dadlau na all gwyrthiau fod yn destun ymchwiliad hanesyddol gan yr honnir bod gwyrthiau'n cynnwys bod goruwchnaturiol. Fodd bynnag, mae hyn wedi cael ei herio. Er enghraifft, mae Cristnogion yn honni mai Duw oedd yn gyfrifol am atgyfodiad Iesu. Gall y digwyddiad gael ei wirio gan haneswyr gan ei fod yn gysylltiedig â data hanesyddol eraill, er enghraifft croeshoelio, marwolaeth a chladdu'r Iesu mewn bedd; darganfod bedd Iesu yn wag ychydig ddyddiau ar ôl ei farwolaeth; yr honiad gan ddilynwyr Iesu iddyn nhw weld Iesu ychydig ddiwrnodau ar ôl iddo farw a chael ei roi yn y bedd. Mae'n wir na all yr hanesydd adnabod y cyfrwng goruwchnaturiol sydd i fod i gyflawni'r wyrth. Fodd bynnag, gall fod modd darganfod, drwy ymchwiliad hanesyddol, gwahanol agweddau o gyfrwng goruwchnaturiol rhyw wyrth honedig. I gredinwyr crefyddol mae hyn yn arbennig o wir gan fod eu byd-olwg nhw'n derbyn bod gan Dduw ran mewn digwyddiad fel cyfrwng.

Mae Bwdhaeth yn an-theïstig ac felly mae'n gwrthod y syniad o wyrth fel 'arwydd o Dduw'. Mewn testunau Bwdhaidd cynnar ceir enghreifftiau o bobl a ddatblygodd bwerau goruwchnaturiol drwy arferion cyfriniol, ond nid oedd y Bwdha yn annog

---

Cynnwys y fanyleb
Ystyried rhesymau pam mae credinwyr yn derbyn bod gwyrthiau'n digwydd.

cwestiwn cyflym

2.15 Pa ddau newid/ychwanegiad a wnaeth Swinburne i ddiffiniad Hume?

Dyfyniad allweddol

Pe bai duw yn ymyrryd yn y drefn naturiol i wneud i bluen lanio yma yn hytrach nag yno heb ddim rheswm dwfn terfynol, neu droi blwch teganau plentyn drosodd dim ond allan o falais, ni fyddai'r digwyddiadau hyn yn cael eu disgrifio'n naturiol fel gwyrthiau. (Swinburne).

cwestiwn cyflym

2.16 Rhowch dri rheswm posibl pam byddai crediniwr crefyddol yn derbyn bod gwyrth wedi digwydd.

Cynnwys y fanyleb
Ystyried rhesymau pam mae credinwyr yn derbyn bod gwyrthiau'n digwydd: tystiolaeth o destunau cysegredig.

hyn. Yn ddiweddarach mae arferion Tantrig mewn Bwdhaeth yn gysylltiedig â phrofiadau o'r gwyrthiol. Yn wir, mae pob un o ysgolion meddwl Bwdhaeth, mewn rhyw ffordd neu'i gilydd, yn cyflwyno safbwyntiau am y goruwchnaturiol drwy naill ai straeon am y Bwdha neu gyflawniadau ysbrydol uwch-ymarferwyr.

Er bod Islam yn derbyn y goruwchnaturiol, roedd Muhammad yn gwrthod gwneud arwyddion rhyfeddol i gryfhau ei awdurdod. Mae cyflawni gwyrth i rai Mwslimiaid yn arwydd bod bwriad rhywun yn dal wedi'i gyfeirio at gymeradwyaeth fydol, ac nid at Dduw yn unig. I lawer o Fwslimiaid, yr unig wyrth yw cynhyrchu'r Qur'an, ond mae yna rai Mwslimiaid sy'n credu yn y straeon gwyrthiol a gysylltir â Muhammad.

Felly, mae credinwyr crefyddol yn honni bod ganddyn nhw reswm dros dderbyn bod gwyrthiau'n digwydd gan fod eu gweithiau cysegredig, sy'n cael eu hystyried yn air Duw, yn cynnwys hanesion am wyrthiau.

Cadarnhad o draddodiadau ffydd

Mae llawer o gredinwyr crefyddol yn honni mai dim ond y 'wir' grefydd sydd â 'gwir' wyrthiau ac mewn crefyddau eraill nid oes gwyrthiau o gwbl neu wyrthiau 'ffug' ydyn nhw. Mae gwyrthiau'n gweithredu fel arwydd dwyfol, yn cadarnhau awdurdod a honiadau gwirionedd traddodiad ffydd penodol. Mae'r traddodiad Iddewig-Gristnogol yn cefnogi'r safbwynt hwn. Er enghraifft, Hebreaid 2:3–4 '… iachawdwriaeth a gafodd ei chyhoeddi gyntaf drwy enau'r Arglwydd, a'i chadarnhau wedyn i ni gan y rhai oedd wedi ei glywed, a Duw yn cyd-dystio drwy arwyddion a rhyfeddodau, a thrwy amrywiol wyrthiau …'

Pe bai gan Dduw ddiddordeb mewn cyfathrebu â phobl a phe bai Duw'n dymuno eu bod nhw'n gallu adnabod rhyw neges fel un oddi wrtho ef, yna efallai byddai disgwyl i wyrthiau ddigwydd. Er enghraifft, mae hanes yn rhai o draddodiadau Islam bod pobl Mecca wedi gofyn i Muhammad ddangos gwyrth iddyn nhw. Felly holltodd Muhammad y lleuad yn ddwy drwy godi ei fynegfys. Ymddangosodd ddau haner y lleuad, y naill y tu ôl i'r mynydd a'r llall o'i flaen. Cadarnhaodd y wyrth awdurdod Muhammad i'r bobl.

Byddai llawer o Gristnogion yn dadlau bod atgyfodiad Iesu yn cadarnhau mai Iesu yw Mab Duw ac mai Cristnogaeth yw'r un gwir ddatguddiad. Yn y ddwy enghraifft, i'r crediniwr crefyddol, mae'r wyrth yn cadarnhau'r traddodiad ffydd.

Gall gwyrthiau hefyd fod yn elfen hanfodol o'r datguddiad ei hun. Er enghraifft, yn ôl y traddodiad Cristnogol, daeth Iesu i'n byd drwy gyfrwng yr Enedigaeth Wyryfol. Bu farw Iesu, goresgynnodd farwolaeth drwy ei atgyfodiad a threchodd ddrygioni. Mae Cristnogion yn gweld Iesu fel y datguddiad yn hytrach nag Iesu fel yr un sy'n derbyn y datguddiad.

Gall rhai credinwyr crefyddol gymryd tystiolaeth gwyrthiau mewn crefyddau eraill i gefnogi'r honiad bod y crefyddau hynny hefyd yn gwneud honiadau dilys neu wir. Bydden nhw'n dadlau nad oes rheswm pam na ddylai Duw gyflawni gwyrthiau mewn unrhyw grefydd, gan fod pob un yn cynnwys ymateb dilys i realiti Duw.

Profiad personol

Gall gwyrthiau ennyn a chynnal ffydd mewn unigolion, yn enwedig os oes ganddyn nhw brofiad personol. Enghraifft dda yw'r gwyrthiau iacháu honedig yn y Gysegr Gatholig yn Lourdes. Ers 1858, mae 69 achos o wyrth neu iachâd llwyr wedi cael eu dilysu yn Lourdes. Digwyddodd yr achos mwyaf diweddar yn 1989 ond ni chafodd ei gadarnhau'n swyddogol tan 2013 ar ôl ymchwiliad helaeth gan bwyllgor meddygol. Danila Castelli oedd y person a iachawyd ac roedd ganddi diwmor. Daeth y pwyllgor meddygol i'r casgliad bod y ffordd y cafodd ei hiacháu yn aros 'yn anesboniadwy yn ôl gwybodaeth wyddonol gyfredol'.

Th2 Profiad crefyddol

Dyfyniad allweddol

Gydag Allah yn unig mae arwyddion, a dim ond rhybuddiwr plaen ydwyf i. (Muhammad)

Cynnwys y fanyleb

Ystyried rhesymau pam mae credinwyr yn derbyn bod gwyrthiau'n digwydd: cadarnhad o draddodiadau ffydd.

I Gristnogion mae atgyfodiad Iesu yn cadarnhau ei statws fel mab Duw.

cwestiwn cyflym

2.17 Ym mha ffordd y mae gwyrth yn gweithredu fel arwydd dwyfol?

Cynnwys y fanyleb

Ystyried rhesymau pam mae credinwyr yn derbyn bod gwyrthiau'n digwydd: profiad personol.

Y rheswm mae credinwyr crefyddol yn mynd i Lourdes yw eu bod nhw'n credu mewn Duw personol ac mae ganddyn nhw ffydd bod Duw yn ateb gweddïau. Felly, maen nhw'n gweddïo am ymyrraeth Duw. Mae'r weddi am wyrth fel arfer yn ymwneud â gweddi am iachâd. I'r crediniwr crefyddol, fodd bynnag, nid pethau yn y gorffennol a ddigwyddodd i unigolion i gadarnhau eu hawdurdod yn unig yw gwyrthiau, ond maen nhw'n ddigwyddiadau a all fod yn y presennol. Mae Duw yn weithredol yn ei greadigaeth ac mae'n gweithio yn y byd i ateb gweddïau.

Mae tystiolaethau o iachâd personol yn aml yn nodwedd o Gristnogion garismataidd. Mae ganddyn nhw fyd-olwg lle mae disgwyl i wyrthiau, arwyddion a rhyfeddodau fod yn bresennol ym mywydau credinwyr. Felly, un rheswm pam mae credinwyr crefyddol yn derbyn bod gwyrthiau'n digwydd yw iddyn nhw honni eu bod nhw â phrofiad personol ohonynt neu eu bod nhw'n adnabod pobl eraill sydd â phrofiad.

Awgrym astudio

Mae'n bwysig gwybod pa ysgolhaig a gynigiodd pa ddiffiniad. Ceisiwch beidio â drysu rhyngddyn nhw. Gallwch ddefnyddio techneg syml o gysylltu llythrennau, e.e. **R**ichard **S**winburne = **R**eligious **S**ignificance (sef Arwyddocâd Crefyddol); **T**homas **A**quinas = **T**hree **A**ctive ways God intervenes (sef Tair Ffordd Weithredol mae Duw yn ymyrryd), etc.

Gweithgaredd AA1

Crëwch dabl syml ar gyfer y pedwar diffiniad gwahanol o wyrthiau. Penawdau'r colofnau: ysgolhaig; diffiniad; problemau'r diffiniad (os oes rhai).

Lourdes

Datblygu sgiliau AA1

Nawr mae'n bwysig ystyried y wybodaeth sydd wedi'i chyflwyno yn yr adran hon; fodd bynnag, mae'r wybodaeth fel y mae yn llawer rhy helaeth ac felly mae'n rhaid ei phrosesu er mwyn bodloni gofynion yr arholiad. Gallwch wneud hyn drwy ymarfer y sgiliau uwch sy'n gysylltiedig ag AA1. Ar gyfer Amcan Asesu 1 (AA1), sy'n cynnwys dangos sgiliau 'gwybodaeth' a 'dealltwriaeth', rydyn ni am ganolbwyntio ar ffyrdd gwahanol o ddangos y sgiliau yn effeithiol, gan gyfeirio hefyd at sut bydd eich perfformiad ym mhob un o'r sgiliau hyn yn cael ei fesur (gweler disgrifyddion band cyffredinol AA1 ar gyfer U2).

▶ **Dyma eich tasg nesaf:** Isod mae **crynodeb o ddealltwriaeth amrywiol o 'ddeddfau natur'**. Ar hyn o bryd nid yw'n cynnwys unrhyw gyfeiriadau i gefnogi'r pwyntiau. O dan y crynodeb mae tri chyfeiriad at weithiau ysgolheigion, a/neu destunau crefyddol, y byddai'n bosibl eu defnyddio yn yr amlinelliad er mwyn gwella'r crynodeb. Eich tasg yw ailysgrifennu'r crynodeb gan ddefnyddio'r cyfeiriadau. Efallai bydd ymadroddion fel 'yn ôl ...', 'mae'r ysgolhaig ... yn dadlau', neu, 'mae ... wedi awgrymu' o gymorth i chi. Fel arfer byddai cyfeiriad yn cynnwys troednodyn, ond mewn ateb ar gyfer traethawd Safon Uwch o dan amodau arholiad nid yw hyn yn ddisgwyliedig. Eto i gyd, mae gwybod am y llyfr mae eich tystiolaeth yn cyfeirio ato yn ddefnyddiol (er nad yw bob amser yn angenrheidiol).

Mae diffiniad Hume o wyrth yn cyfeirio at dorri deddf natur. Fodd bynnag, roedd ei ddealltwriaeth ef o ddeddf natur yn wahanol iawn i un Aquinas. Roedd dealltwriaeth Aquinas yn ymwneud â gwrthrychau'n cael eu llywodraethu gan eu natur, oedd yn rhoi rhai pwerau iddyn nhw i weithredu. Mewn cyferbyniad, roedd Hume yn credu bod deddfau naturiol yn hollgyffredinol ac yn llywodraethu pob digwyddiad. Fodd bynnag, mae ysgolheigion yn anghytuno ynghylch a oedd Hume yn credu bod deddfau natur yn ddigyfnewid ac yn gadarn ac felly bod profiad unffurf o'r deddfau hyn, neu a allai fod eithriadau pe bai ymyriad goruwchnaturiol.

Dyfyniadau allweddol

Gwyrth yw rhywbeth sy'n torri deddfau natur; ac oherwydd bod profiad cadarn a digyfnewid wedi sefydlu'r deddfau hyn, mae'r prawf yn erbyn gwyrth, o union natur y ffaith, yr un mor gyflawn ag unrhyw ddadl o brofiad y gellir meddwl amdani. **(Hume)**.

Mae'r syniad o atal deddf naturiol yn gwrth-ddweud ei hun ... Gall y gwrth-ddweud hwn sefyll allan yn gliriach os, yn lle *deddf naturiol*, rydyn ni'n defnyddio'r ymadrodd *gwir gwrs digwyddiadau*. Byddai *gwyrth* felly'n cael ei diffinio fel 'digwyddiad oedd yn golygu atal gwir gwrs digwyddiadau'. A byddai rhywun oedd yn mynnu disgrifio digwyddiad fel gwyrth yn y sefyllfa ddigon rhyfedd o honni bod y wyrth hon yn groes i wir gwrs digwyddiadau. **(McKinnon)**

Nawr wrth gwrs mae'n rhaid i ni gytuno â Hume, os oes 'profiad unffurf' absoliwt yn erbyn gwyrthiau, os mewn geiriau eraill nad ydyn nhw erioed wedi digwydd, yna dydyn nhw ddim wedi digwydd. Yn anffodus, rydyn ni'n gwybod bod y profiad yn eu herbyn yn unffurf dim ond os ydyn ni'n gwybod bod yr hanesion amdanyn nhw yn ffug. A gallwn ni wybod bod yr adroddiadau i gyd yn ffug dim ond os ydyn ni'n gwybod yn barod nad yw gwyrthiau byth wedi digwydd. Mewn gwirionedd, rydyn ni'n dadlau mewn cylch. **(Lewis)**

Ar ôl i chi orffen y dasg, ceisiwch ddod o hyd i gyfeiriad arall y gallech ei ddefnyddio ac ymestyn eich ateb ymhellach.

Sgiliau allweddol

Mae gwybodaeth yn ymwneud â:

Dewis ystod o wybodaeth (drylwyr) gywir a pherthnasol sydd â chysylltiad uniongyrchol â gofynion penodol y cwestiwn.

Mae hyn yn golygu:

- Dewis deunydd perthnasol i'r cwestiwn a osodwyd
- Canolbwyntio ar esbonio ac archwilio'r deunydd a ddewiswyd

Mae dealltwriaeth yn ymwneud ag:

Esboniad helaeth, gan ddangos dyfnder a/neu ehangder gyda defnydd rhagorol o dystiolaeth ac enghreifftiau gan gynnwys (lle y bo'n briodol) defnydd trylwyr a chywir o destunau cysegredig, ffynonellau doethineb a geirfa arbenigol.

Mae hyn yn golygu:

- Defnydd effeithiol o enghreifftiau a thystiolaeth gefnogol i sefydlu ansawdd eich dealltwriaeth
- Perchenogaeth o'ch esboniad sy'n mynegi gwybodaeth a dealltwriaeth bersonol NID eich bod yn ailadrodd darn o destun o lyfr rydych wedi ei baratoi a'i gofio.

CBAC Astudiaethau Crefyddol U2
Athroniaeth Crefydd

Mae'r adran hon yn cwmpasu cynnwys a sgiliau AA2

Cynnwys y fanyleb
Pa mor ddigonol yw'r gwahanol ddiffiniadau o wyrthiau.

Materion i'w dadansoddi a'u gwerthuso

Pa mor ddigonol yw'r gwahanol ddiffiniadau o wyrthiau

Mae'r meini prawf ar gyfer dweud mai gwyrth yw digwyddiad wedi cael eu trafod ers amser maith. Mae safbwyntiau wedi newid wrth i'n dealltwriaeth wyddonol a'n byd-olwg newid. Gall yr hyn fyddai wedi ennyn rhyfeddod yn y gorffennol beidio â bod yn destun rhyfeddod yn yr unfed ganrif ar hugain. Mae'n bosibl ein bod ni erbyn hyn yn gallu rhoi esboniadau i gyfrif am y digwyddiad. Ond a yw hynny o reidrwydd yn ei stopio rhag bod yn wyrth?

Yn sicr, nid oedd Holland yn credu hynny. Nid oedd ei ddiffiniad ef yn ymwneud â gweithred go iawn gan fod goruwchnaturiol. Y dehongliad o ddigwyddiad cyffredin oedd yn ei wneud yn wyrth. Dim ond os yw rhywun yn dehongli'r digwyddiad fel gwyrth y gellir galw'r digwyddiad yn wyrth. Mae ei hanes ef am y fam yn gweld y trên yn stopio cyn taro ei mab, yn wyrth iddi hyd yn oed ar ôl iddi ddysgu'n ddiweddarach bod y gyrrwr wedi cael trawiad ar y galon ac mai handlen y dyn a fu farw a stopiodd y trên yn awtomatig.

Mewn geiriau eraill, gallwn ni nodi rhesymau naturiol pam digwyddodd y peth ac nid yw'n ymddangos bod deddfau natur wedi'u torri na bod ymyriad goruwchnaturiol wedi digwydd. Serch hynny, i'r fam roedd yn wyrth.

Mewn un ystyr gellid ystyried diffiniad Holland yn ddigonol gan ei fod yn gyson â byd-olwg llawer o bobl, sef bydysawd heb fod yn oruwchnaturiol, a bod ystyr y gair 'gwyrth' wedi cael ei newid i gyd-fynd â'r byd-olwg hwnnw. Fodd bynnag, i bobl eraill, efallai na fydd hyn yn ddigonol gan, i bob golwg, ei fod yn galw unrhyw ddigwyddiad buddiol annisgwyl yn wyrth heb gyfeirio at gyfrwng goruwchnaturiol a achosodd y digwyddiad. Mae wedi defnyddio term sydd fel arfer yn golygu ymyriad gan gyfrwng goruwchnaturiol a'i ddefnyddio am ddigwyddiad naturiol, er ei fod yn un annisgwyl. Mae diffiniad Holland hefyd yn cael gwared ar wrthrychedd gan fod diffinio digwyddiad fel gwyrth yn dibynnu'n llwyr ar benderfyniad yr unigolyn. Os yw rhywun yn gweld digwyddiad fel rhywbeth annisgwyl a buddiol, yna iddyn nhw y mae'n wyrth.

Un ddadl fyddai bod hyd yn oed diffiniad Holland yn dal yn gyson â'r syniad o ymyriad goruwchnaturiol. Nid torri deddf natur ydyw fel y cyfryw ond y cyfrwng goruwchnaturiol yn gweithio gyda deddfau natur ac yn amseriad y digwyddiadau. Ac mae'r canlyniad yn fuddiol. Efallai wedyn byddai safbwynt o'r fath yn ystyried bod y diffiniad yn ddigonol.

Felly, mae llawer yn gweld rhyw fath o ymyriad a chanlyniad buddiol yn agweddau angenrheidiol o'r diffiniad o wyrth.

Mae eraill yn teimlo bod hyn yn annigonol ac yn galw am feini prawf gwrthrychol nid goddrychol. Maen nhw'n dweud y byddai'n amhosibl gwybod a oedd Duw wedi gweithredu neu beidio oherwydd byddai'n bosibl esbonio pob digwyddiad heb droi at Dduw. Mewn ymateb, byddai modd dadlau bod hyn yn gyson â'n dealltwriaeth o'r ffordd y mae Duw yn gweithio yn y bydysawd, h.y. Duw yn gweithio drwy esblygiad a dewisiadau ewyllys rydd. Hefyd, os yw'n digwydd mewn ymateb i weddi yna byddai'n ychwanegu pwysau at y dehongliad hwn o'r digwyddiad.

Rhoddwyd diffiniad cynnar o wyrth gan Thomas Aquinas. Roedd e'n cysylltu gwyrth ag achos dwyfol, gan fod gwyrthiau yn ddigwyddiadau nad oedd yn rhan normal o natur pethau. Er bod diffiniad Aquinas yn amlwg yn cynnwys cyfrwng goruwchnaturiol, efallai bydd llawer yn barnu bod ei ddiffiniad yn annigonol. Mae hyn oherwydd ei ddealltwriaeth bod gan bopeth oedd yn bodoli natur, h.y. y pethau y mae'n gallu eu gwneud. Mae'n dealltwriaeth fodern yn ymwneud â deddfau natur. Fodd bynnag, roedd y tair enghraifft o'r Beibl a ddefnyddiodd (yr haul yn mynd yn ôl ar ei lwybr

---

Gweithgaredd AA2

Wrth i chi ddarllen drwy'r adran hon ceisiwch wneud y pethau canlynol:

1. Dewiswch y gwahanol ddadleuon sy'n cael eu cyflwyno yn y testun a nodwch unrhyw dystiolaeth gefnogol a roddir.

2. Ar gyfer pob dadl a gyflwynir, ceisiwch werthuso a yw'r ddadl yn un gryf neu wan yn eich barn chi.

3. Meddyliwch am unrhyw gwestiynau yr hoffech chi eu gofyn wrth ymateb i'r dadleuon.

Bydd y gweithgaredd hwn yn eich helpu chi i ddechrau meddwl yn feirniadol am yr hyn rydych chi'n ei ddarllen, ac yn eich helpu i werthuso effeithiolrwydd dadleuon gwahanol, gan ddatblygu eich sylwadau, a'ch barn a'ch safbwyntiau eich hun. Bydd hyn yn eich helpu wrth ddod i gasgliadau y byddwch yn eu gwneud yn eich atebion i'r cwestiynau AA2 sy'n codi.

Th2 Profiad crefyddol

ar draws yr awyr; rhywun yn byw ar ôl marwolaeth; rhywun yn cael ei wella'n syth o salwch sydd fel arfer yn cymryd yn llawer hirach i wella) yn enghreifftiau y byddai Hume a Swinburne yn cytuno â nhw fel enghreifftiau o wyrthiau. Y gwahaniaeth fyddai y bydden nhw'n mynegi hyn yn nhermau deddfau natur.

Hume sy'n cynnig un o'r diffiniadau mwyaf poblogaidd o wyrth. Cyfeiriodd at 'deddf natur yn cael ei thorri oherwydd bod y Duwdod eisiau hynny'n benodol, neu oherwydd bod rhyw gyfrwng anweledig yn ymyrryd'. Mae ei ddiffiniad ef yn cynnwys y syniad o weithredu a gwrthrychedd dwyfol. Fodd bynnag, bu llawer o drafodaeth am y syniad 'torri deddf natur'. I rai, mae'r disgrifiad hwn fel pe bai'n awgrymu bod Duw yn mynd yn erbyn ei ddeddfau ei hun.

Byddai'n bosibl dadlau nad yw deddfau natur yn disgrifio'r hyn sy'n digwydd yn unig, maen nhw'n disgrifio'r hyn sy'n digwydd mewn ffordd reolaidd a rhagweladwy. Os yw'r hyn sy'n digwydd yn gwbl afreolaidd ac anragweladwy, yna nid yw'r digwyddiad yn rhywbeth mae'r deddfau naturiol yn gallu ei ddisgrifio. Mae'n ymddangos bod Hume yn ystyried gwyrth fel digwyddiad o wrth-achos i ddeddf natur sy'n an-ailadroddadwy. Pe bai'r ddeddf yn cael ei gadael heb ei newid yna mae gennym reswm da dros feddwl y byddai'n rhoi rhagfynegiadau da ym mhob amgylchiad tebygol arall. Yn yr ystyr hwn efallai byddai'n ddilys honni bod deddf natur wedi cael ei thorri yn yr un enghraifft hon.

Mae eraill, fel Alistair McKinnon, yn honni bod diffinio gwyrthiau fel pethau sy'n torri deddfau natur yn groesosodiad. Nid yw deddfau natur yn gwrthwynebu nac yn gwrthsefyll unrhyw beth. Nad ydyn nhw'n fwy na disgrifiadau cryno cyffredinol iawn o sut mae pethau'n digwydd mewn gwirionedd. Mae'n awgrymu y byddai'n fwy cywir newid yr ymadrodd 'deddf naturiol' i 'gwir gwrs digwyddiadau'. Mae hyn yn golygu bod beth bynnag sy'n digwydd wedi'i gynnwys yn ei ddealltwriaeth o ddeddfau naturiol. Felly mae diffiniad Hume yn annigonol.

Pe bai Duw o'r fath yn hollwybodus yna byddai wedi rhagweld canlyniadau deddfau natur ac o bosibl wedi eu hymestyn i ganiatáu i ddigwyddiadau 'gwyrthiol' ddigwydd gyda mwy o gysondeb moesol. Hefyd, mae'n portreadu Duw fel un sy'n ymyrryd yn hytrach nag fel cynhaliwr. Os un sy'n ymyrryd yw Duw yna mae'n awgrymu bod Duw yn anghenfil gan fod y rhan fwyaf o wyrthiau yn ddibwys ac na welwyd unrhyw ymyriad mewn digwyddiadau fel yr holocost.

Mae safbwynt Hume bod 'profiad cadarn a digyfnewid wedi sefydlu'r deddfau hyn' wedi cael ei feirniadu hefyd. Os ydyn nhw'n ddigyfnewid yna mae'n rhesymegol amhosibl iddyn nhw ddigwydd. Hefyd, mae dweud bod deddfau natur yn brofiad unffurf fel pe bai'n gwadu bod unrhyw wyrth wedi digwydd. Ond mae'r cwestiwn yn aros, sut gallech chi wybod hynny cyn edrych ar y dystiolaeth?

Beirniadaeth bellach o ddiffiniad Hume yw nad oes ynddo unrhyw gyfeiriad at bwrpas gwyrthiau.

Mae diffiniad Swinburne yn ceisio goresgyn problemau diffiniad Hume drwy aralleirio 'torri deddf natur' i fod yn 'digwyddiad o wrth-achos i ddeddf natur sy'n an-ailadroddadwy'. Mae Swinburne hefyd yn pwysleisio agwedd bwrpasol gwyrthiau fel 'arwyddion'.

Fodd bynnag, mae llawer yn cael trafferth gyda'r syniad am Dduw sy'n ymyrryd. Mae'n awgrymu Duw sydd y tu allan i amser ac nid yw'n glir o gwbl beth yw ystyr hynny.

Mae Richard Purtill mewn pennod yn *In Defence of Miracles* yn nodi pum rhan i'r diffiniad o wyrth. I ddechrau, mae'r eithriad i'r drefn naturiol yn rhywbeth dros dro. Yn ail, mae'n eithriad i gwrs arferol natur. Yn drydydd, oni bai bod gennych syniad am y ffordd y mae pethau'n digwydd fel arfer, yna ni all y syniad o wyrth gael ei wneud yn glir. Yn bedwerydd, mae'n rhaid i wyrth gael ei hachosi gan rym Duw. Yn olaf, mae'n rhaid iddo ddelio â phwrpas gwyrthiau – mae'n rhaid iddynt fod yn arwydd o Dduw yn gweithredu. Ar y safbwynt hwn, mae'n ymddangos mai diffiniad Swinburne yw'r mwyaf cynhwysfawr.

Gweithgaredd AA2

Rhestrwch rai casgliadau y byddai'n bosibl dod iddynt ar sail y rhesymeg AA2 yn y testun uchod; ceisiwch gyflwyno o leiaf dri chasgliad gwahanol posibl. Ystyriwch bob un o'r casgliadau a chasglwch dystiolaeth gryno i gefnogi pob casgliad o'r deunydd AA1 ac AA2 ar gyfer y testun hwn. Dewiswch y casgliad sy'n argyhoeddi fwyaf yn eich barn chi ac esboniwch pam mae hyn yn wir. Ceisiwch gyferbynnu hyn â'r casgliad gwannaf ar y rhestr, gan gyfiawnhau eich dadl gyda rhesymu clir a thystiolaeth.

**CBAC Astudiaethau Crefyddol U2
Athroniaeth Crefydd**

Cynnwys y fanyleb

I ba raddau y gellir ystyried bod y gwahanol ddiffiniadau o wyrthiau yn gwrth-ddweud ei gilydd.

I ba raddau y gellir ystyried bod y gwahanol ddiffiniadau o wyrthiau yn gwrth-ddweud ei gilydd

Y pedwar diffiniad mae gofyn i chi eu hastudio yw'r rheini gan Aquinas, Hume, Holland a Swinburne. Un o'r croesosodiadau mwyaf amlwg yn y diffiniadau gwahanol hyn yw bod Hume a Swinburne yn gweld Duw fel un sy'n ymyrryd ac yn torri deddfau natur, ond mae Holland yn gweld cwrs naturiol digwyddiadau yn ogystal â chyd-ddigwyddiadau rhyfeddol.

Fodd bynnag, mae'n bosibl nad croesosodiad yw hyn. Efallai eu bod nhw'n disgrifio mathau gwahanol o wyrthiau. Mae diffiniad Holland yn cyfeirio at wyrthiau 'amodoldeb'. Yr hyn sy'n gwneud y digwyddiad yn anarferol yw pan ddaw sawl digwyddiad, pob un ag achos naturiol, ynghyd. Os y cyd-destun yw credinwr sy'n disgwyl i gyfrwng goruwchnaturiol weithredu, o bosibl oherwydd gweddïo – yna gallai'r digwyddiad yn hawdd gael ei alw'n wyrth.

Mae Norman Geisler yn cyfeirio at ddigwyddiadau o'r fath fel 'gwyrth ail ddosbarth'. Y 'wyrth torri deddfau' yw'r un mae Hume a Swinburne yn ei disgrifio, lle mae'n ymddangos bod deddf natur wedi cael ei thorri. Mae'r ddau fath o wyrth yn cynnwys cyfrwng goruwchnaturiol ond yn gweithio ar lefelau gwahanol. Felly, a yw hynny'n wir yn groesosodiad?

Mae diffiniad Aquinas yn cefnogi cyfrwng dwyfol hefyd ond oherwydd dealltwriaeth wyddonol y cyfnod, nid yw'n ei disgrifio yn nhermau torri deddf natur. Serch hynny, mae'n ei gwneud yn glir bod gwyrthiau yn ddigwyddiadau sy'n wahanol i'r drefn arferol. I Aquinas, gwyrth yw digwyddiad y tu hwnt i rym naturiol unrhyw fod a grëwyd. Mae ganddi 'achos dwyfol' ac felly nid yw'n rhan normal o natur pethau. Mae'r tri math o wyrth mae e'n eu rhestru yn gwneud hyn yn glir: digwyddiadau lle mae Duw'n gwneud rhywbeth na allai natur byth ei wneud (yr haul yn mynd yn ôl ar ei gwrs ar draws yr awyr); digwyddiadau lle mae Duw'n gwneud rhywbeth y gall natur ei wneud ond nid yn y drefn hon (rhywun yn byw ar ôl marwolaeth); digwyddiadau lle mae Duw'n gwneud rhywbeth mae natur yn ei wneud ond heb weithredu egwyddorion natur (iachâd yn syth).

Dyfyniad allweddol

Nid yw yn erbyn egwyddor crefftwaith ... os yw crefftwr yn achosi newid yn ei gynnyrch, hyd yn oed ar ôl iddi roi ei ffurf gyntaf iddo. **(Aquinas)**

Gallai dadl arall ganolbwyntio ar y gwrth-ddweud ymddangosiadol rhwng goddrychedd a gwrthrychedd cymharol y wyrth. Mae'r 'wyrth amodoldeb' yn oddrychol ac yn dod yn wyrth pan fydd rhywun yn dehongli digwyddiadau yn y modd hwn – fel arfer rhywun yn y cylch credinwyr. Mewn cyferbyniad, mae'r 'wyrth torri'r drefn' yn wrthrychol gan fod torri deddf natur yn cael ei adnabod gan bawb, amheuwyr a chredinwyr fel ei gilydd.

Fodd bynnag, gall rhai anghytuno. Byddai'r rheini sy'n gwrthod y goruwchnaturiol (naturiolaeth) yn dadlau nad oes deddf natur wedi cael ei thorri. Yn hytrach, deddf anghyflawn oedd gennym ac mae deddf natur yn bodoli sy'n cynnwys yr amgylchiad arbennig sydd wedi digwydd.

Yma mae'r amheuwr a'r credinwyr yn cyhuddo ei gilydd o ddal safbwyntiau anwiriadwy. Mae'r amheuwr yn cyhuddo'r credinwyr crefyddol o beidio â chyfaddef y gallai fod digwyddiad fyddai'n caniatáu dod i'r casgliad nad oes Duw. Mae'r credinwyr crefyddol yn cyhuddo'r amheuwr o beidio â chyfaddef y gallai fod digwyddiad fyddai'n caniatáu dod i'r casgliad bod y goruwchnaturiol yn bodoli.

Gweithgaredd AA2

Wrth i chi ddarllen drwy'r adran hon ceisiwch wneud y pethau canlynol:

1. Dewiswch y gwahanol ddadleuon sy'n cael eu cyflwyno yn y testun a nodwch unrhyw dystiolaeth gefnogol a roddir.
2. Ar gyfer pob dadl a gyflwynir, ceisiwch werthuso a yw'r ddadl yn un gryf neu wan yn eich barn chi.
3. Meddyliwch am unrhyw gwestiynau yr hoffech chi eu gofyn wrth ymateb i'r dadleuon.

Bydd y gweithgaredd hwn yn eich helpu chi i ddechrau meddwl yn feirniadol am yr hyn rydych chi'n ei ddarllen, ac yn eich helpu i werthuso effeithiolrwydd dadleuon gwahanol, gan ddatblygu eich sylwadau, a'ch barn a'ch safbwyntiau eich hun. Bydd hyn yn eich helpu wrth ddod i gasgliadau y byddwch yn eu gwneud yn eich atebion i'r cwestiynau AA2 sy'n codi.

Dyfyniad allweddol

Yn aml mae'n ymddangos i bobl nad ydynt yn grefyddol fel pe bai'n amhosibl y gallai fod digwyddiad neu gyfres o ddigwyddiadau y byddai'r ffaith iddyn nhw ddigwydd yn ddigon i bobl grefyddol soffistigedig ei derbyn fel rheswm dros addef 'nad oes yna Dduw o gwbl'. **(Swinburne)**

Gall dadl arall ystyried a yw'r diffiniadau yn gwrth-ddweud ei gilydd o ran i ba raddau maen nhw'n caniatáu am y posibilrwydd bod gwyrthiau'n digwydd mewn gwirionedd. Gellir gweld rhywfaint o wrth-ddweud, yn dibynnu ai dehongliad 'caled' neu 'feddal' o ddiffiniad Hume sy'n cael ei fabwysiadu. Mae'r safbwynt 'caled' yn deall bod y diffiniad yn diystyru unrhyw bosibilrwydd o wyrthiau. Mae dealltwriaeth Hume o wyrthiau, lle y dywedir bod deddfau natur yn cael eu torri, yn ymddangos yn groes i'r ddealltwriaeth wyddonol o'r bydysawd sy'n fecanistig, yn drefnus ac yn rheolaidd. O gael set o amodau, bydd yr un effeithiau yn dilyn bob tro. Felly, drwy ddiffiniad, ni all gwyrthiau ddigwydd. Mewn ymateb, gallai gael ei ddadlau bod datblygiad ffiseg cwantwm wedi herio'r ddealltwriaeth fecanistig hon o'r bydysawd o blaid natur anrhagfynegadwy. Fodd bynnag, nid digwyddiadau dibwys ar hap yw'r ddealltwriaeth gyffredinol o 'wyrthiau'.

Mae dehongliad 'meddal' o ddiffiniad Hume yn caniatáu am y posibilrwydd y gallai gwyrthiau ddigwydd yn hytrach na'u bod wedi digwydd. Mae Swinburne yn ystyried ei ddealltwriaeth o wyrthiau yn gyson â bodolaeth Duw ac yn dadlau ei bod yn rhesymol credu eu bod nhw'n digwydd.

Mae elfen arall o wrth-ddweud yn cynnwys mater pwrpas gwyrthiau. Nid yw Hume yn ystyried hyn yn ei ddiffiniad. Felly, nid yw gwyrthiau'n cael eu cysylltu â rhyw 'arwydd' gan Dduw neu ryw ymyriad buddiol. Mewn cyferbyniad, mae Holland a Swinburne yn ei gwneud yn glir bod y rhain yn elfennau allweddol o'u diffiniadau.

Byddai'n bosibl dadlau nad oes unrhyw wrth-ddweud rhwng unrhyw un o'r diffiniadau. Y cyfan maen nhw'n eu gwneud yw canolbwyntio ar agweddau gwahanol a chydnabod dau fath gwahanol o ddigwyddiad y gellir eu galw'n wyrthiau (amodoldeb a thorri deddf).

Yn wir, gallai'r ddadl hon dderbyn bod pob diffiniad o wyrth yn gywir ynddo'i hun ond heb fod y diffiniad llawnaf gallai rhywun ei gynnig. Byddai dadl o'r fath yn dweud bod pob diffiniad yn ddefnyddiol i gredinwyr crefyddol yn y ffordd mae'n cael ei ddefnyddio i gryfhau eu ffydd. Er enghraifft, mae stori Holland yn caniatáu i brofiad crefyddol ac arwyddocâd gwyrth gael eu tynnu o amgylchiadau nad ydynt yn cael eu hesbonio gan y goruwchnaturiol yn unig.

Drwyddi draw, efallai'r mai'r ymateb pwysicaf i'r mater hwn yw 'a oes ots?' Nid yw gwahanol neu groes yn golygu, mewn ystyr holistig, bod hyn yn dinistrio ystyr, pwrpas neu unplygrwydd profiad crefyddol. Wedi'r cyfan, p'un ai bod gwyrth yn torri deddf natur neu'n gweithio o fewn natur, arwyddocâd y naill ddiffiniad neu'r llall yw'r hyn sy'n wir yn bwysig i'r credinwyr crefyddol.

Gweithgaredd AA2

Rhestrwch rai casgliadau y byddai'n bosibl dod iddynt ar sail y rhesymeg AA2 yn y testun uchod; ceisiwch gyflwyno o leiaf dri chasgliad gwahanol posibl. Ystyriwch bob un o'r casgliadau a chasglwch dystiolaeth gryno i gefnogi pob casgliad o'r deunydd AA1 ac AA2 ar gyfer y testun hwn. Dewiswch y casgliad sy'n argyhoeddi fwyaf yn eich barn chi ac esboniwch pam mae hyn yn wir. Ceisiwch gyferbynnu hyn â'r casgliad gwannaf ar y rhestr, gan gyfiawnhau eich dadl gyda rhesymu clir a thystiolaeth.

Sgiliau allweddol

Mae dadansoddi'n ymwneud â:

Nodi materion sy'n cael eu codi gan y deunyddiau yn adran AA1, ynghyd â'r rhai a nodwyd yn adran AA2, ac mae'n cyflwyno safbwyntiau cyson a chlir, naill ai gan ysgolheigion neu safbwyntiau personol, yn barod i'w gwerthuso.

Mae hyn yn golygu:

- Bod eich atebion yn gallu nodi meysydd trafod allweddol mewn perthynas â mater penodol
- Eich bod yn gallu nodi'r gwahanol ddadleuon a gyflwynir gan eraill, a rhoi sylwadau arnyn nhw
- Bod eich ateb yn rhoi sylwadau ar effeithiolrwydd cyffredinol pob un o'r meysydd neu ddadleuon hyn.

Mae gwerthuso'n ymwneud ag:

Ystyried goblygiadau amrywiol y materion sy'n cael eu codi, yn seiliedig ar y dystiolaeth a gafwyd wrth ddadansoddi ac mae'n rhoi dadl fanwl eang gyda chasgliad clir.

Mae hyn yn golygu:

- Bod eich ateb yn pwyso a mesur canlyniadau derbyn neu wrthod y dadleuon amrywiol a gwahanol a gafodd eu dadansoddi
- Bod eich ateb yn dod i gasgliad drwy broses rhesymu clir.

Term allweddol

Naturiolwr: rhywun sy'n credu mai dim ond deddfau a grymoedd naturiol (yn hytrach na rhai goruwchnaturiol neu ysbrydol) sydd ar waith yn y byd

Datblygu sgiliau AA2

Nawr mae'n bwysig ystyried y wybodaeth sydd wedi'i chyflwyno yn yr adran hon; fodd bynnag, mae'r wybodaeth fel y mae yn llawer rhy helaeth ac felly mae'n rhaid ei phrosesu er mwyn bodloni gofynion yr arholiad. Gallwch wneud hyn drwy ymarfer y sgiliau uwch sy'n gysylltiedig ag AA2. Ar gyfer Amcan Asesu 2 (AA2), sy'n cynnwys sgiliau 'dadansoddi beirniadol' a 'gwerthuso', rydyn ni am ganolbwyntio ar ffyrdd gwahanol o ddangos y sgiliau yn effeithiol, gan gyfeirio hefyd at sut bydd eich perfformiad ym mhob un o'r sgiliau hyn yn cael ei fesur (gweler disgrifyddion band cyffredinol AA2 ar gyfer U2).

▶ **Dyma eich tasg nesaf:** Isod mae **darn yn gwerthuso a yw diffiniadau'n addas ar gyfer adnabod gwyrthiau**. Ar hyn o bryd nid yw'n cynnwys unrhyw gyfeiriadau i gefnogi'r dadleuon sy'n cael eu cyflwyno. O dan y gwerthusiad mae dau gyfeiriad at weithiau ysgolheigion, a/neu destunau crefyddol, y byddai'n bosibl eu defnyddio yn y gwerthusiad er mwyn ei wella. Eich tasg yw ailysgrifennu'r gwerthusiad gan ddefnyddio'r cyfeiriadau. Gall ymadroddion fel 'yn ei lyfr/ei llyfr ... mae (ysgolhaig) yn dadlau bod ...', 'gwneir dadl ddiddorol i gefnogi hyn gan ... sy'n awgrymu bod ...', neu 'mae gwaith (ysgolhaig) wedi gwneud cyfraniad mawr i'r ddadl drwy dynnu sylw at ...' eich helpu. Fel arfer byddai cyfeiriad yn cynnwys troednodyn, ond mewn ateb ar gyfer traethawd Safon Uwch o dan amodau arholiad nid yw hyn yn ddisgwyliedig. Eto i gyd, mae gwybod am y llyfr y mae eich tystiolaeth yn cyfeirio ato yn ddefnyddiol (er nad yw bob amser yn angenrheidiol).

Cyn y gallwch chi benderfynu a oes gwyrth wedi digwydd, mae'n rhaid i chi wybod sut byddech chi'n adnabod gwyrth. Fel arfer mae theïstiaid yn troi at y diffiniadau sy'n golygu torri deddf natur. Fodd bynnag, nid yw'n amlwg sut byddech chi'n gwybod bod deddf natur wedi cael ei thorri. Sut mae modd gwahaniaethu rhwng digwyddiad anarferol mewn natur, deddf natur sy'n anghyflawn, a gwyrth? Yn yr un modd, mae troi at gyfrwng dwyfol, gan fod yr achos yn tybio bod yna fod dwyfol, yn tybio bodolaeth bod dwyfol. Byddai rhai'n dadlau bod hon yn ddadl gylchol sy'n troi at wyrthiau er mwyn profi bodolaeth Duw.

Mewn ymateb, mae rhai theïstiaid yn dadlau bod digwyddiadau fel atgyfodiad Iesu mor anarferol mai achos dwyfol yw'r unig esboniad. Fodd bynnag, nid oes lle i gredu bod unrhyw ddigwyddiad hanesyddol yn weithred Duw.

Gall theïstiaid ymateb drwy ddadlau bod rhesymau eraill dros gredu bod yna Dduw. Gall eraill ddadlau bod y theïst a'r naturiolwr yn dadlau o safbwynt ffydd. Nid yw'r naill ochr yn gallu anwirio'r llall. Os yw'r **naturiolwyr** yn cytuno eu bod yn arddel safbwynt ffydd yna, a bod yn deg, mae'n rhaid iddyn nhw ganiatáu'r un cyfle i amryw fyd-olwg arall.

Dyfyniadau allweddol

Mae'n rhaid i broblem 'gwyrthiau' ... gael ei datrys ym maes ymchwiliad hanesyddol, nid ym maes tybiaeth athronyddol. **(Montgomery)**

Yr ods o gael llaw berffaith mewn bridge yw 1 mewn 1,635,013,559,600. Ond fe ddigwyddodd – yn naturiol! Yr un peth yw'r ddadl o ods i Dduw â dweud y gall ychwanegu mwy o seros at ddiwedd cymhareb tebygolrwydd drawsnewid digwyddiad anarferol yn wyrth. **(Geisler)**

Os dim ond rhagarwydd yw gwyrth [sydd] ddim yn groes i natur, ond sy'n groes i'n gwybodaeth am natur, nid oes ganddo wir werth apologetig. **(Flew)**

Ar ôl i chi orffen y dasg, ceisiwch ddod o hyd i gyfeiriad arall y gallech ei ddefnyddio ac ymestyn eich gwerthusiad ymhellach.

C: Safbwyntiau cyferbyniol ar bosibilrwydd bodolaeth gwyrthiau: David Hume a Richard Swinburne

Ysgrif David Hume a'i amheuaeth ynglŷn â gwyrthiau

Mae ysgrif David Hume ar wyrthiau, pennod 10 yn ei lyfr *Enquiry Concerning Human Understanding* (1777), yn llai nag 20 tudalen o hyd, ond er hynny mae'n cael ei ystyried yn gyfraniad pwysig i'r drafodaeth am wyrthiau. Ysgrifennodd e'r ysgrif i argyhoeddi pobl na allai troi at wyrthiau ddangos gwirionedd Cristnogaeth na chrefydd yn gyffredinol. Mae'r ysgrif mewn dwy ran. Mae Rhan 1 yn ceisio dangos ar sail athronyddol bod y dystiolaeth yn erbyn gwyrth honedig yn digwydd yn llawer cryfach na'r dystiolaeth o blaid y digwyddiad. Mae Rhan 2 yn ceisio dangos er, mewn egwyddor y gallai'r dystiolaeth o blaid fod yn gryfach na'r dystiolaeth yn erbyn, yn ymarferol nad yw hyn byth yn digwydd.

Empirydd oedd Hume ac felly roedd yn credu bod yn rhaid i bob cwestiwn am wirionedd fod yn seiliedig ar brofiad. Roedd yr agwedd hon felly yn gofyn am asesu tystiolaeth. Teimlai fod hyn yn arbennig o bwysig i unrhyw ymchwiliad hanesyddol gan fod person doeth yn cymhwyso ei gred yn ôl y dystiolaeth. Er enghraifft, os honnir i ddigwyddiad penodol ddigwydd, yna bydd ymchwilydd yn pwyso'r dystiolaeth o blaid bod y digwyddiad wedi digwydd yn erbyn y dystiolaeth na ddigwyddodd. Bydd rhan o'r dystiolaeth honno yn cynnwys tystiolaeth tystion a'n profiad ni o beth sy'n digwydd fel arfer.

Hume a'i heriau i gred yn seiliedig ar dystiolaeth

O ystyried bod person doeth yn 'cymhwyso' eu cred yn ôl y dystiolaeth, bu Hume yn archwilio'r dystiolaeth dros wyrthiau. Daeth i'r casgliad:

- Lle mae'r dystiolaeth wedi bod yn gyson yna mae hyn yn golygu prawf llwyr.
- Lle mae wedi bod yn amrywiol yna mae'n rhaid pwyso tebygolrwydd cymesur bod y profiad wedi digwydd yn erbyn y tebygolrwydd nad oedd wedi digwydd.
- Lle mae'r gred yn ymwneud â gwyrthiau yna roedd anhawster yn codi. Dyma oherwydd bod gwyrth (yn ôl Hume) yn rhywbeth sy'n torri deddfau natur, deddfau sydd wedi cael eu sefydlu gan brofiad cadarn a digyfnewid. Mewn geiriau eraill, mae'n rhaid bod profiad unffurf yn ymwneud â digwyddiad o'r fath er mwyn i'r digwyddiad gael ei adnabod fel gwyrth. Mewn achos o'r fath, ni fyddai hyd yn oed y dystiolaeth fwyaf sylweddol yn gwneud mwy na chydbwyso annhebygolrwydd y wyrth. Daw Hume i'r casgliad mai dim ond tystiolaeth sydd mor gryf y byddai ei anwiredd ei hun yn fwy gwyrthiol na'r wyrth honedig fyddai'n ei berswadio bod gwyrth wedi digwydd.

Nid yw'n ymddangos bod Hume yn gwadu'r posibilrwydd o wyrthiau fel y cyfryw ond mae'n archwilio cydbwysedd tebygolrwydd. Beth sy'n fwy tebygol: bod gwyrth wedi digwydd neu fod tyst naill ai'n dweud celwydd neu wedi camgymryd? Digwyddiadau eithriadol yw gwyrthiau drwy ddiffiniad, ond mae pobl yn dweud celwydd neu'n camgymryd yn bethau cyffredin. Felly, mae'n ymddangos bod y tebygolrwydd yn erbyn bod y wyrth yn digwydd. Fodd bynnag, mae Hume yn archwilio'r meini prawf ar gyfer profi ei bod fwy neu lai'n amhosibl bod y tystion yn dweud celwydd neu wedi camgymryd. Mae'n ystyried ansawdd y dystiolaeth y byddai ei hangen i orbwyso'n profiad ni heddiw o reoleidd-dra natur.

Th2 Profiad crefyddol

Mae'r adran hon yn cwmpasu cynnwys a sgiliau AA1

Cynnwys y fanyleb
David Hume – ei amheuon ynglŷn â gwyrthiau gan gynnwys ei heriau i gred yn seiliedig ar dystiolaeth.

Term allweddol
Empirydd: rhywun sy'n credu bod pob gwybodaeth yn seiliedig ar brofiad drwy'r synhwyrau

Bedd a chofgolofn David Hume, Caeredin

cwestiwn cyflym

2.18 Yn ôl Hume, beth fyddai'n ei argyhoeddi bod gwyrth wedi digwydd?

CBAC Astudiaethau Crefyddol U2
Athroniaeth Crefydd

Cynnwys y fanyleb

Heriau yn seiliedig ar hygrededd tystion; pobl sydd â thuedd i gredu.

Dyfyniadau allweddol

Nid oes i'w weld yn holl hanes, unrhyw wyrth a gafodd ei thystio gan nifer digonol o ddynion, o synnwyr da diamheuol, addysg a dysg … (Hume)

Os yw ysbryd crefydd yn uno â hoffter o'r rhyfeddol, dyna ddiwedd synnwyr cyffredin; ac mae tystiolaeth pobl, yn yr amgylchiadau hyn yn colli pob honiad o awdurdod. (Hume)

… os yw pobl wareiddiedig erioed wedi cyfaddef i unrhyw un ohonynt [gwyrthiau], fe welir bod y bobl hynny wedi eu derbyn oddi wrth gyndeidiau anwybodus a barbaraidd …. (Hume)

cwestiwn cyflym

2.19 Rhowch dri rheswm a roddodd Hume dros amau gwyrthiau oedd yn ymwneud â hygrededd tystion a thuedd pobl i gredu.

Cynnwys y fanyleb

Heriau yn seiliedig ar honiadau ffydd sy'n tueddu i wrth-ddweud ei gilydd.

Dyfyniad allweddol

Nid yw'r ddadl hon … mewn gwirionedd yn wahanol i resymu barnwr sy'n tybio bod coel dau dyst, sy'n honni trosedd yn erbyn unrhyw un, yn cael ei dinistrio gan dystiolaeth dau arall sy'n cadarnhau iddo fod 200 lîg i ffwrdd, ar yr un eiliad ag y dywedir i'r drosedd gael ei chyflawni. (Hume)

cwestiwn cyflym

2.20 Rhowch y rheswm a roddodd Hume dros amau gwyrthiau oedd yn ymwneud â honiadau ffydd.

Heriau yn seiliedig ar hygrededd tystion a phobl sydd â thuedd i gredu

Yn Rhan 2 o'i ysgrif, mae Hume yn ceisio dangos nad yw'n bosibl byth cael ansawdd y dystiolaeth angenrheidiol i sefydlu bod gwyrth wedi digwydd, ac felly nid yw'n bosibl dangos bod gwyrthiau wedi digwydd. Tynnodd sylw at bedwar rheswm yn erbyn gwyrthiau, tri ohonynt yn ymwneud â hygrededd tystion a phobl sydd â thuedd i gredu.

1. Nid oes gan yr un wyrth nifer digonol o dystion. Beth mae ei angen yw swm o dystion dysgedig, dibynadwy i ddigwyddiad cyhoeddus mewn 'rhan enwog o'r byd'. Byddai'n rhaid iddyn nhw fod 'o synnwyr da diamheuol er mwyn ein diogelu yn erbyn pob camddychymyg ynddynt eu hunain'. Yn arbennig, byddai'n rhaid bod gan y tystion lawer i'w golli pe bai pobl yn canfod eu bod yn dweud celwydd. Yn ôl Hume, ni chafwyd tystion o'r fath i wyrth drwy hanes i gyd.

2. Mae pobl yn dueddol o chwilio am ryfeddodau a phethau syfrdanol. Mae'r angerdd a'r syndod sy'n codi o wyrthiau, sef emosiynau pleserus, yn tueddu i arwain pobl i gredu'r digwyddiadau hynny. Mae Hume yn honni efallai bod crefyddwr yn gwybod bod y wyrth yn ffug, ond yn 'dyfalbarhau ynddi, gyda'r bwriadau gorau yn y byd, er mwyn hyrwyddo achos mor sanctaidd'. Byddai iddyn nhw fudd ohoni ac roedden nhw'n dangos tuedd. Gall yr agweddau hyn yn hawdd egluro'r camddychmygu am wyrthiau.

3. Pobl anwybodus yw ffynonellau straeon am wyrthiau. Mae hyn yn cyfeirio'n rhannol efallai at werinwyr annysgedig Galilea, cyfeiriad posibl at efengylau'r Testament Newydd. Nododd Hume nad oedd dim yn cyfateb yn ei gyfnod ef oedd yn cymharu â'r gwyrthiau wedi'u cofnodi yn y Beibl. Felly, roedd yn canolbwyntio ar dystiolaeth y rheini yn y gorffennol pell. Roedd yr hanesion am wyrthiau yn magu awdurdod heb ymholiad beirniadol neu resymegol. Yn rhy aml dim ond wfftio'r gwiriondeb y mae'r dysgedig yn hytrach nag addysgu eu hunain ac eraill am y ffeithiau a allai gael eu defnyddio i'w wrthbrofi. Pe byddent wedi tarddu mewn 'dinas oedd yn adnabyddus am gelfyddyd a gwybodaeth', yn hytrach nag mewn rhyw wlad bellennig, mae Hume yn honni na fydden nhw wedi cael eu credu.

Heriau yn seiliedig ar honiadau ffydd sy'n tueddu i wrth-ddweud ei gilydd

Mae rheswm terfynol Hume yn erbyn gwyrthiau yn ymwneud â'i ddadl am draddodiadau crefyddol yn gwrth-ddweud ei gilydd. Mae hyn yn wahanol i'r rhai am dystiolaeth a phobl sydd â thuedd i gredu. Nid yw annibynadwyedd yma yn deillio o'r tystion ond yn hytrach o'r ffaith bod y dystiolaeth yn cael ei gwrth-ddweud gan dystion eraill. Os yw gwyrth Islamaidd yn cefnogi Islam ac felly'n tanseilio Cristnogaeth fel gwir grefydd yna, yn yr un modd, bydd unrhyw honiad o wyrth Gristnogol yn tanseilio Islam hefyd. Felly, mae tystiolaeth o blaid y naill yn dystiolaeth yn erbyn y llall ac fel arall. Defnyddir pob gwyrth dybiedig i sefydlu'r traddodiad penodol hwnnw ac felly mae'n ymgais anuniongyrchol i ddinistrio enw da crefyddau eraill. Mae gwyrthiau felly yn canslo eu hunain fel tystion i wirionedd system grefyddol.

Casgliadau Hume

Yn Rhan 1 o'i ysgrif daw Hume i'r casgliad 'nad oes unrhyw dystiolaeth yn ddigonol i brofi gwyrth, oni bai bod y dystiolaeth o'r fath fel y byddai ei hanwiredd yn fwy gwyrthiol na'r ffaith y mae'n ceisio ei phrofi.' Yn Rhan 2, daw Hume i'r casgliad ei bod yn fwy rhesymegol amau'r dystiolaeth am wyrth na chredu bod deddf natur wedi cael ei thorri. Y rheswm yw bod torri'r gwirionedd yn fwy cyffredin yn y dystiolaeth sy'n gysylltiedig â gwyrthiau crefyddol. O ganlyniad, ni all tystiolaeth fel hyn fod yn drech na'n profiad ni o reoleidd-dra deddfau natur.

Felly, ni fydd unrhyw dystiolaeth yn ddigonol i brofi gwyrth. Mae hyn yn golygu hefyd na all unrhyw wyrth fod yn sylfaen gyfiawn i grefydd.

Mae llawer o ysgolheigion yn dadlau bod Hume yn cyflwyno dadl *a priori* yn Rhan 1 o'i draethawd, a dadl *a posteriori* yn Rhan 2. Mae ysgolheigion eraill yn dadlau a allai empirydd ddefnyddio dadl *a priori*, o ystyried bod empirwyr yn dadlau bod gwybodaeth yn deillio o brofiad. Mae'r holl fater yn dibynnu ar y defnydd o'r gair 'dadl' sy'n cael ei ddefnyddio'n anghywir weithiau yn lle'r gair 'rhesymu'. Dylid nodi bod dadl ddiddwythol yn wahanol i ddadl sydd ag elfennau o resymu diddwythol. Nid yw dadleuon sy'n cynnwys elfennau o resymu diddwythol o reidrwydd yn ddiddwythol.

Awgrym astudio
Gan mai dim ond 20 tudalen yw ysgrif Hume, efallai bydd modd i chi ei darllen eich hun i ehangu'ch darllen. www.davidhume.org/texts/ehu.html

Gweithgaredd AA1
Dychmygwch fod ffrind yn dod i ddisgrifio profiad gwyrthiol i chi. Gan ddefnyddio egwyddorion Hume wrth ddadansoddi gwyrthiau, meddyliwch am bum rheswm i roi i'ch ffrind pam nad yw gwyrthiau'n digwydd er mwyn ei helpu i sylweddoli pam efallai mae wedi camgymryd.

Diffiniadau Swinburne o ddeddfau naturiol

Mae'n ymddangos bod Hume yn gwrthod y posibilrwydd o gred resymegol mewn gwyrthiau, ond mae Swinburne yn dadlau y gall fod tystiolaeth bod deddf natur wedi cael ei thorri ac felly mae'n derbyn bod cred resymegol mewn gwyrthiau yn bosibl. Mae ei brif waith ar wyrthiau i'w weld yn ei lyfr *The Concept of Miracle* (1970).

Fel y trafodwyd ynghynt, roedd Swinburne yn derbyn sail diffiniad Hume o wyrth ond, yn hytrach na thorri deddfau natur, roedd Swinburne yn defnyddio'r ymadrodd 'gwrth-achos i ddeddf natur sy'n an-ailadroddadwy'. Mae'n osgoi'r gair 'torri' gan ei fod yn meddwl ei fod yn awgrymu cydweddiad rhy agos rhwng deddfau natur a deddfau sifil neu foesol.

Adnabod gwrth-achos i ddeddf natur sy'n an-ailadroddadwy
Mae Swinburne yn nodi tri arsylwad angenrheidiol y byddai'n rhaid iddynt gael eu cyflawni gan wrth-achos i ddeddf natur sy'n an-ailadroddadwy:

1. Os oes gennym reswm da dros gredu bod digwyddiad E wedi digwydd yn groes i ragfynegiadau L (ddeddf natur yn ein tyb ni), ac mae gennym reswm da dros gredu na fyddai digwyddiadau tebyg i E yn digwydd eto mewn amgylchiadau tebyg, yna mae pob rheswm i gredu bod L yn wir yn ddeddf natur.

2. Pe bydden ni'n ceisio addasu deddf natur i geisio rhagweld digwyddiad E, yna byddai'n rhaid bod y ddeddf natur a newidiwyd yn rhoi rhagfynegiadau anghywir mewn amgylchiadau eraill.

3. Os ydyn ni'n gadael deddf natur heb ei newid mae gennym reswm da dros gredu y bydd y ddeddf nas newidiwyd yn rhoi rhagfynegiadau cywir ym mhob amgylchiad tebygol arall.

A ellir credu bod gwrth-achos an-ailadroddadwy wedi digwydd?
Mae Swinburne wedyn yn gofyn y cwestiwn beth fyddai'n rheswm da dros gredu bod digwyddiad E, os digwyddodd, yn wrth-achos an-ailadroddadwy yn hytrach nag ailadroddadwy i'r hyn roedden ni wedi ei dybio i fod yn ddeddf natur L. Mae hyn yn hollbwysig oherwydd os yw digwyddiad E mewn gwirionedd yn wrth-achos ailadroddadwy, yna y cyfan byddai angen i ni ei wneud byddai newid L i ffurfio gwir ddeddf natur a allai hefyd ragfynegi'r gwrth-achosion ailadroddadwy hyn.

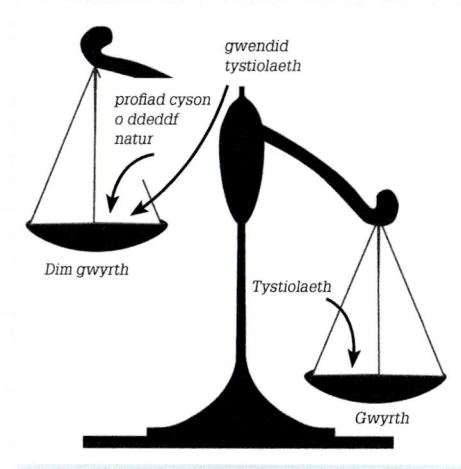

Th2 Profiad crefyddol

Y problemau sydd ynghlwm wrth gloriannu gwyrthiau

Cynnwys y fanyleb
Richard Swinburne – amddiffyn gwyrthiau, gan gynnwys ei ddiffiniadau o ddeddfau naturiol.

Dyfyniad allweddol
Mae gennym, i ryw raddau, dystiolaeth dda am beth yw deddfau natur, ac mae rhai ohonynt mor hirsefydlog ac yn cyfrif am gymaint o ddata fel y byddai unrhyw newid iddynt y gallem ei awgrymu er mwyn cyfrif am ambell wrth-achos mor lletchwith ac ad hoc fel y byddai'n tarfu ar holl strwythur gwyddoniaeth. (Swinburne)

CBAC Astudiaethau Crefyddol U2
Athroniaeth Crefydd

cwestiwn cyflym

2.21 Beth ddywedodd Flew am reswm Hume dros wrthod tystiolaeth hanesyddol gan dystion a ffafrio deddf natur heb gael ei thorri?

Termau allweddol

Sacrament: un o'r defodau Cristnogol yr ystyrir iddi gael ei chychwyn gan Grist er mwyn rhoi neu symboleiddio gras

Tabernacl: llestr siâp blwch i'w ddefnyddio'n unig ar gyfer cadw'r Ewcharist cysegredig

Traws-sylweddiad: yr athrawiaeth Gatholig sy'n dweud bod sylwedd cyfan y bara a'r gwin yn newid yn sylwedd corff a gwaed Crist yn yr Ewcharist

Cynnwys y fanyleb

Amddiffyniad Richard Swinburne o wyrthiau – gwrth-ddweud dadleuon Hume yn ymwneud â honiadau ffydd sy'n tueddu i wrth-ddweud ei gilydd.

Offeren Gatholig wrth i'r elfennau gael eu cysegru

Tabernacl yn cynnwys y sacrament ar gadw

Dywedodd yr athronydd Antony Flew mai'r rheswm mae Hume yn gwrthod tystiolaeth hanesyddol gan dystion, ac yn ffafrio deddf natur heb gael ei thorri, yw oherwydd bod y dystiolaeth hanesyddol yn aml yn cyfeirio at un digwyddiad yn y gorffennol nad oes modd mwyach ei archwilio'n uniongyrchol. Mewn cyferbyniad, gall y ddeddf natur dybiedig gael ei rhoi ar brawf ar unrhyw adeg gan unrhyw un.

Fodd bynnag, mae Swinburne yn dweud mai dim ond cefnogaeth gyfyngedig mae tystiolaeth hanesyddol a gwyddonol yn ei rhoi i unrhyw honiad. Hefyd, gall y ddau gael eu profi ar unrhyw adeg gan unrhyw un. Nid tystiolaeth ysgrifenedig neu lafar yn unig yw'r dystiolaeth hanesyddol. Mae'n ymwneud hefyd â chymeriad, meddwl a gallu'r tyston gwreiddiol; olion ffisegol o'r digwyddiad; yr effeithiau presennol sy'n deillio o'r digwyddiad. Mae'n dod i'r casgliad bod 'y gŵr doeth yn yr amgylchiadau hyn yn siŵr o ddweud bod ganddo reswm da dros gredu bod E wedi digwydd, ond hefyd bod L yn wir ddeddf natur ac felly bod E yn ei thorri'.

Fel mae Swinburne yn ei ddweud, 'Mater arall, wrth gwrs, yw a oes tystiolaeth o'r fath.'

Gwrth-achos an-ailadroddadwy yn cael ei adnabod fel gwyrth

Er mwyn i wrth-achos i ddeddf natur sy'n an-ailadroddadwy gael ei adnabod fel gwyrth, mae'n rhaid iddo gael ei achosi gan dduw. Byddai dod i'r casgliad iddo ddigwydd drwy gyfrwng rhesymegol yn rhoi math arall o esboniad. Os oes tystiolaeth arall dros fodolaeth Duw, yna os y math o beth sy'n gyson â chymeriad duw ac sydd fel arall heb ei esbonio yw digwyddiad E, wedyn mae Swinburne yn dadlau ei bod yn rhesymol credu bod Duw wedi achosi'r digwyddiad. Yn arbennig mae'n rhesymu os ceir digwyddiadau sydd fel arfer yn digwydd drwy fwriadau bodau dynol ond fe'u ceir heb fodau dynol, yna byddai cyfiawnhad dros honni i fod anfaterol ei achosi, h.y. duw.

Gwrth-ddweud dadleuon Hume yn ymwneud â honiadau ffydd sy'n tueddu i wrth-ddweud ei gilydd.

Dywedodd Hume fod gwyrthiau mewn gwahanol draddodiadau crefyddol yn gwrth-ddweud ei gilydd ac yn canslo eu hunain allan. Os yw gwyrthiau'n cael eu defnyddio fel tystiolaeth dros wirionedd crefydd, yna byddai gwyrthiau mewn traddodiad crefyddol arall yn dinistrio tystiolaeth y grefydd honno ac fel arall.

Mae Swinburne yn ymateb drwy ddweud y byddai dadl Hume yn ddilys dim ond pe bai'r ddwy wyrth yn groes i'w gilydd ac yn anghydnaws. Mae Swinburne yn honni nad yw'r rhan fwyaf o wyrthiau honedig yn arwain at groestynnu. Mae'n rhoi enghraifft ddychmygol o ddwy wyrth fyddai'n darlunio honiad croes:

1. Gallai offeiriad Catholig taer fod yn gweddïo am wyrth i ddangos gwirionedd athrawiaeth **traws-sylweddiad** wrth i'r **tabernacl** sy'n cynnwys y **Sacrament** godi i'r awyr.
2. Gallai gweinidog Protestannaidd taer fod yn gweddïo am wyrth i ddangos bod athrawiaeth traws-sylweddiad yn eilunaddolgar. Yna mae mellten yn taro o awyr digwmwl ac yn dinistrio'r tabernacl.

Mae'r rhain yn wyrthiau croes i'w gilydd sy'n ymwneud ag athrawiaeth ac mae Swinburne yn nodi nad o'r math hwn y mae gwyrthiau crefyddol.

Ni fydd gwyrth yng nghyd-destun Hindŵaeth nac un yng nghyd-destun Islam fel arfer yn dangos bod manylion penodol eu crefyddau eu hunain yn wir. Dim ond dangos pŵer Duw neu dduwiau a'u gofal am anghenion eu pobl y byddai'r rhan fwyaf ohonynt, pe baent yn digwydd.

Penawdau papur newydd am ddelw o Shiva yn yfed llaeth

Gwrth-ddweud dadleuon Hume yn ymwneud â hygrededd tystion

Mae Swinburne yn derbyn dilysrwydd tair dadl Hume yn erbyn gwyrthiau sy'n ymwneud â hygrededd tystion. Fodd bynnag, mae'n nodi bod y safonau tystiolaeth mae Hume yn eu gosod yn uchel iawn, gan holi beth yn union sy'n gwneud nifer digonol o dystion. Mae un o'r gwyrthiau honedig yn ysgrif Hume yn ymwneud â Beddrod Abbé Paris.

Yn achos Beddrod Abbé Paris, mae Hume yn ystyried bod hygrededd y tystion o ran nifer, unplygrwydd ac addysg yn amherthnasol er ei fod o ansawdd eithriadol. Mae Hume yn ystyried natur wyrthiol y digwyddiad yn ddigon i'w gwrthod.

Roedd ail bwynt Hume yn erbyn gwyrthiau yn ymwneud â hoffter pobl o glebran a'r fath duedd sydd gan rai pobl eu bod yn rhoi stori ar led am wyrth hyd yn oed os ydyn nhw'n gwybod nad yw'n wir. Eto, nid yw Swinburne yn gwadu bod hynny'n digwydd ond mae'n nodi bod pobl eraill sy'n onest dros ben a dim ond ymchwiliad hanesyddol fydd yn dangos ym mha grŵp y mae'r tystion honedig i unrhyw wyrth. Mewn cyferbyniad, mae Hume fel pe bai'n cymryd bod credinwyr i gyd yn dwyllwyr neu wedi cael eu twyllo.

Mae trydydd pwynt Hume yn erbyn gwyrthiau yn canolbwyntio ar darddiad gwyrthiau, sef eu bod nhw'n dod o genhedloedd anwybodus a barbaraidd. Mae Swinburne yn nodi bod Hume fel pe bai'n nodi mai cenedl anwybodus yw un sy'n credu y gall gwyrthiau ddigwydd. Nid oes cyfiawnhad dros wneud cysylltiad o'r fath.

Mae Swinburne yn rhestru tair egwyddor ar gyfer pwyso a mesur tystiolaeth groes, ar wahân i'r egwyddor fwyaf sylfaenol o dderbyn cynifer o ddarnau o dystiolaeth ag y bo modd:

1. Dylid rhoi pwysau gwahanol i dystiolaeth o fathau gwahanol. Er enghraifft, dylai'n cof ein hunain allu cyfrif am fwy na thystiolaeth tyst arall oni bai bod yr amgylchiadau'n awgrymu fel arall, e.e. Rwyf wedi meddwi.
2. Dylid rhoi pwysau gwahanol i dystiolaeth o fathau gwahanol yn unol ag unrhyw dystiolaeth empirig a all fod ar gael am eu dibynadwyedd amrywiol. Er enghraifft, gallwn bwyso'r gwahanol dystiolaethau croes i'w gilydd drwy edrych ar ba mor ddibynnol y bu'r tystiolaethau blaenorol gan y tystion hyn.
3. Dylid rhoi mwy o bwysau i dystiolaeth luosog debyg gan dyston gwahanol o'i chymharu â thystiolaeth groes gan nifer llai o dystion, oni bai bod tystiolaeth gref o anwiredd. Er enghraifft, os yw pump o bobl i gyd yn honni'r un peth yna mae hynny'n argyhoeddi'n fwy nag un person yn dweud rhywbeth croes, oni bai ein bod ni'n gallu esbonio pam dywedodd y pum person yr un peth, e.e. roedden nhw wedi cynllwynio â'i gilydd i roi camdystiolaeth.

Roedd Swinburne yn dadlau bod yr egwyddorion hyn ar gyfer asesu tystiolaeth groes yn berthnasol o ran pwyso a mesur y dystiolaeth dros wyrthiau.

Awgrym astudio

Mae llawer o dermau allweddol ac ysgolheigion gwahanol mewn astudiaethau crefyddol. Gwnewch yn siŵr eich bod yn gwybod beth yw ystyr pob term a beth mae pob ysgolhaig yn ei ddadlau. Ceisiwch osgoi dryswch drwy lunio'ch rhestr dermau eich hun neu gardiau fflach wrth i chi fynd yn eich blaen.

Gweithgaredd AA1

Rhowch gynnig ar ysgrifennu sgwrs rhwng Hume a Swinburne am wyrthiau. Gall y ddau ysgolhaig ddweud un peth yn eu tro, ac yna ewch yn ôl at y cyntaf ar gyfer yr ail bwynt, etc. Ceisiwch feddwl am gwestiynau y byddai'r naill yn gofyn i'r llall. Bydd hyn yn eich helpu i gadarnhau pwy ddywedodd beth a'r gwrthwynebiadau a all fod ganddynt tuag at ddiffiniadau eraill.

Th2 Profiad crefyddol

Cynnwys y fanyleb
Amddiffyniad Richard Swinburne o wyrthiau – gwrth-ddweud dadleuon Hume yn ymwneud â hygrededd tystion.

cwestiwn cyplym

2.22 Pam roedd Hume yn gwrthod cred yn y gwyrthiau wrth Feddrod Abbé Paris?

Dyfyniad allweddol

A beth sydd gennym i wrthwynebu cwmwl mor fawr o dyston, ond amhosibilrwydd llwyr neu natur wyrthiol y digwyddiadau, y maen nhw'n eu hadrodd? A bydd hyn, mae'n rhaid, yn llygaid pob person rhesymol, yn ddigon i gael ei ystyried yn wrthbrawf digonol. (Hume)

Gwyrthiau wrth Feddrod Abbé Paris

cwestiwn cyplym

2.23 Nodwch un o egwyddorion Swinburne ar gyfer pwyso tystiolaeth groes.

Sgiliau allweddol

Mae gwybodaeth yn ymwneud â:

Dewis ystod o wybodaeth (drylwyr) gywir a pherthnasol sydd â chysylltiad uniongyrchol â gofynion penodol y cwestiwn.

Mae hyn yn golygu:

- Dewis deunydd perthnasol i'r cwestiwn a osodwyd
- Canolbwyntio ar esbonio ac archwilio'r deunydd a ddewiswyd.

Mae dealltwriaeth yn ymwneud ag:

Esboniad helaeth, gan ddangos dyfnder a/neu ehangder gyda defnydd rhagorol o dystiolaeth ac enghreifftiau gan gynnwys (lle y bo'n briodol) defnydd trylwyr a chywir o destunau cysegredig, ffynonellau doethineb a geirfa arbenigol.

Mae hyn yn golygu:

- Defnydd effeithiol o enghreifftiau a thystiolaeth gefnogol i sefydlu ansawdd eich dealltwriaeth
- Perchenogaeth o'ch esboniad sy'n mynegi gwybodaeth a dealltwriaeth bersonol, NID eich bod yn ailadrodd darn o destun o lyfr rydych wedi ei baratoi a'i gofio.

Datblygu sgiliau AA1

Nawr mae'n bwysig ystyried y wybodaeth sydd wedi'i chyflwyno yn yr adran hon; fodd bynnag, mae'r wybodaeth fel y mae yn llawer rhy helaeth ac felly mae'n rhaid ei phrosesu er mwyn bodloni gofynion yr arholiad. Gallwch wneud hyn drwy ymarfer y sgiliau uwch sy'n gysylltiedig ag AA1. Ar gyfer Amcan Asesu 1 (AA1), sy'n cynnwys dangos sgiliau 'gwybodaeth' a 'dealltwriaeth', rydyn ni am ganolbwyntio ar ffyrdd gwahanol o ddangos y sgiliau yn effeithiol, gan gyfeirio hefyd at sut bydd eich perfformiad ym mhob un o'r sgiliau hyn yn cael ei fesur (gweler disgrifyddion band cyffredinol AA1 ar gyfer U2).

▶ **Dyma eich tasg olaf yn y thema hon:** Isod mae **crynodeb o her Hume i wyrthiau yn seiliedig ar y ffaith bod honiadau ffydd yn tueddu i wrth-ddweud ei gilydd.** Rydych chi eisiau defnyddio hyn mewn traethawd ond nid yw wedi'i ddatblygu fel y mae ac nid oes dyfyniadau na chyfeiriadau ynddo o gwbl. Y tro hwn mae'n rhaid i chi ddod o hyd i'ch dyfyniadau eich hun (tua 3) a defnyddio'ch cyfeiriadau eich hun (tua 3) i ddatblygu'r ateb. Weithiau gall dyfyniad ddilyn o gyfeiriad ond gallan nhw hefyd gael eu defnyddio ar eu pennau eu hunain fel pwyntiau ar wahân.

Un o resymau Hume yn erbyn gwyrthiau yw ei ddadl am y ffaith bod traddodiadau crefyddol yn gwrth-ddweud ei gilydd. Mae hyn yn wahanol i'r rhai am dystiolaeth a phobl sydd â thuedd i gredu. Nid bod y tystion yn anghywir ond bod yr honiadau am wyrthiau mewn un grefydd yn gwrth-ddweud yr honiadau am wyrthiau mewn crefyddau eraill. Dyma'n union sut mae barnwr yn rhesymu. Mae dau dyst yn honni iddyn nhw weld trosedd yn digwydd ac felly byddai'n dystiolaeth dda yn erbyn yr un dan amheuaeth. Ond maen nhw'n cael eu dinistrio gan dystiolaeth dau dyst arall sy'n rhoi tystiolaeth bod yr un dan amheuaeth 200 milltir i ffwrdd adeg cyflawni'r drosedd, ac felly ni allai fod yn euog.

Mewn modd tebyg mae gwerth apologetig gwyrth honedig mewn Cristnogaeth yn cael ei ddinistrio gan wyrth honedig mewn Islam.

Canlyniad hyn fydd ateb eithaf hir a gallech ei wirio yn erbyn y disgrifyddion band ar gyfer U2; edrychwch yn benodol ar y gofynion sydd wedi'u disgrifio yn y disgrifyddion band uwch y dylech chi fod yn anelu atyn nhw. Gofynnwch i chi'ch hun:

- A yw fy ngwaith yn dangos gwybodaeth a dealltwriaeth drylwyr, gywir a pherthnasol o grefydd a chred?
- A yw fy ngwaith yn dangos cydlyniad (cysondeb neu synnwyr rhesymegol), eglurder a threfn o safon ragorol?
- A fydd fy ngwaith, ar ôl ei ddatblygu, yn ateb helaeth a pherthnasol sy'n bodloni gofynion penodol y dasg?
- A yw fy ngwaith yn dangos dyfnder a/neu ehangder sylweddol ac yn gwneud defnydd rhagorol o dystiolaeth ac enghreifftiau?
- Os yw'n briodol i'r dasg, a yw fy ateb yn cynnwys cyfeiriadau trylwyr a chywir at destunau cysegredig a ffynonellau doethineb?
- A ellir gwneud unrhyw gysylltiadau treiddgar ag elfennau eraill o fy nghwrs?
- A fydd fy ateb, ar ôl ei ddatblygu a'i ehangu i gyfateb i'r hyn sy'n ddisgwyliedig mewn ateb arholiad, yn cynnwys ystod eang o safbwyntiau ysgolheigion/ysgolion o feddwl?
- A yw'r defnydd o iaith a geirfa arbenigol yn drylwyr a chywir, pan geir enghreifftiau o hynny?

Materion i'w dadansoddi a'u gwerthuso

Effeithiolrwydd yr heriau i gredu mewn gwyrthiau

Os yw gwyrthiau'n cael eu deall yn yr ystyr 'gwyrthiau amodoldeb' yna byddai llawer yn dadlau nad oes problem mewn credu bod pethau o'r fath yn digwydd. Digwyddiadau naturiol ydyn nhw sy'n gyd-ddigwyddiadau anhygoel. Byddai'r thëist yn gweld Duw yn gweithio drwy ddigwyddiadau naturiol, ond ni fyddai'r naturiolwyr yn dehongli'r digwyddiadau fel rhywbeth yn ymwneud â chyfrwng dwyfol. Fodd bynnag, mae'r dehongliad naturiolaethol yn agored i'r cyhuddiad mai dim ond digwyddiadau ar hap ydyn nhw, gan nad oes rheswm i gredu fel arall oni bai bod gan y person gred flaenorol yn Nuw. Os hap a damwain yw'r digwyddiadau nid oes rheswm i feddwl bod gan y digwyddiadau unrhyw arwyddocâd.

Mae'r prif heriau i gredu mewn gwyrthiau wedi dod o'r ddealltwriaeth fwy traddodiadol o wyrthiau sef bod dwyfol yn torri deddf natur am bwrpas. Un ddadl bosibl fyddai herio'r safbwynt mai cyfrwng dwyfol yw achos angenrheidiol y digwyddiad. Mae honni bod yn rhaid ei briodoli i gyfryngau goruwchnaturiol yn dweud rhywbeth na allai neb gael yr hawl i'w honni ar dystiolaeth y digwyddiad yn unig. Mae cynnig esboniad yn wahanol iawn i roi tystiolaeth o ddigwyddiad anesboniadwy. Ni waeth pa mor rhyfedd y mae digwyddiad sy'n cael ei ddisgrifio, ni all y datganiad bod yn rhaid mai gwaith cyfrwng goruwchnaturiol ydoedd fod yn rhan o'r disgrifiad hwnnw. Felly ni ddylid defnyddio'r term 'gwyrth' mewn achosion o'r fath.

Her arall fu'r broblem o allu gwybod a gafodd deddf natur ei thorri. Gallai fod mai anghyflawn oedd y ddeddf a bod yna ddeddf sy'n cynnwys yr amgylchiad a ddigwyddodd. Mae Swinburne wedi ceisio mynd i'r afael â'r broblem hon drwy aralleirio'r hyn y mae torri deddf natur yn ei olygu. Mae'n diffinio digwyddiad gwyrthiol fel digwyddiad sy'n wrth-achos i ddeddf natur sy'n an-ailadroddadwy. Pe bai'r ddeddf yn cael ei gadael heb ei newid yna mae gennym reswm da dros feddwl y byddai'n rhoi rhagfynegiadau da ym mhob amgylchiad tebygol arall. Yn yr ystyr hwn gallai fod yn ddilys honni bod deddf natur wedi cael ei thorri yn yr un enghraifft hon. Fodd bynnag, gallai llawer feddwl bod y broblem yn aros, sef dangos bod deddf natur wedi cael ei thorri. Y gwir yw bod y thëist a'r naturiolwr yn dadlau o safbwynt ffydd gan na all y naill safbwynt na'r llall gael ei anwirio'n bendant.

Roedd Hume yn dadlau ei bod yn afresymol credu mewn gwyrthiau. Yn ei farn ef, bydd hi bob amser yn fwy rhesymol credu nad oes deddf natur wedi cael ei thorri yn hytrach na chredu tystiolaeth bod deddf natur wedi cael ei thorri. Roedd gwendidau cynhenid mewn tystiolaeth pobl am wyrthiau ac felly roedd yn debygol o fod yn annibynadwy ac yn wannach na'n profiadau pob dydd o reoleidd-dra natur. Mae Swinburne wedi ymateb i her hygrededd tystion. Serch hynny, bydd byd-olwg person yn dylanwadu ar i ba raddau maen nhw'n argyhoeddi. Mae honiad Hume, sef nad oes gan yr un wyrth nifer digonol o dystion, wedi cael ei herio am fod yn rhy llym ac oherwydd byddai llawer o ddigwyddiadau hanes yn peidio â bodloni'r prawf. Honnodd Sant Paul fod yr Iesu atgyfodedig wedi cael ei weld gan o leiaf 500 o bobl a chafodd Angylion Mons eu gweld gan gannoedd o bobl. Fodd bynnag, nid yw'r rhan fwyaf o ddigwyddiadau mewn hanes yn honni eu bod yn cynnwys y goruwchnaturiol ac felly efallai nad yw'n afresymol gofyn am safon uwch o dystiolaeth dros wyrthiau honedig. Er enghraifft, mae'n bosibl bod yr hanesion am yr atgyfodiad wedi cael eu hysgrifennu ymhell ar ôl y digwyddiad honedig ac mae'n bosibl nad oedden nhw i fod i gael eu deall yn llythrennol. Hefyd cawsant eu hysgrifennu gan bobl oedd o bosibl â rhan ynddynt – pwynt y mae Hume yn tynnu sylw ato.

Yn ei ysgrif 'On Miracles', rhoddodd Hume ei hun enghraifft yr oedd nifer mawr o bobl ddibynadwy wedi bod yn dyst iddi – eto gwnaeth ef ddiystyru'r hanes fel un

---

Th2 Profiad crefyddol

Mae'r adran hon yn cwmpasu cynnwys a sgiliau AA2

Cynnwys y fanyleb
Effeithiolrwydd yr heriau i gredu mewn gwyrthiau.

Gweithgaredd AA2

Wrth i chi ddarllen drwy'r adran hon ceisiwch wneud y pethau canlynol:

1. Dewiswch y gwahanol ddadleuon sy'n cael eu cyflwyno yn y testun a nodwch unrhyw dystiolaeth gefnogol a roddir.

2. Ar gyfer pob dadl a gyflwynir, ceisiwch werthuso a yw'r ddadl yn un gryf neu wan yn eich barn chi.

3. Meddyliwch am unrhyw gwestiynau yr hoffech chi eu gofyn wrth ymateb i'r dadleuon.

Bydd y gweithgaredd hwn yn eich helpu chi i ddechrau meddwl yn feirniadol am yr hyn rydych chi'n ei ddarllen, ac yn eich helpu i werthuso effeithiolrwydd dadleuon gwahanol, gan ddatblygu eich sylwadau, a'ch barn a'ch safbwyntiau eich hun. Bydd hyn yn eich helpu wrth ddod i gasgliadau y byddwch yn eu gwneud yn eich atebion i'r cwestiynau AA2 sy'n codi.

annibynadwy ar y sail ei fod yn amhosibl. Mae hyn yn awgrymu bod Hume wedi penderfynu ei bod yn afresymol credu mewn gwyrthiau, beth bynnag yw'r dystiolaeth.

Dadl arall yw nad tystiolaeth pobl yw'r unig dystiolaeth o wyrthiau. Gellir gweld effeithiau ffisegol fel llaw ddiffrwyth wedi'i hiacháu ar belydr X.

Fodd bynnag, mae rhai theïstiaid yn gweld Duw fel cynhaliwr nid un sy'n ymyrryd ond nid yw Duw fel cynhaliwr yn gwadu'r posibilrwydd bod Duw yn ymyrryd hefyd. Byddai'n bosibl ystyried bod y safbwynt bod gwyrthiau'n torri deddf natur, yn gosod Duw yn rôl rhywun sy'n gwylio digwyddiadau. Duw sydd y tu allan i'r bydysawd ydyw ac sy'n arsylwi ar ddigwyddiadau. Weithiau mae'n dod i mewn i'n byd i newid digwyddiadau drwy atal deddfau naturiol. Gall credinwyr crefyddol ddadlau bod gweddïo'n cyd-fynd â safbwynt o'r fath, oherwydd wrth weddïo, mae credinwyr yn gofyn i Dduw ymyrryd. Mae rhai hefyd yn cyfuno cred bod gwyrthiau'n torri deddfau natur â chred mai drwy ddeddfau natur y mae Duw yn cynnal y bydysawd.

Agwedd arall sy'n herio cred yw bod gwyrthiau fel pe baent yn cyfyngu Duw mewn amser. Yn wir, mae'r syniad o Dduw sy'n ymyrryd yn groes i theïstiaeth glasurol lle mae Duw yn cael ei weld yn gynhaliwr a cheidwad y bydysawd ac mae'r byd yn dibynnu ar weithgaredd cynhaliol Duw er mwyn iddo fodoli. Mewn geiriau eraill, byddai'n rhaid i Dduw sy'n ymyrryd gael ei gyfyngu i ffrâm amser y digwyddiad er mwyn ymyrryd. Mae hyn yn anghydnaws â'r syniad bod Duw y tu allan i amser. Fodd bynnag, nid yw'n amlwg beth mae bod y tu mewn neu'r tu allan i amser yn ei olygu. Beth bynnag maen nhw'n ei olygu, nid yw'n amlwg pam na allai Duw fod y tu mewn a'r tu allan i amser.

Mae'r syniad mai gweithredoedd dibwys yw gwyrthiau ac felly'n cyflwyno Duw fel ffigwr anghenfil wedi cael ei herio gan ymdrechion amrywiol i ddarparu rhyw fath o theodiciaeth. Fodd bynnag, mae'n amheus i ba raddau y mae'r theodiciaethau'n llwyddo. Mae problem drygioni yn dal i fod yn broblem fawr i lawer o bobl. Os yw Duw yn gallu ymyrryd, yna pam nad yw'n mynd i'r afael â gwir broblemau'r byd yn fwy uniongyrchol drwy gyfrwng gwyrthiau? Dyma ran o broblem drygioni a dioddefaint. Mae Duw yn meddu ar y modd (pŵer) a'r cymhelliant (cariad, daioni) i gael gwared ar ddrygioni a dioddefaint. Eto mae yna ddrygioni a dioddefaint. Mae Duw'n ymddangos yn ddi-hid i'r dioddefaint sy'n parhau i fodoli yn y byd.

Yn wir, dadleuodd Maurice Wilkes, Athro diwinyddiaeth ym Mhrifysgol Rhydychen yn ddiweddar, nad yw Duw sy'n gweithredu mewn ffordd mor ddibwys yn Dduw sy'n haeddu cael ei addoli. Mae hyn yn awgrymu nad yw gwyrthiau'n digwydd os yw cred mewn Duw traddodiadol yn mynd i gael ei gynnal.

Her arall i'r gred mewn gwyrthiau oedd bod gwyrthiau'n gwrth-ddweud gwyddoniaeth ac mai troi at ddadl 'Duw'r bylchau' yw dod i'r casgliad bod digwyddiad yn cael ei achosi gan Dduw oherwydd ei fod yn torri deddf natur i bob golwg. Mae'n bosibl bod gan wyddoniaeth gwestiynau heb eu hateb – pethau nad ydynt wedi cael eu hesbonio hyd yma. Fodd bynnag, nid yw hynny'n cyfiawnhau credinwyr crefyddol sy'n dadlau os na all gwyddoniaeth esbonio sut digwyddodd rhywbeth, yna mae'n rhaid mai Duw yw'r esboniad. Y term am ddadleuon fel hyn yw dadleuon 'Duw'r bylchau'.

Fodd bynnag, nid yw gwyddoniaeth yn cael ei ddirymu os yw Duw yn ymyrryd ac yn torri deddfau natur o dro i dro. Nid yw'n golygu mwy nag y bydd rhagfynegiadau gwyddoniaeth sy'n seiliedig ar y deddfau hynny yn anghywir ar yr adegau hynny. Does dim endid o'r enw 'gwyddoniaeth' a all reoli'n awdurdodol p'un ai y gall gwyrthiau ddigwydd neu beidio. Mae gwyddoniaeth yn niwtral ac yn gyfyngedig.

Byddai'n bosibl dod i'r casgliad ei bod yn rhesymol credu i wyrth ddigwydd ac ar yr un pryd caniatáu'r posibilrwydd y gallai tystiolaeth godi'n ddiweddarach i ddangos i ni fod yn anghywir.

Efallai ei bod yn bosibl datrys y mater drwy edrych ar ein dealltwriaeth o ddeddfau natur. Os cyffredinoliadau yw deddfau natur a ffurfiwyd drwy edrych yn ôl er mwyn esbonio beth sydd wedi digwydd, yna ni all fod gwyrthiau. Oherwydd pryd bynnag bydd rhywbeth sydd y tu allan i'r deddfau naturiol sefydlog yn digwydd, byddai'n

---

Gweithgaredd AA2

Rhestrwch rai casgliadau y byddai'n bosibl dod iddynt ar sail y rhesymeg AA2 yn y testun uchod; ceisiwch gyflwyno o leiaf dri chasgliad gwahanol posibl. Ystyriwch bob un o'r casgliadau a chasglwch dystiolaeth gryno i gefnogi pob casgliad o'r deunydd AA1 ac AA2 ar gyfer y testun hwn. Dewiswch y casgliad sy'n argyhoeddi fwyaf yn eich barn chi ac esboniwch pam mae hyn yn wir. Ceisiwch gyferbynnu hyn â'r casgliad gwannaf ar y rhestr, gan gyfiawnhau eich dadl gyda rhesymu clir a thystiolaeth.

golygu dim mwy na bod yn rhaid i ni ehangu'r ddeddf i gynnwys yr achos newydd hwn. Yn y ddealltwriaeth hon, nid yw deddfau tybiedig natur yn cael eu torri ond mae'n well eu disgrifio fel deddfau anghyflawn sydd bellach yn gorfod cael eu haddasu i gynnwys y digwyddiad newydd. Fodd bynnag, mae hyn yn ein gadael ni o hyd gyda'r cysyniad o wyrth sy'n gweithio o fewn deddfau natur.

I ba raddau y gellir derbyn bod ymatebion Swinburne i Hume yn ddilys

Mae ymatebion Swinburne i Hume yn ymdrin â thri phrif faes. Mae'r cyntaf yn ymwneud ag union ddiffiniad Hume o wyrthiau. Mae Swinburne yn dehongli'r diffiniad fel yr ystyr 'meddal' yn hytrach na'r ystyr 'caled'. Mae llawer yn teimlo bod cyfiawnhad dros hyn, oherwydd os y dehongliad 'caled' oedd bwriad Hume, nid yw'n amlwg pam gwnaeth Hume wedyn ddadlau yn erbyn dibynadwyedd tystiolaeth. Mae eraill yn dadlau bod Hume yn golygu'r dehongliad 'caled' a'i fod yn gwneud yn glir bod 'profiad cadarn a digyfnewid [oedd] wedi sefydlu'r deddfau hyn' wedi digwydd. Yn wir, mae Hume yn cofnodi disgrifiadau o wyrthiau a gafodd eu gweld gan bobl o unplygrwydd diamheuol, eto roedd yn gwrthod credu tystiolaeth o'r fath ar sail 'amhosibilrwydd absoliwt neu natur wyrthiol y digwyddiadau y maen nhw'n perthyn iddynt'. Mae hyn yn awgrymu bod Hume yn gwrthod gwyrthiau beth bynnag yw'r dystiolaeth, er bod Hume yn empirydd ac felly dylai gael ei arwain gan y dystiolaeth.

Byddai'n bosibl dadlau nad yw gwyddoniaeth yn cael ei dirymu. Os yw Duw yn ymyrryd ac 'o dro i dro yn torri deddfau natur', yna mae wrth gwrs yn dilyn y bydd rhagfynegiadau gwyddoniaeth sy'n seiliedig ar y deddfau hynny yn anghywir 'o dro i dro'. Rhaid cydnabod bod gan fethodoleg wyddonol ei hun gyfyngiadau. Nid oes endid o'r enw 'gwyddoniaeth' sy'n gallu rheoli'n awdurdodol a all gwyrthiau ddigwydd neu beidio gan fod gwyddoniaeth yn niwtral. Yn wir, mae'n ddigon rhesymegol credu bod gwyrth wedi digwydd, ond ar yr un pryd derbyn y posibilrwydd y gallai tystiolaeth godi yn ddiweddarach i ddangos ein bod ni'n anghywir.

Mae'r aralleirio o 'torri deddf natur' gan Swinburne eto yn ymddangos yn ddefnyddiol. Mae'n ei gwneud yn glir bod nodi'r ffaith bod deddf natur wedi cael ei thorri yn gofyn bod yr eithriad i'r drefn naturiol yn rhywbeth dros dro a'i fod yn eithriad i gwrs arferol natur.

Fodd bynnag, ni fyddai hyn yn delio â safbwynt y naturiolwyr.

Mae llawer yn credu bod ychwanegiad Swinburne i'r diffiniad sy'n cynnwys 'pwrpas' yn bwysig. Mae hyn yn cyd-fynd â'r syniad o 'arwyddion' crefyddol yn hytrach na Duw sy'n gwneud dim mwy na 'dangos ei hun'.

Roedd yr ail faes lle ymatebodd Swinburne i Hume yn ymwneud â honiadau bod gwyrthiau mewn gwahanol draddodiadau crefyddol yn gwrth-ddweud ei gilydd ac felly'n canslo ei gilydd. Y rhesymeg yw os yw gwyrthiau'n cael eu defnyddio fel tystiolaeth o wirionedd crefydd, yna byddai gwyrthiau mewn traddodiad crefyddol arall yn dinistrio tystiolaeth y grefydd honno. Fodd bynnag, nid yw'n amlwg bod gwyrthiau yn arwain at wrthdaro mewn gwirionedd. Maen nhw'n tueddu i ddangos pŵer Duw neu dduwiau a'u gofal am anghenion pobl. Iddyn nhw fod yn groes i'w gilydd byddai angen i ddwy athrawiaeth wrthwynebol gael eu dilysu gan wyrth. Mae Swinburne yn honni nad yw hyn wedi digwydd. Ni fydd gwyrth yng nghyd-destun Hindŵaeth ac un yng nghyd-destun Islam ddim fel arfer yn dangos bod manylion penodol eu crefyddau eu hunain yn wir. Nid yw'r ffaith bod gwyrthiau'n digwydd mewn traddodiadau ffydd gwahanol yn groesddywediad. Fodd bynnag, mae llawer yn anghytuno â'r ddadl hon. Er enghraifft, mae atgyfodiad Iesu yn cael ei ddyfynnu'n aml fel prawf o Gristnogaeth a thrwy hynny'n awgrymu mai Cristnogaeth yw'r unig wir ffydd. Mewn ymateb, gall llawer o bobl ddadlau bod Duw yn ei ddatgelu ei hun mewn gwahanol ffyrdd i wahanol bobl a thrwy grefyddau gwahanol. Gall eraill herio dilysrwydd gwyrthiau honedig mewn crefyddau eraill neu hyd yn oed cymryd mai gwaith cyfryngau goruwchnaturiol eraill ydyn nhw.

Cynnwys y fanyleb

I ba raddau y gellir derbyn bod ymatebion Swinburne i Hume yn ddilys.

Gweithgaredd AA2

Wrth i chi ddarllen drwy'r adran hon ceisiwch wneud y pethau canlynol:

1. Dewiswch y gwahanol ddadleuon sy'n cael eu cyflwyno yn y testun a nodwch unrhyw dystiolaeth gefnogol a roddir.
2. Ar gyfer pob dadl a gyflwynir, ceisiwch werthuso a yw'r ddadl yn un gryf neu wan yn eich barn chi.
3. Meddyliwch am unrhyw gwestiynau yr hoffech chi eu gofyn wrth ymateb i'r dadleuon.

Bydd y gweithgaredd hwn yn eich helpu chi i ddechrau meddwl yn feirniadol am yr hyn rydych chi'n ei ddarllen, ac yn eich helpu i werthuso effeithiolrwydd dadleuon gwahanol, gan ddatblygu eich sylwadau, a'ch barn a'ch safbwyntiau eich hun. Bydd hyn yn eich helpu wrth ddod i gasgliadau y byddwch yn eu gwneud yn eich atebion i'r cwestiynau AA2 sy'n codi.

Mae trydydd maes Swinburne lle mae'n ymateb i Hume yn ymwneud â hygrededd tystion. Mae Hume yn nodi nifer o resymau yn cynnwys absenoldeb nifer digonol o dystion o safon. Byddai modd dadlau bod dadl Hume yn rhesymol gan fod yn rhaid i'r tystion fod yn gwbl ddibynadwy. Fodd bynnag, un gwendid yn y ddadl efallai yw nad yw'n amlwg faint o dystion mae eu hangen i fod yn 'ddigonol'. A yw cred yn seiliedig yn y pen draw ar nifer y tystion? Efallai fod natur y digwyddiad a'r graddau y mae'n cyd-fynd â natur Duw a'i bwrpasau yn fwy arwyddocaol na faint o dystion oedd i'r digwyddiad.

Mae Hume yn ysgrifennu fel pe bai credinwyr i gyd yn dwyllwyr neu wedi cael eu twyllo. Yn ei bennod ar wyrthiau yn ei lyfr *Enquiry concerning Human Understanding* cyfeiriodd at rai gwyrthiau a ddigwyddodd yn Ffrainc a hynny yn ystod ei fywyd ei hun yn ôl y sôn. Roedd Hume yn cydnabod bod y digwyddiadau wedi cael eu gweld gan bobl o unplygrwydd diamheuol. Fodd bynnag, roedd Hume yn gwrthod credu tystiolaeth o'r fath ar sail 'amhosibilrwydd absoliwt neu natur wyrthiol y digwyddiadau maen nhw'n perthyn iddynt'. Mae hyn yn awgrymu bod Hume yn gwrthod gwyrthiau ni waeth beth oedd y dystiolaeth. Fodd bynnag, fel emiprydd, dylai fynd yn ôl y dystiolaeth mae'n rhaid. Mae'n codi'r cwestiwn ehangach am i ba raddau y gall pwysau'r dystiolaeth ein perswadio i newid ein meddyliau.

Agwedd arall o'r dystiolaeth a gododd Hume yn erbyn gwyrthiau oedd yn ymwneud â hoffter pobl o glebran a'r duedd gan rai pobl sy'n rhoi straeon ar led am wyrthiau, yn enwedig os yw'r hanes yn cael ei ddefnyddio i brofi crefydd, hyd yn oed os ydyn nhw'n gwybod bod y gwyrthiau'n ffug. Roedd Hume yn honni hefyd bod gwyrthiau yn tarddu o genhedloedd anwybodus a barbaraidd oedd yn golygu bod straeon am wyrthiau yn magu awdurdod heb ymholiad beirniadol neu resymegol.

Yn sicr, mae'n ymddangos bod Swinburne yn gywir wrth dynnu sylw at y pwysoli gwahanol y dylid rhoi i'r tystion amrywiol. Er enghraifft, dylid rhoi mwy o bwysau i dystiolaeth luosog debyg gan dyston gwahanol o'i chymharu â thystiolaeth groes gan nifer llai o dystion, oni bai bod tystiolaeth gref o anwiredd, e.e. eu bod nhw wedi cynllwynio â'i gilydd i roi tystiolaeth ffug. Mae Hume fel pe bai'n awgrymu bod credinwyr i gyd yn dwyllwyr neu wedi cael eu twyllo. Serch hynny, rydyn ni'n gwybod bod hanesion yn gallu newid wrth iddyn nhw gael eu trosglwyddo o un person i'r llall. Dadleuwyd hefyd na all gwyrthiau fod yn agored i ymchwil hanesyddol gan fod y cyfrwng y priodolir y wyrth iddo yn anempirig a goruwchnaturiol ac felly ni allai gael ei ganfod drwy ddulliau hanesyddol. Mewn ymateb, dywedodd Francis Beckwith fod gwrthbrofi dilysrwydd hanesyddol gwyrth yn bosibl dim ond os yw o fewn ffiniau'r ymdrech hanesyddol i ymchwilio i wyrth.

Dadl arall fyddai dilyn rhesymau cadarnhaol Swinburne dros gredu mewn gwyrthiau. Mae e'n dadlau y dylen ni ddisgwyl gwyrthiau mewn gwirionedd, gan fod angen i Dduw gyfathrebu â'i greaduriaid ac i ddilysu ei neges. Mae'n dadlau ymhellach, os yw'r digwyddiad yn digwydd mewn ymateb i weddïo ac mae'n gyson â natur Duw, yna ei bod yn dystiolaeth hanesyddol dderbyniol.

Gall eraill ddiystyru tystiolaeth ar y sail na all Duw ddod i mewn i amser na gofod gan fod Duw y tu allan i amser. Felly mae'r drafodaeth yn canolbwyntio nid yn unig ar y dystiolaeth ei hun ond hefyd ar gydlyniad yr hyn mae'r dystiolaeth yn ei honni.

Mae'r diffiniad arall o wyrth fel digwyddiad o arwyddocâd crefyddol yn wynebu anawsterau o ran tystiolaeth. Mae'n ymddangos ei fod yn mynnu bod Duw yn trefnu'r byd drwy ragluniaeth fel bod achosion naturiol digwyddiadau yn barod ac yn aros i gynhyrchu digwyddiadau arbennig eraill ar yr amser iawn. Byddai llawer yn cael bod hyn yn anodd ei dderbyn ac yn ystyried felly bod tystiolaeth pobl yn annigonol er mwyn profi'r wyrth.

Gall rhai ddod i'r casgliad bod Swinburne yn codi ymatebion dilys i ddadleuon Hume. Fodd bynnag, mae'n bosibl iawn y bydd y crediniwr a'r naturiolwr, gyda'u dau fyd-olwg gwahanol, yn dal i fod heb eu hargyhoeddi am safbwynt ei gilydd.

Gweithgaredd AA2

Rhestrwch rai casgliadau y byddai'n bosibl dod iddynt ar sail y rhesymeg AA2 yn y testun uchod; ceisiwch gyflwyno o leiaf dri chasgliad gwahanol posibl. Ystyriwch bob un o'r casgliadau a chasglwch dystiolaeth gryno i gefnogi pob casgliad o'r deunydd AA1 ac AA2 ar gyfer y testun hwn. Dewiswch y casgliad sy'n argyhoeddi fwyaf yn eich barn chi ac esboniwch pam mae hyn yn wir. Ceisiwch gyferbynnu hyn â'r casgliad gwannaf ar y rhestr, gan gyfiawnhau eich dadl gyda rhesymu clir a thystiolaeth.

Datblygu sgiliau AA2

Nawr mae'n bwysig ystyried y wybodaeth sydd wedi'i chyflwyno yn yr adran hon; fodd bynnag, mae'r wybodaeth fel y mae yn llawer rhy helaeth ac felly mae'n rhaid ei phrosesu er mwyn bodloni gofynion yr arholiad. Gallwch wneud hyn drwy ymarfer y sgiliau uwch sy'n gysylltiedig ag AA2. Ar gyfer Amcan Asesu 2 (AA2), sy'n cynnwys sgiliau 'dadansoddi beirniadol' a 'gwerthuso', rydyn ni am ganolbwyntio ar ffyrdd gwahanol o ddangos y sgiliau yn effeithiol, gan gyfeirio hefyd at sut bydd eich perfformiad ym mhob un o'r sgiliau hyn yn cael ei fesur (gweler disgrifyddion band cyffredinol AA2 ar gyfer U2).

▶ **Dyma eich tasg olaf i'r thema hon:** Isod mae **darn yn gwerthuso a oedd Hume yn dangos agwedd at wyrthiau oedd yn groes i'w gilydd.**

Rydych chi eisiau defnyddio hwn mewn traethawd ond fel y mae'n sefyll mae'n ddadl wan oherwydd nad oes ganddi ddyfyniadau na chyfeiriadau o gwbl i'w chefnogi. Y tro hwn mae'n rhaid i chi ddod o hyd i'ch dyfyniadau eich hun (tua 3) a defnyddio'ch cyfeiriadau eich hun (tua 3) i gryfhau'r gwerthusiad. Cofiwch, weithiau gall dyfyniad ddilyn cyfeiriad ond gallan nhw hefyd gael eu defnyddio ar eu pennau eu hunain neu fel pwyntiau unigol.

Mae ysgolheigion yn anghytuno ynghylch i ba raddau y mae ysgrifau Hume yn cynnwys syniadau sy'n groes i'w gilydd. Un maes sy'n ymddangos yn groesddywedol yw a oedd Hume yn credu bod gwyrthiau yn amhosibl. Yn ei ddiffiniad ac yn ei asesiad o wyrthiau penodol mae'n ymddangos yn amwys. Yn sicr, os yw rhywun yn dewis dehongliad caled o'i ddiffiniad, mae'n ymddangos na all deddfau natur gael eu torri ni waeth beth yw'r dystiolaeth honedig i'r gwrthwyneb. Fodd bynnag, os yw rhywun yn dewis y dehongliad 'meddal', yna mae'n ymddangos ei fod yn ymwneud yn fwy â mater cryfder y dystiolaeth dros a ddigwyddodd gwyrth.

Nid yw'n amlwg a yw Hume yn gwrth-ddweud ei safbwynt empiraidd tybiedig wrth iddo asesu gwyrthiau. Dylai empirydd gael ei arwain gan y dystiolaeth, ond mae ei agwedd ef fel pe bai'n cynnwys rhai dadleuon *a priori.*

Canlyniad hyn fydd ateb eithaf hir a gallech ei wirio yn erbyn y disgrifyddion band ar gyfer U2; edrychwch yn benodol ar y gofynion sydd wedi'u disgrifio yn y disgrifyddion band uwch y dylech chi fod yn anelu atyn nhw. Gofynnwch i chi'ch hun:

- A yw fy ateb yn ddadansoddiad beirniadol hyderus a gwerthusiad craff o'r mater?
- A yw fy ateb yn nodi'r materion a godwyd gan y cwestiwn yn llwyddiannus ac yn mynd i'r afael â nhw'n drylwyr?
- A yw fy ngwaith yn dangos cydlyniad, eglurder a threfn o safon ragorol?
- A fydd fy ngwaith, ar ôl ei ddatblygu, yn cynnwys safbwyntiau trylwyr, cyson a chlir wedi'u cefnogi gan resymeg a/neu dystiolaeth helaeth, fanwl?
- A yw safbwyntiau ysgolheigion/ysgolion o feddwl yn cael eu defnyddio'n helaeth a phriodol, ac yn eu cyd-destun?
- A yw fy ateb yn cyfleu dadansoddiad hyderus a chraff o natur unrhyw gysylltiadau posibl ag elfennau eraill o'm cwrs?
- A yw'r defnydd o iaith a geirfa arbenigol yn drylwyr a chywir, pan geir enghreifftiau o hynny?

Sgiliau allweddol

Mae dadansoddi'n ymwneud â:

Nodi materion sy'n cael eu codi gan y deunyddiau yn adran AA1, ynghyd â'r rhai a nodwyd yn adran AA2, ac mae'n cyflwyno safbwyntiau cyson a chlir, naill ai gan ysgolheigion neu safbwyntiau personol, yn barod i'w gwerthuso.

Mae hyn yn golygu:

- Bod eich atebion yn gallu nodi meysydd trafod allweddol mewn perthynas â mater penodol
- Eich bod yn gallu nodi'r gwahanol ddadleuon a gyflwynir gan eraill, a rhoi sylwadau arnyn nhw
- Bod eich ateb yn rhoi sylwadau ar effeithiolrwydd cyffredinol pob un o'r meysydd neu ddadleuon hyn.

Mae gwerthuso'n ymwneud ag:

Ystyried goblygiadau amrywiol y materion sy'n cael eu codi, yn seiliedig ar y dystiolaeth a gafwyd wrth ddadansoddi ac mae'n rhoi dadl fanwl eang gyda chasgliad clir.

Mae hyn yn golygu:

- Bod eich ateb yn pwyso a mesur canlyniadau derbyn neu wrthod y dadleuon amrywiol a gwahanol a gafodd eu dadansoddi
- Bod eich ateb yn dod i gasgliad drwy broses rhesymu clir.

Th3 Iaith grefyddol

Mae'r adran hon yn cwmpasu cynnwys a sgiliau AA1

Cynnwys y fanyleb
Cyfyngiadau ieithyddol ar gyfer cysyniadau traddodiadol o Dduw, er enghraifft bod anfeidraidd ac oesol.

Mae cyfathrebu yn gymhleth

cwestiwn cyflym

3.1 Beth yw ystyr cyfathrebu?

Term allweddol

Metaffisegol: yr hyn sydd y tu hwnt i'r byd ffisegol, neu sydd ddim i'w gael ynddo

A: Problemau cynhenid iaith grefyddol

Cyfyngiadau ieithyddol ar gyfer cysyniadau traddodiadol o Dduw, er enghraifft bod anfeidraidd ac oesol

Mae ein cyfathrebu ni'n dibynnu ar iaith – efallai fod hyn yn ymddangos yn rhywbeth amlwg i'w ddweud ond mae'r goblygiadau yn arwyddocaol ac mae'n bwysig i ni egluro'r rhain o'r dechrau. P'un ai ein bod yn siarad â rhywun, yn gwrando ar rywun, yn ysgrifennu rhywbeth neu'n darllen rhywbeth, mae llawer o dybiaethau rydyn ni'n eu gwneud am natur cyfathrebu sy'n cael eu cymryd yn ganiataol. Un dybiaeth o'r fath yw ei bod yn bosibl ein deall. Os nad yw hyn yn wir, yna mae ein cyfathrebu yn aneffeithiol. Ni fyddai ein siarad a'n hysgrifennu yn ddim mwy na synau a siapiau ar hap, gan na fyddai'n gynulleidfa fwriadedig yn gallu dehongli'r hyn rydyn ni'n ceisio ei ddweud. Yn yr un modd, os nad oes gennym yr offer i allu datgodio'r hyn rydyn ni'n ei glywed a'i ddarllen, yna eto mae'r cyfathrebu yn mynd yn aneffeithiol.

Mae'n holl iaith ni wedi'i seilio ar brofiad. Ymhlith pethau eraill, mae cyfathrebu'n golygu rhannu syniadau, profiadau a gwirioneddau gyda'n gilydd. Er mwyn i'r rhain fod yn ystyrlon mae'n rhaid i ni allu cysylltu mewn rhyw ffordd â'r hyn sy'n cael ei ddweud wrthym. Mewn geiriau eraill, mae angen i ni gael rhyfaint o sail profiad fel ein bod ni'n gallu adeiladu arni'r iaith rydyn ni'n ei rhannu. Ni ddylai iaith sy'n cyfleu profiadau cyffredin (e.e. mae fy nhŷ i wedi'i wneud o frics coch; car du sydd gen i, etc.) fod yn anodd ei dehongli; mae'r dehongliad wedi'i wreiddio mewn profiad cyffredin. Er enghraifft, er mwyn trafod beth mae'n ei olygu fod dŵr yn wlyb, rhaid ein bod ni wedi profi dŵr a deall beth yw ystyr y cysyniad 'gwlyb'. Pan fydd gennym ddealltwriaeth gyffredin gytûn o'r pethau hyn, yna mae datganiadau o'r fath yn ddealladwy ac yn ystyrlon. Efallai, yn bwysig, hyd yn oed pe na fyddai gennym unrhyw brofiad o'r pethau hyn, gallen ni ddeall beth yw'r ystyr mewn egwyddor, gan y gallen ni hefyd ddeall sut gallen ni gael y profiad angenrheidiol er mwyn eu deall.

Mae'r mwyafrif helaeth o gyfathrebu pob dydd yn ymwneud â'r byd ffisegol – wedi'r cyfan, dyna'r byd rydyn ni'n byw ynddo. Fodd bynnag, mae yna ffurfiau o gyfathrebu hefyd sy'n delio ag agweddau o'n bywydau nad ydyn nhw'n rhan o'r byd ffisegol. Mae iaith am emosiynau, syniadau, mynegi dewisiadau artistig, trafodaethau moesegol ac iaith am grefydd i gyd yn mynd y tu hwnt i'r hyn sydd i'w gael yn ein realaeth ffisegol. Cyfeirir at gysyniadau o'r fath weithiau fel rhai **metaffisegol**. Mae rhai yn diystyru iaith o'r fath yn aml, gan ystyried nad oes ganddi'r un lefel o ystyr ag sydd gan iaith am y byd ffisegol, oherwydd nad yw'n bosibl cael cytundeb gwrthrychol am y profiadau sy'n cael eu trafod. Yn wir, mae rhai'n ystyried nad oes i iaith o'r fath unrhyw werth yn y byd empirig.

Mae gan David Hume ddyfyniad enwog: 'Os ydym yn cymryd yn ein llaw unrhyw faint; o ddiwinyddiaeth neu fetaffiseg ysgol, er enghraifft; gadewch i ni ofyn, A yw'n cynnwys unrhyw resymu haniaethol am swm neu nifer? Nac yw. A yw'n cynnwys unrhyw resymu arbrofol am fater o ffaith a bodolaeth? Nac yw. Taflwch ef i'r tân felly: gan na all gynnwys dim ond twyllresymeg a rhith.'

Er nad yw hyn yn ymosodiad uniongyrchol ar y defnydd o iaith fetaffisegol ynddi'i hun, roedd yn cynnig sail i bobl eraill wneud hynny nes ymlaen, fel y gwelwn pan edrychwn ar waith y **positifiaethwyr rhesymegol**.

Gan fod ein hiaith yn seiliedig ar brofiad, a bod ein profiadau wedi'u cyfyngu gan mwyaf i'r byd empirig a'n rhyngweithio ni ag ef, mae'n hiaith felly yn weddol gyfyngedig o ran ei gallu i drafod pethau y tu hwnt i hyn. Er enghraifft, gallwn ni ddisgrifio unrhyw wrthrych mewn gofod ffisegol tri dimensiwn, ond pe bai rhywun yn gofyn i ni sut bydden ni'n disgrifio'r un gwrthrych mewn gofod pum dimensiwn, byddai hynny'n anodd i ni. Mae hyn oherwydd bod ein profiadau wedi'u gwreiddio mewn gofodau ffisegol tri dimensiwn. Nid ydyn ni'n bodoli mewn pum dimensiwn.

Felly, mae siarad am syniadau o'r fath yn mynd yn broblemus – oni bai ein bod ni'n fathemategwyr. Gallai mathemategydd siarad am bum dimensiwn yn weddol hyderus – ond yn nhermau cysyniad haniaethol. Mae'n debyg y byddai mathemategwyr eraill yn deall y drafodaeth hon ond, yn fwy na thebyg, i'r rheini nad ydynt yn fathemategwyr sy'n gyfarwydd â lluniadau mathemategol pum dimensiwn ni fyddai siarad o'r fath yn ddealladwy.

Mae lleoedd addoli gwahanol i gyd yn defnyddio ieithoedd crefyddol penodol a gwahanol!

Byddai'n bosibl dweud yr un peth am iaith grefyddol efallai. Yn wir, mae'r iaith a ddefnyddir i fynegi'r 'Eithaf' neu 'Dduw' mewn traddodiad crefyddol yn wynebu'r un problemau. Er enghraifft, mae Duw anfeidraidd ac oesol yn ymddangos yn fwy fel honiad haniaethol, mathemategol na realiti rydyn ni'n ei weld a'i brofi yn y byd o'n cwmpas. Eto mae Duw yn aml yn cael ei ystyried yn drosgynnol, ysbryd, y tu hwnt i'r byd hwn o brofiad neu, yn achos y nirvana Bwdhaidd, yn amhosibl ei fynegi.

Mae'r brif broblem, felly, yn dal yn y ffaith nad oes modd i iaith grefyddol am Dduw gael ei gwirio mewn perthynas â'n sail gyffredin ni o brofiadau sy'n rhoi ystyr i iaith.

Her i destunau cysegredig a datganiadau crefyddol ar y sail eu bod yn annealladwy

Os iaith yw'r dull o gyfathrebu, yna iaith grefyddol yw'r dull o gyfathrebu am grefydd. Yn syml, gall hyn fod ar gyfer disgrifio gwrthrychau ffisegol ag ystyron crefyddol fel lleoedd addoli, casgliadau o ysgrifau sanctaidd, neu ddisgrifio'r weithred gorfforol y gallai crediniwr crefyddol ei gwneud yn ystod defod grefyddol benodol. Ym mhob achos o'r fath, mae'r iaith yn ddealladwy ac yn berthnasol gan iddi ddelio â'r byd empirig y gallwch ei weld a'i brofi.

Ond, wrth i'r iaith grefyddol fynd ymlaen i ddisgrifio'r duwiau sy'n cael eu haddoli yn y fath adeiladau, neu'r dysgeidiaethau sy'n gysylltiedig â bywyd ar ôl marwolaeth a allai fod yn y testunau sanctaidd hynny, neu hyd yn oed sut mae'r gweithredoedd

---

Term allweddol

Positifiaethydd rhesymegol: yn disgrifio'r athronwyr oedd yn cefnogi'r honiad y gallai iaith fod yn ystyrlon dim ond pe gallai gael ei gwirio drwy ddulliau empirig

---

cwestiwn cyflym

3.2 Enwch ddwy broblem gynhenid mewn iaith grefyddol.

Cynnwys y fanyleb

Her i destunau cysegredig a datganiadau crefyddol ar y sail eu bod yn annealladwy.

CBAC Astudiaethau Crefyddol U2
Athroniaeth Crefydd

Dyfyniad allweddol

Os ydym yn cymryd yn ein llaw unrhyw faint; o ddiwinyddiaeth neu fetaffiseg ysgol, er enghraifft; gadewch i ni ofyn, A yw'n cynnwys unrhyw resymu haniaethol am swm neu nifer? Nac yw. A yw'n cynnwys unrhyw resymu arbrofol am fater o ffaith a bodolaeth? Nac yw. Taflwch ef i'r tân felly: gan na all gynnwys dim ond twyllresymeg a rhith.
(Hume)

Cynnwys y fanyleb

Yr her nad yw iaith grefyddol yn sylfaen nac yn brofiad cyffredinol a rennir.

defodol sy'n cael eu gwneud yn gallu puro enaid unigolyn, yna yn sydyn mae'n bosibl nad yw'r hyn sy'n cael ei gyfleu yn ddealladwy nac yn berthnasol.

Er enghraifft, sut mae anghrediniwr yn gwybod beth mae'n ei olygu pan fydd rhywun yn gofyn wrth iddyn nhw fynd i mewn i Eglwys Bentecostaidd, 'Ydych chi wedi cael eich golchi yn y gwaed?' neu glywed 'Mae presenoldeb Duw yma' neu hyd yn oed bod 'nefoedd ac uffern yn wirioneddau crefyddol'? Mae'r un peth yn wir am draddodiadau crefyddol eraill a'u disgrifiadau arbennig nhw o gredoau a phrofiadau.

Sut gallwn ni siarad yn ystyrlon am Dduw anfeidraidd?

Yr her nad yw iaith grefyddol yn sylfaen nac yn brofiad cyffredinol a rennir

Am y rheswm hwn, mae rhai athronwyr yn ystyried bod iaith grefyddol yn gynhenid broblemus; mae hyn oherwydd nad yw'n cyfathrebu syniadau y gall pawb gytuno iddynt feddu ar 'wirionedd' y gellir ei wybod yn empirig. Wrth siarad am y cysyniadau traddodiadol o Dduw, nid oes profiad cyffredin neu wedi'i rannu sydd yr un mor berthnasol i'r rheini ag ymrwymiad i ffydd a'r rheini sydd heb ffydd. Mae'n hiaith ni yn seiliedig ar brofiad – ac mae'n profiadau wedi'u cyfyngu mewn amser (h.y. maen nhw wedi'u seilio o fewn cyfyngiadau amser – mae ganddyn nhw orffennol, presennol a dyfodol) – felly mae siarad am bethau y tu hwnt i'n profiad yn golygu symud i ffwrdd oddi wrth yr hyn y gallwch ei wybod. Mae siarad am bethau y tu hwnt i amser – yn cynnwys cysyniadau fel anfeidredd neu natur oesol – yn golygu siarad am syniadau mae'n rhaid eu mynegi mewn termau haniaethol. A dyma ble mae'r ddealltwriaeth empirig o iaith yn methu.

Felly, i gadarnhau: os wyf yn siarad am y lle addoli rwy'n mynd iddo, yna rwy'n gallu disgrifio ei leoliad a'i nodweddion ffisegol. Gall pobl eraill 'wybod' beth rwy'n sôn amdano drwy ddulliau empirig a rhai sy'n seiliedig ar brofiad. Nid oes problem gyda fy nisgrifiad. Wrth i mi ddechrau siarad am fy nghred mewn duw anfeidraidd, oesol, trosgynnol sy'n fy ngharu ac sydd â chynllun a phwrpas penodol i'm henaid tragwyddol, yna ni all unrhyw ddull empirig neu un sy'n seiliedig ar brofiad gadarnhau gwirionedd yr hyn rwyf newydd ei ddweud.

Mewn ffordd debyg, mae'r profiad o darshan i Hindŵ sy'n gwneud puja mewn teml Hindŵaidd, profiad y jhanas i Fwdhydd, presenoldeb yr Ysbryd Glân yn ystod addoliad a'r sacramentau i Gristion, neu brofiad Shekhinah yn ystod addoliad i'r Iddew ffyddlon i gyd y tu hwnt i'r dulliau empirig neu seiliedig ar brofiad a allai ddilysu gwirionedd yr hyn y maen nhw i gyd yn dweud eu bod wedi ei 'brofi'. Mae hyn oherwydd bod iaith o'r fath yn benodol i'r unigolyn neu'r gymuned sy'n ei ddisgrifio. I lawer o athronwyr, y ffaith hon sy'n golygu nad yw wirio hollgyffredinol yn bosibl.

Yn fyr, felly, dyma broblem gynhenid iaith grefyddol.

Y gwahaniaeth rhwng iaith wybyddol ac iaith anwybyddol

Mae athronwyr sy'n ystyried sut mae iaith yn cael ei defnyddio, yn ei rhannu fel arfer yn ddau brif fath. Y mathau hyn yw iaith **wybyddol** ac iaith **anwybyddol**. Er bod y termau hyn yn ymddangos yn gymhleth, mae eu hystyr yn eithaf syml ac mae eu cymhwyso i'r ffordd rydyn ni'n defnyddio iaith yn arbennig o ddefnyddiol wrth i ni geisio ystyried a yw iaith yn ystyrlon neu beidio. Gwybyddiaeth yw'r weithred o wybod rhywbeth; nid drwy reddf ond drwy wybodaeth a dealltwriaeth y mae rhywun yn eu cael drwy brofiadau a'r synhwyrau. Yn yr ystyr hwn iaith wybyddol yw unrhyw fath o iaith sy'n gwneud honiad, sydd fel arfer yn ffeithiol ei natur, lle mae'n bosibl dangos ei fod yn gywir neu'n anghywir drwy ddulliau gwrthrychol. Gallai'r dulliau hyn fod drwy **wirio** neu **anwirio** (gweler Thema 3 – Adran B). Mae iaith wyddonol – yn yr ystyr o iaith a ddefnyddir mewn gwyddoniaeth i ddisgrifio'r byd allanol – yn wybyddol bob amser, yn cael ei mynegi yn nhermau'r hyn sy'n wybyddus neu y gellir ei wybod.

Fodd bynnag, nid yw iaith grefyddol mor syml. Pan ddefnyddir iaith grefyddol mewn ffordd wybyddol yna mae'n cyfeirio at ddatganiad y credir ei fod yn wir – fel yn y datganiadau a ddefnyddir yn y profion theïstig traddodiadol, datganiadau sy'n honni eu bod yn gallu dangos bod Duw yn bodoli fel realiti allanol y gellir ei brofi drwy ddulliau gwirio empirig, e.e. yn y ddadl gosmolegol pan fydd y gyfres o achosion ac effeithiau yn cael eu cysylltu â'r cysyniad bod yna achos cyntaf cychwynnol, ac mae athronwyr theïstig yn honni mai Duw yw'r achos hwnnw.

Mewn cyferbyniad â hyn, gall iaith gael ei hystyried yn anwybyddol hefyd. Lle mae iaith yn anwybyddol, nid yw'n cael ei defnyddio i fynegi ffeithiau am y byd allanol y gellir eu gwybod yn empirig. Nid yw'n rhywbeth y mae modd ei archwilio'n wrthrychol. Mae hyn oherwydd bod iaith anwybyddol yn iaith sy'n mynegi barnau, agweddau, teimladau a/neu emosiynau. Mae'n iaith sy'n ymwneud â safbwynt unigolyn am yr hyn y gall realiti olygu iddo – a gall hyn fod yn wahanol i safbwynt rhywun arall, er efallai ei fod yn profi'r un realiti. Gall y ddau safbwynt fod yn ddilys – ond mewn ystyr anwybyddol. Er enghraifft, ydych chi erioed wedi deffro mewn hwyliau drwg? A yw hynny wedi effeithio ar y ffordd rydych chi'n meddwl am y byd a'r bobl o'ch cwmpas? Mae hyn oherwydd bod gan eich safbwynt anwybyddol o'r byd realiti sy'n 'wir' i chi – hyd yn oed os nad yw'n ffaith y gellir ei gwirio'n empirig am wir realiti allanol y bobl a'r byd o'ch cwmpas! (Pe byddech chi'n deffro mewn hwyliau da byddai'r un byd a'r un bobl yn effeithio arnoch yn wahanol eto.)

Caiff iaith anwybyddol ei defnyddio'n aml mewn iaith grefyddol, yn ôl sawl athronydd crefyddol, gan ei bod yn iaith sy'n gwneud honiadau am agwedd credinwyr tuag at y byd o'i gwmpas, yn seiliedig ar ei gredoau crefyddol.

> **Cynnwys y fanyleb**
> Y gwahaniaeth rhwng iaith wybyddol ac iaith anwybyddol.

> **Termau allweddol**
> **Anwirio:** profi bod rhywbeth yn anghywir drwy ddefnyddio tystiolaeth sy'n cyfrif yn ei erbyn
>
> **Anwybyddol:** iaith nad yw'n bosibl ei gwirio na'i hanwirio yn empirig ond yn hytrach sy'n mynegi agwedd tuag at rywbeth
>
> **Gwirio:** profi bod rhywbeth yn wir drwy ddefnyddio tystiolaeth sy'n cyfrif o'i blaid
>
> **Gwybyddol:** iaith y mae'n bosibl ei gwirio'n empirig ac sy'n gwneud honiadau am realiti gwrthrychol

Nid yw iaith anwybyddol bob amser yn glir i rywun arall oherwydd ei bod yn mynegi barnau, agweddau, teimladau ac emosiynau.

Gweithgaredd AA1

Lluniwch dabl gyda'r penawdau canlynol a rhowch enghreifftiau o iaith ar gyfer pob un: gwybyddol; anwybyddol; metaffisegol; gwiriadwy.

Awgrym astudio

I'ch helpu i gofio ystyr rhai o'r geiriau allweddol am iaith grefyddol, dylai fod gennych rai enghreifftiau clir i'w defnyddio er mwyn eich helpu i esbonio pob un.

> **cwestiwn cyflym**
> 3.3 Beth yw ystyr iaith wybyddol?

> **cwestiwn cyflym**
> 3.4 Beth oedd positifiaeth resymegol?

CBAC Astudiaethau Crefyddol U2
Athroniaeth Crefydd

Sgiliau allweddol Thema 3 ABC

Mae'r thema hon yn cynnwys tasgau sy'n ymdrin â hanfodion AA1 o ran blaenoriaethu a dewis y wybodaeth berthnasol allweddol, ei chyflwyno ac yna defnyddio tystiolaeth ac enghreifftiau i gefnogi ac ehangu ar hyn.

Sgiliau allweddol

Mae gwybodaeth yn ymwneud â:

Dewis ystod o wybodaeth (drylwyr) gywir a pherthnasol sydd â chysylltiad uniongyrchol â gofynion penodol y cwestiwn.

Mae hyn yn golygu:

- Dewis deunydd perthnasol i'r cwestiwn a osodwyd
- Canolbwyntio ar esbonio ac archwilio'r deunydd a ddewiswyd.

Mae dealltwriaeth yn ymwneud ag:

Esboniad helaeth, gan ddangos dyfnder a/neu ehangder gyda defnydd rhagorol o dystiolaeth ac enghreifftiau gan gynnwys (lle y bo'n briodol) defnydd trylwyr a chywir o destunau cysegredig, ffynonellau doethineb a geirfa arbenigol.

Mae hyn yn golygu:

- Defnydd effeithiol o enghreifftiau a thystiolaeth gefnogol i sefydlu ansawdd eich dealltwriaeth
- Perchenogaeth o'ch esboniad sy'n mynegi gwybodaeth a dealltwriaeth bersonol, NID eich bod yn ailadrodd darn o destun o lyfr rydych wedi ei baratoi a'i gofio.

Datblygu sgiliau AA1

Nawr mae'n bwysig ystyried y wybodaeth sydd wedi'i chyflwyno yn yr adran hon; fodd bynnag, mae'r wybodaeth fel y mae yn llawer rhy helaeth ac felly mae'n rhaid ei phrosesu er mwyn bodloni gofynion yr arholiad. Gallwch wneud hyn drwy ymarfer y sgiliau uwch sy'n gysylltiedig ag AA1. Bydd yr ymarferion yn y llyfr hwn yn eich helpu i wneud hyn ac yn eich paratoi ar gyfer yr arholiad. Ar gyfer Amcan Asesu 1 (AA1), sy'n cynnwys dangos sgiliau 'gwybodaeth' a 'dealltwriaeth', rydyn ni am ganolbwyntio ar ffyrdd gwahanol o ddangos y sgiliau yn effeithiol, gan gyfeirio hefyd at sut bydd eich perfformiad ym mhob un o'r sgiliau hyn yn cael ei fesur (gweler disgrifyddion band cyffredinol AA1 ar gyfer U2).

▶ **Dyma'ch tasg:** Isod mae **crynodeb o iaith wybyddol ac anwybyddol**. Mae'n 150 gair o hyd. Mae tri phwynt wedi'u hamlygu sy'n bwyntiau allweddol i'w dysgu o'r darn hwn. Trafodwch pa ddau bwynt arall mae'n fwyaf pwysig eu hamlygu yn eich barn chi, ac ysgrifennwch y pum pwynt.

Iaith wybyddol: iaith y mae'n bosibl dangos ei bod naill ai'n gywir neu'n anghywir; mae'n gallu cael ei gwirio'n empirig, sy'n golygu y gallai unrhyw un o'r pum synnwyr (golwg, clyw, cyffyrddiad, blas neu arogl) gael ei ddefnyddio i bennu gwirionedd (neu fel arall) yr hyn sy'n cael ei honni. Mae iaith wybyddol yn cynnwys datganiadau sy'n mynegi honiadau am y byd) a allai gael eu derbyn (neu eu gwrthod) yn gyffredinol. Mae'n arbennig o werthfawr wrth ystyried byd-olwg gwyddonol.

Iaith anwybyddol: iaith nad yw'n bosibl dangos ei bod yn gywir neu'n anghywir drwy ddulliau empirig, ond yn hytrach sydd wedi'i seilio ar deimladau, credoau neu emosiynau am yr hyn sy'n cael ei brofi. Nid yw iaith anwybyddol yn canolbwyntio ar wneud honiadau am y byd y gellir eu gwirio'n empirig, ond yn hytrach mae'n mynegi agwedd tuag at y byd a all hefyd gynnwys safbwynt am sut gall y byd gael ei ddeall ac sy'n effeithio ar sut mae'r un sy'n gwneud yr honiadau yn byw ei fywyd yn unol â'r honiadau hynny.

Nawr, defnyddiwch eich pum pwynt i lunio eich crynodeb eich hun (fel yn Thema 1 Datblygu sgiliau) gan geisio gwneud y crynodeb yn fwy personol i'ch arddull ysgrifennu eich hun.

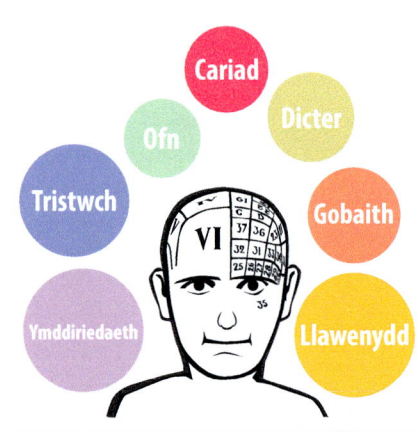

1. ....
2. ....
3. ....
4. ....
5. ....

Mae iaith wybyddol yn ymwneud â'r byd allanol a ffisegol – mae'n gysylltiedig â gwrthrychau a ffeithiau. Mae iaith anwybyddol yn delio â'r pethau hynny na ellir eu profi'n empirig mor hawdd fel meddyliau, teimladau a chredoau.

Materion i'w dadansoddi a'u gwerthuso

Y datrysiadau a gyflwynir gan athronwyr crefyddol ar gyfer y problemau cynhenid sy'n codi o ddefnyddio iaith grefyddol

Bu llawer o heriau i ba mor ystyrlon yw iaith grefyddol, ond bu nifer o ymatebion hefyd mewn ymgais i ymladd yn erbyn yr heriau hyn.

Mae un o brif feysydd y drafodaeth hon wedi bod yn ymwneud â sut rydyn ni'n defnyddio iaith a'r cyd-destun y mae'n cael ei derbyn a'i deall ynddo.

Mae'r heriau gan bositifiaeth resymegol (gweler tudalen 94) yn dibynnu ar y syniad y dylai iaith grefyddol allu cael ei deall yn yr un ffordd â mathau o iaith sy'n rhoi gwybodaeth am y byd allanol ac y gellir eu gwirio'n empirig. Yn wir, yn ôl Ayer yn *Language, Truth and Logic* dylai fod yn bosibl gwirio iaith bob amser drwy ddulliau empirig yn y pen draw, neu fel arall mae'n ddiystyr. Mae hon yn dybiaeth sy'n dilyn yr un ymresymu athronyddol a sefydlodd David Hume, oedd yn honni bod empiriaeth yn hanfodol ar gyfer profi gwirionedd gwrthrychol.

Fodd bynnag, mae'r tybiaethau hyn wedi cael eu hystyried gan athronwyr crefyddol a, byth ers Aquinas (oedd yn ysgrifennu ganrifoedd cyn naill ai Hume neu Ayer), mae'r swyddogaeth a defnydd arbennig o iaith grefyddol wedi cael eu gweld fel rhywbeth eithaf arbenigol sy'n haeddu dealltwriaeth wahanol i'r un a roddir i iaith nad yw'n grefyddol.

Roedd Aquinas yn credu bod siarad ystyriol am grefydd, ac am Dduw yn benodol, wedi'i gyfyngu gan ein profiad fel bodau dynol. Felly, roedd yn rhaid dod o hyd i ffyrdd o fewn ein profiad cyfyngedig o fynegi syniadau a gwirioneddau am y dwyfol. I Aquinas, y ffordd o wneud hyn oedd drwy gydweddiad, ac ystyriwyd bod ei ddwy ffurf o iaith gydweddiadol – sef priodoli a chyfrannedd – yn cynnig mewnwelediad ystyrlon i realiti na allai bodau dynol ond gobeithio cael cipolwg arno. Daeth y cydweddiadau hyn o brofiad dynol ac felly roedden nhw'n cynnig ystyr a allai gael ei ddeall. (Er enghraifft, rydyn ni'n gwybod beth sy'n gwneud person da. Gan fod Duw yn cael ei ystyried yn ffynhonnell pob creadigaeth, gan gynnwys creu bodau dynol ar ei ddelw ei hun, yna mae'n rhaid bod daioni dynol, mewn rhyw ffordd, yn adlewyrchiad o ddaioni Duw – felly'n caniatáu i ni gael mewnwelediad i'r hyn y mae'n ei olygu i ddisgrifio Duw fel 'da'.) Yn yr ystyr hwn, gallai rhywun ddadlau bod Aquinas wedi llwyddo i ddatrys un o broblemau cynhenid iaith grefyddol, drwy gydnabod cyfyngiadau iaith ddynol i fynegi syniadau am y dwyfol a thrwy gysylltu'r defnydd o iaith â dyfais lenyddol (h.y. cydweddiad) sy'n rhoi mewnwelediad i gysyniadau nad ydyn ni'n eu deall yn llawn eto.

Wrth gwrs, yr heriau i honiadau Aquinas yw nad yw cydweddiad yn rhoi dealltwriaeth gyflawn i ni am yr hyn sy'n cael ei drafod, na chwaith syniad y cytunwyd arno'n wrthrychol am yr hyn rydyn ni'n ei olygu wrth drafod syniadau o'r fath. Fodd bynnag, byddai Aquinas yn dweud bod ceisio disgrifio iaith grefyddol yn y fath fodd yn camddeall swyddogaeth iaith grefyddol.

Mae materion eraill wedi cael eu codi gan athronwyr eraill fel Flew, oedd yn dadlau, oni bai bod crediniwr crefyddol yn caniatáu i rywbeth gyfrif yn erbyn (anwirio) eu credoau, yna roedd y credoau hynny'n ddiystyr. Serch hynny, dywedodd athronwyr fel Swinburne fod yna gysyniadau y gallwn eu dychmygu'n hawdd (e.e. teganau mewn cwpwrdd sy'n dawnsio ar draws y llawr pan does neb yn edrych). Ni allwn ganfod tystiolaeth yn erbyn hynny ond mae gan y cysyniad ystyr i ni. Yn yr un modd, mae enghraifft Mitchell, y Partisan a'r Dieithryn, yn dangos y gall fod credoau sy'n cael eu coleddu (h.y. bod y dieithryn yn helpu achos

---

Th3 Iaith grefyddol

Mae'r adran hon yn cwmpasu cynnwys a sgiliau AA2

Cynnwys y fanyleb

Y datrysiadau a gyflwynir gan athronwyr crefyddol ar gyfer y problemau cynhenid sy'n codi o ddefnyddio iaith grefyddol.

Gweithgaredd AA2

Wrth i chi ddarllen drwy'r adran hon ceisiwch wneud y pethau canlynol:

1. Dewiswch y gwahanol ddadleuon sy'n cael eu cyflwyno yn y testun a nodwch unrhyw dystiolaeth gefnogol a roddir.
2. Ar gyfer pob dadl a gyflwynir, ceisiwch werthuso a yw'r ddadl yn un gryf neu wan yn eich barn chi.
3. Meddyliwch am unrhyw gwestiynau yr hoffech chi eu gofyn wrth ymateb i'r dadleuon.

Bydd y gweithgaredd hwn yn eich helpu chi i ddechrau meddwl yn feirniadol am yr hyn rydych chi'n ei ddarllen, ac yn eich helpu i werthuso effeithiolrwydd dadleuon gwahanol, gan ddatblygu eich sylwadau, a'ch barn a'ch safbwyntiau eich hun. Bydd hyn yn eich helpu wrth ddod i gasgliadau y byddwch yn eu gwneud yn eich atebion i'r cwestiynau AA2 sy'n codi.

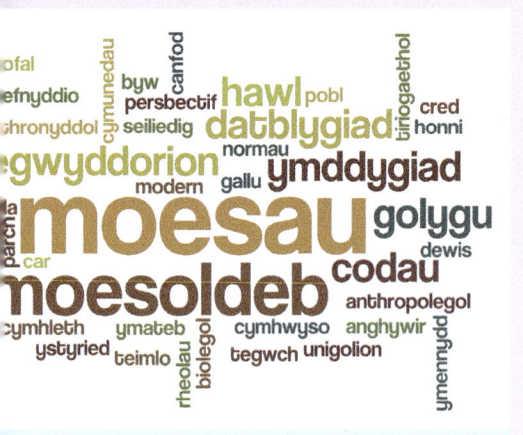

A yw iaith grefyddol yn ystyrlon neu'n gwbl ddiystyr?

Cwestiynau allweddol

Beth oedd rôl y positifiaethwyr rhesymegol mewn perthynas â swyddogaeth iaith?

Beth yw'r prif faterion sy'n ymwneud ag iaith grefyddol yn cael ei hystyried yn broblemus?

Pa mor llwyddiannus yw'r ymatebion i broblemau cynhenid iaith grefyddol yn eich barn chi? Beth yw eich rhesymau dros feddwl hyn?

Gweithgaredd AA2

Rhestrwch rai casgliadau y byddai'n bosibl dod iddynt ar sail y rhesymeg AA2 yn y testun uchod; ceisiwch gyflwyno o leiaf dri chasgliad gwahanol posibl. Ystyriwch bob un o'r casgliadau a chasglwch dystiolaeth gryno i gefnogi pob casgliad o'r deunydd AA1 ac AA2 ar gyfer y testun hwn. Dewiswch y casgliad sy'n argyhoeddi fwyaf yn eich barn chi ac esboniwch pam mae hyn yn wir. Ceisiwch gyferbynnu hyn â'r casgliad gwannaf ar y rhestr, gan gyfiawnhau eich dadl gyda rhesymu clir a thystiolaeth.

---

y partisan) hyd yn oed os yw'n ymddangos bod tystiolaeth sy'n cyfrif yn erbyn y credoau hyn (efallai fod y dieithryn yn cael ei weld yn siarad â'r gelyn mewn modd cyfeillgar). Mewn achosion fel hyn, mae'r credoau'n cael eu dal gyda'r argyhoeddiad y byddwn, yn y pen draw, yn gweld bod cyfiawnhad ac ystyr i'r ffydd yn y partisan, hyd yn oed os nad oedd yn bosibl dweud beth fyddai'n gorfod digwydd iddo gael ei anwirio. (Mae hyn yn hynod o debyg i ffydd y credinwyr crefyddol yn Nuw er gwaethaf tystiolaeth y drygioni a'r dioddefaint sydd yn y byd.) Yn y ddau achos mae'r credoau crefyddol sy'n cael eu datgan yn ystyrlon, hyd yn oed os oes tystiolaeth sy'n cyfrif yn eu herbyn.

Dyfyniadau allweddol

Dywed yr Athronydd mai'r hyn sy'n berffaith, a siarad yn absoliwt, yw'r hyn lle mae perffeithderau pob rhywogaeth i'w ganfod. Fel y mae'r Esboniwr yn ei ddweud am y darn hwn, bod o'r fath yw Duw. Ond ni ellid dweud bod perffeithderau rhywogaethau eraill i'w canfod ynddo Ef oni bai bod rhyw debygrwydd rhwng Ei berffeithder Ef a pherffeithderau rhywogaethau eraill. Felly, mae creadur yn debyg i Dduw mewn rhyw ffordd. Nad amwysedd pur yw gwybodaeth, felly, a beth bynnag arall a briodolir i Dduw a chreaduriaid. Dywed Genesis (1:26): 'Dywedodd Duw, 'Gwnawn ddyn ar ein delw, yn ôl ein llun ni.' Felly, mae yna ryw debygrwydd rhwng Duw a chreadur. Rydyn ni'n dod i'r un casgliad ag o'r blaen. **(Aquinas)**

Fel y dywed Dionysius, 'Ni ellir dweud mewn unrhyw ffordd bod Duw yn debyg i greaduriaid, ond gellir dweud bod creaduriaid yn debyg iddo Ef mewn rhyw ffordd. Oherwydd gellir dweud am yr hyn sy'n cael ei wneud i efelychu rhywbeth, os yw'n ei efelychu'n berffaith, ei fod yn debyg iddo yn absoliwt. Nid yw'r gwrthwyneb yn wir, fodd bynnag; gan na ddywedir bod dyn yn debyg i'w ddelw ond i'r gwrthwyneb. Fodd bynnag, os yw'r efelychiad yn amherffaith, yna dywedir ei fod yn debyg ac yn annhebyg i'r hyn y mae'n ei efelychu: yn debyg, i'r graddau ei fod yn ymdebygu iddo; yn annhebyg, i'r graddau ei fod yn methu bod yn gynrychioliad perffaith. Am y rheswm hwn y mae'r Ysgrythur Sanctaidd yn gwadu bod creaduriaid yn debyg i Dduw ym mhob agwedd. Serch hynny, mae'n cydnabod weithiau bod creaduriaid yn debyg i Dduw, ac weithiau mae'n gwadu hyn. Mae'n cydnabod y tebygrwydd wrth ddweud bod dyn wedi'i wneud ar ddelw Duw, ond yn ei wrthod wrth ddweud: 'O Dduw, pwy sydd fel tydi?' (Salmau 71:19) **(Aquinas)**

Awgrym astudio

Mae'n hollbwysig yn AA2 eich bod yn trafod dadleuon ac nid yn unig esbonio beth mae rhywun wedi ei ddweud. Ceisiwch holi'ch hun, 'a oedd hwnnw'n bwynt teg i'w wneud?', 'a yw'r dystiolaeth yn ddigon cadarn?', 'a oes unrhyw beth i herio'r ddadl hon?', 'a yw hon yn ddadl gref neu wan?' Bydd dadansoddi beirniadol fel hyn yn eich helpu i ddatblygu'ch sgiliau gwerthuso.

Mae iaith grefyddol yn mynegi agwedd tuag at fywyd, cymaint ag y mae'n mynegi syniadau am realiti allanol. Dangosodd R. M. Hare drwy ei syniad am y 'blic' fod cred sy'n cael ei choleddu'n ddwfn yn ystyrlon i'r unigolyn, hyd yn oed pan na fyddai'n bosibl dangos bod yr iaith am y gred honno yn wiriadwy'n empirig. Mae'r ffordd y mae'r unigolyn yn byw ei fywyd, a sut mae'n gweld y byd o'i gwmpas, yn ystyrlon iawn iddo oherwydd ei gredoau crefyddol, beth bynnag y gall pobl eraill ddeall amdano.

Gall iaith grefyddol gael ei herio, o ran ei hystyrlonrwydd, gan y rheini sydd â barn leihaol am swyddogaeth iaith, fel positifiaethwyr rhesymegol, ond mae ganddi ystyr o hyd i'r rheini sy'n coleddu credoau crefyddol. Mae'n dal i fod yn destun trafod a ddylid dangos bod y credoau hyn yn ystyrlon drwy ddulliau empirig er mwyn goresgyn y 'problemau cynhenid' ymddangosiadol mewn iaith grefyddol.

Cyd-destun penodol cred grefyddol er mwyn deall iaith grefyddol

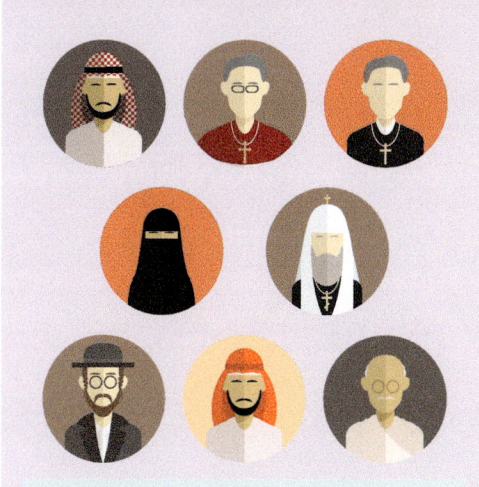

Mae hawlio cred bod 'Duw yn fy ngharu', neu mai 'Allah yw'r Un, Yr Anwahanadwy', neu mai 'Vishnu yw'r Ceidwad', yn golygu defnyddio iaith sydd, heb gyd-destun, yn gallu ymddangos yn ddryslyd ar y gorau, yn ddiystyr ar y gwaethaf. Mae pob un o'r ymadroddion hyn yn adlewyrchu nid yn unig draddodiad crefyddol arbennig, ond hefyd set o gredoau dwfn am gymeriad y bod dwyfol y maen nhw'n cyfeirio ato. Yn aml credir nad oes modd darganfod credoau o'r fath y tu allan i'r traddodiadau crefyddol hynny, gan nad oes realiti y cytunwyd arno'n wrthrychol, wrth gyfeirio at bob un ohonyn nhw, sy'n cael ei dderbyn yn gyffredinol y tu mewn a'r tu allan i gred grefyddol.

Mae'n bosibl gofyn y cwestiwn felly a oes gan yr iaith hon unrhyw ystyr o gwbl y tu allan i gred grefyddol. A yw iaith grefyddol yn y pen draw yn ffurf o gyfathrebu cwbl neilltuedig, sy'n anhygyrch i'r rheini sydd y tu allan i'r traddodiad?

Yn ei ddamcaniaeth am Gemau Ieithyddol, roedd Ludwig Wittgenstein yn ystyried mai'r ffordd y dylid deall iaith oedd drwy ystyried sut roedd hi'n cael ei defnyddio ('peidiwch â gofyn am ei hystyr ond am ei defnydd'). Roedd Wittgenstein yn credu ei bod yn aml yn bosibl adnabod pob agwedd ar weithgaredd dynol drwy ei defnydd arbenigol o iaith. Cyfeiriodd ef at y rhain fel 'gemau ieithyddol', ac awgrymodd na fyddech chi'n gallu cael at ystyr yr iaith oni bai eich bod yn deall 'rheolau'r gêm'. Ni fyddech chi'n chwarae gêm o griced drwy ddefnyddio rheolau gêm o gardiau, ac yn yr un ffordd ni fyddech chi'n disgwyl gallu chwarae gêm 'iaith grefyddol' drwy ddefnyddio rheolau gêm 'iaith seciwlar'.

Wrth edrych ar ddatblygiad syniadau Wittgenstein gan D. Z. Phillips, mae damcaniaeth gemau ieithyddol yn cael ei hystyried fel safbwynt y gwrth-realydd am y 'gwirionedd'. Neu, cyhyd â bod y gymuned sy'n eu defnyddio yn deall yr iaith a'r credoau cysylltiedig a chytuno arnyn nhw, yna dylid derbyn bod ganddyn nhw'r un gwerth ag unrhyw setiau tebyg o ieithoedd a chredoau mewn cymunedau eraill. Byddai hyn yn atgyfnerthu'r syniad mai dim ond y bobl sy'n coleddu'r credoau crefyddol sy'n gallu deall yr iaith grefyddol.

Mae athronwyr eraill, fel Swinburne, yn ymateb drwy awgrymu bod hyn yn camddeall sut mae iaith yn gweithredu, a bod iaith grefyddol a'i hystyr yr un mor ddilys yn y ddamcaniaeth 'realaeth' o wirionedd. Drwy hyn maen nhw'n golygu, pan fydd credinwyr crefyddol yn datgan eu credoau, nad credoau y cytunodd rhyw gymuned arnynt sydd ddim yn ymestyn y tu hwnt i'r gymuned honno yn unig yw'r credoau, ond yn hytrach maen nhw'n gredoau sy'n cyd-fynd â realiti gwrthrychol y tu hwnt i'r gymuned. (Dyna pam mae eraill, fel y positifiaethwyr rhesymegol, yn credu bod cyfiawnhad ganddynt dros herio pa mor ystyrlon yw iaith grefyddol wrth iddynt ddadlau â'r gred hon.)

I ddadlau ymhellach am yr honiad bod iaith grefyddol yn neilltuedig i gyd-destun cred grefyddol, honnodd athronwyr fel R. B. Braithwaite fod iaith grefyddol yn ystyrlon i bobl y tu allan i grefydd, yn debyg i'r ffordd y mae honiadau moesol yn ystyrlon. Ei safbwynt ef oedd bod datganiad crefyddol yn fynegiant o agwedd neu fwriad penodol ynghylch sut dylai bywyd gael ei fyw ac, oherwydd hynny, ei fod yn debyg iawn i'r ffordd y mae iaith foesol yn cael ei defnyddio – h.y. i fynegi barn am neu agwedd at werth moesegol cymharol cred neu weithred, a byw eich bywyd yn ôl hynny. I Braithwaite, roedd iaith grefyddol yn ystyrlon, beth bynnag y cyd-destun, gan ei bod yn ffurf anwybyddol o iaith. Nid oedd yn fath o iaith oedd ag unrhyw arwyddocâd empirig ond roedd yn ddealladwy fel agwedd tuag at fywyd.

Cynnwys y fanyleb

Cyd-destun penodol cred grefyddol er mwyn deall iaith grefyddol.

Ai dim ond credinwyr crefyddol a all ddeall iaith grefyddol?

Gweithgaredd AA2

Wrth i chi ddarllen drwy'r adran hon ceisiwch wneud y pethau canlynol:

1. Dewiswch y gwahanol ddadleuon sy'n cael eu cyflwyno yn y testun a nodwch unrhyw dystiolaeth gefnogol a roddir.
2. Ar gyfer pob dadl a gyflwynir, ceisiwch werthuso a yw'r ddadl yn un gryf neu wan yn eich barn chi.
3. Meddyliwch am unrhyw gwestiynau yr hoffech chi eu gofyn wrth ymateb i'r dadleuon.

Bydd y gweithgaredd hwn yn eich helpu chi i ddechrau meddwl yn feirniadol am yr hyn rydych chi'n ei ddarllen, ac yn eich helpu i werthuso effeithiolrwydd dadleuon gwahanol, gan ddatblygu eich sylwadau, a'ch barn a'ch safbwyntiau eich hun. Bydd hyn yn eich helpu wrth ddod i gasgliadau y byddwch yn eu gwneud yn eich atebion i'r cwestiynau AA2 sy'n codi.

Defnyddir iaith grefyddol i drosglwyddo credoau crefyddol – mae hwn yn syniad digon dealladwy. Mae'n cael ei defnyddio, yn fwyaf arferol, gan bobl sy'n galw eu hunain yn grefyddol – eto, syniad dealladwy. Fodd bynnag, yr hyn y dylid ei gofio hefyd yw bod y bobl hyn, yn y mwyafrif helaeth o achosion, yn gweithredu hefyd mewn meysydd eraill o fywyd – y tu hwnt i'w crefydd yn unig. Felly byddan nhw'n cymryd rhan mewn mathau eraill o fywyd ac iaith. A yw'n gwneud synnwyr i awgrymu bod eu defnydd o iaith wrth drafod crefydd yn gallu cael ei ddeall dim ond gan y rheini sy'n rhannu eu credoau? Pan fydd yr offeiriad Catholig yn siarad am draws-sylweddiad, sef mai'r sacrament cysegredig yw corff a gwaed Crist y Gwaredwr, mae'n amlwg yn bwysig bod y credinwyr Catholig yn deall yr hyn sy'n cael ei ddweud. Mae'r cyfathrebu rhwng y ddwy ochr hyn wedi'i gysylltu'n llwyr â chredoau'r grefydd, ac nid yw'n bwysig bod unrhyw un y tu allan i'r traddodiad yn gwir ddeall pa mor ystyrlon yw'r honiadau ffydd hyn. Yn yr un modd, mae'r credinwr Islamaidd sy'n siarad â Mwslim arall am gysyniad yr Ummah, yn deall yr hyn mae'n ei olygu a sut mae arferion zakah a salah yn helpu i atgyfnerthu'r gred hon fel rhan hanfodol o'r hyn mae'n ei olygu i fod yn Fwslim – unwaith eto. Nid yw'n bwysig a yw rhywun y tu allan i'r traddodiad yn deall y pethau hyn. Mae ganddyn nhw bwrpas penodol – rhoi cyd-destun i'r credinwyr lle gallan nhw wneud synnwyr o'u ffydd a deall cyfraniadau eu gwahanol weithredoedd tuag ati. Nid oes neb yn dadlau yn yr achosion hyn na all yr iaith grefyddol a ddefnyddir gael ei deall gan bobl y tu allan i'r grefydd, ond yn hytrach nad yw'n bwysig ar gyfer arfer y grefydd a allan nhw ei deall neu beidio. Os felly, sut mae person crefyddol yn 'rhannu ei ffydd' â pherson nad yw'n grefyddol? Ble mae hyn yn gadael yr efengylwr? Sut gall thëist gael dadl ystyrlon ag atheist? Os yw rhywun yn meddwl (o ddifrif) bod iaith grefyddol yn wir yn neilltuedig i gyd-destun cred grefyddol, yna byddai'n ymddangos bod crefydd wedi'i thynghedu i fodolaeth ynysig heb bosibilrwydd o dröedigaeth, rhyngweithio neu drafod y tu hwnt i furiau'r coleg diwinyddol, yr yeshiva neu'r madrassa. Byddai'r ffaith bod yna ddadlau a thrafod crefyddol rhwng aelodau o wahanol gredoau yn ogystal â rhwng y rhai sydd â ffydd a'r rheini sydd heb ffydd, yn awgrymu bod y farn hon am natur neilltuedig yn gwbl anghywir.

Mae iaith grefyddol yn ymwneud â chyfathrebu credoau a syniadau crefyddol.

Awgrym astudio

Mae'n bwysig yn AA2 eich bod yn cynnwys barn ysgolheigion a/neu ysgolion o feddwl wrth ffurfio'ch ateb i honiad arbennig. Byddai unrhyw drafodaeth ar swyddogaeth iaith grefyddol yn elwa o safbwyntiau'r athronwyr clasurol a chanoloesol yn ogystal â safbwyntiau'r athronwyr mwy diweddar. Fodd bynnag, gwnewch yn siŵr bod y safbwyntiau rydych chi'n eu defnyddio yn berthnasol i'r pwynt rydych chi'n ei wneud. Byddai gallu defnyddio'r safbwyntiau yn addas yn gwahaniaethu rhwng ateb lefel uchel ac un sydd ddim ond yn ateb cyffredinol.

Gweithgaredd AA2

Rhestrwch rai casgliadau y byddai'n bosibl dod iddynt ar sail y rhesymeg AA2 yn y testun uchod; ceisiwch gyflwyno o leiaf dri chasgliad gwahanol posibl. Ystyriwch bob un o'r casgliadau a chasglwch dystiolaeth gryno i gefnogi pob casgliad o'r deunydd AA1 ac AA2 ar gyfer y testun hwn. Dewiswch y casgliad sy'n argyhoeddi fwyaf yn eich barn chi ac esboniwch pam mae hyn yn wir. Ceisiwch gyferbynnu hyn â'r casgliad gwannaf ar y rhestr, gan gyfiawnhau eich dadl gyda rhesymu clir a thystiolaeth.

Th3 Iaith grefyddol

Datblygu sgiliau AA2

Nawr mae'n bwysig ystyried y wybodaeth sydd wedi'i chyflwyno yn yr adran hon; fodd bynnag, mae'r wybodaeth fel y mae yn llawer rhy helaeth ac felly mae'n rhaid ei phrosesu er mwyn bodloni gofynion yr arholiad. Gallwch wneud hyn drwy ymarfer y sgiliau uwch sy'n gysylltiedig ag AA2. Bydd yr ymarferion yn y llyfr hwn yn eich helpu i wneud hyn ac yn eich paratoi ar gyfer yr arholiad. Ar gyfer Amcan Asesu 2 (AA2), sy'n cynnwys dangos sgiliau 'dadansoddi beirniadol' a 'gwerthuso', rydyn ni am ganolbwyntio ar ffyrdd gwahanol o ddangos y sgiliau yn effeithiol, gan gyfeirio hefyd at sut bydd eich perfformiad ym mhob un o'r sgiliau hyn yn cael ei fesur (gweler disgrifyddion band cyffredinol AA2 ar gyfer U2).

▶ **Dyma'ch tasg:** Isod mae safbwynt unochrog am ateb posibl i **broblemau cynhenid iaith grefyddol**. Mae'n 150 gair o hyd. Mae angen i chi gynnwys y safbwynt hwn ar gyfer gwerthusiad; fodd bynnag, nid yw cyflwyno un ochr y ddadl neu un trywydd rhesymu yn unig yn gyfystyr â gwerthusiad. Gan ddefnyddio'r paragraff isod, ychwanegwch wrth-ddadl neu drywydd rhesymu amgen er mwyn cyflwyno gwerthusiad mwy cytbwys. Dylech ysgrifennu tua 150 gair wrth lunio eich gwrth-ddadl neu'ch trywydd rhesymu amgen.

Ni ddylai iaith grefyddol gael ei hystyried fel datganiad a all gael ei wirio'n empirig yn y ffordd y gall datganiad gwyddonol am natur realiti gael ei wneud. Mae gwneud hynny yn camddeall pa fath o iaith yw iaith grefyddol. Nid yw iaith grefyddol yn iaith wybyddol – mewn geiriau eraill, nid yw iaith grefyddol yn iaith sy'n mynegi ffeithiau am y byd y gellir eu gwirio'n empirig a'u gwybod yn wrthrychol. Nid dyna ei phwrpas na'i swyddogaeth. Yn hytrach, dylid ystyried bod iaith grefyddol yn anwybyddol, gan ei bod yn rhywbeth sy'n mynegi agwedd tuag at rywbeth arall. Er enghraifft, mae credinwr crefyddol sy'n dweud 'Rwy'n credu bod y byd wedi cael ei greu gan fod dwyfol,' mewn gwirionedd yn datgan ei gred bod y byd yn lle cysegredig, a bod rhywbeth yn bodoli sydd â'r grym i'w greu. Fel iaith anwybyddol nid yw'n cael ei beirniadu yn yr un ffordd ag iaith wybyddol.

Nesaf, meddyliwch am ffordd arall o ddadlau neu resymu a allai gefnogi'r naill ddadl neu'r llall, neu fe all fod yn hollol wahanol hyd yn oed, ac ychwanegwch hwn at eich ateb.

Yna gofynnwch i chi'ch hun:
- A fydd fy ngwaith, ar ôl ei ddatblygu, yn cynnwys safbwyntiau trylwyr, cyson a chlir wedi'u cefnogi gan resymeg a/neu dystiolaeth helaeth, fanwl?

A yw problem iaith grefyddol yn broblem sylweddol i gredinwyr crefyddol neu beidio?

Sgiliau allweddol Thema 3 ABC

Mae'r thema hon yn cynnwys tasgau sy'n ymdrin ag agweddau penodol ar AA2 o ran nodi elfennau allweddol arddull gwerthusol darn ysgrifenedig, gan ganolbwyntio ar wrthddadleuon a chasgliadau (interim a therfynol).

Sgiliau allweddol

Mae dadansoddi'n ymwneud â:

Nodi materion sy'n cael eu codi gan y deunyddiau yn adran AA1, ynghyd â'r rhai a nodwyd yn adran AA2, ac mae'n cyflwyno safbwyntiau cyson a chlir, naill ai gan ysgolheigion neu safbwyntiau personol, yn barod i'w gwerthuso.

Mae hyn yn golygu:
- Bod eich atebion yn gallu nodi meysydd trafod allweddol mewn perthynas â mater penodol
- Eich bod yn gallu nodi'r gwahanol ddadleuon a gyflwynir gan eraill, a rhoi sylwadau arnyn nhw
- Bod eich ateb yn rhoi sylwadau ar effeithiolrwydd cyffredinol pob un o'r meysydd neu ddadleuon hyn.

Mae gwerthuso'n ymwneud ag:

Ystyried goblygiadau amrywiol y materion sy'n cael eu codi, yn seiliedig ar y dystiolaeth a gafwyd wrth ddadansoddi ac mae'n rhoi dadl fanwl eang gyda chasgliad clir.

Mae hyn yn golygu:
- Bod eich ateb yn pwyso a mesur canlyniadau derbyn neu wrthod y dadleuon amrywiol a gwahanol a gafodd eu dadansoddi
- Bod eich ateb yn dod i gasgliad drwy broses rhesymu clir.

CBAC Astudiaethau Crefyddol
UG Athroniaeth Crefydd

Mae'r adran hon yn cwmpasu cynnwys a sgiliau AA1

Cynnwys y fanyleb
Positifiaeth resymegol.

B: Iaith grefyddol yn wybyddol ond yn ddiystyr

Positifiaeth Resymegol

Mudiad athronyddol a dyfodd o waith grŵp o athronwyr oedd yn cael eu hadnabod fel Cylch Vienna oedd **positifiaeth resymegol**. Roedd y grŵp dylanwadol iawn hwn o athronwyr, oedd yn cynnwys aelodau cyswllt fel Wittgenstein, yn cyfarfod yn yr 1920au a'r 1930au. Roedden nhw'n meddwl mai eu tasg nhw oedd lleihau pob gwybodaeth yn systematig drwy gyfrwng athroniaeth i fformiwleiddiadau gwyddonol a rhesymegol sylfaenol.

Byddai Cylch Vienna yn cwrdd ym Mhrifysgol Vienna.

Mae'r darn canlynol yn dangos eu safbwynt:

Dyfyniadau allweddol

Mae ffin amlwg rhwng dau fath o ddatganiad. Ar un ochr mae datganiadau fel maen nhw'n cael eu gwneud gan wyddoniaeth empirig; gellir canfod eu hystyr drwy ddadansoddiad rhesymegol neu, yn fwy cywir, drwy eu lleihau i'r datganiadau symlaf am yr hyn a roddir yn empirig. Mae'r datganiadau eraill, ac mae'r rhai a ddyfynnir uchod yn perthyn iddynt, yn eu dangos eu hunain i fod yn wag o ran ystyr pe bai rhywun yn eu deall yn y ffordd y bwriada metaffisegwyr.
(Cylch Vienna 1929)

Dadansoddiad rhesymegol yw'r dull o egluro problemau athronyddol; mae'n gwneud defnydd helaeth o'r rhesymeg symbolaidd ac yn gwahaniaethu empiriaeth Cylch Vienna o'r fersiynau cynt. Tasg athroniaeth yw egluro – drwy ddull dadansoddiad rhesymegol – problemau a honiadau.
(Cylch Vienna)

Y dull dadansoddiad rhesymegol yn y bôn sy'n dangos y gwahaniaeth rhwng empiriaeth a phositifiaeth ddiweddar a'r fersiwn cynharach oedd yn fwy cyfeiriedig at y biolegol-seicolegol. Os yw rhywun yn honni 'mae yna Dduw', 'prif sail y byd yw'r anymwybod', 'mae yna entelechi a hwn yw'r egwyddor arweiniol yn yr organeb fyw', nid ydym yn dweud wrtho: 'mae'r hyn rwyt ti'n ei ddweud yn anghywir'; ond rydym yn gofyn iddo: 'beth rwyt ti'n ei olygu wrth y datganiadau hyn?' Yna mae'n ymddangos bod ffin amlwg rhwng dau fath o ddatganiad. Ar un ochr mae datganiadau fel maen nhw'n cael eu gwneud gan wyddoniaeth empirig; gellir canfod eu hystyr drwy ddadansoddiad rhesymegol neu, yn fwy cywir, drwy eu lleihau i'r datganiadau symlaf am yr hyn a roddir yn empirig. Mae'r datganiadau eraill, ac mae'r rhai a ddyfynnir uchod yn perthyn iddynt, yn eu dangos eu hunain i fod yn wag o ran ystyr pe bai rhywun yn eu deall yn y ffordd y bwriada metaffisegwyr. Gall rhywun, wrth gwrs, eu hailddehongli'n aml fel datganiadau empirig; ond wedyn maen nhw'n colli'r cynnwys o deimlad sydd fel arfer yn hanfodol i'r metaffisegydd. Mae'r metaffisegydd a'r diwinydd yn credu, ac felly yn eu camddeall eu hunain, bod eu datganiadau yn dweud rhywbeth, neu eu bod yn dynodi fel y mae pethau. Fodd bynnag, mae dadansoddiad yn dangos nad yw'r datganiadau hyn yn dweud dim, ond yn syml yn mynegi rhyw deimlad ac ysbryd. (Cysyniadaeth Wyddonol y Byd: Cylch Vienna, 1929)

Neu, wrth ystyried iaith fel y modd y mae pob gwybodaeth ddynol yn cael ei throsglwyddo, roedden nhw'n defnyddio'r un meini prawf a thrwy hynny yn symud at safbwynt oedd yn cydnabod dau beth:

- Mae unrhyw beth y tu allan i **ddaliadau** rhesymegol a gwyddonol sylfaenol yn cael ei wrthod fel rhywbeth diystyr, oherwydd ei fod yn anwiriadwy.
- Yr hyn sydd ar ôl yw gosodiadau **tawtolegol** (hunanesboniadol) a datganiadau a allai gael eu dilysu drwy arsylwadau o brofiad uniongyrchol drwy'r synhwyrau (gall hyn gael ei ystyried hefyd i fod yn brofiad empirig).

Chwalodd Cylch Vienna pan ddaeth y Blaid Natsïaidd i rym yn yr Almaen yn yr 1930au. Ymfudodd llawer o'i aelodau i America ac roedden nhw'n gallu parhau i weithio a datblygu'r syniadau sy'n gysylltiedig â Chylch Vienna, yn y sefydliadau academaidd yno. Fodd bynnag, arhosodd un o'i brif aelodau sefydlol, Moritz Schlick, ar ôl, a chafodd ei ladd gan gefnogwr Natsïaidd yn Vienna yn 1936. Arhosodd y syniadau a gafodd eu hyrwyddo gan Gylch Vienna yn boblogaidd tan ganol yr ugeinfed ganrif.

Termau allweddol

Dadansoddiad rhesymegol: y dull o egluro problemau athronyddol

Daliadau: credoau neu egwyddorion allweddol

Positifiaeth Resymegol: mudiad athronyddol a dyfodd allan o waith Cylch Vienna. Ei nod oedd lleihau pob gwybodaeth i fformiwleiddiadau gwyddonol a rhesymegol sylfaenol

Tawtolegol: datganiad hunanesboniadol, h.y. lle mae rhywbeth yn cael ei ddweud ddwywaith mewn geiriau gwahanol, er enghraifft 'machlud haul gyda'r nos'

Gwirio

Dangos bod rhywbeth yn wir, ei ddilysu, drwy dystiolaeth o ryw fath, yw gwirio rhywbeth. Roedd y positifiaethwyr rhesymegol yn gweld gwybodaeth wyddonol fel paradeim gwybodaeth (arbrofion ac arsylwadau), gan iddi fod yn llwyddiannus ac arwain at wybodaeth yr oedd pawb yn cytuno arni. Felly, yn ôl positifiaeth resymegol, yr unig ddau fath o wybodaeth oedd rhesymu rhesymegol a datganiadau oedd yn agored i dystiolaeth empirig. Ystyriwyd mai'r rhain oedd:

- Datganiadau tawtolegol
- Datganiadau mathemategol
- Datganiadau synthetig (datganiad a allai gael ei ddilysu drwy ryw fath o brofiad neu arbrawf drwy'r synhwyrau, er enghraifft 'mae gan fy nghar bedair olwyn')
- Datganiadau dadansoddol (lle mae gwirionedd y datganiad yn cael ei bennu o fewn y gosodiad ei hun, er enghraifft 'mae pob menyw ddi-briod yn fenyw sydd heb briodi').

Ystyriwyd bod datganiadau oedd y tu allan i resymu rhesymegol a thystiolaeth empirig fel hyn yn ddiystyr.

I Shlick, a'r positifiaethwyr rhesymegol, daeth hyn i gael ei adnabod fel yr 'egwyddor wirio': ystyr datganiad yw'r dull o wirio'r gosodiad hwnnw. Hynny yw, rydyn ni'n gwybod ystyr datganiad os ydyn ni'n gwybod yr amodau rhesymegol neu empirig fyddai'n dangos bod y gosodiad naill ai'n gywir neu'n anghywir.

Datblygodd A. J. Ayer waith positifiaethwyr rhesymegol Cylch Vienna (syniadau Schlick, yn arbennig). Ayer oedd yn gyfrifol am ledaenu'r mudiad positifiaeth resymegol ym Mhrydain, ac yn 1936 ysgrifennodd e'r llyfr dylanwadol *Language, Truth and Logic*. Yn hwn roedd yn gosod y meini prawf ar gyfer sut gellid ystyried bod iaith yn ystyrlon – mae datganiad synthetig yn ystyrlon os a dim ond os yw'n bosibl ei arsylwi mewn rhyw ffordd. Ymosododd Ayer hefyd ar fetaffiseg gan ddweud ei bod yn ddiystyr yn y bôn – yn ddim mwy na chamddealltwriaeth o sut dylai realiti gael ei ddisgrifio. Roedd yn ystyried bod metaffisegwyr yn 'ymroi i gynhyrchu nonsens'.

Mae Ayer yn ysgrifennu:

> 'Y maen prawf rydyn ni'n ei ddefnyddio i brofi pa mor ddilys yw datganiadau ymddangosiadol o ffeithiau yw maen prawf y gallu i wirio. Rydyn ni'n dweud bod brawddeg yn ffeithiol arwyddocaol i unrhyw berson penodol os, a dim ond os, yw'n gwybod sut i wirio'r gosodiad y mae'n honni ei fynegi – hynny yw, os yw'n gwybod pa arsylwadau fyddai'n ei arwain, o dan amodau arbennig, i dderbyn y gosodiad fel un cywir, neu ei wrthod fel un anghywir. Ar y llaw arall, os yw'r gosodiad tybiedig o'r fath natur fel bod tybio ei wirionedd, neu ei anwiredd, yn gyson ag unrhyw dybiaeth o gwbl ynghylch natur profiad y person yn y dyfodol yna, o safbwynt y person hwnnw, ffug-osodiad yn unig ydyw, os nad yw'n dawtolegol. Gall y frawddeg sy'n ei fynegi fod yn arwyddocaol yn emosiynol iddo ef; ond nid yw'n arwyddocaol yn llythrennol.'

Roedd Ayer, fodd bynnag, yn cydnabod bod cyfyngiad amlwg i'r egwyddor wirio, yn ôl esboniad y positifiaethwyr rhesymegol. Nid oedd yn gallu ystyried y datganiadau hynny oedd yn cael eu gwneud am bethau oedd yn cael eu derbyn fel rhai ystyrlon er nad oedden nhw'n wiriadwy'n ymarferol yn syth. Er enghraifft, nid oes unrhyw arsylwad posibl nawr a allai wirio gwirionedd datganiadau hanesyddol fel 'Yr Arglwydd Nelson a enillodd Frwydr Trafalgar.' Fodd bynnag, mae'n amlwg byddai'r mwyafrif o bobl yn dadlau bod hyn yn ystyrlon (ac mewn gwirionedd yn wir). Yn yr un modd, ceir datganiadau gwyddonol fel 'mae dŵr bob amser yn berwi ar 100 gradd Celsius (yn ystyrlon ond yn anghywir mewn gwirionedd). Ni allwn ni brofi

---

Th3 Iaith grefyddol

Cynnwys y fanyleb

Positifiaeth resymegol – Gwirio gan Alfred J. Ayer (A. J. Ayer) – iaith grefyddol foesegol yn ddiystyr; nid oes unrhyw fodd y gallem ni wirio a yw'r gosodiadau yn gywir neu'n anghywir (e.e. mae Duw yn dda, mae llofruddio yn anghywir); anwirio – ni all unrhyw beth rwystro'r gred (Antony Flew).

cwestiwn cyflym

3.5 Beth oedd prif nod athronyddol Cylch Vienna?

Dyfyniad allweddol

Pryd rydyn ni'n siŵr bod ystyr cwestiwn yn glir? Yn amlwg os a dim ond os gallwn ni ddisgrifio'r union amodau lle mae modd ateb ie, a hefyd, yr union amodau lle mae angen ateb gyda na. Felly mae ystyr cwestiwn yn cael ei ddiffinio dim ond drwy bennu'r amodau hyn. ... Mae diffiniad yr amgylchiadau lle mae datganiad yn wir yn *cyfateb* yn union i ddiffiniad ei ystyr. Mae gan ddatganiad ystyr os a dim ond os yw'r ffaith ei fod yn wir yn gwneud gwahaniaeth gwiriadwy. (Schlick)

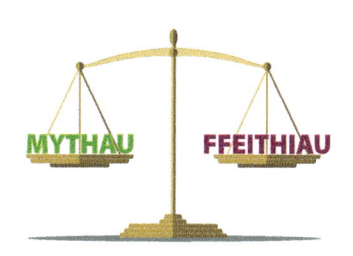

Roedd yr egwyddor wirio yn ymgais i osod maen prawf ystyr ynghylch sut rydyn ni'n defnyddio iaith am y byd.

cwestiwn cyplym

3.6 Beth oedd yr Egwyddor Wirio?

Roedd Ayer yn gwrthod iaith fetaffisegol gan ddweud ei bod yn ddiystyr.

(na gwirio felly) digwyddiadau'r gorffennol yn uniongyrchol ac nid oes modd gweld (na gwirio felly) bod dŵr bob amser yn berwi ar 100 gradd Celsius.

Am y rhesymau hyn y gwnaeth Ayer wahaniaethu rhwng y gallu i wirio 'yn ymarferol' a'r gallu i wirio 'mewn egwyddor'.

Yn y lle cyntaf, mae angen gwahaniaethu rhwng y gallu i wirio yn ymarferol a'r gallu i wirio mewn egwyddor. Yn amlwg rydyn ni i gyd yn deall, ac yn credu mewn llawer o achosion, gosodiadau nad ydyn ni mewn gwirionedd wedi cymryd camau i'w gwirio. Mae llawer o'r rhain yn osodiadau y gallen ni eu gwirio pe bydden ni'n mynd i'r drafferth o wneud hynny. Ond mae nifer o osodiadau arwyddocaol ar ôl, sy'n ymwneud â materion ffeithiau, na allen ni eu gwirio hyd yn oed pe bydden ni'n dewis gwneud, yn syml gan nad oes gennym y modd ymarferol o'n rhoi'n hunain yn y sefyllfa lle y byddai'n bosibl gwneud yr arsylwadau perthnasol. Enghraifft syml a chyfarwydd o osodiad o'r fath yw'r gosodiad bod mynyddoedd ar ochr bellaf y lleuad! Does dim roced wedi cael ei dyfeisio eto fyddai'n galluogi i mi fynd i edrych ar ochr bellaf y lleuad. Felly ni allaf benderfynu ar y mater drwy arsylwi uniongyrchol. Ond rwy'n gwybod pa arsylwadau fyddai'n ei benderfynu i mi, pe byddwn i, fel sy'n bosibl yn ddamcaniaethol, mewn sefyllfa i'w gwneud nhw. Ac felly rwy'n dweud bod y gosodiad yn wiriadwy mewn egwyddor, os nad yn ymarferol, ac felly mae'n arwyddocaol. Ar y llaw arall, nid yw ffug-osodiad metaffisegol fel 'mae'r Absoliwt yn chwarae rhan mewn, ond nid yw ei hun yn gallu, esblygu a chynyddu,' yn wiriadwy hyd yn oed mewn egwyddor. Oherwydd na all rhywun ddychmygu arsylwad fyddai'n galluogi rhywun i benderfynu a oedd yr Absoliwt yn chwarae rhan mewn esblygiad a chynnydd neu beidio. Wrth gwrs, mae'n bosibl bod awdur sylwadau o'r fath yn defnyddio geiriau Cymraeg mewn ffordd nad ydyn nhw'n cael eu defnyddio fel arfer gan Gymry-Cymraeg, a'i fod, mewn gwirionedd, yn bwriadu honni rhywbeth a allai gael ei wirio'n empirig. Ond, hyd nes iddo wneud i ni ddeall sut byddai'r gosodiad y mae'n dymuno ei fynegi yn cael ei wirio, mae'n methu â chyfathrebu unrhyw beth i ni. ... Gwahaniaeth arall y mae'n rhaid i ni ei wneud yw'r gwahaniaeth rhwng ystyr 'cryf' a 'gwan' y term 'gwiriadwy'. Dywedir bod gosodiad yn wiriadwy, yn ystyr cryf y term, os, a dim ond os, byddai'n bosibl gwireddu ei wirionedd yn bendant mewn profiad. Ond mae yn wiriadwy, yn yr ystyr gwan, os yw'n bosibl i brofiad ei wneud yn debygol. (*Language, Truth and Logic*)

Roedd y maen prawf 'yn ymarferol' hwn yn cyfeirio at y datganiadau hynny y gallai eu gwirionedd neu eu hanwiredd gael eu pennu gan ryw arsylwad neu arbrawf byddai'n bosibl ei wneud yn yr oes bresennol. Mewn cyferbyniad, roedd maen prawf 'mewn egwyddor' yn caniatáu'r gallu i wirio (ac felly roedd y datganiad yn ystyrlon), ond mewn theori yn unig. Er enghraifft, gallech fod wedi gwirio digwyddiadau hanesyddol pe baech chi wedi bod yn bresennol ar adeg y digwyddiadau. Mae'r un peth yn wir am 'mae dŵr bob amser yn berwi ar 100 gradd Celsius', gan ein bod ni'n gwybod yr hyn y byddai ei angen er mwyn ei wirio – sef sylwi ar bob diferyn o ddŵr. Mewn geiriau eraill, rydyn ni'n penderfynu a yw datganiad yn ystyrlon drwy ei gysylltu â rhyw set o frawddegau arsylwi. Nid oes rhaid gwneud yr arsylwadau hyn mewn gwirionedd. Y cyfan y mae ei angen yw gwybod y gallen ni mewn egwyddor wneud yr arsylwadau, h.y. rwy'n gwybod o dan ba amgylchiadau y byddai'n bosibl gwirio hyn.

Serch hynny, nid oedd hyn o hyd yn caniatáu datganiadau crefyddol fel 'Gwelais Dduw neithiwr,' gan nad ydyn ni'n gwybod mewn egwyddor pa brofiad drwy'r synhwyrau fyddai'n cyfrif o blaid hyn.

Yna cyflwynodd Ayer wahaniaeth arall rhwng yr hyn yr oedd e'n ei alw'n 'gwirio cryf' a 'gwirio gwan'. Roedd yn ymwybodol, er enghraifft, nad yw honiadau hollgyffredinol yn gallu cael eu gwirio'n bendant. Mae'n rhan o natur y datganiadau hyn na ellir cadarnhau eu gwirionedd gyda sicrwydd drwy unrhyw set benodol o arsylwadau. Mewn achosion o'r fath dywedir bod y gwirio yn 'wan'. Mae profiadau drwy'r synhwyrau yn cyfrif dim ond tuag at bennu ei werth fel gwirionedd. Fodd bynnag, mae'n ystyrlon o hyd gan ei fod yn gysylltiedig â phrofiad drwy'r synhwyrau. Mewn cyferbyniad, os yw'r gwirio yn bendant, yna dywedod Ayer ei fod yn wirio 'cryf'. Gwnaeth e'r gwahaniaeth hwn fel y byddai'n cynnwys datganiadau yr oedd pobl yn meddwl eu bod yn ystyrlon. Yn y bôn, symudodd Ayer i ffwrdd o ganolbwyntio ar yr hyn sy'n deillio o honiadau arsylwi i ganolbwyntio ar ba honiadau arsylwi allai fod yn berthnasol er mwyn gwirio datganiad. Ond, unwaith eto nid oedd datganiadau crefyddol yn cael eu cynnwys. Er enghraifft, byddai Ayer wedi dadlau bod y datganiad 'Mae Duw yn gwneud gwyrthiau' yn ddiystyr, gan na all gael ei wirio hyd yn oed yn yr ystyr 'gwan'.

Yn 1978 cyfaddefodd Ayer ei hun fod ei waith cynharach 'yn bennaf yn anghywir'.

Anwirio

Fel ffordd amgen o allu gwirio datganiad er mwyn ei wneud yn ystyrlon, roedd y cysyniad o anwirio yn cymryd safbwynt bron yn hollol groes. Roedd anwirio yn dweud, er mwyn i rywbeth fod yn ystyrlon, bod angen tystiolaeth a allai gyfrif yn erbyn y datganiad (h.y. ei wrthbrofi yn empirig). Pe bai hyn yn bosibl, yna byddai sail ystyrlon empirig, yn amlwg, i'r hyn roedd yn cael ei ddweud, fel arall ni fyddai posibilrwydd o ddod o hyd i dystiolaeth oedd yn cyfrif yn ei erbyn. Cafodd y syniad hwn ei hyrwyddo ar ddechrau'r ugeinfed ganrif gan Karl Popper. Roedd e'n hawlio, pe bai egwyddor yn wyddonol gadarn, yna dylai fod yn wrthbrofadwy yn gynhenid (h.y. byddech chi'n gwybod 'sut' i'w gwrthbrofi; byddech chi'n gwybod yr hyn y byddai ei angen i ddod o hyd i bethau sy'n cyfrif yn ei herbyn). Felly, byddai'n bosibl rhoi damcaniaethau gwyddonol (e.e. disgyrchiant) ar brawf i weld a oes unrhyw dystiolaeth i'w chael yn eu herbyn (e.e. byddai gwrthrych yn nofio i ffwrdd o'r ddaear pe bai disgyrchiant yn cael ei wrthbrofi) – yn yr ystyr hwn roedden nhw'n anwiriadwy ac, felly roedden nhw'n ystyrlon. Dadl Karl Popper oedd nad oedd gwyddoniaeth yn symud o arsylwi i ddamcaniaeth ond yn hytrach o ddamcaniaeth i arsylwi. Ystyrir bod damcaniaethau'n gywir hyd nes bod rhyw dystiolaeth yn dangos eu bod nhw'n anghywir. Felly i wyddoniaeth y maen prawf oedd y gallu i anwirio yn hytrach na'r gallu i wirio.

Roedd rhai athronwyr felly yn gweld y gallai'r maen prawf hwn gael ei gymhwyso at iaith yn gyffredinol yn hytrach na gwyddoniaeth yn unig.

Pe bai'r hyn y byddai ei angen er mwyn i ddatganiad gael ei ystyried yn anghywir yn hysbys, yna byddai'r datganiad yn ystyrlon. Fel arall, pe na allai unrhyw arsylwad byth gyfrif yn erbyn datganiad, yna byddai'r datganiad yn cael ei ystyried yn ddiystyr. Os yw'r datganiad yn honni dim byd (gan ei fod yn gyson â phob arsylwad posibl), yna ni all olygu dim byd.

Felly beth am datganiadau crefyddol fel 'Mae Duw yn bodoli'? Yn ôl maen prawf y gallu i anwirio, mae'n ymddangos nad oes modd ei wrthbrofi (gan nad oes gan Dduw briodoleddau empirig).

Cafodd hyn ei ddatblygu gan Antony Flew a, gan gyfeirio at Ddameg y Garddwr gan Wisdom, mynegodd Flew ei safbwynt na allai datganiadau crefyddol gael eu hanwirio ac felly roedden nhw'n ddiystyr. Mae Flew yn ysgrifennu:

> Dewch i ni ddechrau gyda dameg. Dameg yw hon wedi ei datblygu o stori a adroddodd John Wisdom yn ei erthygl atgofus a datguddiol 'Duwiau'. Unwaith, daeth dau fforiwr ar draws llannerch yn y jyngl. Yn y llannerch roedd llawer o flodau a llawer o chwyn yn tyfu. Meddai un fforiwr, 'Mae'n rhaid bod garddwr yn gofalu am y llain hon.' Mae'r llall yn anghytuno, 'Does dim garddwr.' Felly maen nhw'n gosod eu pebyll ac yn dechrau gwylio. Nid ydyn nhw byth yn gweld garddwr. 'Ond efallai mai garddwr anweledig ydyw.' Felly dyma nhw'n codi ffens o weiren bigog. Maen nhw'n ei thrydaneiddio. Maen nhw'n patrolio gyda chŵn ffyrnig. (Oherwydd eu bod nhw'n cofio sut, yn llyfr H. G. Wells, *The Invisible Man*, roedd pobl yn gallu arogleuo

cwestiwn cyflym

3.7 Beth oedd cyfyngiad yr egwyddor wirio yn ôl Ayer?

Dyfyniad allweddol

Gwahaniaeth arall y mae'n rhaid i ni ei wneud yw'r gwahaniaeth rhwng ystyr 'cryf' a 'gwan' y term 'gwiriadwy'. Dywedir bod gosodiad yn wiriadwy, yn ystyr cryf y term, os, a dim ond os, byddai'n bosibl gwireddu ei wirionedd yn bendant mewn profiad. Ond mae yn wiriadwy, yn yr ystyr gwan, os yw'n bosibl i brofiad ei wneud yn debygol. **(Ayer)**

Cerflun o Karl Popper ym Mhrifysgol Vienna

Dyfyniad allweddol

'Ond mae yna arddwr, anweledig, anghyffwrdd, anymwybodol o siociau trydan, garddwr heb arogl a heb sŵn, garddwr sy'n dod yn y dirgel i edrych ar ôl yr ardd y mae'n ei charu.' Yn y diwedd mae'r Amheuwr yn anobeithio, 'Ond beth sydd ar ôl o'n honiad gwreiddiol ni? Sut yn union mae'r hyn rwyt ti'n ei alw'n arddwr anweledig, anghyffwrdd, annaliadwy am byth yn wahanol i arddwr dychmygol neu hyd yn oed i ddim garddwr o gwbl?' **(Flew)**

CBAC Astudiaethau Crefyddol U2
Athroniaeth Crefydd

Roedd dameg y garddwr yn dangos y problemau wrth wirio iaith a gwirioneddau crefyddol.

a chyffwrdd y dyn er na allan nhw ei weld.) Ond nid oes sgrechiadau byth i awgrymu bod rhyw dresmaswr wedi cael sioc. Nid yw'r weiren byth yn symud i fradychu dringwr anweledig. Nid yw'r cŵn byth yn udo. Eto mae'r Crediniwr yn dal heb ei argyhoeddi. 'Ond mae yna arddwr, anweledig, anghyffwrdd, anymwybodol o siociau trydan, garddwr heb arogl a heb sŵn, garddwr sy'n dod yn y dirgel i edrych ar ôl yr ardd y mae'n ei charu.' Yn y diwedd mae'r Amheuwr yn anobeithio, 'Ond beth sydd ar ôl o'n honiad gwreiddiol ni? Sut yn union mae'r hyn rwyt ti'n ei alw'n arddwr anweledig, anghyffwrdd, annaliadwy am byth yn wahanol i arddwr dychmygol neu hyd yn oed i ddim garddwr o gwbl?' (*Theology and Falsification*)

Dewisodd Flew yn benodol yr her i fodolaeth Duw o'r dystiolaeth am fodolaeth drygioni a dioddefaint yn y byd. Gofynnodd y cwestiwn pam nad oedd credinwyr crefyddol yn caniatáu i dystiolaeth o'r fath gyfrif yn erbyn eu credoau mewn Duw oedd i fod yn hollgariadus, hollalluog, y nodweddion a gysylltir yn draddodiadol â '**Duw Theïstiaeth Glasurol**'. Dywedodd Flew nad oedd credinwyr fel hyn yn caniatáu i dystiolaeth o'r fath gyfrif yn erbyn eu credoau theïstig ac, o ganlyniad, nid oedd modd anwirio'r credoau hyn (ac felly nid oedden nhw'n ystyrlon), ac maen nhw'n 'marw oherwydd mil o amodau' – gan y byddai'r credinwyr bob amser yn cyfiawnhau tystiolaeth o'r fath gydag ateb 'Wel ie, ond…'.

Medd Flew:

Mae rhywun yn dweud wrthym fod Duw yn ein caru fel y mae tad yn caru ei blant. Rydyn ni'n cael ein sicrhau. Ond wedyn rydyn ni'n gweld plentyn yn marw o ganser y gwddf nad yw'n bosibl ei drin. Mae ei dad daearol yn mynd o'i gof yn ei ymdrechion i helpu ond nid yw ei Dad Nefol yn ymddangos fel pe bai'n poeni o gwbl. Rhoddir rhyw amod: nid yw cariad Duw yn 'gariad dynol yn unig' neu mae'n 'gariad annirnad' efallai – ac rydyn ni'n sylweddoli bod dioddefaint fel hyn yn gallu cyd-fynd â gwirionedd yr honiad bod 'Duw yn ein caru fel tad (ond, wrth gwrs …)'. Rydyn ni'n cael ein sicrhau eto. Ond yna efallai rydyn ni'n gofyn: beth yw gwerth y sicrwydd hwn o gariad Duw (wedi'i amodi'n briodol), yn erbyn beth mae'r warant ymddangosiadol hon yn gwarantu mewn gwirionedd? Beth yn union fyddai'n digwydd nid yn unig (yn foesol ac yn anghywir) i demtio ond hefyd (yn rhesymegol ac yn gywir) i roi hawl i ni ddweud 'Nid yw Duw yn ein caru' neu hyd yn oed 'Nid yw Duw yn bodoli'? Rwyf felly'n rhoi gerbron y bobl ddilynol yn y **symposiwm** y cwestiynau canolog syml, 'Beth fyddai'n gorfod digwydd neu fod wedi digwydd fel y byddech chi'n ei dderbyn yn wrth-brawf o gariad Duw, neu o fodolaeth Duw?' (A. Flew 1950)

Termau allweddol

Duw Theïstiaeth Glasurol: Duw fel mae'n cael ei ddisgrifio mewn crefyddau fel Cristnogaeth, Islam ac Iddewiaeth – Duw y credir ei fod yn meddu ar briodoleddau arbennig fel hollalluogrwydd, hollwybodaeth a natur hollgariadus

Symposiwm: cynhadledd sy'n cael ei chynnal i drafod pwnc neu destun penodol

Cynnwys y fanyleb

Beirniadaeth o wirio: ni ellir gwirio'r egwyddor wirio ei hun; ni ellir gwirio digwyddiadau hanesyddol; datganiadau gwyddonol hollgyffredinol; mae'r cysyniad o wirio eschatolegol yn gwrth-ddweud hyn.

cwestiwn cyflym

3.8 Beth, yng nghyd-destun iaith, oedd ystyr anwirio?

Beirniadaeth o wirio

Er ei bod yn ymddangos bod safbwynt gwirio fel ffordd o brofi pa mor ystyrlon yw iaith yn synhwyrol, a hyd yn oed yn ganmoladwy, nid oedd heb ei broblemau. Daeth yr un fwyaf amlwg ohonyn nhw o'r egwyddor wirio ei hun.

Nid yw 'Ystyr datganiad yw'r dull o wirio'r datganiad hwnnw' yn amlwg yn rhesymegol nac yn cael ei gefnogi gan dystiolaeth empirig – felly nid yw'r datganiad yn wiriadwy! Nid egwyddor hunandrechol yw'r sylfaen ar gyfer adeiladu maen prawf ar gyfer pennu pa mor ystyrlon yw iaith!

Fel roedd Ayer yn cydnabod, mae'r ffaith nad oedd y meini prawf cychwynnol ar gyfer yr egwyddor wirio yn ystyried bod datganiadau hanesyddol neu hyd oed datganiadau gwyddonol hollgyffredinol (mae pob corff yn ehangu wrth wresogi, mae'r haul bob amser yn codi yn y dwyrain, etc.) yn ystyrlon, yn tanseilio ei defnyddioldeb ymhellach. Dyna pam roedd angen i Ayer ddiwygio'r egwyddor fel y gallai ffurf 'gwan' gael ei phennu fyddai'n caniatáu i ddatganiadau o'r fath fod yn ystyrlon.

Gwnaeth yr athronydd crefyddol John Hick sylw arall. Dadleuodd ef fod y cysyniad Cristnogol o Dduw mewn gwirionedd yn wiriadwy mewn egwyddor.

98

Mae Hick yn ysgrifennu:

> Mae dau ddyn yn teithio gyda'i gilydd ar hyd ffordd. Mae un ohonyn nhw'n credu bod y ffordd yn arwain at Ddinas Nefol, y llall nad yw'n arwain i unman; ond gan mai dyma'r unig ffordd, mae'n rhaid i'r ddau fynd ar ei hyd. Nid yw'r un ohonyn nhw wedi bod y ffordd hon o'r blaen, ac felly nid yw'r un ohonyn nhw'n gallu dweud beth byddan nhw'n ei weld rownd pob cornel. Yn ystod eu taith maen nhw'n profi cyfnodau o luniaeth a hyfrydwch, a chyfnodau o galedi a pherygl. Drwy'r amser mae un ohonyn nhw'n meddwl am ei daith fel pererindod i'r Ddinas Nefol ac yn dehongli'r rhannau dymunol fel cefnogaeth a'r rhwystrau fel treialon o'i bwrpas a gwersi mewn dygnwch, wedi'u paratoi gan frenin y ddinas honno ac wedi'u llunio i'w wneud e'n ddinesydd teilwng o'r lle pan fydd yn cyrraedd yno yn y diwedd. Ond nid yw'r llall yn credu dim o hyn ac mae'n gweld eu taith fel crwydriad dibwrpas na ellir ei osgoi. Gan nad oes ganddo ddewis yn hyn o beth, mae'n mwynhau'r pethau da ac yn goddef y pethau drwg. Iddo ef, fodd bynnag, nid oes Dinas Nefol i'w chyrraedd, dim pwrpas hollgwmpasog yn ordeinio eu taith; dim ond y ffordd ei hun a lwc y ffordd mewn tywydd da a drwg. ... Roedd eu dehongliadau cyferbyniol o'r ffordd yn honiadau croes go iawn, er eu bod yn honiadau oedd â'u statws yn meddu ar y nodwedd hynod o gael eu gwarantu, wrth edrych yn ôl, gan bwynt dyrys yn y dyfodol. (*Theology and Verification*)

Gan ddefnyddio ei ddameg o'r daith i'r Ddinas Nefol, mae Hick yn dangos, er nad yw'r wybodaeth am fodolaeth y Duw Cristnogol yn wiriadwy'n ymarferol yn syth, bod yna bosibilrwydd y gall gael ei wirio yn y dyfodol (h.y. ar ôl marwolaeth). Y term am y cysyniad hwn yw **gwirio eschatolegol** (yn llythrennol, 'gwirio yn yr amseroedd olaf').

Mae cydweddiad Hick o'r ffordd i'r Ddinas Nefol yn gweld bod y problemau o wirio iaith grefyddol yn cael ei ateb ar ddiwedd y daith.

Beirniadaeth o anwirio: Richard Hare

Yn debyg iawn i wirio, mae'r syniad o anwirio wedi cael ei feirniadu fel dull athronyddol o bennu pa mor ystyrlonr yw iaith neu gysyniadau. Awgrymodd R. M. Hare, mewn trafodaeth ag Antony Flew a Basil Mitchell, fod y cysyniad o ystyrlonrwydd yn dod o'r effaith yr oedd cred yn ei chael ar unigolyn – nid o natur wiriadwy neu anwiriadwy empirig y gred. Nid oes ots os nad yw eraill yn rhannu'r gred honno. Yn sgil hynny, cynigiodd y syniad o **'bliciau'** – term a fathodd ef i ddisgrifio ffordd o edrych ar ein bywydau a'n profiadau. Awgrymodd Hare fod gan blic y pŵer i effeithio'n radical ar ein hymddygiad a'r berthynas sydd gennym â'r byd (a'r bobl) o'n hamgylch. Yn hyn o beth roedd y 'blic' yn ystyrlon – hyd yn oed os nad oedd yn gallu cael ei anwirio. I egluro hyn, mae Hare yn adrodd dameg y darlithwyr prifysgol a'r myfyriwr paranoid sy'n credu bod y darlithwyr i gyd wedi penderfynu gwneud niwed iddo.

Dyfyniad allweddol

Drwy'r amser mae un ohonyn nhw'n meddwl am ei daith fel pererindod i'r Ddinas Nefol ac yn dehongli'r rhannau dymunol fel cefnogaeth a'r rhwystrau fel treialon o'i bwrpas a gwersi mewn dygnwch, wedi'u paratoi gan frenin y ddinas honno ac wedi'u llunio i'w wneud e'n ddinesydd teilwng o'r lle pan fydd yn cyrraedd yno yn y diwedd. Ond nid yw'r llall yn credu dim o hyn ac mae'n gweld eu taith fel crwydriad dibwrpas na ellir ei osgoi. Gan nad oes ganddo ddewis yn hyn o beth, mae'n mwynhau'r pethau da ac yn goddef y pethau drwg. (Hick)

Termau allweddol

Blic: term a ddefnyddiwyd gan R. M. Hare i ddisgrifio'r safbwynt y gall rhywun ei arddel fydd yn dylanwadu ar y ffordd mae'n byw ei fywyd

Gwirio eschatolegol: honiad John Hick y gall rhai datganiadau crefyddol fod yn wiriadwy yn y dyfodol (h.y. ar ôl marwolaeth). Yn yr ystyr hwn, maen nhw'n 'wiriadwy mewn egwyddor' ac felly dylid eu derbyn fel rhai ystyrlon

Cwestiwn cyflym

3.9 Pam roedd Flew yn ystyried bod credoau credinwyr crefyddol wedi 'marw oherwydd mil o amodau?'

Cynnwys y fanyleb

Beirniadaeth o anwirio: Richard Hare – bliciau (mae'r ffordd y mae person yn gweld y byd yn rhoi ystyr iddynt, hyd yn oed os nad yw pobl eraill yn rhannu'r un safbwynt)

Defnyddiodd Hare yr enghraifft o ddarlithydd prifysgol â'i fryd ar lofruddio i egluro ei syniad o 'blic'.

Cynnwys y fanyleb

Basil Mitchell – y partisan a'r dieithryn (gall rhai pethau fod yn ystyrlon hyd yn oed os nad oes modd eu hanwirio).

cwestiwn cyflym

3.10 Enwch ddau athronydd a gyflwynodd wrthwynebiadau i anwirio fel dull o benderfynu ar ystyrlonrwydd mewn iaith.

Term allweddol

Partisan: person sy'n dal barn wleidyddol arbennig – fel arfer yn cael ei ddefnyddio mewn cysylltiad â'r rheini sy'n dal safbwynt gwrthwynebus i'r pwerau gwleidyddol sy'n rheoli. Yn achos Mitchell yn fwy na thebyg mae'n cyfeirio at y partisaniaid ym mudiad y Gwrthsafiad yn yr Ail Ryfel Byd.

Hoffwn ei gwneud yn glir na fyddaf yn ceisio amddiffyn Cristnogaeth yn benodol, ond crefydd yn gyffredinol – nid oherwydd nad wyf yn credu mewn Cristnogaeth, ond oherwydd na allwch ddeall beth yw Cristnogaeth, nes eich bod wedi deall beth yw crefydd. Mae'n rhaid i mi ddechrau drwy gyfaddef, ar y sail a nodwyd gan Flew, ei fod e'n ymddangos i mi yn gwbl orchfygol. Fe wnaf symud fy achos felly drwy adrodd dameg arall. Mae rhyw ynfytyn yn argyhoeddedig bod pob darlithydd eisiau ei lofruddio. Mae ei ffrindiau yn ei gyflwyno i'r darlithwyr mwyaf addfwyn a pharchus mae'n bosibl dod o hyd iddynt, ac ar ôl i bob un fynd, maen nhw'n dweud, 'Ti'n gweld, dydy e ddim wir eisiau dy lofruddio di; roedd yn siarad â ti mewn ffordd gynnes iawn; rhaid dy fod yn sylweddoli erbyn hyn?' Ond mae'r ynfytyn yn ateb, 'Oedd, ond dim ond am ei fod yn gyfrwys fel y diafol; mewn gwirionedd mae'n cynllwynio yn fy erbyn i drwy'r amser, fel y gweddill ohonyn nhw; dw i'n gwybod, dw i'n dweud wrthoch chi.' Ni waeth faint bynnag o ddarlithwyr cyfeillgar maen nhw'n dod o hyd iddynt, mae'r ymateb yn dal yr un peth. Nawr rydyn ni'n dweud bod person fel hyn wedi'i dwyllo'n feddyliol. Ond am beth mae wedi cael ei dwyllo? Am wirionedd neu anwiredd rhyw honiad? Beth am ddefnyddio prawf Flew. Does dim ymddygiad posibl gan ddarlithwyr y bydd e'n ei dderbyn fel rhywbeth sy'n cyfrif yn erbyn ei ddamcaniaeth; ac felly nid yw ei ddamcaniaeth, ar y prawf hwn, yn honni dim. Ond nid yw'n dilyn nad oes gwahaniaeth rhwng yr hyn mae e'n ei feddwl am ddarlithwyr a'r hyn y mae'r mwyafrif ohonom yn meddwl amdanynt – neu ni fydden ni'n dweud mai ynfytyn yw ef a'n bod ni yn gall, ac ni fyddai gan ddarlithwyr reswm i deimlo'n anghysurus am ei bresenoldeb yn Rhydychen. Gadewch i ni ddweud mai'n *bliciau* ni yw'r ffordd rydyn ni'n wahanol i'r ynfytyn hwn. Mae ganddo ef *blic* gwallgof am ddarlithwyr; mae gennym ni un call. Mae'n bwysig sylweddoli bod gennym ni un call, nid dim *blic* o gwbl; oherwydd mae'n rhaid bod dwy ochr i bob dadl – os oes ganddo ef blic *anghywir*, yna mae'n rhaid bod un cywir gan y rheini sy'n gywir am ddarlithwyr. Mae Flew wedi dangos nad yw *blic* yn golygu honiad neu system o honiadau; serch hynny mae'n bwysig iawn cael y *blic* cywir. (Symposiwm ar Ddiwinyddiaeth ac Anwirio)

Beirniadaeth o anwirio: Basil Mitchell

Yn yr un symposiwm, awgrymodd Basil Mitchell wrth Flew ei fod wedi camddeall yn llwyr safbwynt y credinwyr crefyddol pan ddywedodd Flew nad yw credinwyr crefyddol yn gadael i unrhyw beth gyfrif yn erbyn eu credoau. Dadleuodd Mitchell nad oedd hyn yn wir o gwbl. Dywedodd fod credinwyr crefyddol yn aml yn wynebu heriau i'w cred a hynny gyda thystiolaeth sy'n ymddangos yn groes i'w credoau. Mater o ffydd oedd sut roedd yr unigolyn yn delio â'r heriau hyn ond nid oedd yn wir dweud nad oedd tystiolaeth o'r fath yn cael unrhyw effaith ar y crediniwr. Mae Mitchell yn defnyddio dameg arall, 'Y **Partisan** a'r Dieithryn' i egluro ei bwynt:

Mae erthygl Flew yn dreiddgar a chraff, ond rwyf i'n meddwl bod rhywbeth od am y ffordd mae'n trin achos y diwinydd. Siawns na fyddai'r diwinydd yn gwadu bod bodolaeth poen yn cyfrif yn erbyn yr honiad bod Duw yn caru dynion. Mae'r union anghysondeb hwn yn creu'r broblem ddiwinyddol fwyaf anodd o'r cyfan – problem drygioni. Felly mae'r diwinydd *yn* cydnabod y ffaith bod poen yn cyfrif yn erbyn athrawiaeth Gristnogol. Ond mae'n wir na fydd yn caniatáu i'r broblem – nac unrhyw beth – gyfrif yn bendant yn ei herbyn; gan ei fod wedi ymrwymo gan ei ffydd i ymddiried yn Nuw. Nid agwedd yr arsylwr diduedd sydd ganddo, ond agwedd y crediniwr. Efallai y gellir dangos hyn drwy ddameg arall eto. Adeg y rhyfel mewn gwlad oedd wedi'i meddiannu, mae aelod o'r gwrthsafiad yn cyfarfod un noson â dieithryn sy'n gwneud argraff fawr arno. Maen nhw'n treulio'r noson honno yn sgwrsio â'i gilydd. Mae'r Dieithryn yn dweud wrth y partisan ei fod ef ei hun ar ochr y gwrthsafiad – yn wir ei fod e'n ei reoli, ac mae'n annog y partisan i roi ffydd ynddo beth bynnag sy'n digwydd.

Mae'r partisan wedi'i argyhoeddi'n llwyr o ddidwylledd a theyrngarwch y Dieithryn yn y cyfarfod hwnnw ac mae'n penderfynu ymddiried ynddo. Nid ydynt byth yn cyfarfod mewn amodau mor breifat eto. Ond weithiau mae'r Dieithryn i'w weld yn helpu aelodau o'r gwrthsafiad, ac mae'r partisan yn ddiolchgar ac yn dweud wrth ei ffrindiau, 'Mae ar ein hochr ni'. Weithiau mae i'w weld yn lifrai'r heddlu yn trosglwyddo gwladgarwyr i'r pŵer sy'n meddiannu. Ar yr adegau hyn mae ei ffrindiau yn sibrwd yn ei erbyn; ond mae'r partisan yn dal i ddweud, 'Mae ar ein hochr ni'. Mae'n dal i gredu, er gwaethaf sut mae pethau'n ymddangos, na wnaeth y Dieithryn ei dwyllo. Weithiau mae'n gofyn i'r Dieithryn am gymorth ac yn ei gael. Yna mae'n ddiolchgar. Weithiau mae'n gofyn a ddim yn ei gael. Yna mae'n dweud, 'Y Dieithryn sy'n gwybod orau'. Weithiau mae ei ffrindiau, ar ben eu tennyn, yn dweud, 'Wel, beth *byddai'n* rhaid iddo ei wneud er mwyn i ti gyfaddef yr oeddet ti'n anghywir ac nid yw ar ein hochr ni?' Ond mae'r partisan yn gwrthod ateb. Ni fydd yn cytuno i roi'r Dieithryn ar brawf. Ac weithiau mae ei ffrindiau'n cwyno, 'Wel, os *dyna'r* hyn rwyt ti'n ei olygu drwy ddweud ei fod ar ein hochr ni, gorau po gyntaf yr aiff draw i'r ochr arall.' Nid yw partisan y ddameg yn caniatáu i unrhyw beth gyfrif yn bendant yn erbyn y gosodiad 'mae'r Dieithryn ar ein hochr ni'. Mae hyn oherwydd ei fod wedi ymrwymo i ymddiried yn y Dieithryn. Ond wrth gwrs mae'n sylweddoli bod ymddygiad amwys y Dieithryn *yn* cyfrif yn erbyn yr hyn mae'n ei gredu amdano. Yr union sefyllfa hon sydd i'w chael yn y treial ar ei ffydd. (Symposiwm ar Ddiwinyddiaeth ac Anwirio)

Pwynt Mitchell, felly, oedd bod credoau o'r fath yn golygu 'treial ar ffydd' – prawf ar y credoau crefyddol yr oedd unigolyn yn eu harddel. Ni chafodd y dystiolaeth yn erbyn y credoau ei diystyru, ac ni chollodd y credinwyr ystyrlonrwydd yn eu credoau drwy 'farw oherwydd mil o amodau'. Byddai credu hynny yn camddeall pwrpas a her arddel cred grefyddol. Oherwydd hynny, medd Mitchell, dylai credoau crefyddol, sy'n cael eu mynegi mewn iaith grefyddol, gael eu gweld fel pethau ystyrlon.

Beirniadaeth o anwirio: Richard Swinburne

Ymhellach, nododd Richard Swinburne fod digon o achosion lle roedd iaith ddynol yn cael ei defnyddio mewn ffyrdd oedd yn cael eu derbyn fel rhai ystyrlon gan bobl, hyd yn oed heb y dystiolaeth empirig i gefnogi hynny. Dim ond oherwydd na all syniad gael ei anwirio, nid yw'n golygu, o reidrwydd, y dylai'r syniad hwnnw gael ei ddiystyru'n awtomatig fel un diystyr. Efallai na allwn ni wrthbrofi rhywbeth ond nid yw hynny'n golygu nad yw'r peth hwnnw'n digwydd mewn gwirionedd. Yn wir, gall fod cred bod pethau o'r fath yn digwydd, er gwaetha'r diffyg tystiolaeth naill ai dros neu yn erbyn hynny – a chredir fod syniadau a chredoau fel hyn yn ystyrlon.

Fel tystiolaeth dros hyn, mae Swinburne yn rhoi'r enghraifft o'r 'teganau yn y cwpwrdd' yn dod yn fyw – ac er na allai fod tystiolaeth i gefnogi (neu wrthod) yr honiad hwn – mae'r syniad yn ystyrlon i'r rheini sy'n ei glywed.

Gweithgaredd AA1

Gan ddefnyddio'r wybodaeth am yr heriau i ystyrlonrwydd iaith grefyddol gan bositifiaeth resymegol, lluniwch ddiagram A3 wedi'i ddarlunio sy'n tynnu sylw at brif bwyntiau'r egwyddorion gwirio ac anwirio. Dylai'ch diagram gynnwys lluniau a geiriau allweddol i ddangos eich bod yn deall y ddau gysyniad. Fel her bellach gallech ddewis cyfyngu'r wybodaeth ysgrifenedig ar y diagram i 25 o eiriau.

Mae hyn yn ymarfer sgil AA1 o allu dangos dealltwriaeth gywir o feddwl athronyddol drwy ddewis deunydd perthnasol a chywir.

Dyfyniad allweddol

Y broblem, fodd bynnag, yw bod digon o enghreifftiau o ddatganiadau y mae *rhai* pobl yn barnu eu bod yn ffeithiol nad yw'n ymddangos y gellir eu cadarnhau neu ddad-gadarnhau drwy arsylwi. Er enghraifft: mae rhai o'r teganau sy'n edrych fel pe baent yn aros yn y cwpwrdd teganau wrth i bobl gysgu heb neb yn gwylio, yn codi a dawnsio yng nghanol y nos ac yna'n mynd yn ôl i'r cwpwrdd, heb adael unrhyw olion o'u gweithgarwch. (Swinburne)

Cynnwys y fanyleb

Beirniadaeth o anwirio: Richard Swinburne – teganau yn y cwpwrdd (mae'r cysyniad yn ystyrlon er nad oes modd anwirio'r datganiad).

CBAC Astudiaethau Crefyddol U2
Athroniaeth Crefydd

Sgiliau allweddol

Mae gwybodaeth yn ymwneud â:

Dewis ystod o wybodaeth (drylwyr) gywir a pherthnasol sydd â chysylltiad uniongyrchol â gofynion penodol y cwestiwn.

Mae hyn yn golygu:

- Dewis deunydd perthnasol i'r cwestiwn a osodwyd
- Canolbwyntio ar esbonio ac archwilio'r deunydd a ddewiswyd.

Mae dealltwriaeth yn ymwneud ag:

Esboniad helaeth, gan ddangos dyfnder a/neu ehangder gyda defnydd rhagorol o dystiolaeth ac enghreifftiau gan gynnwys (lle y bo'n briodol) defnydd trylwyr a chywir o destunau cysegredig, ffynonellau doethineb a geirfa arbenigol.

Mae hyn yn golygu:

- Defnydd effeithiol o enghreifftiau a thystiolaeth gefnogol i sefydlu ansawdd eich dealltwriaeth
- Perchenogaeth o'ch esboniad sy'n mynegi gwybodaeth a dealltwriaeth bersonol, NID eich bod yn ailadrodd darn o destun o lyfr rydych wedi ei baratoi a'i gofio.

Datblygu sgiliau AA1

Nawr mae'n bwysig ystyried y wybodaeth sydd wedi'i chyflwyno yn yr adran hon; fodd bynnag, mae'r wybodaeth fel y mae yn llawer rhy helaeth ac felly mae'n rhaid ei phrosesu er mwyn bodloni gofynion yr arholiad. Gallwch wneud hyn drwy ymarfer y sgiliau uwch sy'n gysylltiedig ag AA1. Ar gyfer Amcan Asesu 1 (AA1), sy'n cynnwys dangos sgiliau 'gwybodaeth' a 'dealltwriaeth', rydyn ni am ganolbwyntio ar ffyrdd gwahanol o ddangos y sgiliau yn effeithiol, gan gyfeirio hefyd at sut bydd eich perfformiad ym mhob un o'r sgiliau hyn yn cael ei fesur (gweler disgrifyddion band cyffredinol AA1 ar gyfer U2).

▶ **Dyma'ch tasg nesaf:** Isod mae crynodeb o **Ayer a'r egwyddor wirio**. Mae'n 150 gair o hyd. Y tro hwn, does dim pwyntiau wedi'u hamlygu i nodi'r pwyntiau allweddol i'w dysgu o'r dyfyniad hwn. Trafodwch pa bum pwynt yw'r pwysicaf eu hamlygu yn eich barn chi, ac ysgrifennwch y pwyntiau ar ffurf rhestr.

Wrth iddo wrthod datganiadau metaffisegol, roedd Ayer yn dweud mai diystyr oedd unrhyw ddatganiad nad oedd yn cyd-fynd â'u meini prawf ystyr. Roedd y datganiadau hyn yn cael eu gwrthod gan nad oedd unrhyw ffordd o allu pennu eu 'gwirionedd'. Pa brofiad drwy'r synhwyrau neu resymu rhesymegol allai gael ei ddefnyddio i ddangos gwirionedd yr hyn oedd yn cael ei honni? (Roedd hyn yn golygu gwrthod nid yn unig iaith grefyddol ond hefyd iaith oedd yn ymwneud â moeseg, a datganiadau oedd yn ymwneud ag unrhyw fath o feddwl haniaethol.) Fodd bynnag, roedd Ayer yn cydnabod bod cyfyngiad amlwg i'r egwyddor wirio, yn ôl esboniad y positifiaethwyr rhesymegol. Nid oedd yn gallu ystyried y datganiadau hynny oedd yn cael eu gwneud am bethau oedd yn cael eu derbyn fel rhai ystyrlon er nad oedden nhw'n wiriadwy'n ymarferol yn syth. Wedi sylweddoli hyn aeth Ayer ymlaen i ddatblygu'r egwyddor wirio drwy gynnwys cysyniadau y gallu i wirio yn ymarferol, a'r gallu i wirio mewn egwyddor.

Nawr, defnyddiwch eich pum pwynt i lunio eich crynodeb eich hun (fel yn Thema 1 Datblygu sgiliau) gan geisio gwneud y crynodeb yn fwy personol i'ch arddull ysgrifennu eich hun. Gall hyn hefyd gynnwys aildrefnu'r pwyntiau os ydych yn dymuno gwneud hynny.

1. ....
2. ....
2. ....
4. ....
5. ....

Credai Ayer a'r positifiaethwyr rhesymegol mai'r unig ffordd y gallai iaith gael ei gwneud yn ystyrlon oedd pe gellid ei gwirio mewn rhyw ffordd.

Materion i'w dadansoddi a'u gwerthuso

Pa mor berswadiol yw dadleuon sy'n honni bod iaith grefyddol naill ai'n llawn ystyr neu'n ddiystyr

Awgrymir weithiau bod iaith grefyddol yn cynnwys syniadau sy'n ymddangos yn anarferol mewn perthynas â'n profiadau o'r byd empirig, pob dydd. Mae geiriau ac ymadroddion fel 'Duw', 'Enaid', 'Gwobr dragwyddol' ac 'Achubiaeth i bawb' yn siarad am bethau nad yw'n hawdd eu hadnabod ym mywyd pob dydd bodau dynol. Pa ryfedd felly bod rhai athronwyr wedi awgrymu y dylai iaith fel hon gael ei hystyried yn ddiystyr a bod syniadau o'r fath yn ddim mwy na 'thwyllresymu a rhith'.

Mae archwilio'r dadleuon hyn, sy'n herio ystyrlonrwydd iaith grefyddol, yn caniatáu i ni ystyried pa mor berswadiol ydyn nhw er mwyn argyhoeddi'r rhai sy'n credu, a'r rhai sydd ddim yn credu, y dylai'r hyn maen nhw'n ei honni am iaith grefyddol gael ei gymryd o ddifrif.

Mae'n bosibl dadlau y dylid ystyried bod datganiad, neu ffurf ar iaith, sy'n cysylltu'n amlwg iawn â rhywbeth y gallwch ei brofi'n wrthrychol yn ystyrlon. Os yw person yn honni bod 'adenydd gan aderyn', yna byddai rhywun yn deall bod y person yn cyfeirio at wrthrych, sy'n bresennol ym myd yr anifeiliaid ac sy'n ddiffiniadwy, drwy set gytunedig o feini prawf, a adnabyddir fel 'aderyn'. Ymhellach, gellir adnabod adeiledd ffisiolegol y gwrthrych hwn yn hawdd drwy edrych arno â'r llygad a bod ag ymwybyddiaeth sylfaenol o'r rhannau gwahanol sy'n gwneud corff, yn ogystal â sut mae eu diffinio o ran siâp a swyddogaeth. Byddai'n hawdd wedyn i berson ganfod a oedd gwirionedd neu beidio yn y datganiad bod y gwrthrych 'aderyn' hwn yn wir yn meddu ar nodwedd gorfforol 'adenydd'. Mae honiadau o'r fath, oherwydd ein dealltwriaeth a'n profiadau o'r byd, yn golygu bod iaith sy'n cael ei chyfathrebu fel hyn yn gallu cael ei dehongli, ac felly ei deall, yn hawdd, yn union oherwydd ei bod yn ystyrlon. Dyna safbwynt positifiaeth resymegol, sef y dylai unrhyw iaith y gellir ei lleihau i set o feini prawf gweladwy gael ei deall fel un ystyrlon. Yn yr un modd, mae datganiadau tawtolegol fel 'mae pob merch ddi-briod yn fenyw sydd heb briodi' hefyd, drwy ddiffiniad, yn gallu cael eu deall fel rhai ystyrlon. Yn yr ystyr hwn mae'r maen prawf a bennwyd ar gyfer yr egwyddor wirio, fel roedd y positifiaethwyr rhesymegol wedi ei gynnig, yn ystyrlon ac, fel ffordd o ddeall iaith, yn berswadiol.

Daw'r anhawster wrth i unigolyn wneud honiad fel 'mae gan yr angel adenydd'. Ar yr wyneb, mae hwn yn ymddangos fel yr un fath o ddatganiad â'r un a wnaed yn gynt, ond mae'r anhawster yn dod wrth i rywun geisio diffinio'r gair 'angel'. Yn wahanol i'r aderyn, a all gael ei ddosbarthu'n hawdd fel rhywbeth yn perthyn i'r byd empirig a'i adnabod yn glir drwy set gytunedig o feini prawf, nid yw'n bosibl dweud yr un peth am yr 'angel'. Er y gallwn, fel y nodwyd o'r blaen, ddeall beth yw ystyr y gair 'adenydd', sut rydyn ni'n gwybod bod adenydd angel yn debyg i adenydd aderyn? Mae'r diffyg gwybodaeth wiriadwy am yr angel yn golygu bod datganiad o'r fath yn ddiystyr felly. Nid oes ganddo realiti yn y byd empirig ac nid yw'n bosibl ei brofi gan brofiad drwy'r synhwyrau na dealltwriaeth dawtolegol. Mae positifiaeth resymegol yn cyflwyno achos cryf am ein dealltwriaeth o'r hyn y gellir ei ddeall fel rhywbeth ystyrlon ac felly mae'n berswadiol iawn, wrth ei ddeall yn y ffordd hon.

Th3 Iaith grefyddol

Mae'r adran hon yn cwmpasu cynnwys a sgiliau AA2

Cynnwys y fanyleb
Pa mor berswadiol yw dadleuon sy'n honni bod iaith grefyddol naill ai'n llawn ystyr neu'n ddiystyr.

Pam rydyn ni'n diffinio'r gwrthrych hwn fel aderyn?

Gweithgaredd AA2

Wrth i chi ddarllen drwy'r adran hon ceisiwch wneud y pethau canlynol:

1. Dewiswch y gwahanol ddadleuon sy'n cael eu cyflwyno yn y testun a nodwch unrhyw dystiolaeth gefnogol a roddir.
2. Ar gyfer pob dadl a gyflwynir, ceisiwch werthuso a yw'r ddadl yn un gryf neu wan yn eich barn chi.
3. Meddyliwch am unrhyw gwestiynau yr hoffech chi eu gofyn wrth ymateb i'r dadleuon.

Bydd y gweithgaredd hwn yn eich helpu chi i ddechrau meddwl yn feirniadol am yr hyn rydych chi'n ei ddarllen, ac yn eich helpu i werthuso effeithiolrwydd dadleuon gwahanol, gan ddatblygu eich sylwadau, a'ch barn a'ch safbwyntiau eich hun. Bydd hyn yn eich helpu wrth ddod i gasgliadau y byddwch yn eu gwneud yn eich atebion i'r cwestiynau AA2 sy'n codi.

CBAC Astudiaethau Crefyddol U2
Athroniaeth Crefydd

> ### Cwestiynau allweddol
>
> Beth mae positifiaethwyr rhesymegol yn ei olygu wrth iddyn nhw ddweud bod datganiad yn 'ystyrlon'?
>
> Sut mae dealltwriaeth o iaith fel rhywbeth anwybyddol yn arwain at wrthod positifiaeth resymegol?
>
> Beth yw'r materion allweddol yn ymwneud â dealltwriaeth Braithwaite o iaith grefyddol fel rhywbeth cwbl anwybyddol?

A oes ystyr bob amser i bopeth rydyn ni'n ei ddweud?

> ### Gweithgaredd AA2
>
> Rhestrwch rai casgliadau y byddai'n bosibl dod iddynt ar sail y rhesymeg AA2 yn y testun uchod; ceisiwch gyflwyno o leiaf dri chasgliad gwahanol posibl. Ystyriwch bob un o'r casgliadau a chasglwch dystiolaeth gryno i gefnogi pob casgliad o'r deunydd AA1 ac AA2 ar gyfer y testun hwn. Dewiswch y casgliad sy'n argyhoeddi fwyaf yn eich barn chi ac esboniwch pam mae hyn yn wir. Ceisiwch gyferbynnu hyn â'r casgliad gwannaf ar y rhestr, gan gyfiawnhau eich dadl gyda rhesymu clir a thystiolaeth.

Mae gwrth-ddadl i ddadleuon positifiaeth resymegol yn awgrymu, fodd bynnag, nad yw'r categori hwn ar gyfer deall ystyr mor hollgynhwysol ag y mae'n ymddangos i ddechrau.

Mae trin iaith grefyddol yn y ffordd y mae positifiaethwyr rhesymegol yn ei thrin yn golygu deall bod iaith grefyddol yn wybyddol – hynny yw, mae'n fath o iaith sy'n cynnwys gwybodaeth y gellir ei gwybod yn wrthrychol am y byd allanol, sy'n cael ei brofi'n empirig. Mae athronwyr crefyddol fel R. B. Braithwaite, yn awgrymu bod hyn yn gamddealltwriaeth sylfaenol o bwrpas a swyddogaeth iaith grefyddol. Maen nhw'n awgrymu bod positifiaethwyr rhesymegol wedi 'colli'r pwynt', ac mae hyn yn tanseilio i ba raddau mae eu safbwyntiau yn berswadiol.

Mae Braithwaite, a'r rheini sy'n cytuno bod gan iaith grefyddol swyddogaeth anwybyddol, yn hytrach na gwybyddol, yn dweud bod angen i rywun sylweddoli bod iaith grefyddol yn mynegi agwedd tuag at ffurf ar fywyd er mwyn ei deall. Nid yw'n mynegi 'ffeithiau' am y byd mewn ystyr gwyddonol. Mae'r iaith yn ystyrlon oherwydd ei bod yn effeithio ar y ffordd mae'r person yn dewis byw ei fywyd ac yn ymwneud â'r byd o'i gwmpas, gan gynnwys sut mae'n gweld ei berthynas â bodau dynol eraill.

Mae R. M. Hare yn datglygu'r safbwynt hwn. Awgrymodd ef fod pob person yn meddu ar 'blic' neu ffordd o edrych ar fywyd. Roedd cred grefyddol, a thrwy hynny, iaith grefyddol, yn 'blic' o'r fath, ac roedd yn ystyrlon i'r unigolyn oedd yn dal y 'blic' hwnnw gan iddo ddylanwadu ar bopeth roedden nhw'n ei ddweud ac yn ei wneud. Mae safbwynt o'r fath yn arbennig o berswadiol o feddwl ei bod yn bosibl ystyried bod agwedd person tuag at y byd yn aml yn fwy 'real' iddo na 'ffeithiau' go iawn y byd o'i gwmpas. Ystyriwch sut gall hwyliau person effeithio ar y ffordd mae'n ymwneud ag eraill – hyd yn oed os nad yw'r bobl eraill efallai yn ymddwyn mewn ffordd wahanol. Y prism mae'r person yn gweld y bobl eraill drwyddo (ei 'blic') yw'r hyn sy'n gwneud pethau'n ystyrlon, nid beth yn union sy'n digwydd.

Awgrym astudio

Mae'n hollbwysig yn AA2 eich bod yn cyflwyno ateb sy'n nodi'r materion a godwyd gan y cwestiwn yn llwyddiannus ac yn mynd i'r afael â nhw'n drylwyr. Er mwyn gwneud hyn mae angen i chi wneud yn siŵr bod gennych ddealltwriaeth glir o'r datganiad dan sylw. Cymerwch amser i ddarllen y datganiad yn drylwyr nifer o weithiau, ac ysgrifennwch yn eich geiriau eich hun yr hyn mae'n ei honni yn eich barn chi. Bydd y dull hwn yn eich helpu i sicrhau eich bod yn canolbwyntio ar y pwyntiau perthnasol.

Bydd y cwestiwn a yw rhywun yn derbyn bod iaith grefyddol yn wybyddol neu yn anwybyddol yn dylanwadu gryn dipyn ar a yw'r heriau i'w hystyrlonrwydd yn cael eu barnu'n llwyddiannus. Gall esbonwyr crefyddol anghytuno â honiad Braithwaite y dylid ystyried iaith grefyddol i fod yn hollol anwybyddol, gan efallai byddan nhw'n honni bod iaith grefyddol yn gwneud honiadau am y byd allanol a ddylai gael eu deall yn wybyddol. Er enghraifft, bwriad y datganiad 'Duw yw creawdwr y bydysawd' yw dangos sut daeth y bydysawd ffisegol i fod – yn hytrach na dim mwy nag agwedd sy'n gofyn i gredinwyr crefyddol fabwysiadu dealltwriaeth y dylai'r bydysawd a phopeth sydd ynddo gael ei ystyried fel lle cysegredig, sy'n haeddu cael ei barchu a'i drin yn ofalus. Yn yr un modd, mae honiad y positifiaethwyr rhesymegol mor leiafol fel nad yw'n ystyried yr effeithiau ystyrlon sydd gan gred grefyddol ar fywyd credinwr a'r effaith mae hynny'n ei chael ar y rhai o'i gwmpas hefyd. Nid yw chwaith yn ystyried y ffaith y gall credinwyr crefyddol wneud honiadau ystyrlon a all berswadio pobl eraill, hyd yn oed o gefndir anghrefyddol, i dderbyn eu safbwynt nhw (e.e. fel yn achos tröedigaeth grefyddol).

I ba raddau y dylid derbyn bod Positifiaeth Resymegol yn darparu maen prawf dilys o ran pennu ystyr pan ddefnyddir iaith grefyddol

Roedd mudiad athronyddol positifiaeth resymegol yn ystyried mai eu tasg oedd lleihau pob gwybodaeth yn systematig drwy gyfrwng athroniaeth i fformiwleiddiadau gwyddonol a rhesymegol. Cawsant eu dylanwadu'n gryf gan waith empirwyr cynharach fel Locke a Hume. Cafodd y meddylfryd gwyddonol, oedd yn fwy a mwy ffasiynol ar droad y 19eg ganrif i'r 20fed ganrif, ddylanwad sylweddol hefyd ar feddwl Cylch Vienna, i'r fath raddau fel mai'r meddylfryd hwn oedd yn cael ei hyrwyddo yn eu ffordd o feddwl. Felly, y gofyniad bod pob iaith yn gorfod bod yn destun math gwyddonol o 'ymholiad', sef rhaid ei bod yn wiriadwy yn empirig, a ddaeth yn brif ganolbwynt eu gwaith.

Wrth ystyried sut roedd iaith yn cael ei defnyddio, nodwyd y ffurfiau iaith oedd yn cael eu hystyried yn ddadansoddol a synthetig. Roedden nhw'n credu bod iaith ddadansoddol – yr hyn oedd yn hunanesboniadol neu'n hunanddiffiniol (yn wir drwy ddiffiniad) – yn ffordd ystyrlon o fynegiant, ac yn *a priori* (yn annibynnol ar brofiad) go iawn. Mae datganiadau fel 'mae pob merch ddi-briod yn fenyw sydd heb briodi' yn enghraifft o ddatganiad dadansoddol – ac mae'n hawdd gweld pam roedd y positifiaethwyr rhesymegol yn ystyried hyn yn faen prawf dilys i ddeall 'ystyr' pan oedd iaith yn cael ei defnyddio. Roedd datganiadau tawtolegol a mathemategol yn cael eu derbyn yn yr un modd dan y maen prawf hwn ar gyfer ystyr.

Roedd y math arall o iaith, iaith synthetig, yn cael ei hystyried yn ystyrlon dim ond oherwydd ei bod yn bosibl deall yr iaith, *a posteriori*, gan ei bod yn seiliedig ar arsylwadau uniongyrchol a allai gael eu profi'n empirig. Roedd iaith fel 'roedd yr merch ddi-briod yn gwisgo het goch' yn cael ei gweld yn ystyrlon gan y gallai gael ei phrofi'n hawdd, yn ymarferol, drwy brofiad drwy'r synhwyrau. Roedd datganiadau synthetig yn cyd-fynd yn daclus â'r mathau o arsylwadau oedd yn cael eu gwneud gan y gymuned wyddonol ac felly roedden nhw'n cael eu derbyn â pharodrwydd fel rhai ag ystyr dilys oherwydd eu sail empirig.

Mae'n amlwg y dylai maen prawf o'r fath ar gyfer pennu ystyr yn y defnydd o iaith gael ei dderbyn â pharodrwydd yn y meysydd yr oedd wedi'i fwriadu ar eu cyfer. Daw'r anhawster wrth ddefnyddio'r maen prawf hwnnw mewn meysydd gwybodaeth a gweithgaredd dynol sydd y tu hwnt i'r rheini sydd i'w cael yn hawdd yn y byd allanol y gellir ei arsylwi'n empirig.

Wrth ystyried iaith grefyddol, roedd positifiaethwyr rhesymegol yn ei diystyru fel rhywbeth fyddai'n gallu cyfleu ystyr. Roedd cred grefyddol, sy'n math o weithgaredd metaffisegol, yn hanfodol anwiriadwy. Nid oedd yn cyd-fynd â'r ffurf *a priori* o iaith ddadansoddol gan nad oedd yn rhesymegol amlwg nac yn hunanesboniadol. Yn yr un modd, nid oedd yn cyd-fynd â ffurf synthetig *a posteriori* o iaith, gan ei bod yn mynegi syniadau (e.e. mae Duw yn bodoli) a allai gael eu dirnad yn y byd empirig. Yn y fan hon mae'n werth gofyn y cwestiwn a ddylid gael ei derbyn bod positifiaeth resymegol yn cynnig maen prawf dilys ar gyfer ystyr yn y defnydd o iaith grefyddol? Mae'r farn wedi'i hollti!

I bositifiaethwyr rhesymegol, roedd diffyg cyfatebiaeth cred grefyddol ac iaith grefyddol â'u maen prawf ar gyfer ystyr yn dangos yn glir bod gweithgaredd crefyddol yn hanfodol ddiystyr i'r meddylfryd gwyddonol. Roedd yn rhywbeth na allai gael ei wirio'n empirig ac felly ni ddylai gael ei derbyn ond fel rhywbeth diystyr.

Fodd bynnag, i'r rheini y tu allan i'r mudiad positifiaeth resymegol, roedd y maen prawf ar gyfer ystyr oedd wedi'i bennu ganddynt yn ddiffygiol. Felly nad oedd yn ffordd ddigonol o gynnig maen prawf priodol ar gyfer deall ystyr iaith. Mae beirniaid wedi dadlau'n gryf bod mynnu glynu'n gaeth wrth yr egwyddor wirio yn creu problemau gan na all yr egwyddor ei hun gael ei gwirio.

Cynnwys y fanyleb

I ba raddau y dylid derbyn bod Positifiaeth Resymegol yn darparu maen prawf dilys o ran pennu ystyr pan ddefnyddir iaith grefyddol.

Ai'r dull gwyddonol sy'n dyfarnu'r gwirionedd yn y pen draw?

Gweithgaredd AA2

Wrth i chi ddarllen drwy'r adran hon ceisiwch wneud y pethau canlynol:

1. Dewiswch y gwahanol ddadleuon sy'n cael eu cyflwyno yn y testun a nodwch unrhyw dystiolaeth gefnogol a roddir.
2. Ar gyfer pob dadl a gyflwynir, ceisiwch werthuso a yw'r ddadl yn un gryf neu wan yn eich barn chi.
3. Meddyliwch am unrhyw gwestiynau yr hoffech chi eu gofyn wrth ymateb i'r dadleuon.

Bydd y gweithgaredd hwn yn eich helpu chi i ddechrau meddwl yn feirniadol am yr hyn rydych chi'n ei ddarllen, ac yn eich helpu i werthuso effeithiolrwydd dadleuon gwahanol, gan ddatblygu eich sylwadau, a'ch barn a'ch safbwyntiau eich hun. Bydd hyn yn eich helpu wrth ddod i gasgliadau y byddwch yn eu gwneud yn eich atebion i'r cwestiynau AA2 sy'n codi.

Roedd Ayer yn cwestiynu a oedd y datganiad 'Roedd mynyddoedd ar ochr y lleuad nad yw bodau dynol yn gallu ei gweld' yn osodiad diystyr.

Ceisiodd A. J. Ayer ddelio â her cyfyngiadau'r egwyddor wirio, drwy gynnig newid i'r maen prawf. Hefyd awgrymodd, er ei bod yn hollol iawn cael sefyllfa lle y gellid gwirio rhywbeth yn ymarferol (yr hyn y cyfeiriodd ato nes ymlaen fel ffurf 'cryf' yr egwyddor wirio), ei bod yr un mor dderbyniol sylweddoli nad oedd hyn yn bosibl bob amser; fodd bynnag, roedd modd gwirio rhywbeth mewn egwyddor. Yn ddiweddarach cyfeiriodd at hyn fel ffurf 'gwan' yr egwyddor wirio, gan ei bod yn hysbys drwy ba ddull ac yn ôl pa feini prawf yr oedd modd gwybod beth allai gael ei ddefnyddio i 'wirio' gwirionedd neu anwiredd datganiad arbennig.

Cyfeiriodd Ayer ei hun at y cwestiwn a oedd gan y lleuad fynyddoedd ar yr ochr oedd yn 'anweledig' i ddynion ar y ddaear – oherwydd pan oedd Ayer yn byw, nad oedd modd cadarnhau'r gwirionedd hwn. Serch hynny, roedd yn cydnabod y gallai fod yn bosibl ryw ddiwrnod i long ofod gael ei hadeiladu a fyddai'n galluogi bodau dynol i wirio a oedd mynyddoedd ar ochr anweledig y lleuad. Felly, oherwydd ei bod yn hysbys beth oedd yr amodau lle gallai gwirionedd yr honiad hwn gael ei ddangos, roedd yn cael ei weld fel rhywbeth gwiriadwy mewn egwyddor.

Felly roedd ffurf ddiwygiedig Ayer o'r egwyddor wirio yn caniatáu i ddatganiadau hanesyddol (e.e. ymladdwyd Brwydr Waterloo yn 1815) ac i ddatganiadau gwyddonol hollgyffredinol (mae pob metel yn ehangu wrth gael ei wresogi) fod yn wiriadwy (mewn egwyddor), ac felly byddai modd dweud eu bod nhw'n ystyrlon (nad oedd y ffurf 'cryf' wedi caniatáu ar ei gyfer). Yn y ffordd hon roedd Ayer, fel positifiaethwr rhesymegol, wedi cyflwyno maen prawf ystyr ar gyfer y defnydd o iaith, oedd yn ymddangos yn llawer mwy derbyniol. Yn wir, drwy ymestyn y rhesymu hwn, awgrymodd yr athronydd crefyddol John Hick, pe bai yna fywyd ar ôl marwolaeth, yna byddai gwirionedd bodolaeth Duw yn wiriadwy ar ôl marwolaeth. Daeth hyn i gael ei alw'n 'gwirio eschatolegol' ac mae'n cael ei ystyried yn ffurf o wirio sy'n pennu'r ffaith bod iaith grefyddol yn wir yn ystyrlon.

Dyfyniad allweddol

Enghraifft syml a chyfarwydd o osodiad o'r fath yw'r gosodiad bod mynyddoedd ar ochr bella'r lleuad! Nid oes roced wedi'i dyfeisio eto fyddai'n fy ngalluogi i fynd i edrych ar ochr bella'r lleuad, ac felly ni allaf benderfynu ar y mater drwy arsylwi uniongyrchol. Ond rwy'n gwybod pa arsylwadau fyddai'n ei benderfynu i mi, pe byddwn i, fel sy'n bosibl yn ddamcaniaethol, mewn sefyllfa i'w gwneud nhw. Ac felly rwy'n dweud bod y gosodiad yn wiriadwy mewn egwyddor, os nad yn ymarferol, ac felly mae'n arwyddocaol. **(Ayer)**

Gweithgaredd AA2

Rhestrwch rai casgliadau y byddai'n bosibl dod iddynt ar sail y rhesymeg AA2 yn y testun uchod; ceisiwch gyflwyno o leiaf dri chasgliad gwahanol posibl. Ystyriwch bob un o'r casgliadau a chasglwch dystiolaeth gryno i gefnogi pob casgliad o'r deunydd AA1 ac AA2 ar gyfer y testun hwn. Dewiswch y casgliad sy'n argyhoeddi fwyaf yn eich barn chi ac esboniwch pam mae hyn yn wir. Ceisiwch gyferbynnu hyn â'r casgliad gwannaf ar y rhestr, gan gyfiawnhau eich dadl gyda rhesymu clir a thystiolaeth.

Th3 Iaith grefyddol

Datblygu sgiliau AA2

Nawr mae'n bwysig ystyried y wybodaeth sydd wedi'i chyflwyno yn yr adran hon; fodd bynnag, mae'r wybodaeth fel y mae yn llawer rhy helaeth ac felly mae'n rhaid ei phrosesu er mwyn bodloni gofynion yr arholiad. Gallwch wneud hyn drwy ymarfer y sgiliau uwch sy'n gysylltiedig ag AA2. Ar gyfer Amcan Asesu 2 (AA2), sy'n cynnwys dangos sgiliau 'dadansoddi beirniadol' a 'gwerthuso' rydyn ni am ganolbwyntio ar ffyrdd gwahanol o ddangos y sgiliau yn effeithiol, gan gyfeirio hefyd at sut bydd eich perfformiad ym mhob un o'r sgiliau hyn yn cael ei fesur (gweler disgrifyddion band cyffredinol AA2 ar gyfer U2).

▶ **Dyma'ch tasg nesaf:** Isod mae gwerthusiad ynglŷn â **phositifiaeth resymegol**. Mae'n 150 gair o hyd. Ar ôl y paragraff cyntaf, mae'r casgliad hyd yma wedi'i amlygu mewn lliw melyn. Fel grŵp ceisiwch nodi ble gallech ychwanegu mwy o gasgliadau i weddill y darn wrth iddo ddatblygu. Rhowch gynnig ar hyn.

Mae positifiaeth resymegol wedi awgrymu dull syml o benderfynu ar ystyrlonrwydd unrhyw ddatganiad penodol. Mae'n defnyddio egwyddorion gwyddonol ar ffurf datganiadau y mae'n bosibl eu hystyried fel rhai hunanesboniadol (dadansoddol) a gwiriadwy yn ymarferol drwy ddulliau empirig (synthetig) fel yr unig faen prawf dros bennu ystyr. Credai rhai fod y maen prawf hwn yn rhy gyfyngol gan nad oedd yn gweld yn ystyrlon naill ai datganiadau hanesyddol neu ddatganiadau gwyddonol hollgyffredinol. Y gred oedd bod hynny'n ei danseilio fel dull defnyddiol o bennu ystyr. Felly cafodd ei addasu gan Ayer i gynnwys ffurf wiriadwy yn ymarferol (cryf) a ffurf wiriadwy mewn egwyddor (gwan). Mae athronwyr crefyddol yn nodi y gall rhywbeth gael ei ystyried yn ystyrlon oherwydd yr effaith mae'n ei chael ar unigolyn, yn hytrach na dim ond a yw'n wiriadwy yn empirig. ==Maen nhw wedi dweud bod y positifiaethwyr rhesymegol wedi camddeall pwrpas iaith grefyddol.==

Ar ôl i chi wneud hyn, byddwch yn gweld yn glir ei fod o gymorth yn AA2 i gynnwys crynodeb byr o'r dadleuon wrth i'r gwaith fynd rhagddo, yn hytrach nag aros tan y diwedd i lunio casgliad terfynol. Fel hyn, rydych chi'n dangos eich bod yn cynnal eich gwerthusiad drwy gydol yr ateb yn hytrach nag ailadrodd gwybodaeth a ddysgwyd yn unig.

Sgiliau allweddol

Mae dadansoddi'n ymwneud â:

Nodi materion sy'n cael eu codi gan y deunyddiau yn adran AA1, ynghyd â'r rhai a nodwyd yn adran AA2, ac mae'n cyflwyno safbwyntiau cyson a chlir, naill ai gan ysgolheigion neu safbwyntiau personol, yn barod i'w gwerthuso.

Mae hyn yn golygu:

- Bod eich atebion yn gallu nodi meysydd trafod allweddol mewn perthynas â mater penodol
- Eich bod yn gallu nodi'r gwahanol ddadleuon a gyflwynir gan eraill, a rhoi sylwadau arnyn nhw
- Bod eich ateb yn rhoi sylwadau ar effeithiolrwydd cyffredinol pob un o'r meysydd neu ddadleuon hyn.

Mae gwerthuso'n ymwneud ag:

Ystyried goblygiadau amrywiol y materion sy'n cael eu codi, yn seiliedig ar y dystiolaeth a gafwyd wrth ddadansoddi ac mae'n rhoi dadl fanwl eang gyda chasgliad clir.

Mae hyn yn golygu:

- Bod eich ateb yn pwyso a mesur canlyniadau derbyn neu wrthod y dadleuon amrywiol a gwahanol a gafodd eu dadansoddi
- Bod eich ateb yn dod i gasgliad drwy broses rhesymu clir.

Roedd y positifiaethwyr rhesymegol yn holi beth oedd pwrpas iaith grefyddol.

CBAC Astudiaethau Crefyddol U2
Athroniaeth Crefydd

Mae'r adran hon yn cwmpasu cynnwys a sgiliau AA1

Cynnwys y fanyleb
Cyfrannedd a phriodoli (Sant Thomas Aquinas) a goleddfu a datgelu (Ian Ramsey).

Thomas Aquinas (1225–1274)

Termau allweddol
Yn amwys: lle mae mwy nag un ystyr, fel arfer yng nghyd-destun gair neu ymadrodd

Yn ddiamwys: lle mae gan rywbeth un ystyr hollgyffredinol a diamwys

Traethu: dweud neu honni rhywbeth sy'n gychwyn neu'n sail i ddadl

cwestiwn cyflym

3.11 Yn ôl Aquinas, beth oedd y ddwy ffordd yr oedd iaith yn cael ei defnyddio fel arfer?

C: Iaith grefyddol yn anwybyddol a chydweddiadol

Cyfrannedd a phriodoli (Sant Thomas Aquinas)

Ymhell cyn y dadleuon am ystyrlonrwydd iaith grefyddol gan Gylch Vienna, roedd y defnydd o eiriau yn y berthynas rhwng Duw a dyn yn cael ei ystyried gan athronwyr yr Oesoedd Canol. Un o'r rhai pwysicaf o'r cyfranwyr hyn oedd Sant Thomas Aquinas. Mewn nifer o'i weithiau, roedd yn ystyried swyddogaeth iaith a sut y gallen ni ddeall mwy am ddirgelion y natur ddwyfol. Roedd Duw, yn ôl ysgrifau Aquinas, yn amhosibl ei adnabod yn y bôn. Fodd bynnag, gallai rhai priodweddau gael eu priodoli i Dduw, a thasg y credinwyr oedd datblygu mewnweledigaethau dwysach ohono drwy fyfyrio ar y greadigaeth ac ar ddysgeidiaethau'r ysgrythur sanctaidd a'r Eglwys.

Roedd Aquinas yn cydnabod bod iaith yn aml yn cael ei defnyddio mewn dwy brif ffordd – **yn ddiamwys** ac **yn amwys**. Pan ddefnyddir iaith yn ddiamwys, mae'n cael ei defnyddio yn yr ystyr bod yr un term yn golygu'r un peth, beth bynnag yw'r cyd-destun. Mewn geiriau eraill, roedd yna un term oedd yn meddu ar un ystyr yn union a'r un ystyr unfath, pryd bynnag a ble bynnag roedd yn cael ei ddefnyddio. Er enghraifft, wrth i mi ddefnyddio'r gair 'carped' rwy'n golygu'r un peth wrth ei roi mewn cyd-destunau gwahanol: 'carped y llofft'; 'y carped yn y mosg'; 'carped y garafán'; 'y carped sydd ar werth yn y siop garpedi'. Ym mhob un o'r achosion hyn rwy'n cyfeirio at orchudd llawr sydd fel arfer wedi'i wneud o ddefnydd trwchus gweuedig.

Awgrym astudio

Ceisiwch wneud rhestr o sut mae geiriau'n cael eu defnyddio'n ddiamwys ac amwys i'ch helpu i esbonio syniadau Aquinas.

Mae Aquinas yn ysgrifennu:

Mae'n amlwg felly na all dim gael ei **draethu** yn ddiamwys am Dduw a phethau eraill ... Nawr, nid yw ffurfiau'r pethau a wnaeth Duw yn cymharu â thebygrwydd penodol i'r grym dwyfol; gan fod y pethau a wnaeth Duw yn derbyn mewn ffordd ranedig ac arbennig yr hyn sydd i'w ganfod ynddo Ef mewn ffordd syml a hollgyffredinol. Mae'n amlwg, felly, na all dim gael ei ddweud yn ddiamwys am Dduw a phethau eraill... Eto, mae'r hyn a draethir am lawer o bethau yn ddiamwys yn symlach na'r ddau ohonynt, o leiaf o ran y cysyniad. Nawr, ni all dim fod yn symlach na Duw naill ai mewn realiti neu mewn cysyniad. Nid oes dim, felly, yn cael ei draethu'n ddiamwys am Dduw a phethau eraill... Nawr nid oes dim yn cael ei draethu am Dduw a chreaduriaid fel pe baent o'r un dosbarth ond, yn hytrach, yn ôl blaenoriaeth ac olafiaeth. Oherwydd bod pob peth yn cael ei draethu am Dduw yn ei hanfod. Gan y gelwir Duw yn fod gan mai Ef yw endid ei hun, ac fe'i gelwir yn dda gan mai Ef yw daioni ei hun. Ond mewn bodau eraill mae traethiadau'n cael eu gwneud drwy gyfranogiad, fel y dywedir mai dyn yw Socrates, nid oherwydd mai dynoliaeth ei hun ydyw, ond oherwydd ei fod yn meddu ar y natur ddynol. Mae'n amhosibl, felly, y gall unrhyw beth gael ei draethu'n ddiamwys am Dduw a phethau eraill. (*Contra Gentiles*, 32)

Roedd defnyddio iaith yn amwys yn golygu defnyddio'r un term ond bod ganddo ystyron hollol wahanol yn ôl cyd-destun y defnydd. Er enghraifft, pan ddefnyddiaf y gair 'set', gallwn fod yn cyfeirio at ddyfais fathemategol, teledu, lle i berfformio drama, ffordd o wneud gwallt, un o sgiliau gymnasteg, etc. Yma mae'r cyd-destun

108

yn newid ystyr y gair. Yn wir, heb ddeall cyd-destun penodol defnyddio'r gair, ni fyddai gen i fewnweledaid i ystyr y gair 'set'.

Gall fod ystyr gwahanol i'r gair 'set' os yw'n cael ei gysylltu â 'teledu' a 'ffilm'.

Mae Aquinas yn mynd yn ei flaen:

> O'r hyn a ddywedwyd gennym mae'n ymddangos yn yr un modd nad yw popeth a draethwyd am Dduw a phethau eraill yn cael eu dweud mewn modd hollol amwys, yn null amwyseddau drwy ddamwain ... Felly, nad yn null amwysedd pur y mae rhywbeth yn cael ei draethu am Dduw a phethau eraill. At hynny, lle y ceir amwysedd pur, nid oes tebygrwydd yn y pethau eu hunain; dim ond undod o ran enw sydd. Ond, fel sy'n amlwg o'r hyn rydyn ni wedi ei ddweud, mae yna fath o debygrwydd arbennig rhwng pethau a Duw. Mae'n aros, felly, nad yw enwau'n cael eu dweud am Dduw mewn ffordd hollol amwys. Ymhellach, pan fydd un enw'n cael ei draethu am sawl peth mewn ffordd gwbl amwys, ni allwn drwy'n gwybodaeth am un ohonynt gael ein harwain at wybodaeth am y llall; oherwydd nad yw gwybodaeth am bethau'n dibynnu ar eiriau, ond ar ystyr enwau. Nawr, o'r hyn rydyn ni'n ei ganfod mewn pethau eraill, rydyn ni'n cyrraedd gwybodaeth am bethau dwyfol, fel sy'n amlwg o'r hyn rydyn ni wedi ei ddweud. Nid yw enwau o'r fath, felly, yn cael eu dweud am Dduw a phethau eraill mewn modd cwbl amwys. Eto, mae amwysedd mewn enw yn rhwystro'r broses resymu. Felly, pe byddai dim byd yn cael ei ddweud am Dduw a chreaduriaid heblaw mewn modd cwbl amwys, ni allai unrhyw resymu sy'n mynd o greaduriaid i Dduw ddigwydd. (*Contra Gentiles*, 33)

Yn amlwg, nid oedd y ddau ddefnydd hyn o iaith o gymorth i'r credinwyr oedd yn ceisio cael mewnweledaid dyfnach i natur Duw. Ar y naill law, ni fyddai'n bosibl i iaith ddiamwys ddisgrifio Duw – mae Duw mor wahanol i ni fel y byddai unrhyw ddefnydd o air diamwys yn gwbl annigonol. Yn yr un modd, byddai defnyddio iaith amwys yn ein gosod ble bydden ni'n gwybod bod ystyr gwahanol i'r gair ond ni fyddai gennym ffrâm gyfeirio neu gyd-destun dealladwy i esbonio beth oedd ei ystyr – ac os felly, man a man i'r gair fod yn air nonsens.

Yn y diwedd penderfynodd Aquinas ddefnyddio **cydweddiad**. Roedd cydweddiad yn cynnig tir canol oherwydd ei fod ar y naill law'n cael ei dderbyn bod rhan o'r hyn oedd yn cael ei ddweud yn cael ei ddeall yn amherffaith (ac i Aquinas, ni fyddai Duw byth yn gallu cael ei ddeall yn llawn gan fodau dynol gan fod bodau dynol yn rhy gyfyngedig a Duw yn rhy fawr). Ar y llaw arall, roedd y gwrthrych roedd rhywun yn cyfeirio ato wrth wneud y cydweddiad yn gallu cael ei ddeall yn llawn, ac roedd angen hyn er mwyn i'r cydweddiad weithio. (Enghraifft oriadurwr Paley yw un o'r defnyddiau mwyaf nodedig o gydweddiad yn hanes athroniaeth crefydd. Bu'n destun llawer o drafod am ba mor effeithiol yw hyn o ran dangos y cydberthyniad tybiedig rhwng mecanwaith cymhleth wedi'i ddylunio gan fod dynol deallus a'r bydysawd cymhleth wedi'i ddylunio gan fod dwyfol deallus.) Un o brif nodweddion cydweddiad llwyddiannus oedd sicrhau bod rhyw gysylltiad neu berthynas rhwng y ddau beth oedd yn cael eu cymharu.

I Aquinas, Duw oedd ffynhonnell pob bodolaeth, ffynhonnell pob creadigaeth. Mae'r hanes yn yr ysgrythur Iddewig-Gristnogol 'Genesis' yn cynnwys cyfeiriad uniongyrchol at Dduw yn gwneud bodau dynol ar ei ddelw ef (Gen 1:26 – 'Gwnawn ddyn ar ein delw, yn ôl ein llun ni'). I Aquinas, felly, roedd cysylltiad

---

Th3 Iaith grefyddol

Dyfyniadau allweddol

Oherwydd bod pob peth yn cael ei draethu am Dduw yn ei hanfod. Gan y gelwir Duw yn fod gan mai Ef yw endid ei hun, ac fe'i gelwir yn dda gan mai Ef yw daioni ei hun. Ond mewn bodau eraill mae traethiadau'n cael eu gwneud drwy gyfranogiad, fel y dywedir mai dyn yw Socrates, nid oherwydd mai dynoliaeth ei hun ydyw, ond oherwydd ei fod yn meddu ar y natur ddynol. Mae'n amhosibl, felly, y gall unrhyw beth gael ei draethu'n ddiamwys am Dduw a phethau eraill. (**Aquinas**)

Ond, fel sy'n amlwg o'r hyn rydyn ni wedi ei ddweud, mae yna fath o debygrwydd arbennig rhwng pethau a Duw. Mae'n aros felly nad yw enwau'n cael eu dweud am Dduw mewn ffordd hollol amwys. Ymhellach, pan fydd un enw'n cael ei draethu am sawl peth mewn ffordd gwbl amwys, ni allwn drwy'n gwybodaeth am un ohonynt gael ein harwain at wybodaeth am y llall; oherwydd nad yw gwybodaeth am bethau'n dibynnu ar eiriau, ond ar ystyr enwau. (**Aquinas**)

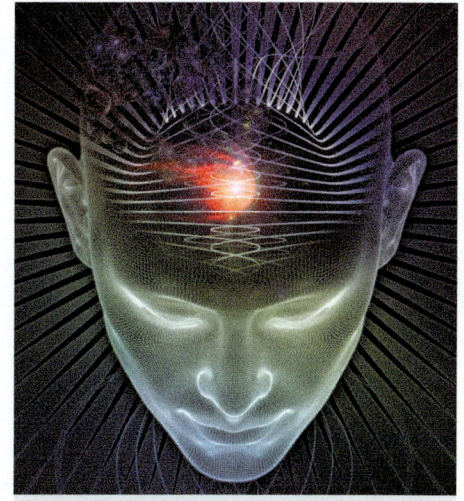

Mae iaith gydweddiadol yn cynnig mewnweledaid i'r credinwyr yn ôl Aquinas.

Term allweddol

Cydweddiad: lle mae rhywbeth (sy'n hysbys) yn cael ei gymharu â rhywbeth arall (fel arfer rhywbeth anhysbys), er mwyn esbonio neu egluro.

CBAC Astudiaethau Crefyddol U2
Athroniaeth Crefydd

cwestiwn cyplym

3.12 Beth yw ystyr y term 'cydweddiad cyfrannedd'?

Dyfyniad allweddol

O'r hyn rydyn ni wedi ei ddweud, felly, mae'n aros nad yw'r enwau a ddywedir am Dduw a chreaduriaid yn cael eu traethu yn ddiamwys nac yn amwys ond yn gydweddiadol, hynny yw yn ôl trefn neu gyfeiriad at rywbeth ... Drwy hyn, felly, oherwydd ein bod yn dod at wybodaeth am Dduw o bethau eraill, mae'r realiti yn yr enwau a ddywedir am Dduw a phethau eraill yn perthyn drwy flaenoriaeth i Dduw yn ôl ei ffordd Ef o fod, ond mae ystyr yr enw yn perthyn i Dduw drwy olafiaeth. Ac felly dywedir ei fod Ef wedi'i enwi o'i feddiannau Ef.
(Aquinas)

Mae deallusrwydd llwynogod a bodau dynol yn wahanol mewn cyfrannedd â'i gilydd.

Termau allweddol

Cyfrannedd: yn ymwneud â gwerth cymharol rhywbeth yn ôl ei natur

Priodoli: yn ymwneud â'r nodwedd neu'r priodoledd y mae gwrthrych yn meddu arno

pendant rhwng bodau dynol a Duw. Felly, roedd yn dilyn y gallai siarad am Dduw gael ei ddeall drwy gyfeirio at ein dealltwriaeth o beth mae'n ei olygu i fod yn ddynol – o ran y natur ddynol a phwrpas dynoliaeth.

Cydweddiad cyfrannedd

Roedd Aquinas yn credu bod dosbarthiadau gwahanol o bethau yn byw yn y bydysawd. Roedd y rhain yn hierarchaidd o ran eu statws. Felly, er enghraifft, byddai Duw'n cael ei ystyried uwchlaw'r holl greadigaeth (yn ogystal â'i tharddiad). Roedd bodau dynol yn is na Duw, ond yn uwch nag anifeiliaid. Roedd anifeiliaid yn uwch na phlanhigion, ac yn y blaen. Felly, roedd pob dosbarth yn meddu ar nodweddion arbennig oedd yn addas i'w statws yn yr hierarchaeth, er y gallai'r un ansoddair gael ei ddefnyddio.

Er enghraifft, gallen ni ystyried beth mae'n ei olygu i fod dynol fod yn ddeallus ac i anifail, er enghraifft llwynog, fod yn ddeallus. Mae'r ddau hyn mewn safleoedd gwahanol yn y drefn a grëwyd ac felly, yn ôl Aquinas, dylen ni ystyried beth rydyn ni'n ei olygu wrth ddefnyddio'r term 'natur ddeallus' ar gyfer y ddau. Yn amlwg mae yna nodweddion cyffredin yn y defnydd o'r gair (yn gysylltiedig â gallu, barn, greddf, etc.), ond nid ydyn ni'n cymryd y term 'natur ddeallus' i feddwl yn union yr un peth wrth ei ddefnyddio ar gyfer bod dynol a llwynog. Mae'r deallusrwydd yn gymharol. Mae hefyd yn briodol. Yn yr ystyr hwn, gallwn ni weld y cysylltiad ond rydyn ni'n deall bod gwahaniaeth – mewn **cyfrannedd** â'r realiti y mae'r peth rydyn ni'n siarad amdano yn meddu arno. Mewn geiriau eraill, mae bod dynol yn ddeallus yn y ffordd mae'n briodol i fod dynol fod yn ddeallus; mae llwynog yn ddeallus yn y ffordd mae'n briodol i lwynog fod yn ddeallus.

I roi hynny mewn ffordd arall eto:

- Mae bod dynol yn ddeallus mewn cyfrannedd â'r hyn y mae'n ei olygu i fod dynol fod yn ddeallus.
- Mae llwynog yn ddeallus mewn cyfrannedd â'r hyn y mae'n ei olygu i lwynog fod yn ddeallus.

I Aquinas, felly, roedd yn bosibl siarad yn gydweddiadol am Dduw drwy gyfeirio at rinweddau dynol. Felly, roedd dweud bod Duw yn 'Dda' yn gwneud synnwyr yn gydweddiadol gan ein bod ni'n deall yr hyn y mae'n ei olygu i fod dynol fod yn dda. Felly:

- Mae bod dynol yn dda mewn cyfrannedd â'r hyn y mae'n ei olygu i fod dynol fod yn dda.
- Mae Duw yn dda mewn cyfrannedd â'r hyn y mae'n ei olygu i Dduw fod yn dda.

Cydweddiad priodoli

Yr ail ffordd gydweddiadol yr oedd Aquinas yn credu ei bod yn bosibl siarad am Dduw yn ystyrlon, oedd drwy gydweddiad **priodoli**. Priodoledd yw nodwedd neu briodwedd sydd gan rywbeth. Priodoleddau cyffredin i ddisgrifio bodau dynol fyddai geiriau fel 'da'; 'cariadus'; 'doeth', etc.

Fodd bynnag, roedd Aquinas yn credu bod y priodoleddau hyn wedi'u hysbrydoli'n ddwyfol bob amser. Dim ond oherwydd eu bod yn dod oddi wrth Dduw y gall bodau dynol fod yn dda. Daioni Duw yw'r priodoledd, ac mae bodau dynol sydd wedi dod oddi wrth Dduw (fel y greadigaeth gyfan) yn dda felly, yn yr ystyr bod y daioni hwnnw yn dod oddi wrth Dduw. Nid yw bodau dynol yn dda yn annibynnol ar Dduw ond maen nhw'n dda oherwydd eu bod yn dibynnu ar Dduw.

I wneud hyn yn gliriach, ystyriwch y gair 'iach'. Os wyf yn dweud bod anifail mewn iechyd da, gallwn i briodoli fy niffiniad o'r anifail fel un sydd ag iechyd da oherwydd fy mod i'n gwybod bod ei waed yn iach, ei ddeiet yn iach, ac mae'n cael digon o ymarfer i fod yn iach. Nid yw'r un o'r tri pheth hyn yn 'iach' ynddynt eu hunain (h.y. nid yw gwaed yn 'iach' ynddo'i hun; nid yw 'deiet' yn gynhenid 'iach' na chwaith ymarfer), ond maen nhw'n 'iachus' oherwydd y berthynas sydd ganddyn nhw â'r anifail. Dyna pam mae rhai athronwyr yn cyfeirio at hyn fel cydweddiad cyfeirio.

Felly, oherwydd y berthynas hon, lle mae'r priodoledd yn dod oddi wrth Dduw, wrth siarad am Dduw mewn unrhyw un o'r ffyrdd hyn (cyhyd â bod y rhinwedd ddynol sy'n cyfateb yn cael ei deall), yna mae'n bosibl cael mewnwelediad i'r hyn y mae'n ei olygu mewn perthynas â Duw.

Dyfyniad allweddol

O ganlyniad, mae rhai yn dal bod ystyron y termau hyn yn golygu gwahanol effeithiau dwyfol cyfatebol: oherwydd maen nhw'n dal, pan ydyn ni'n dweud *bod Duw yn dda*, ein bod ni'n mynegi hanfod Duw ynghyd ag effaith gysylltiedig, a'r ystyr yw *bod Duw yn ddaioni ac yn achosi daioni*, fel bod y gwahaniaeth yn y priodoleddau hyn yn deillio o'r gwahaniaeth yn ei effeithiau ef. Ond nid yw hyn yn ymddangos yn gywir: oherwydd wrth weld bod effaith yn symud ymlaen yn debyg i'w hachos, mae'n rhaid i ni ddeall mai fel hyn yw achos cyn i ni ddeall mai fel hyn yw ei effeithiau. Felly nad elwir Duw yn ddoeth oherwydd mai ef yw achos doethineb: ond oherwydd ei fod yn ddoeth, felly mae'n achosi doethineb. Oherwydd hynny mae Awstin yn dweud (*De Doct. Christ.* ii, 32) *oherwydd bod Duw yn dda, felly yr ydym yn bodoli, a chan ein bod yn bodoli yr ydym yn dda*. At hynny, yn ôl y safbwynt hwn, byddai'n dilyn bod y mynegiannau hyn yn cael eu priodoli i'r creadur cyn y Creawdwr: yn union fel y mae iechyd yn cael ei briodoli gyntaf i ddyn iach ac wedyn i'r hyn sy'n rhoi iechyd, gan fod yr ail beth yn cael ei alw'n iach drwy iddo fod yn achos iechyd. Eto pan ddywedwn fod *Duw yn dda* nid ydym yn golygu mwy na *mae Duw yn bodoli ac ef yw achos daioni*. **(Aquinas)**

Goleddfu a datgelu (Ian Ramsey)

Yn 1957 ysgrifennodd Ian Ramsey, a ddaeth yn Esgob Durham yn ddiweddarach, ei waith mwyaf enwog efallai, *Religious Language*. Yn hwn roedd yn dymuno archwilio sut roedden ni'n defnyddio iaith a sut roedd e'n teimlo y dylai gael ei deall. Credoau Ramsey ei hun, o'r hyn y gallwn gasglu o'r gwaith hwn a gweithiau diwinyddol eraill ganddo, oedd bod pob profiad yn brofiad crefyddol yn y bôn oherwydd, iddo ef, roedd pob profiad yn ei hanfod yn gyfarfyddiad parhaus rhwng Duw a'i greadigaeth. Drwy'r fframwaith arbennig hwn y datblygodd Ramsey ei ddysgeidiaethau nodweddiadol ynghylch '**datgelu**'.

I Ramsey, roedd yr iaith grefyddol oedd yn tyfu allan o sefyllfaoedd crefyddol yn dod yn ddatguddiol oherwydd y cyfeirir at y profiadau crefyddol amrywiol hynny fel datgeliadau – eiliadau pan fyddai'r person yn aml yn gallu amgyffred dealltwriaeth o'r dwyfol (er nad oedd pob eiliad o ddatgelu yn cael ei hystyried yn grefyddol). Yn hytrach, eiliadau oedd y rhain nid yn unig pan oedd yr eiliad arwynebol ei hun yn cael ei gwerthfawrogi ond hefyd pan oedd sylweddoliad bod rhywbeth arall yn digwydd, rhywbeth nad oedd yn bosibl ei ddisgrifio'n hawdd mewn iaith arferol. Yr hyn oedd yn gyffredin hefyd yn yr eiliadau hyn o ddatgelu oedd faint o ymrwymiad roedden nhw'n ei ennyn yn yr unigolyn. Er mwyn ceisio gwneud synnwyr o hyn, datblygodd Ramsey ei syniad o 'fodelau'.

Yn seiliedig ar ddadl yr athronydd Max Black am fodelau mewnwelediad a'i syniad penodol am fodelau analog, mae Ramsey yn ailenwi'r rhain yn fodelau datgelu. Credai ef mai dyma'r ffordd nodweddiadol yr oedd iaith grefyddol yn gweithredu. Gan gyfeirio at y termau allweddol a ddefnyddir am Dduw, oedd yn gyffredin drwy'r Beibl Cristnogol, fel Tad, Bugail, Brenin a Chraig, roedd Ramsey'n adnabod ym mhob un o'r termau hyn safbwynt arbennig am realiti yr oedd y credinwr yn ymrwymo iddo (h.y. mae tad, a bugail, yn amddiffyn; mae brenin yn amddiffyn ac yn rheoli; ond mae craig hefyd yn cynnig cryfder a sefydlogrwydd, yn ogystal â bod yn sylfaen gadarn i adeiladu arno).

Fodd bynnag ar eu pennau eu hunain roedden nhw'n dal yn ffyrdd annigonol o gyfeirio'n iawn at Dduw. Dyna pam roedd Ramsey'n credu bod angen i ni ddefnyddio **goleddfwyr** – geiriau neu ymadroddion a allai gael eu hychwanegu at y termau cynharach hyn er mwyn rhoi iddynt y rhinwedd a'r syniad eu bod yn fwy na'r hyn roedd eu realiti arferol yn ei gynrychioli. Felly roedd geiriau

Dadleuodd Aquinas fod bwyd yn iachus dim ond yn yr ystyr ei fod yn un o achosion iechyd da mewn pobl drwy briodoli; ynddo'i hun bwyd yn unig ydyw.

cwestiwn cyflym

3.13 Beth, i Ramsey, mewn perthynas ag iaith, oedd goleddfwyr?

Dyfyniad allweddol

Problem ganolog diwinyddiaeth yw sut i ddefnyddio, sut i oleddfu iaith arsylwadol fel ei bod yn offeryn priodol ar gyfer yr hyn sy'n rhannol yn mynd y tu hwnt iddi – y sefyllfaoedd y mae diwinyddiaeth wedi'i seilio ynddynt. **(Ramsey)**

Termau allweddol

Datgelu: lle mae rhywbeth yn cael ei wneud yn hysbys lle o'r blaen roedd yn gudd neu'n anhysbys

Goleddfwr: term a ddefnyddiwyd gan Ramsey lle mae gair neu ymadrodd yn cael ei ddefnyddio i roi ystyr dyfnach i'r model y mae'r goleddfwr fel arfer yn ei ddilyn yn Gymraeg neu yn mynd o'i flaen yn Saesneg

CBAC Astudiaethau Crefyddol U2
Athroniaeth Crefydd

Mae'r syniad o Dduw fel y Brenin Hollalluog yn enghraifft o ddatgeliad wedi'i oleddfu.

ac ymadroddion fel 'trosgynnol', 'hollalluog', 'tragwyddol a 'hollgariadus', yn ychwanegu dimensiwn newydd at y termau hyn drwy eu 'goleddfu' mewn perthynas â Duw. Daeth y tad i fod 'y Tad Hollalluog', y Bugail 'y Bugail hollgariadus', etc. Gyda'r goleddfiadau hyn, 'mae'r geiniog yn syrthio, mae'r golau'n gwawrio' (Ramsey) ac mae'r crediniwr yn cael ei dynnu i mewn i ddatgelu ystyrlon drwy iaith grefyddol.

Gweithgaredd AA1

Ar ôl darllen yr adran am Ramsey, gwnewch nodyn o dystiolaeth ac enghreifftiau y gallwch eu defnyddio i esbonio ei syniadau am oleddfwyr a datgelu. Gallai hyn eich helpu i gael y lefel AA1 orau posibl mewn ateb arholiad (disgrifyddion lefel AA1 B5).

Ian Ramsey (1915–1972)

Cynnwys y fanyleb
Heriau gan gynnwys i ba raddau y gall cydweddiadau gynnig mewnwelediad ystyrlon i iaith grefyddol.

Dyfyniad allweddol

At y dibenion presennol, fodd bynnag, gallwn ni ganfod pynciau canolog rheolaidd gwaith Ramsey. I ddechrau dyna ei honiad bod iaith grefyddol yn tyfu o 'sefyllfaoedd crefyddol', sy'n cael eu disgrifio fel arall fel sefyllfaoedd o 'ddatgelu cosmig', lle mae 'amgyffred nodweddiadol' yn digwydd ac mae 'ymrwymo nodweddiadol' yn cael ei wneud. Gan mai bwriad hyn yw egluro tarddiad iaith grefyddol, yn y drafodaeth hon byddwn ni'n defnyddio'r term 'y pwnc cynhyrchiol'. Yn ail, dyna honiad Ramsey bod iaith grefyddol yn cynnwys 'modelau'. Swyddogaeth y modelau yw cyfarwyddo'r gwrandäwr i fynd ymlaen yn ddychmygus mewn ffordd benodol hyd nes (o bosibl) y bydd datgelu yn digwydd iddo. Gan mai bwriad hyn yw dangos sut mae iaith crefydd yn gweithredu mewn perthynas â'r datgeliadau, byddwn ni'n defnyddio'r term 'y pwnc gweithredol'.

(**McClendon a Smith**)

Heriau

Mewn llawer ffyrdd, mae cydweddiad yn ffordd ddefnyddiol o helpu i gael mewnwelediad i ystyrlonrwydd iaith grefyddol, ond mae cyfyngiadau iddo hefyd.

I ddechrau, fel y gwnaeth Hume gydnabod yn ei *Dialogues concerning Natural Religion*, dim ond cystal â'r pwynt lle mae'r ddau beth sy'n cael eu cymharu yn debyg y mae cydweddiad. Y broblem i iaith grefyddol oedd a ydyn ni'n gwybod beth rydyn ni'n ei olygu wrth i ni ddefnyddio'r gair 'Duw'? Roedd hyn yn ganolog i'r pryderon a gododd Cylch Vienna, Sut rydyn ni'n 'gwybod' (yn yr ystyr o allu mesur yn empirig yr hyn rydyn ni'n siarad amdano) beth yw 'Duw'? Oherwydd, os na allwn ni wneud hyn i ryw raddau, yna mae ein pwynt cymharu yn methu. Os yw hyn yn methu, mae'r cydweddiad yn methu hefyd, a thrwy hynny mae'n gwneud iaith gydweddiadol nid yn unig yn ddiystyr ond, mewn ystyr go iawn, yn ddiddefnydd – o ran siarad am Dduw.

Mae Aquinas a Ramsey yn rhagdybio bodolaeth Duw ac felly, gyda rhagdybiaeth o'r fath, mae gan eu honiadau am gydweddiad rywfaint o bwysau. Fodd bynnag, pe bydden ni'n diystyru'r rhagdybiaeth wedyn byddai gennym broblem athronyddol ddifrifol o safbwynt iaith grefyddol gydweddiadol – heb fodolaeth Duw ni all fod pwynt cymharu!

Hyd yn oed os ydyn ni'n derbyn rhagdybiaeth Aquinas a Ramsey am fodolaeth Duw, mae ein diffyg gwybodaeth empirig am yr hyn yw Duw yn golygu mai'r gobaith gorau sydd gennym o ddefnyddio iaith am Dduw yw ei defnyddio'n amwys. Yn y ffordd hon, rydyn ni'n gwybod bod Duw yn wahanol (hyd yn oes os na allwn ddweud yn union sut) ac felly bod ystyr y geiriau yn wahanol. Ond mae hyn yn mynd â ni yn ôl i'r cychwyn cyntaf o ran ceisio dod o hyd i ffordd ystyrlon o siarad am Dduw!

Hefyd, mae defnydd Ramsey o oleddfwyr yn fwy na dim yn tanlinellu'r ffaith nad ydyn ni'n deall yn llwyr yr hyn rydyn ni'n ei olygu wrth gyfeirio at Dduw. Ni allwn ni byth gael mwy na mewnwelediad. Cyfaddefodd Ramsey fod hyn yn rhan o'r 'dirgelwch' ('Maent yn datgelu ond nid ydynt yn egluro dirgelwch' – Ramsey, *Models and Mystery*, 1966) ynghylch beth yw ystyr bod â ffydd. Ond nid yw hynny o reidrwydd yn bodloni'r anghrediniwr crefyddol wrth ystyried a yw cydweddiad yn ffordd addas o siarad yn ystyrlon am Dduw.

Sut gellir defnyddio safbwyntiau Aquinas a Ramsey i helpu i ddeall dysgeidiaeth grefyddol

Er gwaetha'r heriau i'r defnydd o gydweddiad fel cymorth i siarad yn ystyrlon am Dduw a mathau eraill o iaith grefyddol, mae gwaith Aquinas a Ramsey wedi bod yn ddefnyddiol i'r rheini sy'n datgan cred grefyddol.

Mae dysgeidiaethau crefyddol, wedi'u mynegi drwy iaith grefyddol, yn aml yn gallu ymddangos yn aneglur i'r rheini y tu allan i draddodiad. (Maen nhw hefyd yn gallu ymddangos yn anodd i'r rhai y tu mewn weithiau!) Fodd bynnag, mae ystyried y syniad bod cysylltiad rhwng Duw greawdwr a'i greadigaeth ddynol yn golygu bod pwynt cymhariaeth addas yn gallu cael ei wneud rhwng y ddau. Drwy hynny mae'r hyn y byddai fel arall bron yn amhosibl ei ddeall yn cael ei egluro.

Mae deall bod siarad am Dduw yn golygu siarad am rywbeth sy'n ffynhonnell pob gweithgaredd dynol, yn golygu y gellir cael mewnwelediadau i gred ac ymarfer crefyddol drwy ystyried eu gwraidd ym myd profiad dynol. Mae'r profiadau dynol hyn, rydyn ni'n eu hadnabod a'u deall, yn cynnig mynedfeydd i fyd y dwyfol. Mae dysgeidiaethau crefyddol yn cael eu hegluro felly, drwy gysylltiad. Mae gan gredinwyr bwyntiau cyfeirio clir i ddechrau ceisio deall dirgelion eu traddodiad crefyddol. Mae cydweddiadau cyfrannedd a phriodoli yn cynnig dulliau clir o gael at gyd-destun ystyrlon er mwyn dechrau dod i delerau â'r byd ysbrydol – gan eu bod nhw wedi'u hangori yn y byd ffisegol.

Mae modelau Ramsey sy'n helpu i ddatgelu priodoleddau dwyfol, a'i oleddfwyr sy'n gwneud synnwyr o'r ffaith ei bod yn amhosibl disgrifio Duw yn iawn, yn helpu credinwyr crefyddol i ddeall sut mae modd siarad am bethau sy'n ymwneud â Duw. Ar yr un pryd roedd hyn yn helpu credinwyr crefyddol i sylweddoli bod pethau o'r natur hon ymhell y tu hwnt i'n dealltwriaeth arferol ac mai prin y byddwn ni'n deall eu hystyr. Yn hytrach na gwneud iaith grefyddol yn ddiystyr, mae'r rhain yn wir o gymorth i gredinwyr crefyddol drwy roi mewnwelediadau i bethau fyddai heb bwynt cyfeirio fel arall.

Felly, mae'r llu o ddysgeidiaethau crefyddol sy'n ymwneud â Duw, datguddiad yr ysgrythur, etholedigaeth ddwyfol, angylion, iachawdwriaeth, bywyd ar ôl marwolaeth, etc., yn cael eu hateb yn dda gan waith Aquinas a Ramsey. Mae'n cynnig ffordd ddefnyddiol o siarad amdanynt, cyfleu'r syniadau i eraill, a myfyrio ar eu hystyron, ond ar yr un pryd yn dal syniad o sut maen nhw'n cysylltu â phethau cyffredin y byd empirig.

Awgrym astudio

Wrth ateb cwestiwn am gydweddiadau, gwnewch yn siŵr eich bod yn gwybod y gwahaniaeth rhwng y ddau fath gwahanol wedi'u disgrifio gan Aquinas, a'ch bod yn gallu esbonio'n glir sut mae e'n ystyried eu bod yn gweithio. Peidiwch â drysu'r esboniadau neu gymysgu'r enghreifftiau gan y bydd hyn yn dangos eich bod wedi camddeall y pwnc ac ni fyddwch yn gallu cael marc lefel uwch am eich ateb.

Gweithgaredd AA1

Mae'n hanfodol eich bod yn gallu gwneud defnydd trylwyr a chywir o iaith a geirfa arbenigol mewn cyd-destun. Profwch eich bod yn gwybod ystyr y termau/enwau/ymadroddion canlynol drwy roi pob un mewn brawddeg yn eich geiriau eich hun. Gwnewch yn siŵr, fodd bynnag, bod pob brawddeg yn berthnasol i'r materion rydych wedi eu hastudio yn yr uned arbennig hon: gwybyddol; anwybyddol; diamwys; amwys; gwirio; anwirio; dadansoddol; synthetig; cydweddiad; priodoli; cyfrannedd.

Defnyddiodd Paley gydweddiad yr oriadurwr i helpu i ddeall dysgeidiaethau crefyddol bod y bydysawd wedi cael ei ddylunio.

Dyfyniadau allweddol

Gadewch i ni bob amser fod yn ofalus wrth siarad am Dduw mewn iaith syml. Peidiwn byth â siarad fel pe bai gennym fynediad breintiedig i ddyddiaduron bywyd preifat Duw, na mewnwelediad arbenigol i'w seicoleg ddisgrifiadol fel y gallwn ddweud yn eithaf hapus pam y gwnaeth Duw beth, pryd a ble. **(Ramsey)**

I'r dyn crefyddol, mae 'Duw' yn air allweddol, yn dybosodiad anlleihadwy, yn esboniad eithaf sy'n mynegi'r math o ymrwymiad y mae'n ei arddel. Dylid siarad amdano yn nhermau'r iaith-wrthrych y mae'n llywyddu drosti, ond dim ond pan gaiff yr iaith-wrthrych hon ei goleddfu; os felly mae'r iaith-wrthrych wedi'i goleddfu hon yn dod yn offeryn hefyd am yr amgyffred hynod y caiff ymrwymiad crefyddol, pan nad yw'n rhagfarn na ffanaticiaeth, ei gysylltu yn anorfod ag ef. Yn y cyfamser, fel canlyneb, gallwn nodi, er mwyn deall iaith grefyddol neu ddiwinyddiaeth, bod yn rhaid i ni yn gyntaf alw i gof y math hynod o sefyllfa y rhoddais gyffelybiaethau amrywiol iddi. **(Ramsey)**

CBAC Astudiaethau Crefyddol U2
Athroniaeth Crefydd

Sgiliau allweddol

Mae gwybodaeth yn ymwneud â:

Dewis ystod o wybodaeth (drylwyr) gywir a pherthnasol sydd â chysylltiad uniongyrchol â gofynion penodol y cwestiwn.

Mae hyn yn golygu:

- Dewis deunydd perthnasol i'r cwestiwn a osodwyd
- Canolbwyntio ar esbonio ac archwilio'r deunydd a ddewiswyd.

Mae dealltwriaeth yn ymwneud ag:

Esboniad helaeth, gan ddangos dyfnder a/neu ehangder gyda defnydd rhagorol o dystiolaeth ac enghreifftiau gan gynnwys (lle y bo'n briodol) defnydd trylwyr a chywir o destunau cysegredig, ffynonellau doethineb a geirfa arbenigol.

Mae hyn yn golygu:

- Defnydd effeithiol o enghreifftiau a thystiolaeth gefnogol i sefydlu ansawdd eich dealltwriaeth
- Perchenogaeth o'ch esboniad sy'n mynegi gwybodaeth a dealltwriaeth bersonol, NID eich bod yn ailadrodd darn o destun o lyfr rydych wedi ei baratoi a'i gofio.

Beth mae'n ei olygu pan ddywedir: 'Mae Duw yn Dda?

Datblygu sgiliau AA1

Nawr mae'n bwysig ystyried y wybodaeth sydd wedi'i chyflwyno yn yr adran hon; fodd bynnag, mae'r wybodaeth fel y mae yn llawer rhy helaeth ac felly mae'n rhaid ei phrosesu er mwyn bodloni gofynion yr arholiad. Gallwch wneud hyn drwy ymarfer y sgiliau uwch sy'n gysylltiedig ag AA1. Ar gyfer Amcan Asesu 1 (AA1), sy'n cynnwys dangos sgiliau 'gwybodaeth' a 'dealltwriaeth', rydyn ni am ganolbwyntio ar ffyrdd gwahanol o ddangos y sgiliau yn effeithiol, gan gyfeirio hefyd at sut bydd eich perfformiad ym mhob un o'r sgiliau hyn yn cael ei fesur (gweler disgrifyddion band cyffredinol AA1 ar gyfer U2).

▶ **Eich tasg olaf ar gyfer y thema hon yw:** Isod mae crynodeb o **agwedd Aquinas at gydweddiad**. Mae'n 150 gair o hyd. Y tro hwn, does dim pwyntiau wedi'u hamlygu i nodi'r pwyntiau allweddol i'w dysgu o'r dyfyniad hwn. Trafodwch pa bum pwynt sydd fwyaf pwysig i'w hamlygu yn eich barn chi, ac ysgrifennwch y pwyntiau ar ffurf rhestr.

Un o brif nodweddion cydweddiad llwyddiannus oedd sicrhau bod rhyw gysylltiad neu berthynas rhwng y ddau beth oedd yn cael eu cymharu. I Aquinas, Duw oedd ffynhonnell pob bodolaeth, ffynhonnell pob creadigaeth. Felly, i Aquinas, roedd cysylltiad pendant rhwng bodau dynol a Duw. Roedd yn dilyn felly, y gallai siarad am Dduw gael ei ddeall drwy gyfeirio at ein dealltwriaeth o'r hyn mae'n ei olygu i fod yn ddynol. I Aquinas, felly, roedd yn bosibl siarad yn gydweddiadol am Dduw drwy gyfeirio at rinweddau dynol. Felly, mae dweud bod Duw yn 'Dda' yn gwneud synnwyr yn gydweddiadol oherwydd ein bod ni'n deall beth mae'n ei olygu i fod dynol fod yn dda, ond mewn cyfrannedd wrth gwrs. Yn yr un modd, roedd Aquinas yn credu mai dim ond oherwydd eu bod yn dod oddi wrth Dduw y gall bodau dynol fod yn dda. Nid yw bodau dynol yn dda yn annibynnol ar Dduw ond maen nhw'n dda oherwydd eu bod yn dibynnu ar Dduw. Mae'r briodoledd hon yn deillio o Dduw.

Nawr, defnyddiwch eich pum pwynt i lunio eich crynodeb eich hun (fel yn Thema 1 Datblygu sgiliau) gan geisio gwneud y crynodeb yn fwy personol i'ch arddull ysgrifennu eich hun. Gall hyn hefyd gynnwys aildrefnu'r pwyntiau os ydych yn dymuno gwneud hynny. Ar ben hyn, ceisiwch ychwanegu rai dyfyniadau a chyfeiriadau i ddatblygu'ch crynodeb (fel yn Thema 2 Datblygu sgiliau).

Canlyniad hyn fydd ateb eithaf hir a gallech ei wirio yn erbyn y disgrifyddion band ar gyfer U2; edrychwch yn benodol ar y gofynion sydd wedi'u disgrifio yn y disgrifyddion band uwch y dylech chi fod yn anelu atyn nhw. Gofynnwch i chi'ch hun:

- A yw fy ngwaith yn dangos gwybodaeth a dealltwriaeth drylwyr, gywir a pherthnasol o grefydd a chred?
- A yw fy ngwaith yn dangos cydlyniad (cysondeb neu synnwyr rhesymegol), eglurder a threfn o safon ragorol?
- A fydd fy ngwaith, ar ôl ei ddatblygu, yn ateb helaeth a pherthnasol sy'n bodloni gofynion penodol y dasg?
- A yw fy ngwaith yn dangos dyfnder a/neu ehangder sylweddol ac yn gwneud defnydd rhagorol o dystiolaeth ac enghreifftiau?
- Os yw'n briodol i'r dasg, a yw fy ateb yn cynnwys cyfeiriadau trylwyr a chywir at destunau cysegredig a ffynonellau doethineb?
- A ellir gwneud unrhyw gysylltiadau treiddgar ag elfennau eraill o fy nghwrs?
- A fydd fy ateb, ar ôl ei ddatblygu a'i ehangu i gyfateb i'r hyn sy'n ddisgwyliedig mewn ateb arholiad, yn cynnwys ystod eang o safbwyntiau ysgolheigion/ ysgolion o feddwl?
- A yw'r defnydd o iaith a geirfa arbenigol yn drylwyr a chywir, pan geir enghreifftiau o hynny?

Materion i'w dadansoddi a'u gwerthuso

I ba raddau y mae'r heriau i Bositifiaeth Resymegol yn darparu dadleuon argyhoeddiadol i anghredinwyr crefyddol?

Roedd gwaith y positifiaethwyr rhesymegol wedi'i seilio'n gadarn ar yr egwyddorion gwyddonol oedd wedi dod i'r amlwg erbyn dechrau'r 20fed ganrif. Yr hyn a ddaeth yn syniad hynod o ddylanwadol am flynyddoedd lawer oedd y defnydd o arsylwi empirig, a defnyddio mewn ffordd systematig yr hyn a ddaeth i gael ei alw'n egwyddor wirio, i bennu pa mor ystyrlon oedd unrhyw osodiad. Roedd y dull hwn yn gwbl rydd o unrhyw ddylanwad gan feddwl anrhesymegol ac, oherwydd hynny, roedd yn apelio'n fawr at y rheini nad oedden nhw o gefndir crefyddol. Bu athronwyr agnostig ac atheïstig fel Russell ac Ayer yn trafod ag athronwyr crefyddol eu dydd faterion oedd yn gysylltiedig â chred grefyddol a'r iaith oedd yn cael ei defnyddio i gyfleu'r credoau hynny. O ganlyniad, byddai'n bosibl dadlau byddai'r safbwynt naturiol tuag at bositifiaeth resymegol, gan yr anghredinwyr crefyddol, yn un o gefnogaeth gadarn.

Fodd bynnag, tyfu wnaeth yr heriau i bositifiaeth resymegol wrth i'r 20fed ganrif fynd yn ei blaen. Mae llawer o'i syniadau canolog, yn enwedig o ran sut rydyn ni'n pennu maen prawf i ystyr mewn iaith, wedi cael eu gwrthod yn helaeth wrth i ni gyrraedd rhan gyntaf yr 21fed ganrif. Mae hyn oherwydd bod syniadau, fel y rheini a gyhoeddwyd gan athronwyr fel Wittgenstein (a oedd ei hun, yn ddigon eironig, yn ddylanwad ar bositifiaeth resymegol drwy waith ei 'Tractatus') wedi dechrau cael eu derbyn yn fwy eang fel ffyrdd mwy effeithiol o ddeall sut rydyn ni'n cyfleu ystyr drwy'n defnydd o iaith. Mae gwaith Wittgenstein ar gemau ieithyddol yn enghraifft o hyn. Mae'n deg dweud hefyd bod mwyafrif yr athronwyr, erbyn canol yr 20fed ganrif, wedi dod i sylweddoli bod yr egwyddor wirio yn hunandrechol (nid oedd modd 'gwirio' yr egwyddor ei hun – ac roedd hynny'n ei gwneud, drwy ei meini prawf ei hun, yn 'ddiystyr' yn y bôn). Cafodd y beirniadaethau hyn eu derbyn gan y cymunedau athronyddol crefyddol ac anghrefyddol.

Bydd troi at rai o'r heriau penodol i bositifiaeth resymegol yn caniatáu i ni ystyried ymhellach pa mor bell mae heriau i bositifiaeth resymegol wedi cynnig dadleuon argyhoeddiadol i anghredinwyr crefyddol. Roedd y positifiaethwyr rhesymegol yn dweud mai dim ond y datganiadau hynny oedd yn ddadansoddol neu'n synthetig a allai gael eu derbyn yn wir fel rhai ystyrlon. Roedd hyn oherwydd bod datganiadau dadansoddol yn hunan-ddiffiniol – ac felly yn 'wir' drwy ddiffiniad (e.e. mae pob dyn di-briod yn ddyn sydd heb briodi), neu oherwydd y gallai gosodiadau synthetig gael eu gwneud yn ystyrlon drwy ryw brofiad neu arsylwad drwy'r synhwyrau (e.e. mae'r car yn ddu). Arweiniodd hyn at gasgliad bod unrhyw fath o ddatganiad metaffisegol, gan nad oedd yn ddadansoddol nac yn synthetig, yn gorfod cael ei ystyried yn ddiystyr. Er bod hyn yn creu problem i ddatganiadau am grefydd, roedd hefyd yn diystyru agweddau cyffredin o fodolaeth ddynol, fel emosiynau a moesoldeb, gan ddweud eu bod yn ddiystyr yn y pen draw. Ysgogodd hyn adwaith gan athronwyr y tu allan i'r traddodiad positifiaeth resymegol oedd yn ei weld fel ymagwedd leihaol at 'ystyrlonrwydd' datganiadau y tu hwnt i'r cwmpas dadansoddol/synthetig.

Th3 Iaith grefyddol

Mae'r adran hon yn cwmpasu cynnwys a sgiliau AA2

Cynnwys y fanyleb

I ba raddau y mae'r heriau i Bositifiaeth Resymegol yn darparu dadleuon argyhoeddiadol i anghredinwyr crefyddol?

A yw syniadau athronwyr crefyddol yn perswadio anghredinwyr?

Gweithgaredd AA2

Wrth i chi ddarllen drwy'r adran hon ceisiwch wneud y pethau canlynol:

1. Dewiswch y gwahanol ddadleuon sy'n cael eu cyflwyno yn y testun a nodwch unrhyw dystiolaeth gefnogol a roddir.
2. Ar gyfer pob dadl a gyflwynir, ceisiwch werthuso a yw'r ddadl yn un gryf neu wan yn eich barn chi.
3. Meddyliwch am unrhyw gwestiynau yr hoffech chi eu gofyn wrth ymateb i'r dadleuon.

Bydd y gweithgaredd hwn yn eich helpu chi i ddechrau meddwl yn feirniadol am yr hyn rydych chi'n ei ddarllen, ac yn eich helpu i werthuso effeithiolrwydd dadleuon gwahanol, gan ddatblygu eich sylwadau, a'ch barn a'ch safbwyntiau eich hun. Bydd hyn yn eich helpu wrth ddod i gasgliadau y byddwch yn eu gwneud yn eich atebion i'r cwestiynau AA2 sy'n codi.

A yw'r honiad bod Moses wedi derbyn y 10 Gorchymyn ar Fynydd Sinai yn honiad hanesyddol?

Nododd yr athronydd crefyddol R. Braithwaite fod positifiaeth resymegol wedi camddeall sut roedd iaith grefyddol yn cael ei defnyddio. Dywedodd y gallai iaith gael ei defnyddio mewn modd gwybyddol ac anwybyddol. Roedd y positifiaethwyr rhesymegol yn wfftio swyddogaeth anwybyddol iaith yn llwyr ac felly, yn ôl Braithwaite, yn camddeall yr hyn yr oedd iaith grefyddol (yn ogystal â mathau eraill o iaith fetaffisegol) yn ceisio ei wneud. Roedd iaith grefyddol yn golygu mynegi ymagweddau at fywyd oedd yn ystyrlon oherwydd yr effaith roedden nhw'n ei chael ar fywyd y credinwyr. Roedd mynegi cred grefyddol hefyd yn golygu mabwysiadu agwedd arbennig tuag at yr hunan a'r rheini o'ch cwmpas. Felly, yn ôl dadl Braithwaite, roedd yn ystyrlon iawn.

Nododd athronydd crefyddol arall, John Hick, y byddai ffurf wan Ayer o wirio yn caniatáu i rai datganiadau crefyddol fod yn ystyrlon, gan ei bod yn bosibl canfod rhyw brofiad drwy'r synhwyrau fyddai'n cyfrif tuag atynt – yn enwedig honiadau crefyddol hanesyddol (e.e. derbyniodd Moses y 10 Gorchymyn ar Fynydd Sinai; cafodd Iesu ei eni ym Methlehem, etc.). Dywedodd Hick hefyd, pe bai bodolaeth ar ôl marwolaeth, yna byddai honiadau ffydd fel 'mae Duw yn bodoli' yn wiriadwy mewn egwyddor. Roedd Hick yn galw hyn yn 'gwirio eschatolegol' ac, os derbynnir ei resymeg, mae hon yn ddadl berswadiol i gredinwyr ac anghredinwyr crefyddol fel ei gilydd.

Gwnaeth yr athronwyr crefyddol herio safbwynt positifiaeth resymegol ar anwirio hefyd. Yn ei enghraifft o'r teganau yn y cwpwrdd, nododd Richard Swinburne y gellir ystyried bod rhai datganiadau yn ystyrlon i ni, hyd yn oed pan na allwn ni eu gwrthbrofi. Gall y pwynt hwn gael ei dderbyn gan anghredinwyr crefyddol, gan ei fod yn dibynnu ar ddeall cysyniadau nad ydynt yn dibynnu ar dderbyn unrhyw gred grefyddol (h.y. y syniad bod teganau'n gallu symud go iawn pan nad oes neb yn eu gwylio).

Mae cyfraniad R. M. Hare i'r ddadl, gyda'i awgrym am 'bliciau', yn ffordd rymus o berswadio eraill i dderbyn cyfyngiadau ymagwedd y positifiaethwyr rhesymegol at ystyrlonrwydd. Mae Hare yn dadlau bod mwy o realiti i ni yn y ffordd rydyn ni'n gweld bywyd, o ran bod yn ystyrlon, nag mewn unrhyw realiti gwrthrychol go iawn. Mae'r cwestiwn a yw ein 'bliciau' ni yn gallu cael eu profi neu beidio yn amherthnasol i ni mewn gwirionedd. O'n rhan ni, y ffordd rydyn ni'n canfod realiti sy'n bwysig (ac felly'n ystyrlon). Er enghraifft, os oedd y myfyriwr prifysgol (yn nameg Hare) yn wir yn credu bod y darlithwyr yn cynllwynio i'w niweidio, yna nid oedd wahaniaeth beth oedd y realiti go iawn na pha dystiolaeth a ddangoswyd iddo, roedd yn dal i fyw ei fywyd gyda'r safbwynt hwn yn gyfan, ac roedd gan y safbwynt ystyr iddo yn y ffordd roedd e'n rhyngweithio â'r bobl o'i gwmpas. Felly mae ystyrlonrwydd yn cael ei fynegi'r un mor bwerus drwy ddealltwriaeth anwybyddol o iaith ag y mae drwy ddealltwriaeth wybyddol ohoni. Eto, rhaid ystyried bod hon yn her argyhoeddiadol i bositifiaeth resymegol o ran anghredinwyr crefyddol.

Awgrym astudio

Os oes gofyn i chi wneud cymhariaeth rhwng dau beth neu ddau berson, h.y. pwysigrwydd cymharol ffurfiau gwybyddol ac anwybyddol iaith, gwnewch yn siŵr nad ydych yn rhoi hanner ateb yn unig drwy fethu â chynnwys ymateb cytbwys sy'n ystyried y ddau.

Cwestiynau allweddol

Beth yw'r meini prawf ar gyfer ystyrlonrwydd iaith, yn ôl positifiaeth resymegol?

Pam mae datganiadau crefyddol yn cael eu hystyried i fod yn ddatganiadau metaffisegol ac felly yn cael eu gwrthod gan bositifiaethwyr rhesymegol?

Sut mae gwaith Hare yn adlewyrchu agwedd anwybyddol at ddeall iaith?

Gweithgaredd AA2

Rhestrwch rai casgliadau y byddai'n bosibl dod iddynt ar sail y rhesymeg AA2 yn y testun uchod; ceisiwch gyflwyno o leiaf dri chasgliad gwahanol posibl. Ystyriwch bob un o'r casgliadau a chasglwch dystiolaeth gryno i gefnogi pob casgliad o'r deunydd AA1 ac AA2 ar gyfer y testun hwn. Dewiswch y casgliad sy'n argyhoeddi fwyaf yn eich barn chi ac esboniwch pam mae hyn yn wir. Ceisiwch gyferbynnu hyn â'r casgliad gwannaf ar y rhestr, gan gyfiawnhau eich dadl gyda rhesymu clir a thystiolaeth.

A yw dehongliadau anwybyddol yn ymateb dilys i'r heriau i ystyr iaith grefyddol

Dros y ganrif ddiwethaf mae'r heriau i ystyrlonrwydd iaith grefyddol wedi wynebu cyfres o amddiffyniadau athronyddol cadarn, yn amlach na pheidio wedi'u seilio ar y safbwynt bod iaith grefyddol yn ffurf o iaith y dylid deall bod ganddi fwy o swyddogaeth anwybyddol na swyddogaeth wybyddol. Roedd ymatebion Braithwaite, yn arbennig, yn dangos bod datganiadau crefyddol yn fynegiannau o agwedd neu fwriad arbennig ynghylch sut dylai bywyd gael ei fyw ac, oherwydd hynny, roedd yn debyg iawn i'r ffordd mae iaith foesol yn cael ei defnyddio – h.y. i fynegi barn am neu agwedd at werth moesegol cymharol cred neu weithred, a byw eich bywyd yn ôl hynny.

Fodd bynnag, roedd yr heriau i ystyrlonrwydd iaith grefyddol yn rhai penodol, yn yr ystyr eu bod wedi'u targedu at y syniad nad oedd iaith grefyddol yn dweud dim a allai gael ei wirio neu ei anwirio. Nid oedd iaith grefyddol yn hunanamlwg (dadansoddol) ac ni allai unrhyw brofiad neu arbrawf drwy'r synhwyrau gyfrif tuag ato (synthetig). Roedd y ddau beth hyn yn rhagdybio bod gan iaith grefyddol swyddogaeth debyg i ffurfiau eraill o iaith. Derbyn y pwynt penodol hwn neu beidio yw hanfod y cwestiwn i ba raddau y gall rhywun ystyried bod dehongliadau anwybyddol o iaith yn ymatebion dilys i'r heriau i ystyr iaith grefyddol.

Swyddogaeth unrhyw ffurf o iaith yw cyfathrebu. Caiff cyfathrebu ei dderbyn fel arfer i olygu cyfnewid syniadau rhwng unigolion neu grwpiau. Lle mae dealltwriaeth ar y cyd o'r hyn sy'n cael ei gyfathrebu (a daw hyn drwy brofiad fel arfer), yna gall yr hyn sy'n cael ei gyfathrebu fel arfer gael ei derbyn i fod yn ystyrlon. Mae hyn yn wir am ffurfiau gwybyddol ac anwybyddol o iaith. Felly, os derbynnir y pwynt hwn, gellir ystyried bod dehongliadau anwybyddol o iaith yn ystyrlon a'u bod felly yn ymatebion addas i'r heriau i ystyr iaith grefyddol.

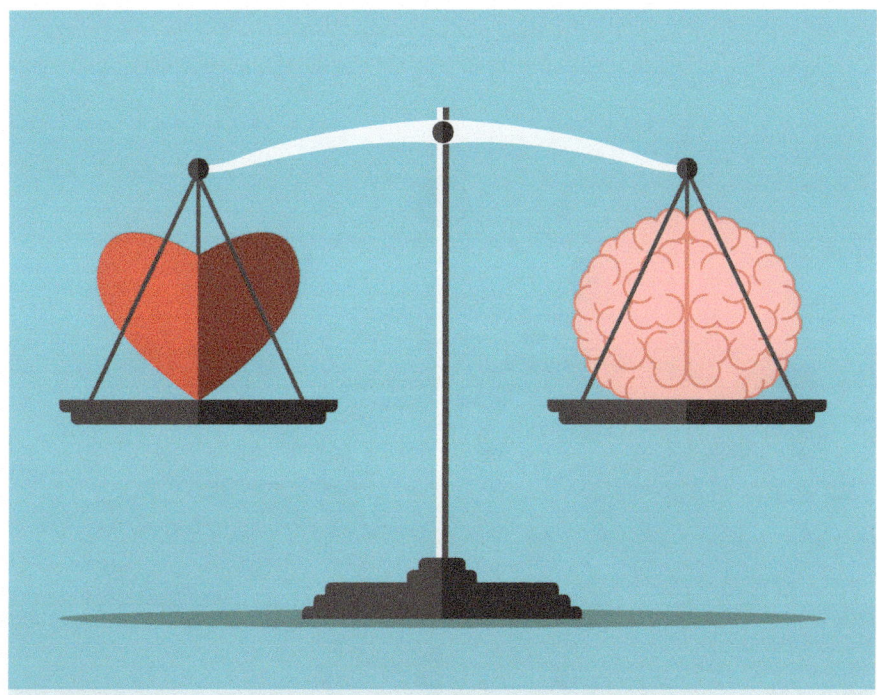

A yw ffurfiau anwybyddol o iaith yr un mor ystyrlon â rhai gwybyddol?

Th3 Iaith grefyddol

Cynnwys y fanyleb
A yw dehongliadau anwybyddol yn ymateb dilys i'r heriau i ystyr iaith grefyddol.

Cwestiynau allweddol

A yw'n bosibl cyfiawnhau ystyried bod iaith grefyddol yn gwbl anwybyddol?

A yw'r cysyniad o 'blic' yn wir yn golygu rhywbeth, neu ai esgus yn unig ydyw i ddweud ei bod yn bosibl meddwl bod unrhyw beth yn ystyrlon, hyd yn oed os yw'n hollol afresymol?

A yw iaith grefyddol yn mynegi syniadau am y byd neu ddim ond agwedd tuag at y byd?

Gweithgaredd AA2

Wrth i chi ddarllen drwy'r adran hon ceisiwch wneud y pethau canlynol:

1. Dewiswch y gwahanol ddadleuon sy'n cael eu cyflwyno yn y testun a nodwch unrhyw dystiolaeth gefnogol a roddir.
2. Ar gyfer pob dadl a gyflwynir, ceisiwch werthuso a yw'r ddadl yn un gryf neu wan yn eich barn chi.
3. Meddyliwch am unrhyw gwestiynau yr hoffech chi eu gofyn wrth ymateb i'r dadleuon.

Bydd y gweithgaredd hwn yn eich helpu chi i ddechrau meddwl yn feirniadol am yr hyn rydych chi'n ei ddarllen, ac yn eich helpu i werthuso effeithiolrwydd dadleuon gwahanol, gan ddatblygu eich sylwadau, a'ch barn a'ch safbwyntiau eich hun. Bydd hyn yn eich helpu wrth ddod i gasgliadau y byddwch yn eu gwneud yn eich atebion i'r cwestiynau AA2 sy'n codi.

Fodd bynnag, mae rhai athronwyr wedi nodi anhawster arbennig yn ymwneud â'r agwedd anwybyddol. Os ydyn ni'n derbyn y syniad bod datganiadau crefyddol yn fynegiannau o agwedd neu fwriad arbennig ynghylch sut dylai bywyd gael ei fyw, yna drwy estyniad rhesymegol, nid ydyn nhw'n gwneud datganiadau am unrhyw fath o realiti a allai gael ei ddisgrifio fel un 'gwrthrychol'. Drwy hyn, rydyn ni'n golygu nid yn unig nad ydynt yn gwneud unrhyw sylwadau 'ffeithiol' ond hefyd, os yw iaith grefyddol i'w deall fel iaith anwybyddol yn unig, yna ni fyddai'n gallu gwneud datganiadau o'r fath. Mae hyn yn creu problem i'r credinwyr crefyddol a allai ddatgan 'mae Duw yn bodoli' neu 'gwaith Duw yw testunau sanctaidd' neu 'rwy'n credu mewn bywyd ar ôl marwolaeth'. Nid yn unig mynegiannau o agwedd yw'r rhain i'r crediniwr crefyddol. Yr hyn y maen nhw, mewn gwirionedd, ac yn y cyd-destun sy'n addas i'r grefydd arbennig honno, yw honiadau am sut yn union y mae realiti. Mewn ffordd real iawn, mae'r crediniwr crefyddol yn ystyried bod y rhain yn ddatganiadau am y byd allanol – mewn geiriau eraill, mae'n eu defnyddio mewn ystyr gwybyddol, nid anwybyddol. Ac mae hyn yn dod â ni yn ôl at yr her wreiddiol gan bositifiaeth resymegol, h.y. nad yw datganiadau o'r fath yn ddadansoddol nac yn synthetig – ni allan nhw gael eu gwirio!

Mae hyn yn ymddangos yn bendant, ond wedyn gall fod yn dwyllodrus. Nid yw ein rhesymu, oedd yn cymryd y safbwynt nad yw honiadau crefyddol yr un peth ag agweddau crefyddol, yn ystyried cyd-destun gwneud honiadau o'r fath yn y safbwyntiau a fynegodd Hare. Byddai'n bosibl dadlau bod gwneud honiad o'r fath yn rhan o'ch 'blic' yn golygu gwneud honiad gwybyddol o fewn fframwaith anwybyddol – yn yr ystyr bod person yn gwneud datganiadau am yr hyn mae'n ei ganfod fel realiti – nid yn unig ei 'agwedd' tuag ato (er bod yr agwedd yn dylanwadu ar y datganiadau sy'n cael eu gwneud). Os derbynnir bod hyn yn wir yna mae'r cysyniad o blic, fel cysyniad anwybyddol, yn cynnig cyd-destun lle mae'r heriau i ystyrlonrwydd iaith grefyddol yn cael eu hateb yn llwyddiannus. Maen nhw'n ystyrlon, ac maen nhw'n llwyddo i fodloni'r beirniadaethau penodol sy'n cael eu taflu at iaith grefyddol gan rai fel y positifiaethwyr rhesymegol ac unrhyw rai eraill a all ystyried bod iaith grefyddol yn ffurf ddiystyr o gyfathrebu.

Beth mae credinwyr crefyddol yn ei olygu wrth iddyn nhw ddweud 'mae Duw yn bodoli'.

> ### Gweithgaredd AA2
>
> Rhestrwch rai casgliadau y byddai'n bosibl dod iddynt ar sail y rhesymeg AA2 yn y testun uchod; ceisiwch gyflwyno o leiaf dri chasgliad gwahanol posibl. Ystyriwch bob un o'r casgliadau a chasglwch dystiolaeth gryno i gefnogi pob casgliad o'r deunydd AA1 ac AA2 ar gyfer y testun hwn. Dewiswch y casgliad sy'n argyhoeddi fwyaf yn eich barn chi ac esboniwch pam mae hyn yn wir. Ceisiwch gyferbynnu hyn â'r casgliad gwannaf ar y rhestr, gan gyfiawnhau eich dadl gyda rhesymu clir a thystiolaeth.

Th3 Iaith grefyddol

Datblygu sgiliau AA2

Nawr mae'n bwysig ystyried y wybodaeth sydd wedi'i chyflwyno yn yr adran hon; fodd bynnag, mae'r wybodaeth fel y mae yn llawer rhy helaeth ac felly mae'n rhaid ei phrosesu er mwyn bodloni gofynion yr arholiad. Gallwch wneud hyn drwy ymarfer y sgiliau uwch sy'n gysylltiedig ag AA2. Ar gyfer Amcan Asesu 2 (AA2), sy'n cynnwys dangos sgiliau 'dadansoddi beirniadol' a 'gwerthuso', rydyn ni am ganolbwyntio ar ffyrdd gwahanol o ddangos y sgiliau yn effeithiol, gan gyfeirio hefyd at sut bydd eich perfformiad ym mhob un o'r sgiliau hyn yn cael ei fesur (gweler disgrifyddion band cyffredinol AA2 ar gyfer U2).

▶ **Dyma eich tasg olaf ar gyfer y thema hon:** Isod rhestrir tri chasgliad sylfaenol sy'n cael eu tynnu o werthusiad o'r cwestiwn **a yw dehongliadau anwybyddol yn ymatebion dilys i'r heriau i ystyr iaith grefyddol**. Eich tasg yw datblygu pob un o'r casgliadau hyn drwy nodi'n fyr y cryfderau (gan gyfeirio'n fyr at rai rhesymau y tu ôl iddyn nhw) ond hefyd cynnwys ymwybyddiaeth o'r heriau sydd wedi cael eu gwneud i'r casgliad hwnnw (gall y rhain fod yn wendidau yn dibynnu ar eich safbwynt).

1. Mae dehongliadau anwybyddol yn annigonol i ymateb i her uniongyrchol positifiaeth resymegol.

2. Gall ystyrlonrwydd iaith grefyddol gael ei weld yn y ffordd mae'n effeithio'n uniongyrchol ar sut mae unigolyn yn byw ei fywyd.

3. Mae iaith grefyddol yn mynegi mwy nag agwedd yn unig – mae'n gwneud honiadau go iawn am sut beth yw'r byd, ac felly dylai gael ei thrin fel math wybyddol o iaith, nid anwybyddol.

Dylech ysgrifennu tri pharagraff cymwys iawn a allai fod yn gasgliad terfynol i unrhyw werthusiad.

Ar ôl i chi orffen y dasg, cyfeiriwch at y disgrifyddion band ar gyfer U2 ac edrychwch yn benodol ar y gofynion sydd wedi'u disgrifio yn y disgrifyddion band uwch y dylech chi fod yn anelu atyn nhw. Gofynnwch i chi'ch hun:

- A yw fy ateb yn ddadansoddiad beirniadol hyderus a gwerthusiad craff o'r mater?
- A yw fy ateb yn nodi'r materion a godwyd gan y cwestiwn yn llwyddiannus ac yn mynd i'r afael â nhw'n drylwyr?

Sgiliau allweddol

Mae dadansoddi'n ymwneud â:

Nodi materion sy'n cael eu codi gan y deunyddiau yn adran AA1, ynghyd â'r rhai a nodwyd yn adran AA2, ac mae'n cyflwyno safbwyntiau cyson a chlir, naill ai gan ysgolheigion neu safbwyntiau personol, yn barod i'w gwerthuso.

Mae hyn yn golygu:

- Bod eich atebion yn gallu nodi meysydd trafod allweddol mewn perthynas â mater penodol
- Eich bod yn gallu nodi'r gwahanol ddadleuon a gyflwynir gan eraill, a rhoi sylwadau arnyn nhw
- Bod eich ateb yn rhoi sylwadau ar effeithiolrwydd cyffredinol pob un o'r meysydd neu ddadleuon hyn.

Mae gwerthuso'n ymwneud ag:

Ystyried goblygiadau amrywiol y materion sy'n cael eu codi, yn seiliedig ar y dystiolaeth a gafwyd wrth ddadansoddi ac mae'n rhoi dadl fanwl eang gyda chasgliad clir.

Mae hyn yn golygu:

- Bod eich ateb yn pwyso a mesur canlyniadau derbyn neu wrthod y dadleuon amrywiol a gwahanol a gafodd eu dadansoddi
- Bod eich ateb yn dod i gasgliad drwy broses rhesymu clir.

Mae iaith grefyddol yn fynegiant o gred grefyddol. Mae cred yn effeithio ar y ffordd y mae pobl yn byw.

Th4 Iaith grefyddol

Mae'r adran hon yn cwmpasu cynnwys a sgiliau AA1

Cynnwys y fanyleb
Iaith grefyddol yn anwybyddol ac yn symbolaidd.

A: Iaith grefyddol yn anwybyddol ac yn symbolaidd

Cyflwyniad

Mae'r drafodaeth flaenorol am swyddogaeth iaith, lle mae'n cael ei hystyried yn anwybyddol, yn ein harwain at ystyriaeth arall o sut mae iaith yn cyfleu ystyr. Mae camu y tu allan i gyfyngiadau iaith wybyddol, fel a ddefnyddir gan ddisgyblaethau empirig, yn cynnig gwerthfawrogiad ehangach a dyfnach o sut rydyn ni'n cyfleu ystyr yn ein gwahanol ddulliau o gyfathrebu. Yn y ddwy adran nesaf byddwn ni'n ystyried iaith sy'n anwybyddol ac iaith sy'n symbolaidd/mytholegol. Mae'r ddau gysyniad olaf yn anorfod yn gysylltiedig, gan fod y **myth** yn dibynnu ar **symbolau** i gyfleu ei syniadau, ac mae'r symbol yn dibynnu ar fyth i gynnig y cyd-destun ar gyfer tarddiad ei ystyr.

Mae symbolau i'w cael ym mhob traddodiad crefyddol.

Byddwn ni'n ystyried, i ddechrau, syniadau dau feddyliwr pwysig sydd wedi cyfrannu at ddealltwriaeth o rôl symbolau fel ffurf o iaith anwybyddol: J. H. Randall a ysgrifennodd y llyfr *The Role of Knowledge in Western Religions* yn 1958. Roedd y gyfrol hon yn ceisio dwyn ynghyd rhai o'r syniadau allweddol oedd wedi cael eu cyflwyno i fyd diwinyddiaeth dros y ganrif flaenorol o athroniaeth, seicoleg a gwyddoniaeth. Roedd Randall yn cydnabod bod crefydd a gwyddoniaeth yn ddau weithgaredd dynol oedd yn cyflawni swyddogaethau gwahanol, eto roedd gan y ddau rôl hanfodol bwysig i'w chwarae ym mywyd diwylliannol bodau dynol. Cafodd y meddyliwr arall, Paul Tillich ei ddisgrifio gan Reinhold Niebuhr, y diwinydd Americanaidd dylanwadol o ganol yr 20fed ganrif, fel 'Cawr yn ein plith'. Yn ei lyfr *Dynamics of Faith* (a gyhoeddwyd yn 1957), ysgrifennodd Tillich am symbolau yn agor lefelau o realiti i helpu pobl i ymgysylltu â'u '**mater pwysig eithaf**'.

Dyfyniad allweddol

Mae crefydd a gwyddoniaeth, fel y daethom i sylweddoli, yn bethau mae dynion yn eu gwneud: gweithgareddau dynol ydynt. Ac mae dynion yn eu gwneud gyda'u cyfeillion: maen nhw'n weithgareddau cymdeithasol, ffyrdd trefnus a sefydliadol o weithredu, agweddau o ymddygiad grŵp, nodweddion diwylliant y grŵp hwnnw. Fel pob sefydliad mewn cymdeithas, mae'r ffyrdd crefyddol a gwyddonol hyn o weithredu yn gwneud rhywbeth eu hunain; maent yn cyflawni swyddogaethau arbennig. Ac ar yr un pryd maent yn gwneud rhywbeth i'w gilydd, yn ogystal ag i'r sefydliadau eraill i gyd, yn enwedig wrth iddynt newid. Ond mae swyddogaethau diwylliannol crefydd a gwyddoniaeth mor wahanol fel ei bod yn anodd gweld sut, er gwaethaf eu hadweithiau achlysurol ar ei gilydd, y gallant gystadlu o ddifrif. Mae'n amlwg bod y ddwy swyddogaeth yn anhepgor. **(Randall)**

Termau allweddol

Mater pwysig eithaf: diffiniad Tillich o Dduw – yr hyn a ddylai fod yn bwysig i bobl yn y pen draw a bod yn ganolbwynt eu bywydau, gan roi ystyr a chymell ymddygiadau ac ymagweddau

Myth: ffurf gymhleth o ysgrifennu sy'n cynnwys symbolau a throsiadau ac sy'n llawn dychymyg. Barn gyffredin am fythau yw eu bod yn cynnwys gwirioneddau am y bydysawd a rôl dynoliaeth oddi mewn iddo

Symbol: rhywbeth sy'n pwyntio y tu hwnt iddo ef ei hun i lefel ddyfnach o realiti

---

cwestiwn cyflym

4.1 Beth oedd enwau'r ddau brif feddyliwr a gyfrannodd at ein dealltwriaeth o iaith yn anwybyddol ac yn symbolaidd?

Swyddogaeth symbolau (John Randall)

Wrth feddwl am symbolau, meddyliwn am y lluniau o fywyd pob dydd sydd â gwahanol ystyron i ni yn ôl ein profiad a'n diwylliant ein hunain. Maen nhw'n gyfoethog mewn ystyr ac felly mae modd eu dehongli mewn sawf ffordd. Weithiau gall ystyr symbolau newid. Mae'r newidiadau hyn yn digwydd oherwydd bod cymdeithas ei hun yn newid; mae'n blaenoriaethau ni'n newid, mae'n dealltwriaeth ni o'n hunain yn newid. Mae hyd yn oed y pethau hynny oedd unwaith o'r pwys mwyaf yn ein bywydau, oherwydd treigl amser, yn raddol yn mynd yn llai arwyddocaol.

Mae deall swyddogaeth y symbolau hyn wedi bod yn fater o ddiddordeb ers amser maith i'r unigolion a'r grwpiau hynny sy'n dymuno canfod ystyr dyfnach i'r lluniau a'r geiriau sy'n mynd at wraidd yr hyn y mae'n ei olygu i fod yn ddynol. Fel y nodwyd o'r blaen, mae symbolau i'w gweld ym mhob cefndir cymdeithasol ac ym mhob maes o ddiddordeb a gweithgaredd dynol. Felly, ni ddylai fod yn syndod bod crefydd ac yn arbennig iaith grefyddol yn rhannu hanes cyfoethog ac amrywiol o symbolau a symbolaeth.

Ar ddechrau'r 20fed ganrif, cychwynnodd yr athronydd Americanaidd John Herman Randall ar daith academaidd oedd i archwilio nid yn unig sut mae iaith grefyddol yn dwyn ystyr a gwybodaeth, ond hefyd sut roedd y ffurf hon o gyfathrebu yn wahanol ac yn debyg i ddisgyblaethau eraill, fel y byd gwyddonol. Roedd Randall yn ystyried beth oedd swyddogaeth iaith grefyddol fel cyfrwng i gyfleu gwybodaeth. Canolbwyntiodd yn benodol ar y ffurfiau o gyfathrebu o fewn crefydd oedd yn rhoi i gredinwyr y mewnweledigaethau mwyaf i'r credoau, syniadau a hunaniaethau diwylliannol yr oeddent yn eu dal yn gyffredin. Symudodd gwaith Randall ymlaen o edrych ar fater hanesyddol y gwrthdaro rhwng crefydd a gwyddoniaeth. Roedd e'n credu bod hyn wedi cael ei ddatrys gan mwyaf (hyd yn oed pe bai'n cael ei gamddeall o hyd gan y rheini y tu allan i'r byd academaidd.

Yna edrychodd ar y berthynas rhwng crefydd ac athroniaeth, yn enwedig y syniadau hynny oedd wedi dod o athroniaeth yr Hen Roegwyr. Oherwydd hyn daeth i sylweddoli bod meddylwyr mawr Cristnogol yr eglwys gynnar fel Awstin, oedd wedi dod dan ddylanwad yr athronwyr Groegaidd, yn gweld athroniaeth fel rhywbeth canolog i gydnabod y pâr o golofnau sef ffydd a rheswm. Gan droi ei sylw at y gwyddorau naturiol, yn arbennig y cyfnod ar ôl y Goleuo a welodd ddatblygiad o waith Newton, sylweddolodd Randall fod pwrpas cyffredin gan fyd y gwyddorau naturiol a **diwinyddiaeth naturiol**. Y pwrpas hwnnw oedd datguddio sut roedd y byd a'r bydysawd roedden ni'n byw ynddynt yn gweithio. Ymhell o weld y datblygiadau hyn o feddwl rhesymegol fel bygythiad i grefydd, sylweddolodd Randall fod angen i syniadau crefyddol yr Oesoedd Canol ddatblygu ochr yn ochr, ac ar yr un pryd, â'r darganfyddiadau mae gwyddoniaeth yn eu gwneud. Gan gydnabod cyfraniadau Hume, Kant a Hegel i'r datblygiad hwn, nododd Randall rôl ganolog profiad crefyddol fel yr allwedd i ddeall beth mae'n ei olygu i fod yn grefyddol. Fel mae Randall yn ei ddweud yn *The Role of Knowledge in Western Religions*:

> 'Os nad swyddogaeth credoau crefyddol yw cynhyrchu gwybodaeth a gwirionedd, beth yw eu swyddogaeth? Yn gynnar iawn ym mhob traddodiad crefyddol mawr, daeth dyn myfyriol i weld na allai'r syniadau cyffredin a arddelir ac a ddefnyddir mewn addoliad, gweddi a defod fod yn "llythrennol" wir. Ni allai'r syniad o Dduw, er enghraifft, a ddefnyddir gan yr anfyfyriol yn arfer ymarferol y celfyddydau crefyddol, fod yn ddigonol ar gyfer gwir natur y dwyfol.'

Cynnwys y fanyleb

Iaith grefyddol yn anwybyddol ac yn symbolaidd: Swyddogaeth symbolau (John Randall).

Nid oedd John Randall yn credu bod crefydd a gwyddoniaeth (y gwyddorau) yn cystadlu'n uniongyrchol â'i gilydd.

Term allweddol

Diwinyddiaeth naturiol: rhesymegu athronyddol wedi'i seilio ar wybodaeth mae'n bosibl ei chael yn rhesymegol am y byd ffisegol ac sy'n arwain at ddatguddiad am y dwyfol

Cwestiwn cyflym

4.2 Yn ôl Randall, beth oedd prif swyddogaeth profiad crefyddol?

Roedd Randall yn sylweddoli bod canlyniadau i'r pethau hyn: roedden nhw'n arwain at uno pobl o lwythau i ddinas-wladwriaethau, o deyrnasoedd i genhedloedd. Roedden nhw'n rhoi hunaniaeth i bobl: unigol, corfforaethol, diwylliannol, cenedlaethol. Wrth wneud hynny, roedden nhw'n darparu gweledigaeth gyffredin o'r gwerthoedd oedd yn dal pobl at ei gilydd – yn ei hanfod daeth hyn i fod yn graidd yr hyn a fyddai'n cael ei adnabod fel hunaniaeth ddiwylliannol a chrefyddol. Roedd yn cynnig ffordd gyffredin o gyfathrebu, yn darparu set o werthoedd cyffredin. Roedd hyn yn cyfieithu'n llythrennol i ffurf gyffredin o iaith, a'r iaith grefyddol yn ganolog iddi, iaith symbolaidd iawn oedd yn cynrychioli'r union bethau hynny oedd yn rhoi eu hunaniaeth i bobl. Dyma oedd rôl y profiad crefyddol.

Aeth Randall ymlaen i esbonio nad oedd crefydd, yn ei farn ef, yn annibynnol ar wybodaeth seciwlar dyn. I Randall, roedd crefydd yn weithgaredd dynol oedd yn gofyn am: 'arsylwi a disgrifio gofalus, esboniad, dealltwriaeth fyfyriol, a beirniadaeth ddeallus'. Credai Randall mai mytholeg oedd pob cred grefyddol, h.y. bod credoau crefyddol i gyd yn symbolau crefyddol. Pe bai rhywun yn credu bod symbolau o'r fath yn cynnwys unrhyw fath o wirionedd, credai Randall nad gwirionedd datganiadau ffeithiol gwyddoniaeth empirig oedd hwn na gwirionedd unrhyw bwnc realaeth-seiliedig rhesymegol arall. Mae'n ymddangos bod Randall yn defnyddio damcaniaeth cydlyniad gwirionedd yng nghyd-destun cred grefyddol. Hynny yw, pan oedd yn fater o gredu yn Nuw a **gosodiadau diwinyddol** eraill, gellir dweud bod Randall yn derbyn **gwrth-realaeth**. Yn erbyn y cefndir hwn mae'n bosibl deall sut y nododd Randall swyddogaethau iaith grefyddol symbolaidd. Yn *The Role of Knowledge in Western Religions* mae'n ysgrifennu:

Mae'r holl syniadau am Dduw, yn wir, fel yr holl gredoau crefyddol, yn symbolau crefyddol. Mae hyn yr un mor wir am gysyniadau cynnil a deallusol yr athronwyr ag am y delweddau syml, diriaethol a chyfarwydd y mae'r dyn anfyfyriol yn eu benthyg o'i brofiad gyda'i gyd-ddynion. Nid bod yr athronydd yn gywir a'r dyn cyffredin yn anghywir, na bod cysyniadau'r cyntaf yn gywir a rhai'r ail yn anghywir. Nid hyd yn oed bod meddylwyr syniadau yn fwy digonol na delweddau'r dyn ymarferol. Mae'r ddwy set o gysyniadau am Dduw rydyn ni wedi bod yn eu gwahaniaethu yn cyflawni swyddogaethau crefyddol angenrheidiol a sylfaenol. Ond mae'r ddwy swyddogaeth mor wahanol fel nad ydyn nhw'n cystadlu. Nid yw delweddau diriaethol arferion crefyddol yn cael eu tanseilio gan gysyniadau cywrain y diwinydd athronyddol. Oherwydd hebddyn nhw prin y gallai dynion addoli neu weddïo o gwbl ond mae'r mwyafrif helaeth yn llwyddo i wneud heb y cysyniadau y mae'r dyn myfyriol yn eu cael yn angenrheidiol er budd cysondeb deallusol. Dim ond i ddeallusion y mae symbolau deallus yn anghenraid crefyddol. Ond er bod eu swyddogaethau mor wahanol, mae'r ddwy set o syniadau yn gwasanaethu fel symbolau crefyddol.

Credai Randall hefyd fod crefydd yn rhoi mewnweledaid gwerthfawr i bobl ynghylch beth mae'n ei olygu i fodoli fel bod o fewn y bydysawd. Nid oedd yn credu bod crefydd yn cynnig gwirioneddau ychwanegol am y byd na dyn na Duw ond yn hytrach ei bod yn arwain at safbwynt mwy cyfoethog ar brofiad bodoli. Dywedodd Randall fel hyn: 'mae crefydd yn rhoi mwy i ddynion, a dim ond y cyfranogwr all sylweddoli faint yn fwy. Yn hyn o beth y mae fel celf. Nid yw celf, yn yr un modd, yn cynnig unrhyw wirionedd atodol, ond mae'n agor bydoedd cyfan newydd i'w harchwilio, nefoedd cyfan i'w mwynhau.'

Yn ôl Randall, roedd gan symbolau crefyddol swyddogaeth sylfaenol amlwg, mewn ystyr anwybyddol, sef cyflawni swyddogaeth. Caiff y swyddogaeth hon ei disgrifio weithiau fel datguddiad o wirionedd. Credai Randall fod mynegi hyn yn fater cymhleth. Mae'n cydnabod y gwaith a rannodd â Tillich yn datblygu'r ddealltwriaeth hon o swyddogaeth symbolau crefyddol fel ffurf o gyfathrebu o fewn y byd crefyddol.

Mae symbolau yn rhoi hunaniaeth i ni.

Termau allweddol

Gosodiadau diwinyddol: credoau neu syniadau sy'n cael eu cyflwyno yng nghyd-destun athrawiaethau neu athroniaethau crefyddol

Gwrth-realaeth: y cysyniad athronyddol bod gwirionedd rhywbeth yn cael ei bennu drwy wneud iddo gyd-fynd â safbwyntiau/credoau y grŵp sy'n ei arddel

Dyfyniad allweddol

'Mae'r holl syniadau am Dduw, fel yr holl gredoau crefyddol eraill, yn ddieithriad yn symbolau crefyddol. Mae hyn yn golygu eu bod nhw'n cyflawni'r hyn sy'n swyddogaeth grefyddol yn anad dim. Maen nhw'n cael eu defnyddio mewn profiad crefyddol, ac maen nhw'n llwyddo i gynnal y bywyd crefyddol. Technegau, offerynnau ydynt, ac mae defodau a'r celfyddydau crefyddol eraill yn cael eu cynnal yn ôl eu termau nhw. **(Randall)**

Fel Tillich, roedd Randall yn gwahaniaethu rhwng arwyddion a symbolau. Roedd yr arwydd ar hap yn rhywbeth oedd yn ennyn yr un ymateb dynol â rhywbeth arall, y gallai sefyll drosto fel math o ddirprwy neu amnewidyn. Mae arwydd, felly, yn ôl Randall, 'yn sefyll am neu'n cynrychioli rhywbeth heblaw ef ei hun: mae bob amser yn arwydd o rywbeth arall'.

Mewn cyferbyniad, roedd gan symbol swyddogaeth hollol wahanol, ym marn Randall. Nid oedd symbol yn gynrychiadol mewn unrhyw ystyr; nid oedd yn sefyll dros ddim heblaw ef ei hun. Roedd swyddogaeth symbol yn gwbl unigryw gan fod symbol yn ennyn ymateb gan y rheini sy'n ei weld neu'n ei ddefnyddio. Yng ngeiriau Randall: 'mae'n bwysig sylweddoli nad arwyddion yw symbolau crefyddol; maen nhw'n perthyn yn hytrach i'r symbolau anghynrychiadol sy'n gweithio mewn amrywiol ffyrdd yn y byd deallusol a'r byd ymarferol.'

Roedd Randall hefyd yn gwahaniaethu rhwng symbolau oedd yn cael eu defnyddio yn y maes gwyddonol a symbolau oedd yn cael eu defnyddio yn y celfyddydau a chrefydd. Credai Randall y gallai'r rhai cyntaf gael eu hadnabod fel symbolau gwybyddol, hynny yw roedden nhw'n rhoi gwybodaeth ffeithiol am y byd empirig. Roedd modd gweld symbolau o'r fath mewn hafaliadau, damcaniaethau a theoremau gwyddonol. Roedd Randall yn credu bod ganddynt swyddogaeth hollol wahanol i'r symbolau oedd i'w gweld ym myd y celfyddydau a chrefydd: roedd y rhain yn gwbl anwybyddol yn yr ystyr eu bod nhw'n ennyn ymateb emosiynol; nad oedden nhw'n darparu **gwybodaeth empirig**.

Fel ffurf o gyfathrebu, roedd symbolau crefyddol yn gweithredu fel cymhellion; roeddent yn arwain y rheini y maent yn dylanwadu arnyn nhw i fathau o weithredu. Roedd yr ymatebion hyn yn tueddu i fod yn rhai cyffredin neu wedi'u rhannu oherwydd natur y symbol a hunaniaeth y gymuned oedd yn ei rannu. Roedd y symbolau hyn hefyd yn gallu cyfrathebu profiadau ansoddol neu wedi'u rhannu, profiadau oedd yn aml yn cael eu hystyried yn anodd eu cyfleu mewn geiriau. Grym y symbol oedd ysgogi teimladau'r profiadau wedi'u rhannu hyn ac felly roedd pŵer arbennig gan y symbol ei hun.

Roedd gan symbolau crefyddol nodwedd unigryw hefyd yn ôl Randall, sef yn wahanol i'r symbolau sydd i'w gweld mewn celfyddyd, mae gan symbolau crefyddol y gallu i ddatguddio neu ddatgelu rhywbeth am y byd y maen nhw'n gweithredu ynddo. I Randall, roedd hyn yn arbennig o bwysig oherwydd yn y pwynt hwn roedd y symbol crefyddol a gwybodaeth grefyddol yn rhannu tir cyffredin. Mae'n ysgrifennu:

'Dywedir yn aml bod symbolau crefyddol yn datguddio rhyw wirionedd am brofiad. Os ydyn ni'n gofyn beth mae symbolau fel hyn yn ei ddatguddio neu'i ddatgelu am y byd, mae'n amlwg nad yr hyn y bydden ni fel arfer yn ei alw'n wybodaeth, fel mae eisoes wedi'i diffinio, ydyw. Gellir galw'r datguddiad hwn yn wybodaeth neu'n wirionedd dim ond yn yr ystyr ei fod yn amwys neu'n drosiadol. Mae'n fwy fel adnabyddiaeth uniongyrchol na gwybodaeth ddisgrifiadol: mae'n debyg i'r hyn a alwn yn fewnwelediad neu weledigaeth. Nid yw symbolau o'r fath yn dweud unrhyw beth y gellir ei wirio, yn hytrach maen nhw'n gwneud i ni weld rhywbeth am ein profiad a'r byd a brofwn.'

Dangosodd Randall gyffelybiaeth rhwng symbolau crefyddol a **syniadau Platonaidd**. Gwelodd nad oedd y ddau yn dweud wrthym fod rhywbeth fel yr oedd, ond yn hytrach mai'r swyddogaeth oedd gwneud i ni weld rhywbeth, rhywbeth na fyddai wedi bod yn amlwg fel arall. Yn y modd hwn maen nhw'n ein helpu ni drwy ddatgelu beth yw natur realiti mewn gwirionedd. Felly roedd symbolau crefyddol, i Randall, yn gweithio fel offerynnau datguddiad, gweledigaethau am y grym, fel posibiliadau yn y byd. Dim ond drwy symbolau y gallai bodau dynol fynd yn agos at y Dwyfol a dim ond drwy symbolau ac iaith symbolaidd y gallen ni'n wir fyw bywyd crefyddol mewn unrhyw ffordd ystyrlon.

Nid yw arwydd yn symbol!

Termau allweddol

Gwybodaeth empirig: gwybodaeth sy'n cael ei chaffael (neu a all gael ei chaffael) drwy'r pum synnwyr. Mae'n wybodaeth sy'n darparu gwybodaeth am y byd allanol, ffisegol

Syniadau Platonaidd: syniadau sy'n gysylltiedig ag athroniaeth yr athronydd Groegaidd clasurol, Platon, fel ei ddamcaniaeth o 'ffurfiau'

cwestiwn cyflym

4.3 Mewn athroniaeth, â beth roedd Randall yn cymharu symbolau crefyddol?

Gweithgaredd AA1

Crynhowch syniadau Randall i ddeg pwynt bwled. Dysgwch y pwyntiau bwled hyn a phrofwch eich hun arnyn nhw neu gofynnwch i rywun arall eich profi fel y gallwch eu hailadrodd yn gywir. Bydd hyn yn rhoi hyder i chi wrth gofio syniadau Randall pan fyddwch yn ysgrifennu'ch traethodau, ac yn arwain at lefel o gywirdeb sy'n nodweddiadol o ateb AA1 Band 5.

CBAC Astudiaethau Crefyddol U2
Athroniaeth Crefydd

Cynnwys y fanyleb

Iaith grefyddol yn anwybyddol ac yn symbolaidd: Duw fel yr hyn sy'n bwysig i ni yn y pen draw (Paul Tillich).

Iaith grefyddol yn anwybyddol ac yn symbolaidd: Duw fel yr hyn sy'n bwysig i ni yn y pen draw (Paul Tillich)

Roedd Paul Tillich yn gweithio ar yr un pryd â Randall ond cyhoeddodd ef flwyddyn yn gynt. Yn ei *Dynamics of Faith*, cyfrannodd Tillich hefyd at ddealltwriaeth o iaith symbolaidd. Mae'r gwaith hwn yn disgrifio cyfraniadau symbolau at ddealltwriaeth o ffydd. Er mwyn gwerthfawrogi gwaith Tillich ar symbolau yn iawn, i ddechrau mae'n rhaid rhoi braslun o'i waith ar ffydd. Roedd Tililch yn gweld ffydd fel y cyflwr o feddwl am y mater pwysig eithaf.

Y tu hwnt i'r anghenion sylfaenol fel y rhai gafodd eu nodi yn hierarchaeth anghenion Marlow, h.y. bwyd, lloches, gwres, dŵr, etc., roedd Tillich hefyd yn gweld yr angen am bryderon ysbrydol – gwybyddol, esthetig, cymdeithasol a gwleidyddol. Roedd y pryderon hyn yn arwain at yr hyn sy'n bwysig i ddynoliaeth yn y pen draw.

Yng ngeiriau Tillich:

> 'Mae'n rhaid i'r mater pwysig eithaf i ddyn gael ei fynegi'n symbolaidd, gan mai dim ond iaith symbolaidd all fynegi'r eithaf. Mae'r datganiad hwn yn gofyn am esboniad am sawl reswm. Er gwaetha'r ymchwil amryfal am ystyr a swyddogaeth symbolau sy'n digwydd mewn athroniaeth gyfoes, mae'n rhaid i bob awdur sy'n defnyddio'r term symbol esbonio ei ddealltwriaeth ohono. Mae gan symbolau un nodwedd yn gyffredin ag arwyddion; maen nhw'n pwyntio y tu hwnt i'w hunain at rywbeth arall. Mae'r arwydd coch ar gornel y stryd yn pwyntio at y gorchymyn i stopio ceir rhag symud bob hyn a hyn. Yn y bôn nid yw goleuadau coch a cheir yn stopio yn perthyn i'w gilydd, ond yn ôl confensiwn maen nhw'n gysylltiedig cyhyd â bod y confensiwn hwnnw'n para. Mae'r un peth yn wir am lythrennau a rhifau ac o bosibl geiriau hyd yn oed. Maen nhw'n pwyntio y tu hwnt i'w hunain at synau ac ystyron ... Weithiau gelwir arwyddion o'r fath yn symbolau; ond mae hyn yn anffodus oherwydd mae'n golygu bod gwahaniaethu rhwng arwyddion a symbolau yn fwy anodd oherwydd y ffaith yw nad yw arwyddion yn cymryd rhan yn realiti'r hyn y maen nhw'n pwyntio ato, ond mae symbolau yn gwneud hynny. Felly, mae arwyddion yn gallu cael eu newid er hwylustod neu gonfensiwn, ond nid felly symbolau.

Mae Tillich yn nodi chwe nodwedd o symbolau. Yn fyr, mae'r rhain fel a ganlyn:

1. Mae symbolau yn pwyntio y tu hwnt i'w hunain at rywbeth arall.
2. Mae symbolau'n cymryd rhan yn realiti'r hyn y maen nhw'n pwyntio ato.
2. Mae symbolau'n agor lefelau o realiti sydd fel arall ar gau i ni.
4. Mae symbolau'n datgloi dimensiynau ac elfennau o'n henaid sy'n cyd-fynd â dimensiynau ac elfennau realiti.
5. Ni all symbolau gael eu cynhyrchu'n anfwriadol. Maen nhw'n tyfu allan o'r anymwybod unigol neu gyffredinol ac ni allan nhw weithredu heb gael eu derbyn gan ddimensiwn anymwybodol ein bod.
6. Mae symbolau, fel bodau byw, yn tyfu ac yn marw. Byddan nhw'n tyfu pan fydd y sefyllfa'n barod iddyn nhw, a byddan nhw'n marw pan fydd y sefyllfa'n newid.

Dyfyniad allweddol

... nid yr alwad ddiamod a wnaed gan yr hyn sy'n fater pwysig eithaf i rywun, mae hefyd yn addewid o'r cyflawniad eithaf sy'n cael ei dderbyn yn y weithred o ffydd. Nid yw cynnwys yr addewid hwn wedi'i ddiffinio o reidrwydd. Gall gael ei fynegi mewn symbolau amhendant neu mewn symbolau diriaethol na ellir eu deall yn llythrennol ... Ffydd yw'r cyflwr o feddwl am y mater pwysig eithaf. Mae'r cynnwys o bwys anfeidraidd i fywyd y credinwr, ond nid yw'n bwysig ar gyfer y diffiniad ffurfiol o ffydd, a dyma'r cam cyntaf y mae'n rhaid i ni ei gymryd er mwyn deall dynameg ffydd.

(Tillich)

Yn ôl Tillich mae gan symbolau chwe nodwedd wahanol.

'Rydyn ni wedi trafod ystyr symbolau yn gyffredinol oherwydd, fel y dywedwyd gennym, mae'n rhaid mynegi'n symbolaidd yr hyn sy'n fater pwysig eithaf i ddyn! Gall rhywun ofyn: pam nad yw'n gallu cael ei fynegi yn uniongyrchol a phriodol? Os arian, llwyddiant neu'r genedl yw'r hyn sy'n fater pwysig eithaf i rywun, oni ellir dweud hyn mewn ffordd uniongyrchol heb iaith symbolaidd? Ai dim ond yn yr achosion hynny lle mai 'Duw' yw enw cynnwys y mater pwysig eithaf yr ydyn ni ym myd symbolau? Yr ateb yw bod popeth sy'n fater o ofal diamod yn cael ei droi yn dduw. Os y genedl yw'r mater pwysig eithaf i rywun, mae enw'r genedl yn dod yn enw cysegredig ac mae'r genedl yn cael rhinweddau dwyfol sydd ymhell y tu hwnt i realiti bodolaeth a gweithredu'r genedl. Mae'r genedl wedyn yn sefyll dros ac yn symboleiddio'r gwir eithaf, ond mewn ffordd eilunaddolgar. Nid yw llwyddiant fel y mater pwysig eithaf yn ddyhead naturiol i wireddu potensial ond mae'n barodrwydd i aberthu pob un o werthoedd eraill bywyd er mwyn cael safle o bŵer a goruchafiaeth gymdeithasol. Mae'r pryder am beidio â bod yn llwyddiant yn ffurf eilunaddolgar o'r pryder am gondemniad dwyfol. Llwyddiant yw Gras; diffyg llwyddiant, y farn eithaf. Yn y modd hwn mae cysyniadau sy'n dynodi pethau real cyffredin yn dod yn symbolau eilunaddolgar o'r pwysigrwydd eithaf. Y rheswm am y trosglwyddo hwn o gysyniadau i symbolau yw cymeriad eithafrwydd a natur ffydd. Mae'r hyn sydd y gwir eithaf yn mynd y tu hwnt i fyd realiti meidraidd yn anfeidraidd. Felly, ni all unrhyw realiti meidraidd ei fynegi yn uniongyrchol a phriodol. A siarad yn grefyddol, mae Duw yn mynd y tu hwnt i'w enw ei hun. Dyma pam mae defnyddio ei enw'n mynd yn sarhad neu'n gabledd yn hawdd. Mae ystyr symbolaidd gan beth bynnag a ddywedwn am yr hyn sy'n bwysig i ni yn y pen draw, p'un ai'n bod ni'n ei alw'n Dduw neu beidio. Mae'n pwyntio y tu hwnt iddo'i hun ac ar yr un pryd mae'n cymryd rhan yn yr hyn y mae'n pwyntio ato. Ni all ffydd fynegi ei hun yn ddigonol mewn unrhyw ffordd arall. Iaith ffydd yw iaith symbolau.' (Tillich)

I Tillich, felly, iaith symbolau oedd iaith grym. Roedd yn gweld Duw fel symbol sylfaenol o'r mater pwysig eithaf. Yn yr ystyr hwn roedd iaith symbolau yn gwbl anwybyddol gan ei bod yn ennyn ymateb ar lefel emosiynol ddyfnaf y credinwr tuag at y symbol, y realiti a'r mater pwysig eithaf, sef Duw. Roedd Tillich hefyd yn gweld bod symbolau ffydd yn cysylltu'n agos â'r syniad o fythau. Roedd mythau, fel symbolau, yn rhan o weithgaredd dynol. Yn ôl Tillich roedd traddodiadau diwylliannol a chrefyddol dynol yn tarddu ohonyn nhw ac, fel symbolau, 'roedden nhw'n bresennol ym mhob gweithred ffydd gan mai'r symbol yw iaith ffydd'.

Heriau gan gynnwys a yw symbol yn ddigonol neu'n cynnig y mewnwelediad cywir

Mae gwaith Randall a Tillich yn gwneud llawer i'n helpu ni i werthfawrogi sut gall symbolau ac iaith symbolaidd gael eu defnyddio i gyfleu ystyron dwfn a phwerus i unigolion, grwpiau a chymdeithasau. Mae'r symbol yn elfen allweddol o'r bywyd crefyddol, y profiad crefyddol ac felly'r iaith grefyddol. Mae'r ymatebion emosiynol dwfn y gall rhai symbolau eu hysgogi yn dangos y ffaith bod iaith symbolaidd yn hollol ystyrlon i'r rheini sy'n ymwneud â hi. Fodd bynnag, er gwaethaf hyn oll, bu beirniadaethau.

I ddechrau, ac mae'n cyfaddef hyn ei hun, mae Randall yn cydnabod bod iaith y symbol yn gynhenid anwybyddol. Felly, nid yw iaith symbolaidd yn darparu gwybodaeth am y byd gwrthrychol, y gellir ei adnabod yn empirig, mewn ffordd wrthrychol ac empirig, oherwydd byddai gwneud hynny yn ei gwneud yn iaith wybyddol, ac nid dyna ydyw. Mae hyn yn ei gosod yn syth yn groes i gasgliadau Cylch Vienna a'r positifaethwyr rhesymegol a ddilynodd, sef bod iaith symbolaidd – gan nad yw'n wiriadwy, anwiriadwy, dadansoddol, synthetig na mathemategol – yn ddiystyr yn y bôn, mewn ystyr gwybyddol ac empirig.

I Tillich, Ffydd yn Nuw ddylai fod y Mater Pwysig Eithaf i ddynoliaeth.

Cynnwys y fanyleb
Heriau gan gynnwys a yw symbol yn ddigonol neu'n cynnig y mewnwelediad cywir.

Sut rydyn ni'n gwybod a yw symbolau'n cynnig y mewnwelediad cywir?

Awgrym astudio

Gall defnyddio dyfyniadau yn eich traethodau helpu i bwysleisio neu atgyfnerthu pwynt. Oherwydd hynny, defnydd da o dystiolaeth/enghraifft ydyw. Dylech osgoi defnyddio dyfyniadau sy'n rhy hir gan eu bod yn anodd eu dysgu – mae dyfyniad byr a pherthnasol yn fwy defnyddiol.

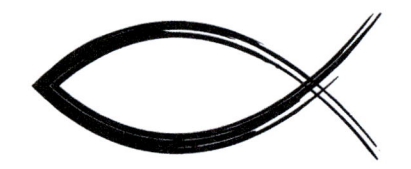

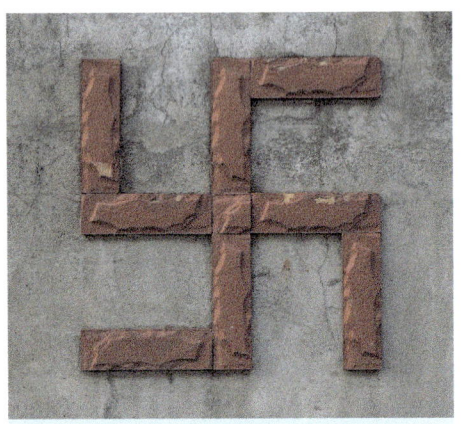

Mae'r ichthus a'r swastica wedi newid eu hystyron symbolaidd dros amser.

Cynnwys y fanyleb

Ystyried sut gellir defnyddio'r ddau safbwynt hyn (Randall/Tillich) i helpu i ddeall dysgeidiaeth grefyddol.

Gwnaeth Paul Edwards, yr Athro athroniaeth o America, feirniadu gwaith Tillich ar symbolau fel 'dryswch athronyddol'. Nododd Edwards fod Tillich ei hun yn cydnabod, yn ei *Systematic Theology*, yr anallu i fynegi mewn termau llythrennol unrhyw beth ystyrlon am Dduw; 'Mae'r consesiwn gan yr awdur ei fod yn defnyddio gair penodol yn drosiadol yn gyfystyr â chyfaddef, mewn ffordd bwysig iawn a ffordd sy'n berthnasol i'r cwestiynau dan sylw rhwng metaffisegwyr a'u beirniaid, nad yw'n golygu yr hyn mae'n ei ddweud. Nid yw'n dweud wrthym yn awtomatig beth mae'n ei olygu neu a yw mewn gwirionedd yn golygu unrhyw beth o gwbl.' (Tillich)

Mae Edwards yn sylweddoli bod hyn yn tanseilio ymgais Tillich i ddweud unrhyw beth ystyrlon drwy gyfrwng iaith symbolaidd ac mae'n atseinio'r positifiaethwyr rhesymegol wrth gefnogi'r feirniadaeth hon o Tillich:

'A derbyn hyn, mae'n ymddangos i mi fod y positifiaethwyr rhesymegol serch hynny yn haeddu clod mawr am helpu i dynnu sylw at nodweddion arbennig nifer o frawddegau (a systemau) rydyn ni'n gyffredin yn eu galw'n fetaffisegol. Mae'r metaffisegwyr weithiau yn aneglur ymwybodol o'r nodweddion hyn ond byth, hyd y gwn i, yn gwbl ymwybodol ohonynt. I'r gwrthwyneb, maen nhw'n llwyddo drwy wahanol ystrywiau i guddio'r nodweddion hyn oddi wrthyn nhw'u hunain ac eraill.' (Edwards)

Pwynt arall sy'n dangos efallai nad yw symbol yn ddigonol yw bod symbolau'n newid dros amser. Mae Tillich ei hun yn cydnabod hyn, eto ni wnaeth hynny ei rwystro rhag credu y gall iaith symbolaidd ddal i gynnig mewnwelediadau ystyrlon i wirioneddau dwfn a phwerus. Fodd bynnag, os yw rhywun yn cymryd symbol ac yn newid ei ystyr, yna mae rhywun nid yn unig yn newid y symbol ond mae hefyd yn newid rhywbeth hyd yn oed yn fwy sylfaenol – hynny yw, cysylltiad y symbol hwnnw ar gyfer ac â'r diwylliant/diwylliannau y mae'n gysylltiedig ag ef/â nhw.

Ceir llawer o enghreifftiau o symbolau fel hyn yn newid dros amser, er enghraifft yr ichthus – symbol oedd yn cael ei ddefnyddio gan y Cristnogion cynnar i ddangos lle diogel i gwrdd ac i guddio eu cred sylfaenol. Daeth y symbol drwy'r acronym Groeg, h.y. Iesu (**I**) Crist (**Ch**), Mab Duw (**Th U**), Achubwr (**S**). Roedd hwn yn cael ei ddefnyddio'n wreiddiol cyn Cristnogaeth fel symbol ffrwythlondeb, a'r siâp yn cael ei gysylltu â chroth duwies y Fam Fawr. Enghraifft arall, gydag arwyddocâd hanesyddol mwy diweddar yw'r swastica. Yn wreiddiol roedd hwn yn symbol o'r crefyddau a darddodd yn y Dwyrain oedd yn aml yn cael eu cysylltu ag egwyddor hollgyffredinol cytgord a heddwch. Ond cafodd ei wyrdroi yn symbol o gasineb i lawer yn y Gorllewin oherwydd ei gysylltiad â'r Natsïaid yn yr 20fed ganrif.

Mae'r newidiadau mewn ystyr yn arwyddocaol. Felly, pa fewnwelediad all symbol ei gynnig yn wir, os gall ei ystyr newid dros amser? Yn yr un modd, pa mor ddigonol ydyw o ran cynnig y mewnwelediad ysbrydol angenrheidiol, os yw cyd-destun y symbol yn golygu bod yr ystyr yn hollol wahanol. Yn y ddau achos hyn, os yw iaith symbolaidd yn cael ei hyrwyddo fel ffurf o iaith sy'n ystyrlon, mae hyn yn tanseilio'r syniad hwnnw. Os yw'r ystyr yn newid, sut gall y symbol gael ei ystyried yn unrhyw beth heblaw rhywbeth diystyr yn y pen draw?

Ystyried sut gellir defnyddio'r ddau safbwynt hyn (Randall/Tillich) i helpu i ddeall dysgeidiaeth grefyddol

Gall dysgeidiaethau crefyddol amrywio o gyfarwyddiadau clir am sut i ymddwyn i fyfyrdodau am ddirgelion yr enaid. O ran y cyntaf, nid oes gan safbwyntiau Randall a Tillich fawr i'w ddweud. Fodd bynnag, mewn perthynas â'r ail, gall eu safbwyntiau helpu i egluro'r dysgeidiaethau hyn. Rhaid bod yn ofalus fodd bynnag: nid oedd Randall na Tillich yn honni bod ganddyn nhw 'Garreg Rosetta' ddiwinyddol neu, mewn geiriau eraill, datganiad pendant; yn hytrach eu gwaith oedd i ddangos sut gall symbolau ein helpu ni i gael mewnwelediad i fyd crefydd.

Er enghraifft, roedd J. H. Randall yn credu na ddylid deall credoau crefyddol (a'r dysgeidiaethau a ddeilliodd ohonynt) mewn ffordd lythrennol:

'Yn gynnar iawn ym mhob traddodiad crefyddol mawr, daeth dyn myfyriol i weld na allai'r syniadau cyffredin a arddelir ac a ddefnyddir mewn addoliad, gweddi a defod fod yn llythrennol wir. Er enghraifft, ni allai'r syniad o Dduw a ddefnyddir gan yr anfyfyriol yn union arfer y celfyddydau crefyddol, fod yn ddigonol ar gyfer gwir natur y Dwyfol. Ni allai Duw'n 'wir' fod yr anifail, neu'r grym naturiol, neu'r ddelw gerfiedig, y darlun dychmygol, lle mae'r dyn cyffredin yn dirnad y Dwyfol. Ni allai fod hyd yn oed y ddelwedd uchaf o ddyn, y 'Tad', na'r math o berson sydd yn y ffasiwn bresennol yn cael ei gyfleu'n briodol yn nhermau'r profiad "Fi-Ti" ... Ni allant gael eu deall fel disgrifiadau llythrennol o'r dwyfol. Ffyrdd dychmygol a ffigurol o amgyffred perthynas dynion a'u delfrydau â natur pethau ac â'i dimensiwn crefyddol ydynt.'

Mae Randall yn mynd ymlaen i esbonio sut dylai'r syniadau hyn gael eu deall yn symbolaidd yn lle hyn, oherwydd yn y strwythur anwybyddol hwnnw maen nhw'n gwneud mwy o synnwyr deallusol i'r 'dyn myfyriol'. Wrth i waith Randall fynd yn ei flaen, mae'r syniad y gall symbolau gyfleu gwybodaeth am y byd yn dod yn thema ganolog. Nid gwybodaeth yn yr ystyr gwybyddol, ond gwybodaeth sydd bron yn reddfol, lle enillir mewnwelediad (er nad yw Randall yn gwbl glir am beth mae'n ei olygu wrth hyn) a datguddir gwirioneddau am y byd. Felly, gellid dadlau, drwy ddeall symbolau, i ni gael ein harwain i well dealltwriaeth o gredoau crefyddol a'u dysgeidiaethau cysylltiedig.

I Tillich, prif nod ei waith oedd dangos sut gallai symbolau bwyntio y tu hwnt iddyn nhw'u hunain ac arwain y crediniwr i'w mater pwysig eithaf. Drwy gymryd rhan yn y realiti mae'n pwyntio ato, mae'r symbol yn goleuo ystyr y gwrthrych neu'r syniad mae'n ei gynrychioli ac yn cynnig mewnwelediad na fyddai wedi bod yn bosibl drwy unrhyw ddull arall. Un enghraifft o hyn yw'r cyfeiriad at Dduw, ac yn ôl Tillich:

'Duw yw symbol sylfaenol ffydd, ac nid dyna'r unig un. Mae pob un o'r rhinweddau rydyn ni'n eu priodoli iddo, pŵer, cariad, cyfiawnder, yn cael eu cymryd o brofiadau meidraidd a'u cymhwyso'n symbolaidd i'r hyn sydd y tu hwnt i feidroldeb ac anfeidredd. Os yw ffydd yn galw Duw yn "hollalluog", mae'n defnyddio profiad dynol o bŵer er mwyn symboleiddio cynnwys ei ofal anfeidraidd, ond nid yw'n disgrifio'r bod uchaf a all wneud fel y myn. Felly y mae gyda'r holl rinweddau eraill fel gyda'r holl weithredoedd, gorffennol, presennol a dyfodol, y mae dyn yn eu priodoli i Dduw. Maen nhw'n symbolau wedi'u cymryd o'n profiad dynol, ac nid gwybodaeth am yr hyn a wnaeth Duw un tro neu a wnaiff rywbryd yn y dyfodol. Nid credu mewn straeon o'r fath yw ffydd, ond derbyn symbolau sy'n mynegi yn nhermau gweithredoedd dwyfol yr hyn sy'n bwysig i ni yn y pen draw ydyw.'

Drwy ddeall felly sut mae symbolau'n gweithio yn y byd pob dydd, mae Tillich yn cynnig canllawiau ar sut mae deall dysgeidiaethau crefyddol – hynny yw fel syniadau sy'n cael eu mynegi'n symbolaidd, i'w dehongli gan y rheini sy'n cymryd rhan ynddynt ac felly'n eu derbyn am yr hyn y maen nhw. Yn hyn, mae'r crediniwr yn cael ei arwain at y mater pwysig eithaf.

Fodd bynnag, nid yw safbwyntiau Randall na Tillich yn cael eu derbyn gan bawb. Mae rhai'n meddwl bod y syniad y dylid deall eu credoau a'u dysgeidiaethau crefyddol yn symbolaidd yn unig, neu mewn ffordd gwbl anwybyddol, o bosibl yn sarhaus gan iddo awgrymu nad oes ganddynt sail mewn realiti gwrthrychol. Maen nhw'n dadlau bod dysgeidiaethau crefyddol yn darlunio realiti fel y mae mewn gwirionedd. Gall y farn nad dyma wir fwriad iaith grefyddol beri pryder iddyn nhw.

Dywedodd Randall fod yr addolwyr crefyddol cyntaf yn sylweddoli bod y gwrthrychau roedden nhw'n eu haddoli i'w deall yn symbolaidd nid yn llythrennol.

CBAC Astudiaethau Crefyddol U2
Athroniaeth Crefydd

Sgiliau allweddol Thema 4 ABC

Mae'r thema hon yn cynnwys tasgau sy'n atgyfnerthu eich sgiliau AA1 ac yn mireinio'r sgiliau hyn er mwyn paratoi ar gyfer yr arholiad.

Gall fod llawer o swyddogaethau i symbolau crefyddol.

Sgiliau allweddol

Mae gwybodaeth yn ymwneud â:

Dewis ystod o wybodaeth (drylwyr) gywir a pherthnasol sydd â chysylltiad uniongyrchol â gofynion penodol y cwestiwn.

Mae hyn yn golygu:

- Dewis deunydd perthnasol i'r cwestiwn a osodwyd
- Canolbwyntio ar esbonio ac archwilio'r deunydd a ddewiswyd.

Mae dealltwriaeth yn ymwneud ag:

Esboniad helaeth, gan ddangos dyfnder a/neu ehangder gyda defnydd rhagorol o dystiolaeth ac enghreifftiau gan gynnwys (lle y bo'n briodol) defnydd trylwyr a chywir o destunau cysegredig, ffynonellau doethineb a geirfa arbenigol.

Mae hyn yn golygu:

- Defnydd effeithiol o enghreifftiau a thystiolaeth gefnogol i sefydlu ansawdd eich dealltwriaeth
- Perchenogaeth o'ch esboniad sy'n mynegi gwybodaeth a dealltwriaeth bersonol, NID eich bod yn ailadrodd darn o destun o lyfr rydych wedi ei baratoi a'i gofio.

Datblygu sgiliau AA1

Nawr mae'n bwysig ystyried y wybodaeth sydd wedi'i chyflwyno yn yr adran hon; fodd bynnag, mae'r wybodaeth fel y mae yn llawer rhy helaeth ac felly mae'n rhaid ei phrosesu er mwyn bodloni gofynion yr arholiad. Gallwch wneud hyn drwy ymarfer y sgiliau uwch sy'n gysylltiedig ag AA1. Bydd yr ymarferion yn y llyfr hwn yn eich helpu i wneud hyn ac yn eich paratoi ar gyfer yr arholiad. Ar gyfer Amcan Asesu 1 (AA1), sy'n cynnwys dangos sgiliau 'gwybodaeth' a 'dealltwriaeth', rydyn ni am ganolbwyntio ar ffyrdd gwahanol o ddangos y sgiliau yn effeithiol, gan gyfeirio hefyd at sut bydd eich perfformiad ym mhob un o'r sgiliau hyn yn cael ei fesur (gweler disgrifyddion band cyffredinol AA1 ar gyfer U2).

▶ **Dyma eich tasg newydd:** bydd yn rhaid i chi ysgrifennu ymateb o dan amodau wedi'u hamseru i gwestiwn sy'n gofyn i chi archwilio neu esbonio **safbwynt Randall am swyddogaeth symbolau**. Byddai'n well cwblhau'r ymarfer hwn mewn grŵp bach yn y lle cyntaf.

1. Dechreuwch drwy lunio rhestr o gynnwys dangosol, fel y gwnaethoch o bosibl yn y gwerslyfr blaenorol yn y gyfres. Does dim rhaid i'r rhestr fod mewn trefn benodol yn y lle cyntaf, ond wrth i chi ymarfer hyn byddwch yn gweld bod eich rhestrau yn fwy trefnus gan adlewyrchu eich dealltwriaeth.

2. Datblygwch y rhestr gan ddefnyddio un neu ddau ddyfyniad perthnasol. Nawr, ychwanegwch rywfaint o gyfeiriadau at ysgolheigion a/neu destunau crefyddol.

3. Yna ysgrifennwch eich cynllun, o fewn amser penodol, gan gofio'r egwyddorion o esbonio gan roi tystiolaeth a/neu enghreifftiau.

Ar ôl i chi orffen y dasg, cyfeiriwch at y disgrifyddion band ar gyfer U2 ac edrychwch yn benodol ar y gofynion sydd wedi'u disgrifio yn y disgrifyddion band uwch y dylech chi fod yn anelu atyn nhw. Gofynnwch i chi'ch hun:

- A yw fy ngwaith yn dangos gwybodaeth a dealltwriaeth drylwyr, gywir a pherthnasol o grefydd a chred?
- A yw fy ngwaith yn dangos cydlyniad (cysondeb neu synnwyr rhesymegol), eglurder a threfn o safon ragorol?
- A fydd fy ngwaith, ar ôl ei ddatblygu, yn ateb helaeth a pherthnasol sy'n bodloni gofynion penodol y dasg?
- A yw fy ngwaith yn dangos dyfnder a/neu ehangder sylweddol ac yn gwneud defnydd rhagorol o dystiolaeth ac enghreifftiau?
- Os yw'n briodol i'r dasg, a yw fy ateb yn cynnwys cyfeiriadau trylwyr a chywir at destunau cysegredig a ffynonellau doethineb?
- A ellir gwneud unrhyw gysylltiadau treiddgar ag elfennau eraill o fy nghwrs?
- A fydd fy ateb, ar ôl ei ddatblygu a'i ehangu i gyfateb i'r hyn sy'n ddisgwyliedig mewn ateb arholiad, yn cynnwys ystod eang o safbwyntiau ysgolheigion/ysgolion o feddwl?
- A yw'r defnydd o iaith a geirfa arbenigol yn drylwyr a chywir, pan geir enghreifftiau o hynny?

Materion i'w dadansoddi a'u gwerthuso

A ellir cytuno bod gan iaith symbolaidd ystyr digonol fel ffurf ar iaith

Dywedodd Sant Paul, yn y traddodiad Cristnogol, 'Os llefaraf â thafodau meidrolion ac angylion, a heb fod gennyf gariad, efydd swnllyd ydwyf neu symbal aflafar.' Mewn llawer ffordd, mae ei syniadau yn ei 'Emyn Cariad' enwog yn atseinio'r hyn sydd mor bwysig am gynnwys termau symbolaidd wrth ddefnyddio iaith grefyddol. Yn yr ail ystyr, mae'r term 'cariad' yn cael ei newid i 'ddealltwriaeth', oherwydd os yw rhywun yn defnyddio symbolau nad ydyn nhw'n gwneud synnwyr i'r rhai sy'n eu clywed, yna mae'r hyn maen nhw'n ei ddweud, yn nonsens, yn llythrennol. Mae'r ddealltwriaeth yn rhoi'r allwedd i ddatgloi'r symbol ac yn atal yr iaith rhag bod yn ddim mwy nag 'efydd swnllyd neu symbal aflafar'.

Mae deall iaith mewn ystyr anwybyddol yn caniatáu i ni symud y tu hwnt i ddehongliad llythrenolaidd ac empirig, i un sy'n fwy cysylltiedig ag emosiynau, teimladau neu fynegi rhywbeth sy'n ymwneud â rhyw gyflwr neu ddelwedd meddyliol mae'n amhosibl ei diffinio (mewn llawer ffordd yn debyg i gysyniad Otto o'r 'niwmenaidd'). Mae symbolau'n ffordd ardderchog o ysgogi y pethau hyn. Yng ngwaith Randall ei hun mae'n rhestru pedair swyddogaeth symbolau, sef deffro'r emosiynau ac arwain at weithredu mewn ymateb uniongyrchol i'r symbol; maen nhw'n cynnig canolbwynt cyffredin i gymuned ddod o'u hamgylch; maen nhw'n gallu cyfleu profiadau mewn ffordd na all swyddogaethau ieithyddol arferol ac maen nhw'n darparu profiad atgofus o'r byd sy'n cael ei ddisgrifio'n aml fel 'parchedig ofn'. Mae pob un o'r swyddogaethau hyn yn cynnig ystyrlonrwydd sy'n fwy na digonol ar gyfer sut rydyn ni'n defnyddio ac yn deall iaith.

Dywedodd Tillich, a weithiodd gyda Randall ar swyddogaeth symbolau, fod chwe agwedd allweddol, yn cynnwys y syniadau bod symbolau'n pwyntio y tu hwnt iddyn nhw'u hunain at rywbeth arall yn ogystal â bod yn rhan o'r realiti y maen nhw'n pwyntio ato. O hyn roedden nhw hefyd yn gallu agor lefelau o realiti sydd fel arall wedi eu cau i ni a datgloi dimensiynau o'n henaid sy'n cyfateb i ddimensiynau realiti. Mae symbolau felly, yn meddu ar rinwedd ystyrlon a real iawn sy'n gweithredu ar lefel ddyfnach o lawer nag y byddai iaith wyddonol, empirig ac, am y rhesymau hyn, mae gwaith Randall a Tillich yn cefnogi'n gryf y syniad bod symbolau'n gallu cynnig ystyron digonol fel ffurf ar iaith.

Byddai'n ymddangos, felly, bod iaith symbolaidd yn anodd ei gwella o ran y lefelau ystyr y mae'n gallu dod â nhw i'r rheini sy'n ymwneud â hi. Mae'r rhyngweithio unigol a chymdeithasol sy'n digwydd drwy ymwneud ag iaith symbolaidd yn rhywbeth nad yw'n bosibl ei wadu. Mae gwaith cymdeithasegwyr fel Emile Durkheim a seicolegwyr fel Carl Jung yn cydnabod y gwerth pwysig sydd gan symbolau mewn diwylliant dynol fel ffordd o gynnig hunaniaeth ac ystyr mewn modd dirfodol.

Fodd bynnag, ni fyddai pawb yn cytuno â gallu symbolau i gynnig ystyr. Yn wir, un o brif nodweddion symbolau y gwnaeth Tillich ei nodi oedd bod symbolau yn 'tyfu ac yn marw'. Yn hyn roedd yn golygu bod pwyntiau cronolegol hanesyddol pryd roedd symbolau'n berthnasol ac, wedi i'r amseroedd hynny fynd heibio, roedd perthnasedd y symbolau yn diflannu hefyd. Byddai hyn yn awgrymu, er gwaethaf eu pwysigrwydd fel y nodwyd yn flaenorol, nad yw symbolau'n cynnig ystyr parhaus neu gyson a allai gael ei ddehongli 'ym mhob amser ac ym mhob man'. Mae symbolau wedi'u cysylltu'n annatod â normau diwylliannol. Wrth i'r rhain newid, felly hefyd mae ystyr y symbolau'n newid. Felly, a yw'n bosibl gwir ddeall iaith symbolaidd fel y cafodd ei hysgrifennu 3,500 o flynyddoedd yn ôl? Er enghraifft, a allwn ni ddeall mewn gwirionedd yr iaith symbolaidd sydd i'w chael yn y Tenakh Iddewig? A allwn ni wir werthfawrogi beth mae'r termau hyn yn eu golygu yn ôl bwriad yr awduron gwreiddiol? Neu, a ydyn ni wedi'n tynghedu i ddealltwriaeth rannol, gan ein bod wedi'n cyfyngu gan ein normau diwylliannol ni

---

Th4 Iaith grefyddol

Mae'r adran hon yn cwmpasu cynnwys a sgiliau AA2

Cynnwys y fanyleb

A ellir cytuno bod gan iaith symbolaidd ystyr digonol fel ffurf ar iaith.

CARIAD
Y mae'n goddef i'r eithaf
nid yw cariad yn cenfigennu
Nid yw'n gwneud dim sy'n anweddus
nid yw'n cael llawenydd mewn anghyfiawnder
ond y mae'n cydlawenhau â'r gwirionedd
yn gobeithio i'r eithaf nid yw'n gwylltio
nid yw'n cadw cyfrif o gam
nid yw'n ceisio ei ddibenion ei hun
nid yw'n ymffrostio nid yw'n ymchwyddo
y mae cariad yn gymwynasgar
Y mae cariad yn amyneddgar

1 Corinthiaid 13:4-7

Mae 'Emyn Cariad' enwog gan Sant Paul yn 1 Corinthiaid 13 yn y Beibl Cristnogol yn defnyddio iaith symbolaidd.

Gweithgaredd AA2

Wrth i chi ddarllen drwy'r adran hon ceisiwch wneud y pethau canlynol:

1. Dewiswch y gwahanol ddadleuon sy'n cael eu cyflwyno yn y testun a nodwch unrhyw dystiolaeth gefnogol a roddir.

2. Ar gyfer pob dadl a gyflwynir, ceisiwch werthuso a yw'r ddadl yn un gryf neu wan yn eich barn chi.

3. Meddyliwch am unrhyw gwestiynau yr hoffech chi eu gofyn wrth ymateb i'r dadleuon.

Bydd y gweithgaredd hwn yn eich helpu chi i ddechrau meddwl yn feirniadol am yr hyn rydych chi'n ei ddarllen, ac yn eich helpu i werthuso effeithiolrwydd dadleuon gwahanol, gan ddatblygu eich sylwadau, a'ch barn a'ch safbwyntiau eich hun. Bydd hyn yn eich helpu wrth ddod i gasgliadau y byddwch yn eu gwneud yn eich atebion i'r cwestiynau AA2 sy'n codi.

a'n hiaith symbolaidd fel y mae'n berthnasol i ni? Mae tystiolaeth gan haneswyr ac anthropolegwyr diwylliannol yn dweud wrthym am fod yn ofalus pan fyddwn ni'n ceisio rhoi ystyr i wareiddiadau sydd wedi hen ddiflannu. Yn yr ystyr hwn, gellir gofyn pa mor ddigonol yw iaith symbolaidd i gynnig ystyr.

At hynny, yn yr 21ain ganrif, lle mae'n hymchwil diflino am ystyr drwy ddefnyddio dulliau gwyddonol yn rhywbeth digwestiwn, mae defnyddio iaith symbolaidd yn ymddangos yn rhyfedd o hen ffasiwn. Nid yw fel pe bai'n cyd-fynd yn hawdd â'r hyn y gellir ei brofi; neu'r hyn sy'n cael ei drin yn wrthrychol fel rhywbeth oedd yn cynnig gwirionedd neu anwiredd. Mae'r ffaith bod symbolau yn sensitif i gyfeiriadau diwylliannol yn golygu y gall diwylliannau gwahanol, yn llythrennol, drin symbolau mewn ffyrdd hollol wahanol. Efallai fod y swastica yn enghraifft amlwg o hyn. Roedd y swastica wedi cael ei ddefnyddio ers amser maith yn y crefyddau a'r cymdeithasau sy'n gysylltiedig â chrefyddau Asia. Roedd yn cynrychioli heddwch a hollgyffredinoledd yr egwyddor drefniadol. Mae digon o gofnodion yn dangos iddo gael ei ddefnyddio yng nghelfyddyd Bwdhaeth, Hindŵaeth a Sikhiaeth. Mae ei ddefnydd mewn Puja fel ffurf i gynnig ysbrydoliaeth yn ogystal â defosiwn yr un mor adnabyddus. Fodd bynnag, yn yr 20fed ganrif, magodd y swastica ystyr hollol wahanol. Daeth yn gysylltiedig â mudiad gwleidyddol sy'n cael ei weld a'i gysylltu'n hanesyddol ag ofn, casineb, rhagfarn a rhai o'r erchyllterau gwaethaf a gofnodwyd hyd yma gan fodau dynol ar ei gilydd. Ers hynny mae'n dal i gael ei gysylltu ag enghreifftiau diwylliannol o wahaniaethu a chasineb anwybodus. Os gall symbol fel hwn gael ystyron mor wahanol, sut gall symbolau gynnig unrhyw ganllawiau cyson, dibynadwy ac, yn fwy na dim, digonol i ystyr – yn enwedig wrth gael eu defnyddio mewn iaith symbolaidd?

Mewn termau crefyddol, os ydyn ni'n awgrymu y dylai'r gair 'Duw' gael ei drin fel gair symbolaidd, a yw hyn yn golygu felly y dylai gael ei drin fel ffurf anwybyddol ar iaith yn unig? Wrth wneud hynny, gellir codi cwestiynau diwinyddol ac athronyddol arwyddocaol iawn am beth yw ystyr y gair 'Duw'. A yw'n cynrychioli realiti gwrthrychol y gellir siarad amdano'n empirig? Neu a yw'n ddim mwy na syniad cynrychiadol sy'n gysylltiedig â chyfeiriad diwylliannol arbennig sydd heb realiti allanol penodol fel y cyfryw? A yw cysyniad Randall o Dduw yn ddim mwy na syniad dynol? Byddai cynnig fel hyn yn debyg o gael ei weld yn ffiaidd gan y miliynau sy'n byw eu bywydau mewn cyferbyniad llwyr ag awgrym o'r fath.

Dylai meddwl rhesymegol ddiystyru symbolau ac iaith symbolaidd fel cynnyrch dychymyg sy'n diddanu ar y gorau ond sy'n tynnu sylw pobl oddi wrth wir ystyr bywyd ar y gwaethaf. Maen nhw'n hybu gweithgareddau hunanganolog sy'n tynnu oddi wrth gyfraniadau defnyddiol i'r gymdeithas. Dylen ni felly ddiystyru iaith symbolaidd gan ei bod yn ddiystyr ac, yn y pen draw, yn dda i ddim.

I dynnu'r dadleuon hyn at ei gilydd, mae'n ymddangos nad yw'r cwestiwn yn un syml. Yn fyr, os yw iaith anwybyddol yn cael ei hystyried fel cyfrwng dilys i gyfleu ystyr, yna mae iaith symbolaidd yn wir yn cyflawni'r swyddogaeth honno. Fodd bynnag, os yw'r syniad hwn yn cael ei wrthod, yna mae iaith symbolaidd yn ddiystyr yn y pen draw ac ni all gynnig unrhyw ystyr digonol fel ffurf ar iaith.

Awgrym astudio

Mae'n hanfodol yn AA2 eich bod yn trafod dadleuon ac nid yn syml yn esbonio beth mae rhywun wedi ei ddweud. Ceisiwch ofyn i chi'ch hun, 'a oedd hwnnw'n bwynt teg i'w wneud?', 'a yw'r dystiolaeth yn ddigon cadarn?', 'a oes unrhyw beth i herio'r ddadl hon?', 'ydy hon yn ddadl gref neu wan?' Bydd dadansoddi beirniadol fel hyn yn eich helpu i ddatblygu'ch sgiliau gwerthuso.

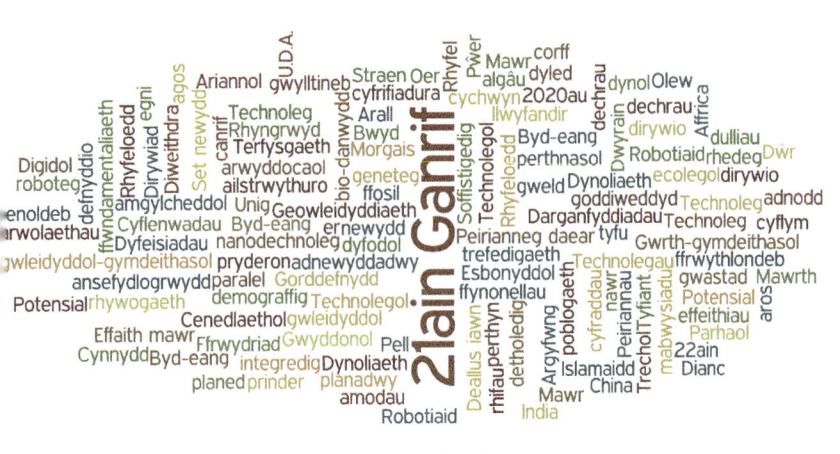

Yn yr 21ain ganrif a oes angen iaith symbolaidd bellach?

Gweithgaredd AA2

Rhestrwch rai casgliadau y byddai'n bosibl dod iddynt ar sail y rhesymeg AA2 yn y testun uchod; ceisiwch gyflwyno o leiaf dri chasgliad gwahanol posibl. Ystyriwch bob un o'r casgliadau a chasglwch dystiolaeth gryno i gefnogi pob casgliad o'r deunydd AA1 ac AA2 ar gyfer y testun hwn. Dewiswch y casgliad sy'n argyhoeddi fwyaf yn eich barn chi ac esboniwch pam mae hyn yn wir. Ceisiwch gyferbynnu hyn â'r casgliad gwannaf ar y rhestr, gan gyfiawnhau eich dadl gyda rhesymu clir a thystiolaeth.

I ba raddau y mae gwaith Randall a Tillich yn darparu ymateb addas i her positifiaeth resymegol

Roedd dylanwad positifiaeth resymegol ar ddechrau'r 20fed ganrif yn sylweddol, o ran athroniaeth. Rhaeadrodd ei osodiadau a'i athroniaeth drwy'r byd academaidd yn y Gorllewin, gan achosi ymateb a chwyldro lle nad oedd syniadau o'r fath wedi cael eu caniatáu o'r blaen. Am y tro cyntaf, mewn ffordd systematig, roedd empiriaeth y byd gwyddonol yn cael ei gymhwyso'n llym i fyd syniadau ac roedd yr heriau i'r byd hwnnw yn sylweddol, a dweud y lleiaf. Roedd pobl ddylanwadol fel Schlick a Carnap a chyfoedion yng Nghylch Vienna fel Ayer, Popper a Wittgenstein yn cyfrannu syniadau radical oedd yn cynnwys gwrthod metaffiseg yn ffyrnig. Roedd hyn oherwydd, yn y diffiniad o feddwl empirig oedd yn cael ei gynnig, nad oedd ganddo ddim byd ystyrlon i'w ddweud am y byd allanol. (Ond gwnaeth Popper a Wittgenstein anghytuno'n ddiweddarach â'r honiad hwn ynghylch gwrthod metaffiseg yn gyfan gwbl).

Yn ei hanfod, roedd positifiaeth resymegol yn cynnig mabwysiadu maen prawf tynn ar gyfer ystyr oedd yn seiliedig ar y gallu i wirio datganiad. Roedd y cynnig hwn yn cyd-fynd yn gyffyrddus â byd empirig y gwyddorau ffisegol ac felly roedd yn cael ei ystyried yn brawf litmws ar gyfer ystyr. Roedd datganiadau dadansoddol a synthetig, ynghyd â datganiadau mathemategol a thawtolegol, i gyd yn cael eu hystyried yn rhai ystyrlon, ond eto roedd unrhyw beth oedd yn disgyn y tu allan i'r rhain yn cael ei ystyried yn ddiystyr yn y pen draw.

Wrth iddynt ystyried syniadau positifiaeth resymegol, cymerodd Randall a Tillich safbwynt gwrthwynebus o ran beth oedd ystyr. I ddechrau, safbwynt positifiaeth resymegol am iaith oedd y dylai gael ei thrin mewn modd cwbl wybyddol. Yn yr ystyr hwn, iaith wybyddol yw unrhyw fath o iaith sy'n gwneud honiad, sydd fel arfer yn ffeithiol, sef y gellir dangos ei fod yn gywir neu'n anghywir drwy ddulliau gwrthrychol. Gallai'r dulliau hyn fod drwy wirio neu anwirio. Mae hyn yn cyd-fynd yn dda ag agwedd y positifiaethwyr rhesymegol. Fodd bynnag, nid dyma sut roedd Randall a Tillich yn gweld iaith. Iddyn nhw, roedd iaith yn rhywbeth i gael ei hystyried yn anwybyddol. Nid yw'n rhywbeth y gellir ei harchwilio'n wrthrychol. Mae hyn oherwydd bod iaith anwybyddol yn iaith sy'n mynegi barnau, agweddau, teimladau a/neu emosiynau. Mae'n iaith sy'n ymwneud â safbwynt unigolyn am yr hyn efallai y mae realiti yn ei olygu iddo – a gall hyn fod yn wahanol i farn rhywun arall, hyd yn oed pe bydden nhw'n profi'r un realiti. Gall y ddau safbwynt fod yn ddilys – ond mewn ystyr anwybyddol.

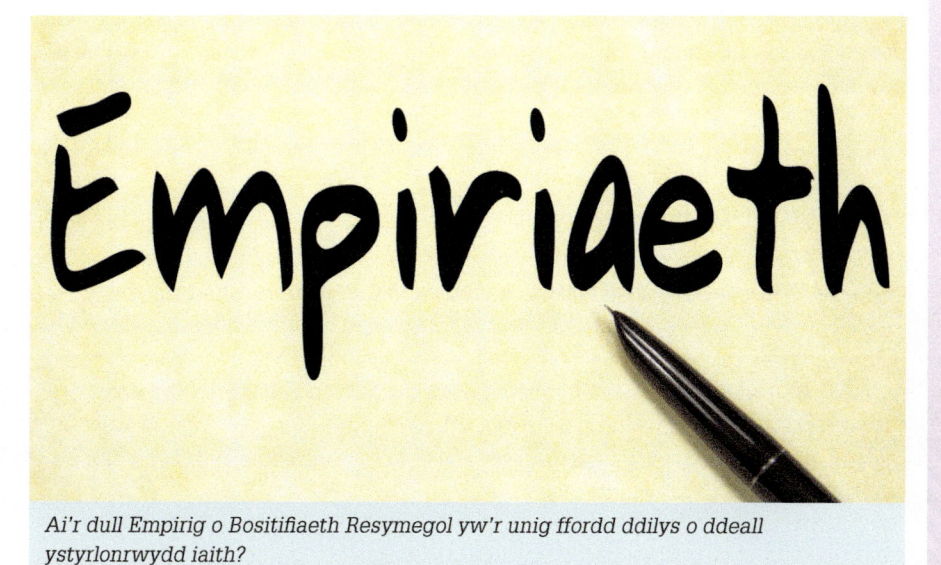

Ai'r dull Empirig o Bositifiaeth Resymegol yw'r unig ffordd ddilys o ddeall ystyrlonrwydd iaith?

Th4 Iaith grefyddol

Cynnwys y fanyleb
I ba raddau y mae gwaith Randall a Tillich yn darparu ymateb addas i her positifiaeth resymegol.

Gweithgaredd AA2

Wrth i chi ddarllen drwy'r adran hon ceisiwch wneud y pethau canlynol:

1. Dewiswch y gwahanol ddadleuon sy'n cael eu cyflwyno yn y testun a nodwch unrhyw dystiolaeth gefnogol a roddir.
2. Ar gyfer pob dadl a gyflwynir, ceisiwch werthuso a yw'r ddadl yn un gryf neu wan yn eich barn chi.
3. Meddyliwch am unrhyw gwestiynau yr hoffech chi eu gofyn wrth ymateb i'r dadleuon.

Bydd y gweithgaredd hwn yn eich helpu chi i ddechrau meddwl yn feirniadol am yr hyn rydych chi'n ei ddarllen, ac yn eich helpu i werthuso effeithiolrwydd dadleuon gwahanol, gan ddatblygu eich sylwadau, a'ch barn a'ch safbwyntiau eich hun. Bydd hyn yn eich helpu wrth ddod i gasgliadau y byddwch yn eu gwneud yn eich atebion i'r cwestiynau AA2 sy'n codi.

A yw iaith symbolaidd yn siarad yn uniongyrchol â'r enaid

Roedd gan Randall ddiddordeb yn y ffordd yr oedd iaith grefyddol, yn arbennig, yn gweithio. Credai fod iaith grefyddol yn cario ystyr a gwybodaeth. Roedd yn cydnabod hefyd bod y math hwn o gyfathrebu yn wahanol i fathau eraill o iaith ac yn debyg iddynt mewn rhai ffyrdd – yn cynnwys iaith byd y gwyddorau ffisegol. Wrth ystyried beth oedd swyddogaeth iaith grefyddol fel cyfrwng i gyfleu gwybodaeth, canolbwyntiodd Randall yn benodol ar y ffurfiau o gyfathrebu o fewn crefydd oedd yn rhoi'r mewnweledigadau mwyaf i gredinwyr am eu credoau, syniadau a hunaniaethau diwylliannol cyffredin.

Sylweddolodd Randall fod pwrpas cyffredin gan fydoedd gwyddor naturiol a diwinyddiaeth naturiol. Y pwrpas hwnnw oedd datguddio sut roedd y byd a'r bydysawd roedden ni'n byw ynddynt yn gweithio. Gan ystyried bod credoau crefyddol, sy'n cael eu mynegi drwy iaith grefyddol, yn allweddol i'r ddealltwriaeth hon, dywedodd Randall yn ei gyfrol *The Role of Knowledge in Western Religions*: 'Os nad swyddogaeth credoau crefyddol yw cynhyrchu gwybodaeth a gwirionedd, beth yw eu swyddogaeth?'

Roedd Randall yn cydnabod eu bod yn arwain at uno pobl; roedden nhw'n rhoi hunaniaeth i bobl. Roedd yn cynnig ffordd gyffredin o gyfathrebu, yn darparu set gyffredin o werthoedd. Roedd hyn yn trosi, yn llythrennol, yn ffurf gyffredin o iaith, yn ei gwraidd yr iaith grefyddol, iaith hynod o symbolaidd oedd yn cynrychioli'r pethau hynny oedd yn rhoi eu hunaniaeth i bobl. Dyma oedd rôl y profiad crefyddol. Felly, barn Randall am iaith grefyddol oedd ei bod yn gwbl ystyrlon – mewn ffordd bwerus, ond anwybyddol, ac mae ei farn fel pe bai'n cynnig gwrth-bwynt arwyddocaol i syniadau'r positifiaethwyr rhesymegol.

Yn yr un modd, roedd Tillich yn gweld ystyrlonrwydd iaith grefyddol drwy'r ffordd yr oedd yn cael ei defnyddio. Gan ystyried bod gan iaith grefyddol allu unigryw i gyfathrebu'n symbolaidd, roedd yn cydnabod bod yr ystyr yn dod drwy'r swyddogaeth yr oedd iaith grefyddol yn ei chyflawni. Credai fod symbolau nid yn unig yn pwyntio y tu hwnt iddyn nhw'u hunain ond yn cymryd rhan yn y realiti roedden nhw'n pwyntio ato. Er enghraifft, mae Cristion sy'n edrych ar symbol y groes, yn cael ei dynnu i mewn yn syth i'r symbolaeth sy'n gysylltiedig â'r ymgnawdoliad, yr iawn a'r aberth, fel maen nhw'n cael eu mynegi drwy'r traddodiad Cristnogol. Yma roedd y symbolau'n rhoi'r cyfle i'r rheini oedd yn dod ar eu traws i gael lefelau o realiti wedi'u hagor iddyn nhw efallai na fyddent wedi bod ar gael fel arall. Yn ysbrydol mae hyn yn amhrisiadwy. Iaith symbolaidd, i Tillich, oedd iaith yr enaid – ac felly roedd yn ystyrlon ar y lefel ddyfnaf bosibl i fod dynol, ond nid o reidrwydd yn y ffordd y gallai'r positifiaethwyr rhesymegol fod wedi diffinio ystyrlonrwydd.

Yn wir, roedd ymagweddau Randall a Tillich at iaith, fel y dywedwyd eisoes, yn dra gwahanol i agwedd y positifiaethwyr rhesymegol. Oherwydd hynny, byddai'n bosibl dadlau bod eu safbwyntiau'n cynnig gwrth-ddadl effeithiol i bositifiaeth resymegol er nad ydynt o reidrwydd yn trafod y pwnc o'r un man cychwyn athronyddol.

Awgrym astudio

Mae'n bwysig ar gyfer AA2 eich bod yn cynnwys safbwyntiau ysgolheigion a/neu ysgolion o feddwl wrth ffurfio'ch ateb i honiad arbennig. Byddai unrhyw drafodaeth am swyddogaeth iaith grefyddol yn elwa o safbwyntiau'r athronwyr clasurol a chanoloesol, yn ogystal â rhai mwy diweddar. Fodd bynnag, gwnewch yn siŵr bod y safbwyntiau rydych chi'n eu defnyddio yn berthnasol i'r pwynt rydych chi'n ei wneud. Byddai gallu defnyddio'r termau yn gywir mewn ateb arholiad yn gwahaniaethu rhwng ateb lefel uchel ac un sydd ddim ond yn ateb cyffredinol.

Gweithgaredd AA2

Rhestrwch rai casgliadau y byddai'n bosibl dod iddynt ar sail y rhesymeg AA2 yn y testun uchod; ceisiwch gyflwyno o leiaf dri chasgliad gwahanol posibl. Ystyriwch bob un o'r casgliadau a chasglwch dystiolaeth gryno i gefnogi pob casgliad o'r deunydd AA1 ac AA2 ar gyfer y testun hwn. Dewiswch y casgliad sy'n argyhoeddi fwyaf yn eich barn chi ac esboniwch pam mae hyn yn wir. Ceisiwch gyferbynnu hyn â'r casgliad gwannaf ar y rhestr, gan gyfiawnhau eich dadl gyda rhesymu clir a thystiolaeth.

Datblygu sgiliau AA2

Nawr mae'n bwysig ystyried y wybodaeth sydd wedi'i chyflwyno yn yr adran hon; fodd bynnag, mae'r wybodaeth fel y mae yn llawer rhy helaeth ac felly mae'n rhaid ei phrosesu er mwyn bodloni gofynion yr arholiad. Gallwch wneud hyn drwy ymarfer y sgiliau uwch sy'n gysylltiedig ag AA2. Bydd yr ymarferion yn y llyfr hwn yn eich helpu i wneud hyn ac yn eich paratoi ar gyfer yr arholiad. Ar gyfer Amcan Asesu 2 (AA2), sy'n cynnwys dangos sgiliau 'dadansoddi beirniadol' a 'gwerthusiad', rydyn ni am ganolbwyntio ar ffyrdd gwahanol o ddangos y sgiliau yn effeithiol, gan gyfeirio hefyd at sut bydd eich perfformiad ym mhob un o'r sgiliau hyn yn cael ei fesur (gweler disgrifyddion band cyffredinol AA2 ar gyfer U2).

▶ **Dyma eich tasg newydd:** bydd rhaid i chi ysgrifennu ymateb dan amodau wedi'u hamseru i gwestiwn sy'n gofyn i chi werthuso **effeithiolrwydd yr atebion i broblem iaith symbolaidd**. Byddai'n well cwblhau'r ymarferiad hwn mewn grŵp bach yn y lle cyntaf.

1. Dechreuwch drwy lunio rhestr o ddadleuon neu resymu dangosol, fel y gwnaethoch o bosibl yn y gwerslyfr blaenorol yn y gyfres. Does dim rhaid i'r rhestr fod mewn trefn benodol yn y lle cyntaf, ond wrth i chi ymarfer hyn byddwch yn gweld bod eich rhestrau yn fwy trefnus, yn arbennig o ran y cysylltiadau rhwng dadleuon.

2. Datblygwch y rhestr gan ddefnyddio un neu ddau ddyfyniad perthnasol. Nawr, ychwanegwch rywfaint o gyfeiriadau at ysgolheigion a/neu destunau crefyddol.

3. Yna ysgrifennwch eich cynllun, o dan amodau wedi'u hamseru, gan gofio egwyddorion gwerthuso gyda chymorth rhesymu helaeth, manwl a/neu dystiolaeth.

Ar ôl i chi orffen y dasg, cyfeiriwch at y disgrifyddion band ar gyfer U2 ac edrychwch yn benodol ar y gofynion sydd wedi'u disgrifio yn y disgrifyddion band uwch y dylech chi fod yn anelu atyn nhw. Gofynnwch i chi'ch hun:

- A yw fy ateb yn ddadansoddiad beirniadol hyderus a gwerthusiad craff o'r mater?
- A yw fy ateb yn nodi'r materion a godwyd gan y cwestiwn yn llwyddiannus ac yn mynd i'r afael â nhw'n drylwyr?
- A yw fy ngwaith yn dangos cydlyniad, eglurder a threfn o safon ragorol?
- A fydd fy ngwaith, ar ôl ei ddatblygu, yn cynnwys safbwyntiau trylwyr, cyson a chlir wedi'u cefnogi gan resymeg a/neu dystiolaeth helaeth, fanwl?
- A yw safbwyntiau ysgolheigion/ysgolion o feddwl yn cael eu defnyddio'n helaeth a phriodol, ac yn eu cyd-destun?
- A yw fy ateb yn cyfleu dadansoddiad hyderus a chraff o natur unrhyw gysylltiadau posibl ag elfennau eraill o'm cwrs?
- A yw'r defnydd o iaith a geirfa arbenigol yn drylwyr a chywir, pan geir enghreifftiau o hynny?

Sgiliau allweddol Thema 4 ABC

Mae'r thema hon yn cynnwys tasgau sy'n atgyfnerthu eich sgiliau AA2 ac yn mireinio'r sgiliau hyn er mwyn paratoi ar gyfer yr arholiad.

Sgiliau allweddol

Mae dadansoddi'n ymwneud â:

Nodi materion sy'n cael eu codi gan y deunyddiau yn adran AA1, ynghyd â'r rhai a nodwyd yn adran AA2, ac mae'n cyflwyno safbwyntiau cyson a chlir, naill ai gan ysgolheigion neu safbwyntiau personol, yn barod i'w gwerthuso.

Mae hyn yn golygu:

- Bod eich atebion yn gallu nodi meysydd trafod allweddol mewn perthynas â mater penodol
- Eich bod yn gallu nodi'r gwahanol ddadleuon a gyflwynir gan eraill, a rhoi sylwadau arnyn nhw
- Bod eich ateb yn rhoi sylwadau ar effeithiolrwydd cyffredinol pob un o'r meysydd neu ddadleuon hyn.

Mae gwerthuso'n ymwneud ag:

Ystyried goblygiadau amrywiol y materion sy'n cael eu codi, yn seiliedig ar y dystiolaeth a gafwyd wrth ddadansoddi ac mae'n rhoi dadl fanwl eang gyda chasgliad clir.

Mae hyn yn golygu:

- Bod eich ateb yn pwyso a mesur canlyniadau derbyn neu wrthod y dadleuon amrywiol a gwahanol a gafodd eu dadansoddi
- Bod eich ateb yn dod i gasgliad drwy broses rhesymu clir.

CBAC Astudiaethau Crefyddol U2
Athroniaeth Crefydd

Mae'r adran hon yn cwmpasu cynnwys a sgiliau AA1

Cynnwys y fanyleb

Ffurf gymhleth ar iaith fytholegol sy'n cyfathrebu gwerthoedd a mewnwelediad i bwrpas bodolaeth. Mythau yn gymorth i oresgyn ofn o'r hyn sy'n ddieithr; mythau fel ffordd effeithiol o drosglwyddo gwerthoedd crefyddol, cymdeithasol a moesegol.

Termau allweddol

Dadadeiladu: dadansoddi testun drwy ei dynnu yn ddarnau er mwyn gweithio allan beth mae'n ei feddwl

Ex nihilo: yn llythrennol 'allan o ddim' – term Lladin sy'n cael ei gysylltu'n aml â mythau'r creu

Sitz im Leben: ymadrodd Almaeneg sy'n golygu 'Sefyllfa mewn Bywyd'. Mae'n cael ei ddefnyddio fel term diwinyddol i gyfeirio at gyd-destun ysgrifennu testun, sydd fel arfer yn dylanwadu ar yr awdur oherwydd amgylchiadau arbennig y cyd-destun hwnnw

Dyfyniadau allweddol

Mae myth yn stori am darddiad. Mae myth yn stori am sut y creodd y duwiau'r byd neu ran o'r byd yn y dechreuad, *in illo tempore* neu'r adeg cyn i amser ddechrau, sy'n esbonio pam mae pethau fel y maen nhw heddiw. **(Peters)**

Myth yw stori, ddychmygol neu wir, sy'n ein helpu i wneud synnwyr o realiti ... Heb fyth nid oes ystyr neu bwrpas i fywyd. Mae mythau'n gwneud mwy nag esbonio. Maen nhw'n arwain prosesau meddyliol, yn cyflyru sut rydyn ni'n meddwl, hyd yn oed sut rydyn ni'n dirnad. **(Matt)**

B: Iaith grefyddol yn anwybyddol ac yn fytholegol

Ffurf gymhleth ar iaith fytholegol sy'n cyfathrebu gwerthoedd a mewnwelediad i bwrpas bodolaeth

Yn y byd cyfoes, mae'r term 'myth' yn aml yn gyfystyr ag 'anwiredd'. I lawer, mae myth yn fath arall o stori sydd ag elfennau rhyfedd iddi, ond nid yw'n debyg o gwbl i'r gwirioneddau sydd i'w canfod yn y byd empirig. Mae mythau, yn ôl safbwynt llawer yn y gymdeithas gyfoes, yn cael eu hystyried fel 'straeon tylwyth teg' – rhywbeth i ddifyrru plant ond heb nemor ddim gwerth y tu hwnt i'r maes arbennig hwn. Fodd bynnag, mae lleihau myth i'r elfennau hyn yn camddeall yn llwyr pwrpas y math hwn o iaith.

Mae hyn yn arbennig o wir ym maes astudiaethau crefyddol, lle mae myth mewn gwirionedd yn derm arbenigol iawn sy'n cyfeirio at hanesion sy'n cynnwys gwirioneddau sy'n cael eu cyfathrebu ar ffurf delweddau llun a thestun symbolaidd. Os defnyddir dulliau empirig yn unig i **ddadadeiladu** myth bydd ystyr yr hanesion hyn yn cael ei golli. Arweiniodd dulliau lleihaol fel hyn, oedd yn arbennig o boblogaidd yn yr 19eg ganrif a dechrau'r 20fed ganrif, at y safbwynt poblogaidd heddiw, sef nad yw mythau yn fawr mwy na ffantasïau. Roedden nhw'n cynnig golwg gor-syml ar y cymhlethdodau sy'n ymwneud â'r byd naturiol ac, yn enwedig, digwyddiadau fel dechrau'r bydysawd neu ffurfio bywyd ar y ddaear.

Mae diystyru mythau fel pethau gor-syml, fel y dywedwyd eisoes, yn ffeithiol anghywir. Mae angen dehongli mythau ond mae angen gofal i wneud hynny. Mae deall cyd-destun gwreiddiol y myth yn bwysig. Roedd ysgolheigion Almaeneg yr 20fed ganrif, wrth edrych ar y Testament Newydd yn y traddodiad Cristnogol, yn siarad am yr angen i ddeall '**Sitz im Leben**' (sefyllfa mewn bywyd) awduron y Testament Newydd, fel y gallai ystyr y dogfennau hynny gael ei deall yn iawn. Roedden nhw'n rhybuddio hefyd y dylid peidio â defnyddio ein *Sitz im Leben* ein hunain wrth eu dehongli – oherwydd bod gwneud hynny'n golygu ychwanegu safbwyntiau na fyddai wedi bod yn berthnasol pan oedd yr awduron yn byw, a byddai hyn yn arwain at gamddeall ystyron gwreiddiol dogfennau o'r fath. Dyma pam y byddai dull gofalus o ddehongli mythau yn dod â dealltwriaeth fwy cywir o gyd-destun a phwrpasau gwreiddiol y myth ei hun.

Mae gan bob diwylliant dynol ei mythau. Mae'r union ffaith bod hyn yn wir yn dangos y gwerth sydd ganddyn nhw i bob cymdeithas. Mae'r mythau hynny'n cynnig mewnwelediadau i nifer o elfennau sy'n bwysig i bob cymdeithas, er nad oes gan yr holl gymdeithasau a diwylliannau hyn fythau ar gyfer pob un o'r un elfennau. Mae yna rai sy'n digwydd yn gyffredin fel creu'r bydysawd; swyddogaethau a chymeriadau'r duwiau; mythau arwrol; sut a pham mae'r byd yn gweithredu yn y modd y mae'n ei wneud (yn cynnwys codau moesol); y frwydr rhwng daioni a drygioni, etc.

Mae deall iaith fytholegol yn hanfodol i'n helpu i ddeall y mythau hynny. Fodd bynnag, mae astudio mythau a'r iaith a ddefnyddiwyd i'w hysgrifennu yn fater o ddehongliad. Felly, gyda'r wybodaeth orau sydd gennym, dylid cofio nad yw'r dehongliadau hyn o reidrwydd yn rhai awdurdodol. Mae'r myth yn ffurf rymus o lenyddiaeth ac, fel y soniwyd eisoes, mae hefyd yn hynod o gymhleth. Oherwydd hynny, gall cyfnodau gwahanol a phobl wahanol ddehongli'r myth mewn ffyrdd gwahanol. Wrth i ni edrych ar fythau gwahanol, yn ddiweddarach yn yr adran hon, bydd y gwahaniaethau mewn dehongliad yn cael eu harchwilio ymhellach, fel y bo'n briodol.

Problem arall gyda'r myth yw bod llawer o fythau yn debyg iawn i'w gilydd – os nad o ran cynnwys, yna o ran strwythur. Enghraifft o hyn yw mythau *ex nihilo* y creu sy'n dechrau gyda gwagleoedd, dŵr a ffigwr neu ffigyrau dwyfol. Mae'r gallu i werthfawrogi bod y rhain yn cynrychioli delweddau a chredoau sydd wedi'u gwreiddio'n ddwfn yn y diwylliant y daethant ohoni, yn caniatáu i'r myth gael ei ddehongli yn unol â hynny. Felly, er y gall y cynnwys fod yn debyg, gall y dehongliadau fod cryn dipyn yn wahanol.

Felly, mae mythau yn ffurf gymhleth o lenyddiaeth. Mae iaith mythau yn gymhleth hefyd, wedi ei ffurfio o dermau trosiadol, symbolaidd a chydweddiadol, gydag ystyron 'cudd' y tu hwnt i ddarlleniad llythrennol o'r testun. Dros y ganrif ddiwethaf, gyda'r gwaith a wnaed ar iaith fytholegol mewn astudiaethau crefyddol, seicoleg ac anthropoleg, mae ysgolheigion wedi penderfynu bod mythau ymhell o fod yn ffantasïau syml a phlentynnaidd fel mae llawer o bobl yn credu'n anghywir yn y gymdeithas gyfoes. Yn hytrach, mae ganddyn nhw bwrpas llawer mwy arwyddocaol. Maen nhw'n sôn am ddigwyddiadau sy'n ymwneud â'r byd naturiol a sut y daeth i fod, ond nid fel straeon syml yn unig. Yn y bôn maen nhw'n cynnwys gwirioneddau dwfn a pharhaol sy'n anhepgor i hunaniaeth y diwylliant a'r gymdeithas maen nhw'n perthyn iddi. Yn eu hanfod, mae mythau'n archwilio'r hyn mae'n ei olygu i fod yn ddynol, pa berthynas y dylai fod gennym â'r byd rydyn ni'n byw ynddo, sut dylen ni ymwneud â'n gilydd, a beth yw'n cyfrifoldebau i'r pwerau yr ydyn ni, yn ôl y mythau, yn ddyledus iddynt am ein bodolaeth.

Yn olaf dylid deall bod rôl mythau mewn crefydd yn anhepgor. Mae llawer o agweddau crefydd yn dibynnu ar fythau i gynnig ffordd o fynegi'r gwirioneddau crefyddol sylfaenol hynny na allen nhw gael eu mynegi mewn unrhyw ffurf arall o iaith – oherwydd byddai gwneud hynny'n eu symleiddio neu'n eu dibrisio. Fel y soniwyd, mae mythau ac iaith mythau yn gymhleth tu hwnt ac yn cynnwys agweddau trosiadol, symbolaidd a chydweddiadol oddi mewn iddyn nhw. Felly mae ceisio dod o hyd i ystyron llythrennol i fythau yn arwain yn anochel at wallau – gan y rheini sy'n cymryd agwedd ffwndamentalaidd a llythrenolaidd wrth ddarllen testunau crefyddol a hefyd y rheini sy'n beirniadu crefydd fel rhywbeth diystyr yn y byd gwyddonol cyfoes. Mae angen i drafodaeth ystyrlon am fythau ystyried y ffordd benodol iawn maen nhw'n defnyddio iaith, ac yna dechrau archwilio a deall cyfoeth y testun wrth iddo ddatgelu gwirioneddau mytholegol am fodolaeth ddynol, y bydysawd rydyn ni'n byw ynddo a, lle bo'n briodol, y Dwyfol.

Dyfyniad allweddol

Mae'r prif wahaniaeth rhwng dyn y cymdeithasau hynafol a thraddodiadol a dyn y cymdeithasau modern, gyda'u hôl cryf o Iddewig-Gristnogaeth, yn ymwneud â'r ffaith bod y cyntaf yn teimlo ei fod wedi'i gysylltu'n annatod â'r Cosmos a'r rhythmau cosmig, ond bod yr ail yn mynnu mai dim ond gyda Hanes y mae ef wedi'i gysylltu. Wrth gwrs, i ddyn y cymdeithasau hynafol, mae gan y Cosmos 'hanes' hefyd, efallai dim ond oherwydd mai creadigaeth y duwiau ydyw a chredir ei fod wedi cael ei drefnu gan fodau goruwchnaturiol neu arwyr mytholegol. Ond mae'r 'hanes' hwn am y Cosmos ac am gymdeithas ddynol yn 'hanes cysegredig', wedi'i gadw a'i drosglwyddo drwy fythau. Yn fwy na hynny, mae'n 'hanes' y gellir ei ailadrodd yn ddi-ben-draw, yn yr ystyr bod y mythau yn gweithio fel modelau i seremonïau sydd o dro i dro, yn ailddarlunio'r digwyddiadau anferthol a ddigwyddodd ar ddechrau amser. Mae'r mythau yn cadw ac yn trosglwyddo'r patrymau/modelau enghreifftiol ar gyfer yr holl weithgareddau cyfrifol y mae pobl yn cymryd rhan ynddyn nhw. Yn rhinwedd y modelau enghreifftiol hyn a ddatguddiwyd i ddynion mewn oesau mytholegol, mae'r Cosmos a chymdeithas yn cael eu hail-greu bob hyn a hyn. **(Eliade)**

Mae'r gair myth yn cael ei gamddeall yn aml yn y gymdeithas fodern.

cwestiwn cyflym

4.4 Beth yw pwrpas myth?

Gall mythau yn aml dynnu sylw at wirioneddau am y cyflwr dynol.

cwestiwn cyflym

4.5 Pam gall y gair 'myth' fod yn anodd ei ddiffinio?

CBAC Astudiaethau Crefyddol U2
Athroniaeth Crefydd

Cynnwys y fanyleb

Tystiolaeth gefnogol – mythau mewn amrywiol ffurfiau er mwyn cyfleu ystyr: mythau'r creu.

Dyfyniad allweddol

Dim ond mythau sy'n gallu dweud straeon am amser cychwynnol oherwydd mae hanes yn dibynnu ar wybodaeth wedi'i chasglu o gofnodion ac, o ddewis, cofnodion sy'n cydoesi â'r digwyddiadau sy'n cael eu disgrifio. Nid oes unrhyw gofnodion am ddechrau amser yn bodoli, heblaw mewn mytholeg.

(Hoffmann)

Mae'r iaith fytholegol sydd ym myth y creu yn llyfr Genesis yn dangos sut daeth trefn allan o anhrefn.

Mythau'r creu

Mae mythau'r creu wedi bodoli yr un mor hir ag y mae pobl wedi adrodd a chofnodi eu straeon. Mae hanes y creu, fel mae'n cael ei ddisgrifio yn y traddodiadau Iddewig-Gristnogol, yn cael ei ystyried gan lawer fel disgrifiad sy'n gyfoethog mewn iaith fytholegol ac yn un sydd, fel mewn mythau eraill am y creu o'r Dwyrain Agos hynafol, yn cynnig cread a ddigwyddodd *ex nihilo*, hynny yw 'allan o ddim'.

Mae'r disgrifiad fel mae'n cael ei gofnodi ym mhennod gyntaf Genesis yn mynd fel hyn:

'Yn y dechreuad creodd Duw y nefoedd a'r ddaear. Yr oedd y ddaear yn afluniaidd a gwag, ac yr oedd tywyllwch ar wyneb y dyfnder, ac ysbryd Duw yn ymsymud ar wyneb y dyfroedd. A dywedodd Duw, 'Bydded goleuni.' A bu goleuni. Gwelodd Duw fod y goleuni yn dda; a gwahanodd Duw y goleuni oddi wrth y tywyllwch. Galwodd Duw y goleuni yn ddydd a'r tywyllwch yn nos. A bu hwyr a bu bore, y dydd cyntaf.' (Genesis 1:1–5)

Mae'r iaith fytholegol a ddefnyddir yma yn arbennig o nodedig. Mae'r dechrau yn disgrifio lle gwag enfawr (gwagle) ond yn llawn dyfroedd cychwynnol – yn draddodiadol byddai'r rhain yn arwydd o anhrefn. I bobl yr henfyd, byddai dŵr, yn enwedig dyfroedd y cefnforoedd, wedi ymddangos yn ddirgelwch mawr. Nid oedd y gallu i groesi'r cefnforoedd hyn ar gael i ddechrau i'r cymdeithasau hynafol, a luniodd y mythau hyn yn wreiddiol. Roedd hefyd yn amhosibl rheoli'r moroedd a'r cefnforoedd ac yn ymddangos yn amhosibl rhagweld beth y bydden nhw'n ei wneud. Roedden nhw y tu hwnt i reolaeth uniongyrchol pobl yr henfyd ac felly daethant yn symbol naturiol am anhrefn. Dyma beth sydd gennym yma ar ddechrau myth Iddewig-Gristnogol y creu; sef anhrefn y dŵr cychwynnol yn dod dan reolaeth y ffigwr Duw, gan olygu, yn yr hynaf o'r themâu mytholegol, bod trefn yn cael ei chreu allan o anhrefn. Duw y myth yw Duw sy'n meddu ar y gallu i goncro anhrefn – i osod ei ewyllys arno. Mae'r Duw hwn yn mynd ymlaen wedyn nid yn unig i dawelu'r dyfroedd ond i'w rhannu – gan ddod â thir (a fyddai wedi golygu, ymhlith pethau eraill, sefydlogrwydd a threfn). Mae'n dangos ei rym dros y dyfroedd gwyllt ymhellach drwy eu llenwi â gwahanol ffurfiau o fywyd, ac yn ehangu hyn ymhellach drwy boblogi'r cylchoedd eraill, e.e. y nefoedd a'r tir, gyda bywyd hefyd. Mae'r cyfan yn dangos ei rym a'i reolaeth dros y greadigaeth y rhoddodd fod iddi. At hynny, mae thema fawr trefn yn erbyn anhrefn yn cael ei symboleiddio eto yn y goleuni yn erbyn y tywyllwch. Yn y dechreuad, nid oes lle yn yr anhrefn i oleuni (sydd bob amser yn symbol o wybodaeth, dealltwriaeth a grym cyfiawn). Nid yw'n bodoli. Wrth i stori'r creu fynd yn ei blaen, mae goleuni yn llenwi'r cread, i ddechrau wrth wahanu dydd a nos ac yna drwy gyrff nefol yr haul, y lleuad a'r sêr. Eu swyddogaeth nhw yw dod â goleuni i'r byd yn ystod y dydd a'r nos. Nid yw hyd yn oed y nos, yr amser tywyll, wedi mynd yn ôl i'r anhrefn cyntefig oherwydd y tro hwn mae goleuadau ynddi. Mae'r Duw greawdwr wedi defnyddio ei ddylanwad drwy'r holl greadigaeth, gan daflu goleuni yn y tywyllwch a chreu trefn lle y gall bodau byw ffynnu.

Yn ei waith a gyhoeddwyd yn 1964, *Myths of Creation*, mae Philip Freund yn nodi'r tebygrwydd rhwng y myth hwn a mythau eraill sy'n dechrau yn y dyfroedd a, thrwy weithredoedd asiant trefn, daw creadigaeth i fod. Er enghraifft, mae yna fythau yn perthyn i'r Aifft lle mae Duw Haul y Bore, Khepri, yn codi ei hun o'r dyfroedd er mwyn dod â chreadigaeth i fod; yn llwyth Zuni America, mae myth am y creu sy'n dweud sut mae'r Haul-Dad yn dod â chreadigaeth i fod o'r dyfroedd drwy ei weithredoedd dwyfol, cyn creu dynolryw yn y pen draw. Mae arwrgerdd o'r Ffindir yn y 19eg ganrif, sy'n seiliedig ar fythau'r wlad, yn sôn am ddyfroedd cyntefig lle mae merch wyryf yr awyr yn dod i lawr er mwyn dod yn ddŵr-fam. Drwy ei rhyngweithio â'r dyfroedd cythryblus hyn mae hi'n rhoi genedigaeth i'r dyn cyntaf, Väinämöinen, ar ôl beichiogi dihalog. Mae myth y creu ymhlith Maorïaid Seland Newydd yn adrodd sut y gwnaeth yr hanner-duw Maui dynnu ynysoedd Seland Newydd i fyny o ddyfnderoedd y môr, gan ddechrau hanes bywyd ar yr ynysoedd hynny. Adroddir straeon tebyg yn British Columbia, Japan, De America ac Iwerddon, i enwi dim ond rhai. Yr hyn sy'n hynod ddiddorol am y rhain i gyd yw'r thema gyffredin am drefn yn cael ei greu allan o anhrefn, lle mae dŵr yn symbol o'r anhrefn a thir/bywyd yn symbol o'r drefn.

Mae Tillich yn nodi ei bod yn anochel bod iaith mythau i'w chael mewn crefydd. Mae e'n dweud, 'Mae mythau yn bresennol bob amser ym mhob gweithred ffydd, oherwydd mai iaith ffydd yw'r symbol ... Mae'n gosod straeon y duwiau yn fframwaith amser a gofod er ei bod yn perthyn i natur yr eithaf i fod y tu hwnt i amser a gofod.'

Gweithgaredd AA1

Ymchwiliwch i nifer o fythau'r creu. Wedi i chi gasglu gwybodaeth am y rhain, lluniwch dabl sy'n rhestru nodweddion cyffredin y mythau hyn am y creu. Yna dylech chi ddefnyddio'r wybodaeth hon i'ch helpu i esbonio yn eich traethodau sut gall iaith fytholegol gael ei defnyddio i gyfrathebu syniadau pwysig am werthoedd crefyddol, cymdeithasol a moesegol. Bydd hyn wedyn yn bodloni meini prawf Band 5, AA1: 'Mae'r ateb yn dangos dyfnder a/neu ehangder sylweddol. Defnydd rhagorol o dystiolaeth ac enghreifftiau. Gwnaed cyfeiriadau trylwyr a chywir at destunau cysegredig a ffynonellau doethineb, lle roeddent yn briodol.'

Mae arwyddocâd dŵr fel thema ym mythau'r creu yn amlwg felly. Ond, nodwedd allweddol arall o'r rhan fwyaf o fythau'r creu yw cydnabod uchafiaeth bodau dynol o fewn y greadigaeth a'r rôl arbennig sydd ganddyn nhw – fel arfer wedi'u rhoi arnyn nhw'n uniongyrchol gan y bod dwyfol oedd yn gyfrifol am y creu. Dyma droi eto at y myth Iddewig-Gristnogol sy'n gorffen gyda'r wybodaeth ganlynol:

'Dywedodd Duw, "Gwnawn ddyn ar ein delw, yn ôl ein llun ni, i lywodraethu ar bysgod y môr, ar adar yr awyr, ar yr anifeiliaid gwyllt, ar yr holl ddaear, ac ar bopeth sy'n ymlusgo ar y ddaear." Felly creodd Duw ddyn ar ei ddelw ei hun; ar ddelw Duw y creodd ef; yn wryw ac yn fenyw y creodd hwy. Bendithiodd Duw hwy a dweud, "Byddwch ffrwythlon ac amlhewch, llanwch y ddaear a darostyngwch hi; llywodraethwch ar bysgod y môr, ar adar yr awyr, ac ar bopeth byw sy'n ymlusgo ar y ddaear." ... Gwelodd Duw y cwbl a wnaeth, ac yr oedd yn dda iawn. A bu hwyr a bu bore, y chweched dydd. Felly gorffennwyd y nefoedd a'r ddaear a'u holl luoedd. Ac erbyn y seithfed dydd yr oedd Duw wedi gorffen y gwaith a wnaeth, a gorffwysodd ar y seithfed dydd oddi wrth ei holl waith. Am hynny bendithiodd Duw y seithfed dydd a'i sancteiddio, am mai ar hwnnw y gorffwysodd Duw oddi wrth ei holl waith yn creu.' (Genesis 1:26–2:3)

Mae rôl bodau dynol, sy'n cael ei chyfleu drwy'r iaith fytholegol yn eithaf syml: ymgymryd â'r rôl o fod yn stiwardiaid i'r creawdwr; edrych ar ôl y drefn a grëwyd, ei chadw – ond nid hynny'n unig, yma mae'r rôl hefyd yn un sydd â lle penodol o fewn y drefn a grëwyd. Mae dynolryw yn cael uchafiaeth o fewn y greadigaeth. Dyma'r unig beth a grëwyd a gafodd ei wneud ar ddelw'r creawdwr – i gael ei freintio â rhinweddau'r Duw nas crëwyd – hyd yn oed os fel potensial yn unig i ddechrau, yn ôl dehongliad Irenaeus o Lyon. Credai ef fod y myth yn dangos bod gan fodau dynol y gallu i drawsnewid i fod ar lun Duw, gan iddynt gael eu creu ar ei ddelw. Ond byddai hyn yn bosibl dim ond drwy gyflawni'r gorchmynion dwyfol a thrwy ddatblygu rhinweddau duwiol. Y ffurf gymhleth hon o iaith fytholegol sy'n cyfleu'n uniongyrchol beth fydd pwrpas dynolryw, ac felly mae'n cynnig mewnweledaid i bwrpas bodolaeth. Efallai nad yw'r ystyr sy'n deillio o'r hanes mytholegol hwn yn wybyddol ei natur ond mae'n datguddio gwybodaeth am y byd a rôl bodau dynol oddi mewn iddo. Mae'r wybodaeth hon yn ystyrlon oherwydd ei bod yn cynnig cyd-destun a phwrpas. Er bod iaith mythau yn ffurf anwybyddol

LLYFR
GENESIS

Hanes y Creu

1 Yn y dechreuad creodd Duw y nefoedd a'r ddaear. ² Yr oedd y ddaear yn afluniaidd a gwag, ac yr oedd tywyllwch ar wyneb y dyfnder, ac ysbryd Duw* yn ymsymud ar wyneb y dyfroedd. ³ A dywedodd Duw, "Bydded goleuni." A bu goleuni. ⁴ Gwelodd Duw fod y goleuni yn dda; a gwahanodd Duw y goleuni

Mae hanes y creu yn llyfr Genesis yn adleisio hanesion eraill am y creu o bob math o ddiwylliannau.

Mae delwedd fytholegol dŵr yn arbennig o arwyddocaol ym mythau'r creu.

CBAC Astudiaethau Crefyddol U2
Athroniaeth Crefydd

Yn aml mae pobl yn cael rôl benodol ym mythau'r creu.

cwestiwn cyflym

4.6 Pa nodwedd allweddol sy'n gyffredin i lawer o fythau'r creu?

Cynnwys y fanyleb

Tystiolaeth gefnogol – mythau mewn amrywiol ffurfiau er mwyn cyfleu ystyr: mythau daioni yn erbyn drygioni; mythau arwrol.

Dyfyniad allweddol

O leiaf gyda chymeriadau uwcharwrol, rydyn ni'n gwybod ... eu bod yn llenwi bwlch mewn diwylliant seciwlar, oherwydd eu bod yn agor dimensiynau o'r cosmig a'r trosgynnol, sef y pethau mae mythau fel arfer yn gorfod delio â nhw. Nid yn gymaint eu bod yn fersiynau newydd o'r duwiau, oherwydd mai'n rhinweddau tragwyddol ni yn unig oedd y duwiau bob amser. Mae Superman yn meddu ar rinweddau'r dyn gorau posibl y gallwn ni ei ddychmygu ar unrhyw amser arbennig. Yn yr ystyr hwnnw, mae'n dduwiol. Mae Batman yn cynrychioli ein hisymwybod tywyll, ond serch hynny mae e'n gweithio er budd dynoliaeth. Maen nhw'n ymgorffori'r un delfrydau (G. Morrison, *Superhero Myths, Wired.com, 2011*)

ar iaith, mae'n cynnig ystyr mewn ffordd ddyfnach nag y gallai unrhyw ffurf arall ar iaith ei gwneud. Fel y mae Tillich yn ei ddweud: 'Nid oes modd rhoi symbolau eraill, fel rhai artistig, yn lle symbolau ffydd ac nid oes modd cael gwared arnynt drwy feirniadaeth wyddonol. Mae ganddynt le dilys yn y meddwl dynol, yn union fel sydd gan wyddoniaeth a chelfyddyd. Eu cymeriad symbolaidd yw eu gwirionedd a'u grym. Ni all dim llai na symbolau a mythau fynegi ein mater pwysig eithaf.'

Gweithgaredd AA1

Gan ddefnyddio'r wybodaeth am bwrpas/swyddogaeth mythau, lluniwch gyflwyniad sy'n tynnu sylw at rai o'r prif fythau sy'n gysylltiedig â'r creu. Yn eich cyflwyniad dylech roi sylwadau ar agweddau o iaith fytholegol wrth iddi ddigwydd a rhoi sylwebaeth am ei phwrpas/swyddogaeth yn y traddodiad crefyddol y mae'n deillio ohono.

Mae hyn yn ymarfer sgil AA1 o allu dangos dealltwriaeth gywir o feddylfryd athronyddol drwy ddewis deunydd perthnasol a chywir.

Dyfyniad allweddol

Ond mae modelau crefyddol hefyd yn gallu cyflawni llawer o swyddogaethau anwybyddol mythau, yn enwedig drwy fynegi agweddau; nid oes dim yn cyfateb i'r rhain mewn gwyddoniaeth. Mae modelau a ymgorfforir mewn mythau yn ysgogi ymrwymiad i normau moesegol a pholisïau gweithredu. Fel trosiadau, mae modelau crefyddol yn ennyn ymatebion emosiynol a gwerthusiadol. Fel damhegion, maen nhw'n annog penderfynoldeb a chyfranogiad personol. Fel mythau, maen nhw'n cynnig ffyrdd o fyw a phatrymau ymddygiad. (Barbour)

Mythau arwrol a mythau daioni yn erbyn drygioni

Mae mythau'r creu yn gallu cynnig mewnwelediad ystyrlon i bwrpas dynoliaeth a'i pherthynas â gweddill y bydysawd (trefn a grëwyd), ond mae mathau gwahanol o fythau yn gallu datguddio mewnwelediadau gwahanol. Un enghraifft o'r fath yw'r categori o fythau sy'n cael eu disgrifio fel 'arwrol'. Yn anochel mae'r rhain yn tueddu i ganolbwyntio naill ai ar un neu ar nifer bach o unigolion ac maen nhw'n adrodd straeon am sut mae'r unigolyn yn gallu concro anffawd mawr a bod yn fuddugoliaethus yn y diwedd. Mae mythau fel hyn yn cynnig mewnwelediad i frwydr ddyddiol bodolaeth ddynol ac yn rhoi ysbrydoliaeth. Mae'r mathau hyn o fythau wedi bodoli drwy hanes dynol ac maen nhw'n bodoli hyd yn oed heddiw wrth gael eu hail-greu ym myd y sinema, arwyr llyfrau comic a gemau fideo. Mae Moojen Momen yn *The Phenomenon of Religion* yn nodi bod llawer ffordd o ddehongli mythau ond mae'n sôn am un dull arbennig o ddefnyddiol o'u dehongli, sef:

'... y dull mytholegol a ddefnyddir gan ysgolheigion fel Carl Jung, Mircea Eliade a Joseph Campbell. Mae hyn yn seiliedig ar y ddealltwriaeth bod rhywun yn gallu dod o hyd i'r rhythmau sylfaenol y mae bodau dynol i gyd yn byw yn eu hôl, os yw'n astudio'r themâu cyffredin ym mytholegau gwahanol y byd. Mae myth yn mynd i'r afael â'r cwestiynau a'r problemau mewnol dyfnach sydd wedi poeni dynoliaeth. Ymhlith y themâu mwyaf cyffredin wedi'u datgelu gan astudiaethau o'r fath y mae'r rheini â pherthynas agos â chrefydd: er enghraifft, themâu'r creu, trawsffurfiad, marwolaeth ac atgyfodiad.'

Un o'r ffurfiau mwyaf cyffredin o fyth arwrol yw myth Arwr yr Haul. Roedd addoli'r haul yn gyffredin mewn llawer o gymdeithasau hynafol. Mewn termau gwyddonol yn unig, yr haul yw ffynhonnell pob bywyd ar y ddaear. Yr haul yw'r prif beth angenrheidiol ar

Th4 Iaith grefyddol

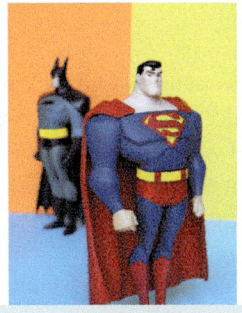

Mae'r myth arwrol yn aml yn cael ei ailadrodd yn y sinema, mewn llyfrau comic a gemau fideo yn yr 21ain ganrif.

gyfer proses ffotosynthesis. Fodd bynnag, ymhell cyn yr oes wyddonol, roedd pobl yn gwybod am briodweddau'r haul yn rhoi bywyd, a daeth pwysigrwydd y rhain yn rhan greiddiol o fythau ym mhob math o ddiwylliannau a chrefyddau gwahanol. Efallai mai un o'r 'duwiau haul' mwyaf adnabyddus yw duw haul yr hen Eifftiaid, sef Ra. Yn rhai o fythau'r creu sy'n gysylltiedig â Ra, mae'n codi o'r dyfroedd cychwynnol ac ef sy'n gyfrifol am greu aer a lleithder. Mae'n fwyaf adnabyddus oherwydd ei rôl fel un sy'n rhoi bywyd a goleuni, gan deithio ar draws yr awyr yn ystod y dydd, yn dod â gwres i'r byd cyfan; yna, yn y nos, mae'n teithio drwy'r isfyd i wneud yr un peth i'r rheini sy'n byw yno. Mae Ra felly yn dduw haul ac yn dduw awyr. Mae ei weithredoedd arwrol yn bennaf yn ymwneud â'i allu i ddarparu priodweddau'r haul i roi bywyd ac i ymladd â grymoedd anhrefn a thywyllwch sy'n bygwth goresgyn y byd trefnus.

Mae yna adlais o'r thema hon yn y grefydd Gananeaidd hynafol. Yno y Duw Baal, duw pwysig arall, yw hyrwyddwr bywyd a ffrwythlondeb, ac mae'n cael ei addoli am y priodweddau hyn. Mae llenyddiaeth Iddewig-Gristnogol yn gosod Baal mewn goleuni anffafriol, yn rhoi ei ddilynwyr mewn gwrthwynebiad uniongyrchol â'r Israeliaid cynnar, wrth i Baal a Yahweh ymladd am oruchafiaeth – gyda Yahweh yn fuddugol bob tro. Mae tystiolaeth o lawysgrifau hynafol yn awgrymu bod Yahweh yn cael ei ystyried i ddechrau yn dduw awyr, cyn cymryd rôl oedd yn fwy cysylltiedig â duw Cananeaidd arall, El, oedd yn cael ei ystyried yn dad y duwiau. Roedd mythau'r duwiau Cananeaidd ac Eifftaidd yn aml wedi'u gwreiddio mewn disgrifiad oedd yn manylu ar gylch y tymhorau a ffrwythlondeb cysylltiedig y flwyddyn amaethyddol. Yn y ddau achos mae'r ffigyrau allweddol yn rhoi bywyd, yn cael eu lladd gan rym tywyll sy'n gwrthwynebu bywyd (asiant anhrefn) ond, fel arfer drwy ymyriad duwies, maen nhw'n cael eu hadfer i fywyd ac yn dechrau cylch ffrwythlondeb unwaith eto. Yma mae'r iaith fytholegol yn gyffelybiaeth amlwg â threigl y tymhorau, fel y nodwyd o'r blaen. Fodd bynnag, rhagflaenydd math arall o fyth ydyw hefyd – myth yr atgyfodiad.

Mae myth yr atgyfodiad gan amlaf yn gysylltiedig â'r syniad o arwr yr haul (esblygiad uniongyrchol o amlygrwydd duw'r haul) fel **archdeip**. Mae'n bodoli mewn llawer o ddiwylliannau ac yn disgrifio sut mae asiant trefn yn cael ei ddinistrio gan asiantau anhrefn, dim ond i gael ei ddwyn yn ôl i fywyd unwaith eto mewn buddugoliaeth yn erbyn y gelynion:

> 'Mae myth arwr yr haul yn nodweddiadol yn dechrau ag Oes Aur. Yna mae bywyd arwr yr haul a'i deulu neu'i genedl yn dechrau dirywio; mae'n ymddangos fel ei fod yn cael ei drechu a hyd yn oed ei fod yn marw (fel y mae'r haul a ffrwythlondeb y ddaear yn y gaeaf). Ar y pwynt hwn, mae'r arwr yn cael ei wahanu oddi wrth ei bobl. Mewn rhai fersiynau, mae'n mynd i lawr i isfyd lle mae'n brwydro yn erbyn grymoedd y tywyllwch. Mae'n ennill buddugoliaeth fawr ac yn caffael y ffordd o achub dynoliaeth. Ac felly, wrth fod popeth yn ymddangos yn anobeithiol a bod y byd yn llawn tywyllwch a'r ddaear yn ddiffrwyth, mae'r arwr yn dychwelyd i 'achub' y byd. Mae'n dod ag oes newydd o gyfiawnder a gobaith, trefn newydd; mae Oes Aur newydd yn gwawrio (fel y mae'r haul yn dychwelyd yn y gwanwyn ac yn adfywio ffrwythlondeb y ddaear).' (Momen)

Ra, duw haul yr Hen Eifftiaid

Term allweddol

Archdeip: yn ôl Jung, cysyniad cyntefig, wedi'i etifeddu oddi wrth y cyndadau dynol cynharaf, sydd i'w ganfod yn yr anymwybod cyffredinol

CBAC Astudiaethau Crefyddol U2
Athroniaeth Crefydd

Mae buddugoliaeth Rama dros y cythraul-frenin Ravana yn symboleiddio buddugoliaeth daioni dros ddrygioni – thema bwysig mewn mythau Arwrol.

cwestiwn cyflym

4.7 Mewn termau mytholegol, beth yw arwr yr haul?

Cynnwys y fanyleb

Heriau: problem mythau sy'n cystadlu â'i gilydd; mae ystyron mythau yn newid gydag amser am eu bod yn adlewyrchu gwerthoedd cymdeithas fel lluniadau cymdeithasol; dadfytholegu mythau yn arwain at amrywiol ddehongliadau; mae mythau yn aml yn anghydnaws â dealltwriaeth wyddonol o'r byd.

Gall dehongliadau gwahanol o fythau olygu bod eu hystyr yn cael ei ystyried yn aneglur.

Nid yn unig y mae'r disgrifiad mytholegol hwn yn bodoli yn niwylliannau'r Hen Aifft a Chanaan, ond mae i'w weld hefyd yng nghrefyddau heddiw. Mae'r Ramayana mewn Hindŵaeth, yn dweud sut cafodd Rama ei alltudio i'r goedwig gan ei lysfam ddrwg a sut mae ei wraig Sita yn cael ei herwgipio gan y cythraul Ravana. Mae'n ymddangos bod grymoedd y tywyllwch yn drech na Rama hyd nes, gyda chymorth ei gyfeillion, mae Rama yn ymladd â grymoedd y tywyllwch, yn achub ei wraig o grafangau'r cythraul maleisus ac yn cael ei adfer i'w orsedd ei hun. Hefyd, mae rhai yn ystyried mai myth yw hanes Iesu o Nasareth yn y Testament Newydd. Mae'n cael ei garcharu oherwydd awdurdodau drwg, mae ei ffrindiau'n ei adael yn ei angen mawr ac yna mae'n cael ei ladd. Yn y pen draw mae'n codi o'r marw ac yn rhagflaenu dechrau oes newydd gyda'r addewid o wobr dragwyddol i'r rheini sy'n ei ddilyn. Mae stori Siddhartha yn dod yn Fwdha yn atseinio'r themâu hyn, wrth iddo gael ei wahanu oddi wrth weddill y byd a chael ei gyfarch gan y cythraul Mara, cyn dod o hyd i oleuedigaeth yn y pen draw ac yna mae'n gallu dysgu ei neges o obaith i'w ddilynwyr. Mae'r buddugoliaethau arwrol hyn, drwy iaith fytholegol, yn dysgu nid yn unig gallu'r arwr i drechu galluoedd anorchfygol ond maen nhw hefyd yn dangos sut bydd daioni bob amser yn trechu drygioni – ni waeth i ba raddau mae'n ymddangos bod drygioni wedi ennill. Mae'r mythau hyn yn rhoi ysbrydoliaeth i bawb sy'n cael eu cyflwyno iddyn nhw. Mae ystyrlonrwydd y neges i'w weld yn y myth – mae'r themâu archdeipaidd yn bodoli drwy hanes, ac yn cynnig mewnwelediad unigryw i'r cyflwr dynol.

Heriau i fythau a'r problemau sy'n gysylltiedig â nhw

I lawer o bobl, mae iaith fytholegol yn gallu bod yn gyfrwng pwerus i gyfleu ystyr, ar ei lefel ddyfnaf. Mae'n ennyn ymateb gan y seice dynol; i Jung roedd yn rhan annatod o'r anymwybod cyffredinol ac yn caniatáu i ni gael mewnwelediadau i'r hyn y mae'n ei olygu i fod yn aelod o'r ddynoliaeth. Fodd bynnag, fel gyda phob math o iaith anwybyddol, mae modd herio iaith fytholegol o ran pa mor ystyrlon ydyw.

I ddechrau, os ydyn ni'n ystyried bod unrhyw fyth yn ystyrlon, yna byddai hynny'n tybio bod uniondeb y myth wedi cael ei gadw. Mae hyn yn golygu, pe bydden ni'n ystyried bod y myth yn datgelu mewnwelediadau a gwirioneddau, yna byddai'n iawn i ni ddisgwyl i'r mewnwelediadau a'r gwirioneddau hynny feddu ar ddilysrwydd oedd yn werth ei gadw a'i rannu hyd yn oed. Mae hanesion mytholegol o'r fath yn aml yn sylfaen i gymdeithasau a'u credoau a gwerthoedd allweddol. Mae pwysigrwydd eu huniondeb yn aml o'r pwys mwyaf.

Ond, beth sy'n digwydd wedyn os bydd myth arall yn datgan gwirioneddau neu werthoedd sy'n cystadlu? A yw hyn yn herio ystyrlonrwydd y myth gwreiddiol neu a ddylid diystyru'r myth sy'n cystadlu? Enghraifft arbennig o hyn efallai yw'r syniad bod y cread ac esblygiad yn ddau fyth sy'n cystadlu. Ers cyhoeddi gwaith Darwin, *Origin of the Species* yn 1859, cafwyd dadl boeth ynghylch pwy all hawlio'r gwirionedd am y cwestiwn 'O ble y daeth dynolryw?' Wrth gwrs, ni fyddai rhai eraill yn ystyried bod y rhain yn fythau sy'n cystadlu, gan dybio bod gwyddoniaeth yn seiliedig ar ddata gwiriadwy empirig, ond nad yw crefydd. Yn ddadleuol, gall y dybiaeth honno fod yn rhan o'r myth ei hun!

Yn llai dadleuol o bosibl yw'r ffaith mai myth y Creu yn llyfr Genesis, digwyddiad sy'n cael ei adrodd fel gweithred uniongyrchol gan y Duw Iddewig-Gristnogol, yw'r man cychwyn ar gyfer ei berthynas â dynolryw ac yn rhan angenrheidiol o ddiwinyddiaeth y ddwy grefydd. Beth sy'n digwydd felly, wrth ganfod bod yna ddisgrifiad tebyg iawn mewn diwylliant oedd gannoedd o flynyddoedd yn gynharach na'r traddodiad Iddewig-Gristnogol? Os nad unigryw yw'r myth, a yw hynny'n golygu nad unigryw chwaith yw'r honiadau am wirionedd wedi'u seilio ar ffydd o'r myth hwnnw? A yw hyn yn eu gwanhau felly?

Yn yr un modd, os ydyn ni'n trin honiad canolog Cristnogaeth, sef bod atgyfodiad Iesu yn ddigwyddiad unigryw mewn hanes, fel llenyddiaeth fytholegol, mae'n ymddangos bod sawl stori debyg mewn diwylliannau eraill. Mae hyn yn awgrymu nad yw'n ddigwyddiad mor unigryw ag y mae'r traddodiad Cristnogol yn ei honni. Wrth gwrs, mae hyn yn seiliedig ar y dybiaeth mai digwyddiad mytholegol yw atgyfodiad Iesu o Nasareth, ac mae'n bosibl nad felly ydoedd.

Fel gwerth iaith symbolaidd, fel y trafodwyd yn gynharach yn y gyfrol hon, bydd gwerth iaith fytholegol ac felly ei hystyr, yn anochel yn newid wrth i werthoedd cymdeithas newid. Gall ystyr myth newid i gyd-fynd â meddylfryd deallusol y cyfnod neu fe all newid wrth i ni ddod i ddeall yn well y diwylliannau hynafol lle tarddodd y myth. Y naill ffordd neu'r llall, byddai'n ymddangos bod hyn yn gwanhau gallu mythau i gyfleu gwybodaeth ystyrlon, os yw gwybodaeth o'r fath yn tueddu i newid dros amser.

Ni fyddai unrhyw astudiaeth o iaith mythau mewn astudiaethau crefyddol yn gyflawn heb gyfeirio at y diwinydd mawr o'r Almaen, Rudolf Bultmann. Cafodd ei waith ef ar destun y Testament Newydd effaith sylweddol ar yr holl ysgolheictod beiblaidd a ddilynodd, ac ar yr ymdriniaeth o berson Iesu o Nasareth yn arbennig. Roedd Bultmann yn ystyried y dylid ailddehongli llawer o'r llenyddiaeth yn y Testament Newydd, yn arbennig llenyddiaeth y pedair efengyl, gan eu bod mewn iaith oedd yn bennaf yn fytholegol.

Yna aeth ati i ddadadeiladu neu 'ddadfytholegu' y testunau hyn er mwyn gwneud synnwyr ohonynt. Mae Ian Barbour yn disgrifio dull Bultmann fel hyn:

'Mae ef [Bultmann] yn gwrthwynebu mythau oherwydd eu bod yn ceisio cynrychioli'r dwyfol yng nghategorïau gwrthrychol y byd ffisegol. Yn y Testament Newydd mae'r categorïau camarweiniol hyn yn cynnwys gofod (e.e. Crist yn "dod i lawr" ac yn "esgyn"), amser (eschatoleg fel terfynoldeb amser), ac achosiaeth (gwyrthiau a grymoedd goruwchnaturiol). Mae'n rhaid gwrthod y meddylfryd hwn o'r ganrif gyntaf, yn ôl Bultmann, oherwydd ei fod yn wyddonol annaliadwy mewn byd o achos-ac-effaith cyfreithlon a hefyd oherwydd ei fod yn ddiwinyddol annigonol: nid yw'n bosibl cynrychioli'r trosgynnol yng nghategorïau'r byd gwrthrychol. Hefyd, mae'n mynnu, roedd gwir ystyr mythau ysgrythurol bob amser yn cynnwys hunan-ddealltwriaeth dyn. Roedd yr efengyl yn ymwneud â gobeithion, ofnau, penderfyniadau ac ymrwymiadau dyn yn y presennol, nid â digwyddiadau gwyrthiol yn y gorffennol.' (Barbour)

Dyfyniad allweddol

A all pregethu Cristnogol ddisgwyl i'r dyn modern dderbyn y safbwynt mytholegol am y byd fel yr un cywir? Byddai gwneud hynny yn ddisynnwyr ac yn amhosibl. Byddai'n ddisynnwyr oherwydd nad oes dim yn benodol Gristnogol am y safbwynt mytholegol am y byd fel y cyfryw. Yn syml dyna oedd cosmoleg oes gyn-wyddonol ... Mae'r meddwl modern, fel rydyn ni wedi ei etifeddu, yn dod â beirniadaeth o safbwynt y Testament Newydd ar y byd. **(Bultmann)**

Yn y bôn, gwrthododd Bultmann iaith fytholegol y Testament Newydd gan ddweud ei bod yn ddi-fudd i'r meddwl modern. Credai ei bod yn wir yn rhwystr i ffydd fodern ac roedd ei waith ar ddadfytholegu yn ceisio cyflwyno neges yr efengyl oedd yn rhydd rhag y disgrifiadau anwyddonol sydd yn iaith fytholegol y Testament Newydd.

Dyfyniad allweddol

Mae cosmoleg y Testament Newydd yn fytholegol yn ei hanfod. Mae'r byd yn cael ei weld fel strwythur tri llawr, gyda'r ddaear yn y canol, y nefoedd uwchben, a'r isfyd oddi tano. Y nefoedd yw cartref Duw a bodau nefolaidd – yr angylion. Yr isfyd yw uffern, lle artaith. Mae hyd yn oed y ddaear yn fwy na chefndir i ddigwyddiadau naturiol, pob dydd neu i'r cylch dibwys a'r dasg gyffredin. Dyma gefndir i weithgaredd goruwchnaturiol Duw a'i angylion ar y naill law, a Satan a'i gythreuliaid ar y llall. Mae'r grymoedd goruwchnaturiol hyn yn ymyrryd yng nghwrs natur ac ym mhopeth y mae dynion yn ei feddwl, ei ewyllysio a'i wneud. Nid yw gwyrthiau'n bethau prin o bell ffordd. Nid yw dyn yn rheoli ei fywyd ei hun. Gall ysbrydion drwg ei feddiannu. Gall Satan ei ysbrydoli â meddyliau drwg. Fel arall, gall Duw ysbrydoli ei feddwl ac arwain ei bwrpasau. Gall roi gweledigaethau nefolaidd iddo. Gall ganiatáu iddo glywed ei air o gysur neu orchymyn. Gall roi iddo rym goruwchnaturiol ei Ysbryd. Nid yw Hanes yn dilyn cwrs llyfn di-dor; mae wedi ei roi ar fynd ac yn cael ei reoli gan y grymoedd goruwchnaturiol hyn. Mae'r **aeon** hwn yn cael ei ddal yn gaeth gan Satan, pechod, a marwolaeth (oherwydd 'pwerau' ydynt yn wir), ac mae'n rhuthro tuag at ei ddiwedd. Bydd y diwedd hwnnw'n dod yn fuan iawn, ac fe ddaw ar ffurf trychineb gosmolegol. Caiff ei gychwyn gan 'waeau' y amser olaf. Yna bydd y Barnwr yn dod o'r nefoedd, bydd y meirw yn codi, bydd y farn olaf yn digwydd, a bydd dynion yn mynd i mewn i iachawdwriaeth neu ddamnedigaeth dragwyddol. (Bultmann, *Kerygma and Myth*, SPCK, 1953)

CBAC Astudiaethau Crefyddol U2
Athroniaeth Crefydd

Sgiliau allweddol

Mae gwybodaeth yn ymwneud â:

Dewis ystod o wybodaeth (drylwyr) gywir a pherthnasol sydd â chysylltiad uniongyrchol â gofynion penodol y cwestiwn.

Mae hyn yn golygu:

- Dewis deunydd perthnasol i'r cwestiwn a osodwyd
- Canolbwyntio ar esbonio ac archwilio'r deunydd a ddewiswyd.

Mae dealltwriaeth yn ymwneud ag:

Esboniad helaeth, gan ddangos dyfnder a/neu ehangder gyda defnydd rhagorol o dystiolaeth ac enghreifftiau gan gynnwys (lle y bo'n briodol) defnydd trylwyr a chywir o destunau cysegredig, ffynonellau doethineb a geirfa arbenigol.

Mae hyn yn golygu:

- Defnydd effeithiol o enghreifftiau a thystiolaeth gefnogol i sefydlu ansawdd eich dealltwriaeth
- Perchenogaeth o'ch esboniad sy'n mynegi gwybodaeth a dealltwriaeth bersonol, NID eich bod yn ailadrodd darn o destun o lyfr rydych wedi ei baratoi a'i gofio.

Datblygu sgiliau AA1

Nawr mae'n bwysig ystyried y wybodaeth sydd wedi'i chyflwyno yn yr adran hon; fodd bynnag, mae'r wybodaeth fel y mae yn llawer rhy helaeth ac felly mae'n rhaid ei phrosesu er mwyn bodloni gofynion yr arholiad. Gallwch wneud hyn drwy ymarfer y sgiliau uwch sy'n gysylltiedig ag AA1. Ar gyfer Amcan Asesu 1 (AA1), sy'n cynnwys dangos sgiliau 'gwybodaeth' a 'dealltwriaeth', rydyn ni am ganolbwyntio ar ffyrdd gwahanol o ddangos y sgiliau yn effeithiol, gan gyfeirio hefyd at sut bydd eich perfformiad ym mhob un o'r sgiliau hyn yn cael ei fesur (gweler disgrifyddion band cyffredinol AA1 ar gyfer U2).

▶ **Dyma eich tasg newydd:** bydd rhaid i chi ysgrifennu ymateb dan amodau wedi'u hamseru i gwestiwn sy'n gofyn i chi archwilio esboniad o **werth mythau mewn cymdeithas**. Gallwch gwblhau'r ymarferiad hwn mewn grŵp neu ar eich pen eich hun.

1. Dechreuwch drwy lunio rhestr o gynnwys dangosol, fel y gwnaethoch o bosibl yn y gwerslyfr blaenorol yn y gyfres. Gellir trafod hyn mewn grŵp neu ei wneud ar eich pen eich hun. Does dim rhaid i'r rhestr fod mewn trefn benodol yn y lle cyntaf, ond wrth i chi ymarfer hyn byddwch yn gweld bod eich rhestrau yn fwy trefnus gan adlewyrchu eich dealltwriaeth.

2. Datblygwch y rhestr gan ddefnyddio un neu ddau ddyfyniad perthnasol. Nawr, ychwanegwch rywfaint o gyfeiriadau at ysgolheigion a/neu destunau crefyddol.

3. Yna ysgrifennwch eich cynllun, o fewn amser penodol, gan gofio'r egwyddorion o esbonio gan roi tystiolaeth a/neu enghreifftiau. Yna gofynnwch i rywun arall ddarllen eich ateb ac edrychwch i weld a allan nhw eich helpu i'w wella mewn unrhyw ffordd.

4. Mae marcio ar y cyd yn helpu dysgwyr i werthfawrogi safbwyntiau eraill ac, o bosibl, y pethau na chafodd eu cynnwys. Mae hefyd yn helpu i dynnu sylw at gryfderau rhywun arall y gallwch ddysgu oddi wrthyn nhw. Gan gadw hyn mewn cof, mae cyfnewid a chymharu atebion yn beth da er mwyn gwella eich atebion eich hun.

Ar ôl i chi orffen y dasg, cyfeiriwch at y disgrifyddion band ar gyfer U2 ac edrychwch yn benodol ar y gofynion sydd wedi'u disgrifio yn y disgrifyddion band uwch y dylech chi fod yn anelu atyn nhw. Gofynnwch i chi'ch hun:

- A yw fy ngwaith yn dangos gwybodaeth a dealltwriaeth drylwyr, gywir a pherthnasol o grefydd a chred?
- A yw fy ngwaith yn dangos cydlyniad (cysondeb neu synnwyr rhesymegol), eglurder a threfn o safon ragorol?
- A fydd fy ngwaith, ar ôl ei ddatblygu, yn ateb helaeth a pherthnasol sy'n bodloni gofynion penodol y dasg?
- A yw fy ngwaith yn dangos dyfnder a/neu ehangder sylweddol ac yn gwneud defnydd rhagorol o dystiolaeth ac enghreifftiau?
- Os yw'n briodol i'r dasg, a yw fy ateb yn cynnwys cyfeiriadau trylwyr a chywir at destunau cysegredig a ffynonellau doethineb?
- A ellir gwneud unrhyw gysylltiadau treiddgar ag elfennau eraill o fy nghwrs?
- A fydd fy ateb, ar ôl ei ddatblygu a'i ehangu i gyfateb i'r hyn sy'n ddisgwyliedig mewn ateb arholiad, yn cynnwys ystod eang o safbwyntiau ysgolheigion/ysgolion o feddwl?
- A yw'r defnydd o iaith a geirfa arbenigol yn drylwyr a chywir, pan geir enghreifftiau o hynny?

Materion i'w dadansoddi a'u gwerthuso

Effeithiolrwydd y termau anwybyddol, cydweddiadol a mytholegol fel atebion i broblemau iaith grefyddol

Iaith am gredoau ac arferion sy'n codi o grefydd yw iaith grefyddol. I lawer o bobl sy'n ystyried eu hunain yn gredinwyr crefyddol nid oes problem gyda'r iaith y maen nhw'n ei defnyddio neu'n ei chymhwyso i'w crefydd. Mae'r termau yn rhan annatod o'u bywyd pob dydd ac yn mynegi agweddau amrywiol ar eu bywydau crefyddol o ymrwymiadau ffydd i arferion defodol. Mae geiriau a briodolir i Dduw gan gredinwyr crefyddol yn ystyrlon iddyn nhw o ran eu defosiwn, addoliad, gweddïo neu feddyliau mewnol.

Fodd bynnag, i'r rheini sydd y tu allan i grefydd, neu hyd yn oed y rheini y tu mewn sy'n dymuno edrych yn feirniadol ar yr iaith a ddefnyddir yn eu maes crefyddol nhw, nid yw iaith grefyddol o reidrwydd mor ddi-broblem ag y mae'n ymddangos i ddechrau. Gall geiriau ymddangos yn haniaethol, yn niwlog neu'n amwys. Oherwydd hynny efallai nad yw'n bosibl eu diffinio'n rhwydd gan nad oes gwrthrych allanol ffisegol y maen nhw'n cysylltu ag ef. Dyma oedd y broblem i'r positifiaethwyr rhesymegol. Roedden nhw'n cydnabod bod iaith grefyddol yn perthyn i weithgaredd oedd yn fetaffisegol yn ei hanfod, na allai gael ei gwirio na'i hanwirio, ac felly roedden nhw'n ystyried ei bod yn ddiystyr.

Roedd y rheini oedd eisiau gweld iaith yn cael ei hagor i ymholiad empirig yn trin iaith fel rhywbeth y gellir ei phrofi, ei gwirio neu ei hanwirio. Fodd bynnag, er y gall rhai agweddau o iaith fod yn agored i bethau o'r fath, e.e. datganiadau am siâp gwrthrychau, lleoliadau ffisegol nodweddion yn y byd naturiol neu hyd yn oed lliw gwallt unigolyn, ni ddefnyddir iaith i gyd fel hyn. Yn wir, mae trin iaith yn gwbl wybyddol (hynny yw, gweld iaith fel rhywbeth y gellir ei phrofi'n empirig) yn golygu bod â safbwynt cul iawn am swyddogaeth iaith o fewn y profiad dynol. Nid yw datganiadau fel 'Rwy'n teimlo'n hapus heddiw' neu 'Rwy'n wir yn colli'r person hwnnw' yn gallu cael eu gwirio neu'u hanwirio'n wrthrychol. Eto, maen nhw'n dangos gwybodaeth am unigolyn, a'i berthynas â'r byd y mae'n byw ynddo, mewn ffordd fyddai'n gwneud synnwyr i unrhyw un sy'n gallu siarad yr iaith dan sylw. Ystyrir bod iaith o'r fath yn anwybyddol. Lle mae iaith yn anwybyddol, nid yw'n cael ei defnyddio i fynegi ffeithiau y gellir eu gwybod yn empirig am y byd allanol. Nid yw'n rhywbeth y mae modd ei archwilio'n wrthrychol. Mae hyn oherwydd bod iaith anwybyddol yn iaith sy'n mynegi barnau, agweddau, teimladau a/neu emosiynau. Mae'n iaith sy'n ymwneud â safbwynt y person hwnnw am beth y gall realiti olygu iddyn nhw – a gall hyn fod yn wahanol i safbwynt rhywun arall, er efallai eu bod nhw'n profi'r un realiti. Gall y ddau safbwynt fod yn ddilys – ond mewn ystyr anwybyddol. Mae effeithiolrwydd edrych ar iaith fel hyn yn rymus oherwydd mai'r mathau hyn o iaith sy'n rhoi cyfoeth a dyfnder i fodolaeth pobl. Dim ond mewn ffyrdd anwybyddol y gellir mynegi brwdfrydedd am gredoau, delfrydau neu berthnasau. Byddai defnyddio iaith wybyddol yn unig yn tynnu'r pethau hyn o fodolaeth ddynol, syniad sydd bron yn amhosibl ei amgyffred. Pam dylai iaith grefyddol gael ei hystyried yn werthfawr mewn ystyr gwybyddol yn unig felly? Yr ymateb i hyn fyddai ei bod yn gwbl annheg, yn amhriodol hyd yn oed, disgwyl gan iaith grefyddol rywbeth na fyddai'n cael ei ddisgwyl gan iaith ddynol drwyddi draw. Gall ystyrlonrwydd ddod o fwy nag un ffurf o fynegiant ac, er nad yw cytundeb gwrthrychol am yr hyn sy'n cael ei ddweud yn bosibl bob tro, ni ddylai hyn danseilio effeithiolrwydd yr ystyr sy'n gallu cael ei gyfleu yn y ffordd hon.

Th4 Iaith grefyddol

Mae'r adran hon yn cwmpasu cynnwys a sgiliau AA2

Cynnwys y fanyleb
Effeithiolrwydd y termau anwybyddol, cydweddiadol a mytholegol fel atebion i broblemau iaith grefyddol.

Beth yw'r ateb mwyaf effeithiol ar gyfer datrys problemau iaith grefyddol?

Gweithgaredd AA2

Wrth i chi ddarllen drwy'r adran hon ceisiwch wneud y pethau canlynol:

1. Dewiswch y gwahanol ddadleuon sy'n cael eu cyflwyno yn y testun a nodwch unrhyw dystiolaeth gefnogol a roddir.
2. Ar gyfer pob dadl a gyflwynir, ceisiwch werthuso a yw'r ddadl yn un gryf neu wan yn eich barn chi.
3. Meddyliwch am unrhyw gwestiynau yr hoffech chi eu gofyn wrth ymateb i'r dadleuon.

Bydd y gweithgaredd hwn yn eich helpu chi i ddechrau meddwl yn feirniadol am yr hyn rydych chi'n ei ddarllen, ac yn eich helpu i werthuso effeithiolrwydd dadleuon gwahanol, gan ddatblygu eich sylwadau, a'ch barn a'ch safbwyntiau eich hun. Bydd hyn yn eich helpu wrth ddod i gasgliadau y byddwch yn eu gwneud yn eich atebion i'r cwestiynau AA2 sy'n codi.

A yw mythau yn ateb effeithiol i broblem iaith grefyddol?

Fodd bynnag, mae rhai athronwyr wedi cael anhawster arbennig gyda'r dull anwybyddol. Nid yw credinwyr crefyddol yn gwneud datganiadau am unrhyw fath o realiti a allai gael ei ddisgrifio fel un 'gwrthrychol'. Drwy hyn, rydyn ni'n golygu nid yn unig nad ydyn nhw'n gwneud unrhyw sylwadau 'ffeithiol' ond, os yw iaith grefyddol i'w deall mewn ffordd anwybyddol yn unig, yna nid oes ganddi'r gallu i wneud datganiadau o'r fath. Mae hyn yn creu problem i'r credinwyr crefyddol a allai ddweud 'mae Duw yn bodoli' neu 'Gair Duw yw'r Testunau Sanctaidd' neu 'Rwy'n credu mewn bywyd ar ôl marwolaeth'. Mae'r rhain yn fwy na ffyrdd o fynegi agwedd yn unig i'r credinwyr crefyddol. Mewn gwirionedd, ac yn y cyd-destun sy'n addas i'r grefydd benodol, honiadau am sut beth yw realiti ydynt. Mewn ystyr real iawn, mae'r crediniwr crefyddol yn ystyried bod y rhain yn ddatganiadau am y byd allanol – mewn geiriau eraill, mae'n eu defnyddio mewn ystyr gwybyddol, nid anwybyddol. Mae hyn yn dod â ni yn ôl at yr her wreiddiol gan bositifiaeth resymegol, h.y. nad yw datganiadau o'r fath yn ddadansoddol nac yn synthetig – ni allan nhw gael eu gwirio. Felly, mae'n bosibl nad yw iaith anwybyddol yn ateb effeithiol i broblemau iaith grefyddol.

Mae edrych ymhellach ar y defnydd o iaith mewn ystyr anwybyddol yn golygu ystyried gwerth iaith gydweddiadol. Mae cydweddiadau'n gallu bod yn offer iaith grymus ar gyfer cyfleu syniadau cymhleth mewn modd llawer llai cymhleth. Gallan nhw wneud yr anwybodadwy yn wybodadwy, er mewn ffordd berthynol. Mae cydweddiadau yn ein helpu i wneud synnwyr o wybodaeth a all fel arall fod ar gau i ni ac felly maen nhw'n ffordd effeithiol o ddefnyddio iaith. Wrth siarad am Dduw, mae cydweddiadau, fel roedd Aquinas yn eu darlunio, yn caniatáu mewnwelediadau i ni i gymeriad a bodolaeth Duw a fyddai fel arall yn amhosibl i ni. Drwy ragdybio'r berthynas rhwng y creawdwr a'r un a grëwyd, mae'n caniatáu i'r crediniwr crefyddol gael dealltwriaeth ddyfnach o'r bod y maen nhw'n ei addoli na fyddai'n bosibl ei gyfathrebu drwy ddulliau gwybyddol. Fodd bynnag, fel roedd Hume yn ei gydnabod, dim ond mor dda â'r pwynt lle mae'r ddau beth sy'n cael eu cymharu yn debyg y gall cydweddiad fod. Y broblem i iaith grefyddol yw a ydyn ni'n gwybod beth rydyn ni'n ei olygu pan fyddwn ni'n defnyddio'r gair 'Duw'? Sut rydyn ni'n 'gwybod' (yn yr ystyr o allu mesur yn empirig yr hyn rydyn ni'n siarad amdano) beth yw 'Duw'? Oherwydd oni bai ein bod ni, i ryw raddau, yn gallu gwneud hyn, yna mae'n pwynt cymharu ni yn methu. Os yw hyn yn methu yna mae'r cydweddiad yn methu hefyd, a thrwy hynny mae'n gwneud iaith gydweddiadol nid yn unig yn ddiystyr ond, mewn ystyr real iawn, yn dda i ddim – o safbwynt siarad am Dduw. Mae hyn yn dangos bod iaith gydweddiadol yn ateb aneffeithiol i broblem iaith grefyddol.

Mae defnyddio iaith fytholegol, ffurf arall o iaith anwybyddol, yn cynnig ateb a allai fod yn effeithiol i broblem iaith grefyddol. Drwy wrthod yr honiadau bod yn rhaid i iaith grefyddol wneud dim ond honiadau sy'n wiriadwy yn empirig, mae iaith fytholegol yn cynnig math o ddefnydd iaith sy'n caniatáu mewnwelediad i wirioneddau hollgyffredinol am fodolaeth a pherthynas dynolryw â'r bydysawd. Nid oes rhaid cymryd mythau'r creu, y mythau arwrol a'r mythau am ddaioni yn erbyn drygioni mewn ffordd wybyddol lythrennol er mwyn rhoi ystyr. Y ffaith eu bod yn symbolaidd, yn llawn dychymyg ac yn gwneud defnydd helaeth o drosiad sy'n galluogi mythau i gyfleu ystyr mewn ffordd unigryw. Rôl arbennig mythau, heblaw cynnig mewnwelediad i wirioneddau hollgyffredinol am fodolaeth, yw cyfathrebu gwerthoedd i'w cynulleidfa hefyd. Mae mythau arwrol yr Henfyd yn ysgogi darllenwyr cyfoes i roi gwerth ar agweddau cadarnhaol o ymddygiad. Gan ddangos cysylltiad â Damcaniaeth Rhinwedd Aristotle, bydd yr arwr mewn myth yn aml yn dangos llawer o'r rhinweddau fel cymedroldeb, dewrder, cyfiawnder a gwroldeb. Drwy hyn, mae ystyr bywyd yn cael ei ddatguddio – nid mewn ffordd empirig ond yn hytrach mewn ffordd sy'n ysbrydoli. Mae mythau, yn yr ystyr hwn, yn ateb effeithiol felly i broblem iaith grefyddol.

Gweithgaredd AA2

Rhestrwch rai casgliadau y byddai'n bosibl dod iddynt ar sail y rhesymeg AA2 yn y testun uchod; ceisiwch gyflwyno o leiaf dri chasgliad gwahanol posibl. Ystyriwch bob un o'r casgliadau a chasglwch dystiolaeth gryno i gefnogi pob casgliad o'r deunydd AA1 ac AA2 ar gyfer y testun hwn. Dewiswch y casgliad sy'n argyhoeddi fwyaf yn eich barn chi ac esboniwch pam mae hyn yn wir. Ceisiwch gyferbynnu hyn â'r casgliad gwannaf ar y rhestr, gan gyfiawnhau eich dadl gyda rhesymu clir a thystiolaeth.

Th4 Iaith grefyddol

Yr wrth-ddadl yw y gall mythau gael eu dehongli (dadfytholegu) mewn pob math o wahanol ffyrdd – a gall hyn olygu bod eu hystyr yn mynd yn aneglur. Mae'r broblem o fythau sy'n cystadlu yn gallu arwain at danseilio deallwriaeth o beth yw pwrpas bodolaeth ddynol. Ai addoli Duw greawdwr fydd yn ein cymodi ag ef ar ôl i ni farw ydyw, neu ai mynd i fyny, drwy'n hymdrechion ein hunain, i lefel uwch o fodolaeth neu a ydyn ni'n ddim mwy na theganau i dduwiau pwerus fydd, ar ôl i'n bywydau ddod i ben, yn symud ymlaen at faterion eraill fel pe na fyddem wedi bodoli erioed?

Drwy ystyried gwahanol ymagweddau iaith anwybyddol at broblemau iaith grefyddol, byddai'n ymddangos nad yw wedi cynnig ateb effeithiol. Mae heriau ystyrlonrwydd, o ran ystyrlonrwydd a allai gael ei dderbyn a'i gytuno gan bawb, yn ymddangos yn rhy lethol i gael eu datrys yn hawdd. Fodd bynnag, nid yw hynny'n dweud nad oes gwerth i'r defnydd anwybyddol o iaith. Mae llawer o bethau am iaith anwybyddol sydd o fudd o ran datguddio pethau am y byd a lle dynoliaeth ynddo, ac na ddylen nhw gael eu diystyru'n hawdd. Efallai nad yw'n ateb effeithiol i broblemau iaith grefyddol ond mae'n cynnig rhai atebion rhannol i'r materion hyn ac felly dylid ei thrin â thipyn o barch.

Awgrym astudio

Mae'n hollbwysig yn AA2 eich bod yn cyflwyno ateb yn nodi'r materion a godwyd gan y cwestiwn yn llwyddiannus ac yn mynd i'r afael â nhw'n drylwyr. Er mwyn gwneud hyn mae angen i chi wneud yn siŵr bod gennych ddealltwriaeth glir o'r datganiad dan sylw. Cymerwch amser i ddarllen y datganiad yn drylwyr nifer o weithiau, a nodwch yn eich geiriau eich hun beth yn eich barn chi y mae'n ei honni. Bydd y dull hwn yn eich helpu i sicrhau eich bod yn canolbwyntio ar y pwyntiau perthnasol.

Perthnasedd materion yn ymwneud ag iaith grefyddol yn yr 21ain ganrif

Yn sgil gwaith y positifiaethwyr rhesymegol, a ddaeth i'r amlwg ar ddechrau'r 20fed ganrif, taniwyd trafodaeth am ystyrlonrwydd metaffiseg, ac yn ein maes astudiaeth, iaith grefyddol yn arbennig. Y gosodiadau athronyddol oedd yn cadarnhau pwysigrwydd yr offer hynny a roddodd amlygrwydd a chefnogaeth i faes ymchwilio gwyddonol oedd yr un pethau a gafodd eu defnyddio i danseilio ystyrlonrwydd y pethau hynny oedd yn perthyn i fyd metaffiseg. Felly ymosodwyd ar iaith grefyddol. Yn y bôn roedd hyn oherwydd nad oedd modd gwirio neu anwirio ei gosodiadau a'i therminoleg, nad oedden nhw chwaith yn perthyn i ffurfiau dadansoddol na synthetig ar iaith yr oedd y gymuned wyddonol mor hoff ohonynt ac, wrth gwrs, oherwydd nad oedd iaith grefyddol yn dawtolegol nac yn fathemategol. Ystyrir ei bod yn ddiystyr yn ei hanfod felly.

Fodd bynnag, roedd y rheini â safbwynt llai cul am ystyrlonrwydd yn y byd yn sylweddoli bod y positifiaethwyr rhesymegol wedi colli'r pwynt. Roedd hyd yn oed eu hegwyddor wirio eu hunain yn methu ei meini prawf ei hun – yn tanseilio ei dilysrwydd braidd!

Llwyddodd athronwyr fel Popper, Randall, Tillich a hyd yn oed Wittgenstein yn ddiweddarach i ddangos bod ystyrlonrwydd mewn iaith yn dod nid o'r geiriau eu hunain ond yn hytrach o'r ffordd roedden nhw'n cael eu defnyddio neu'r ffordd y gallen ni ddehongli cyd-destun eu tarddiad. Roedd modd deall ystyrlonrwydd mewn llu o ffyrdd nad oedd positifiaeth resymegol wedi eu derbyn. Felly, collodd dadleuon a hygrededd positifiaeth resymegol eu grym wrth i'r 20fed ganrif, a'r mudiadau athronyddol cysylltiedig, fynd yn ei blaen. Erbyn dechrau'r 21ain ganrif, roedd y ddadl am ystyrlonrwydd iaith grefyddol wedi symud ymlaen gryn dipyn ac nid oedd yr hen feirniadaethau yn ymddangos yn effeithiol bellach.

Beth yw'r ffordd orau o bennu ystyr mewn iaith grefyddol?

Cynnwys y fanyleb
Perthnasedd materion yn ymwneud ag iaith grefyddol yn yr 21ain ganrif.

Gweithgaredd AA2

Wrth i chi ddarllen drwy'r adran hon ceisiwch wneud y pethau canlynol:

1. Dewiswch y gwahanol ddadleuon sy'n cael eu cyflwyno yn y testun a nodwch unrhyw dystiolaeth gefnogol a roddir.
2. Ar gyfer pob dadl a gyflwynir, ceisiwch werthuso a yw'r ddadl yn un gryf neu wan yn eich barn chi.
3. Meddyliwch am unrhyw gwestiynau yr hoffech chi eu gofyn wrth ymateb i'r dadleuon.

Bydd y gweithgaredd hwn yn eich helpu chi i ddechrau meddwl yn feirniadol am yr hyn rydych chi'n ei ddarllen, ac yn eich helpu i werthuso effeithiolrwydd dadleuon gwahanol, gan ddatblygu eich sylwadau, a'ch barn a'ch safbwyntiau eich hun. Bydd hyn yn eich helpu wrth ddod i gasgliadau y byddwch yn eu gwneud yn eich atebion i'r cwestiynau AA2 sy'n codi.

Beth yw'r blaenoriaethau ar gyfer yr 21ain ganrif o ran iaith grefyddol a chyfathrebu?

Gweithgaredd AA2

Rhestrwch rai casgliadau y byddai'n bosibl dod iddynt ar sail y rhesymeg AA2 yn y testun uchod; ceisiwch gyflwyno o leiaf dri chasgliad gwahanol posibl. Ystyriwch bob un o'r casgliadau a chasglwch dystiolaeth gryno i gefnogi pob casgliad o'r deunydd AA1 ac AA2 ar gyfer y testun hwn. Dewiswch y casgliad sy'n argyhoeddi fwyaf yn eich barn chi ac esboniwch pam mae hyn yn wir. Ceisiwch gyferbynnu hyn â'r casgliad gwannaf ar y rhestr, gan gyfiawnhau eich dadl gyda rhesymu clir a thystiolaeth.

Felly a ellir dweud nad yw'r materion hyn yn berthnasol bellach yn yr 21ain ganrif? Yr ateb syml yw gellir – er bod y ddadl wedi aeddfedu ryw gymaint. Nid yw'r problemau sy'n gysylltiedig ag iaith grefyddol, o ystyried mater problemau cynhenid iaith grefyddol, wedi diflannu. Mae iaith grefyddol, ar yr wyneb, yn gallu ymddangos yn aml fel pe bai'n dweud pethau sy'n anodd eu deall neu'n anodd eu gwreiddio mewn unrhyw ffordd ystyrlon, wedi iddyn nhw gael eu tynnu allan o'r cyd-destun uniongyrchol i gredinwyr crefyddol a'u sgwrs. Mewn rhai achosion, gall hyd yn oed credinwyr crefyddol ei chael yn anodd mynegi ystyr rhai o'u gosodiadau eu hunain – er eu bod yn honni bod dealltwriaeth yn fater o ffydd nid rhesymeg ac felly ddim yn agored i gael ei gwirio'n wrthrychol.

Mae cwmpas ehangach athroniaeth iaith (yn hytrach nag iaith grefyddol yn unig) yn ystyried sawl peth wrth fyfyrio ar bwrpas iaith. Er enghraifft, beth mae'n iaith ni'n datguddio am realiti? Sut mae'n gwneud hyn ac a yw'n ystyrlon? Beth yw ystyrlonrwydd? A yw'n gysylltiedig â syniadau empirwyr fel Hume, sef bod yr ystyron a gynigiwyd yn ddim mwy na chynnwys meddyliol wedi'i achosi gan arwyddion arbennig; neu a yw ystyrlonrwydd yn deillio, fel y dywedodd Wittgenstein, drwy'r ffordd y mae iaith yn cael ei defnyddio? Neu efallai mai'r positifiaethwyr rhesymegol oedd yn iawn wrth iddyn nhw awgrymu bod ystyr yn dod o'r hynny a allai gael ei brofi wrth gael ei gysylltu â'n gwybodaeth am y byd ffisegol? Mae modd cysylltu pob un o'r pethau hyn â'r drafodaeth am sut mae iaith grefyddol yn cael ei defnyddio ac felly mae'n dangos perthnasedd materion yn ymwneud ag iaith grefyddol yn yr 21ain ganrif.

Mewn rhai ffyrdd, mae'r ddadl wedi culhau hefyd. Er enghraifft, cafwyd llawer o drafodaeth am dermau crefyddol penodol, fel y gair 'Duw'. Am ganrifoedd, mae'r gair wedi bod yn cael ei ddefnyddio fel teitl, fel enw disgrifiadol (*descriptive noun*) neu fel enw (*name*). Mewn llawer o grefyddau, defnyddir y gair Duw fel yr enw priod parchus. Ond weithiau mae yna ymadrodd mwy personol a all gael ei ddefnyddio i gyfarch yr un bod, yn enwedig mewn gweithredoedd o ddefosiwn, addoliad a gweddi. Mae enwau 'personol' o'r fath i'w gweld yn y traddodiadau Iddewig a Hindŵaidd, a byddai'r ddau draddodiad yn defnyddio'r gair Duw yn ei ystyr generig hefyd. Mae syniad tebyg i'w gael yn nhraddodiadau cyfriniol Cristnogaeth (e.e. yng ngwaith Teresa o Avila) ac Islam (e.e. yng ngweithiau Rumi), ble mae ffordd llawer mwy agos-atoch o gyfarch yn cymryd lle'r term 'Duw'. Mewn achosion o'r fath, a ydyn nhw felly yn cynnig ystyrlonrwydd i'r gair na fyddai ar gael fel arall i'r rheini sydd y tu allan i'r traddodiadau? Pan fydd yr atheïstiaid yn gwrthod y gred yn Nuw, ni fyddan nhw'n diystyru'r term fel nonsens neu fel rhywbeth anwiriadwy. Maen nhw'n gwrthod y term oherwydd ei gysylltiadau â'r realiti y mae'n ei gynnig. Mewn llawer o ffyrdd, mae modd cyffelybu'r Atheïstiaid Newydd â Ffŵl Anselm, yn y ffordd y maen nhw'n gwrthod y gair. Eto, mae perthnasedd iaith grefyddol yn yr 21ain ganrif yn amlwg.

Dyfyniad allweddol

Enghraifft syml a chyfarwydd o osodiad o'r fath yw'r gosodiad bod yna fynyddoedd ar ochr bellaf y lleuad! Does dim roced wedi cael ei dyfeisio eto fyddai'n galluogi i mi fynd i edrych ar ochr bellaf y lleuad. Felly ni allaf benderfynu ar y mater drwy arsylwi uniongyrchol. Ond rwy'n gwybod pa arsylwadau fyddai'n ei benderfynu i mi, pe byddwn i, fel sy'n bosibl yn ddamcaniaethol, mewn sefyllfa i'w gwneud nhw. Ac felly rwy'n dweud bod y gosodiad yn wiriadwy mewn egwyddor, os nad yn ymarferol, ac felly mae'n arwyddocaol. **(Ayer)**

Datblygu sgiliau AA2

Nawr mae'n bwysig ystyried y wybodaeth sydd wedi'i chyflwyno yn yr adran hon; fodd bynnag, mae'r wybodaeth fel y mae yn llawer rhy helaeth ac felly mae'n rhaid ei phrosesu er mwyn bodloni gofynion yr arholiad. Gallwch wneud hyn drwy ymarfer y sgiliau uwch sy'n gysylltiedig ag AA2. Ar gyfer Amcan Asesu 2 (AA2), sy'n cynnwys dangos sgiliau 'dadansoddi beirniadol' a 'gwerthuso', rydyn ni am ganolbwyntio ar ffyrdd gwahanol o ddangos y sgiliau yn effeithiol, gan gyfeirio hefyd at sut bydd eich perfformiad ym mhob un o'r sgiliau hyn yn cael ei fesur (gweler disgrifyddion band cyffredinol AA2 ar gyfer U2).

▶ **Dyma eich tasg newydd** bydd yn rhaid i chi ysgrifennu ymateb dan amodau wedi'u hamseru i gwestiwn sy'n gofyn i chi werthuso **a oes ystyr o hyd i iaith grefyddol heddiw**. Gallwch gwblhau'r ymarferiad hwn mewn grŵp neu ar eich pen eich hun.

1. Dechreuwch drwy lunio rhestr o ddadleuon neu resymu dangosol, fel y gwnaethoch o bosibl yn y gwerslyfr blaenorol yn y gyfres. Does dim rhaid i'r rhestr fod mewn trefn benodol yn y lle cyntaf, ond wrth i chi ymarfer hyn byddwch yn gweld bod eich rhestrau yn fwy trefnus, yn arbennig o ran y cysylltiadau rhwng dadleuon.

2. Datblygwch y rhestr gan ddefnyddio un neu ddau ddyfyniad perthnasol. Nawr, ychwanegwch rywfaint o gyfeiriadau at ysgolheigion a/neu destunau crefyddol.

3. Yna ysgrifennwch eich cynllun, o fewn amser penodol, gan gofio'r egwyddorion o esbonio gan roi tystiolaeth a/neu enghreifftiau. Yna gofynnwch i rywun arall ddarllen eich ateb ac edrychwch i weld a allan nhw eich helpu i'w wella mewn unrhyw ffordd.

4. Mae marcio ar y cyd yn helpu dysgwyr i werthfawrogi safbwyntiau eraill ac, o bosibl, y pethau na chafodd eu cynnwys. Mae hefyd yn helpu i dynnu sylw at gryfderau rhywun arall y gallwch ddysgu oddi wrthyn nhw. Gan gadw hyn mewn cof, mae cyfnewid a chymharu atebion yn beth da er mwyn gwella eich atebion eich hun.

Ar ôl i chi orffen y dasg, cyfeiriwch at y disgrifyddion band ar gyfer U2 ac edrychwch yn benodol ar y gofynion sydd wedi'u disgrifio yn y disgrifyddion band uwch y dylech chi fod yn anelu atyn nhw. Gofynnwch i chi'ch hun:

- A yw fy ateb yn ddadansoddiad beirniadol hyderus a gwerthusiad craff o'r mater?
- A yw fy ateb yn nodi'r materion a godwyd gan y cwestiwn yn llwyddiannus ac yn mynd i'r afael â nhw'n drylwyr?
- A yw fy ngwaith yn dangos cydlyniad, eglurder a threfn o safon ragorol?
- A fydd fy ngwaith, ar ôl ei ddatblygu, yn cynnwys safbwyntiau trylwyr, cyson a chlir wedi'u cefnogi gan resymeg a/neu dystiolaeth helaeth, fanwl?
- A yw safbwyntiau ysgolheigion/ysgolion o feddwl yn cael eu defnyddio'n helaeth a phriodol, ac yn eu cyd-destun?
- A yw fy ateb yn cyfleu dadansoddiad hyderus a chraff o natur unrhyw gysylltiadau posibl ag elfennau eraill o'm cwrs?
- A yw'r defnydd o iaith a geirfa arbenigol yn drylwyr a chywir, pan geir enghreifftiau o hynny?

Sgiliau allweddol

Mae dadansoddi'n ymwneud â:

Nodi materion sy'n cael eu codi gan y deunyddiau yn adran AA1, ynghyd â'r rhai a nodwyd yn adran AA2, ac mae'n cyflwyno safbwyntiau cyson a chlir, naill ai gan ysgolheigion neu safbwyntiau personol, yn barod i'w gwerthuso.

Mae hyn yn golygu:

- Bod eich atebion yn gallu nodi meysydd trafod allweddol mewn perthynas â mater penodol
- Eich bod yn gallu nodi'r gwahanol ddadleuon a gyflwynir gan eraill, a rhoi sylwadau arnyn nhw
- Bod eich ateb yn rhoi sylwadau ar effeithiolrwydd cyffredinol pob un o'r meysydd neu ddadleuon hyn.

Mae gwerthuso'n ymwneud ag:

Ystyried goblygiadau amrywiol y materion sy'n cael eu codi, yn seiliedig ar y dystiolaeth a gafwyd wrth ddadansoddi ac mae'n rhoi dadl fanwl eang gyda chasgliad clir.

Mae hyn yn golygu:

- Bod eich ateb yn pwyso a mesur canlyniadau derbyn neu wrthod y dadleuon amrywiol a gwahanol a gafodd eu dadansoddi
- Bod eich ateb yn dod i gasgliad drwy broses rhesymu clir.

CBAC Astudiaethau Crefyddol U2
Athroniaeth Crefydd

Mae'r adran hon yn cwmpasu cynnwys a sgiliau AA1

Cynnwys y fanyleb

Ystyrlon i bobl sy'n cymryd rhan yn yr un gêm ieithyddol (Ludwig Wittgenstein); Tystiolaeth gefnogol – ffurf anwybyddol ar iaith yn darparu ystyr i'r sawl sy'n cymryd rhan mewn gêm ieithyddol; ystyried y defnydd o iaith yn hytrach nag ystyr; mae gemau ieithyddol yn cydweddu â damcaniaeth cydlyniad gwirionedd; iaith grefyddol fel modd o fynegi cred.

Dyfyniadau allweddol

Gall rhywun amau ei synhwyrau ei hun, ond nid ei gred ei hun. **(Wittgenstein)**

Mae gan bob gair ystyr. Mae'r ystyr hwn yn cydberthyn i'r gair. Dyma'r gwrthrych y mae'r gair yn sefyll amdano. **(Wittgenstein)**

cwestiwn cyflym

4.8 Beth yw ystyr y term 'iaith frodorol'?

Termau allweddol

Gemau ieithyddol: cydweddiad Wittgenstein oedd yn dweud bod iaith yn ystyrlon i'r rheini oedd yn ei defnyddio yn eu math nhw'u hunain o fywyd/gêm ieithyddol

Realydd: rhywun sy'n arddel y safbwynt athronyddol sy'n mabwysiadu damcaniaeth cyfatebiaeth gwirionedd

C: Iaith grefyddol fel gêm ieithyddol

Cyfraniad Ludwig Wittgenstein at y ddadl am iaith grefyddol

Dychmygwch fod person yn dod i'ch cartref. Mae wedi dod gyda'r pwrpas penodol o helpu i wneud rhyw fath o welliannau i'r cartref. Mae'n siarad am *two by fours, noggins, risers, renders, second fixes and stocks*. Ymhlith y geiriau hyn mae geiriau eraill y byddech chi'n eu deall o sgwrs arferol yn yr iaith frodorol (*vernacular*). Byddai'n deg i chi deimlo'n ddryslyd wrth wrando ar eu sgwrs â chi. Fodd bynnag, efallai byddech chi'n cytuno i'r hyn maen nhw'n gofyn gennych gan nad ydych

Ludwig Wittgenstein

chi eisiau ymddangos yn anwybodus am eiriau, sydd i bob pwrpas, yn rhan o sgwrs arferol ond mae'r geiriau eu hunain fel pe baen nhw'n ffurfio rhan o iaith wahanol.

Mewn llawer o ffyrdd, dyma'n union beth ydyn nhw. Deall sut mae iaith yn cael ei defnyddio fel hyn (ac, yn bwysicach, sut mae iaith yn cael ei deall drwy ei defnyddio fel hyn) a arweiniodd Wittgenstein i ddatblygu ei athroniaeth gynnar am iaith (lle roedd yn trafod iaith fel math o system gyfathrebu'n seiliedig ar luniau) i fod yn athroniaeth iaith oedd yn disgrifio iaith, a'r defnydd ohoni, yn nhermau '**gemau ieithyddol**'.

Cyn esbonio syniadau Wittgenstein ymhellach, mae'n ddefnyddiol cyflwyno dau gysyniad athronyddol sy'n gysylltiedig â'r ddealltwriaeth o 'wirionedd'. Yn yr ystyr o ddeall iaith, rydyn ni'n deall iaith oherwydd ein bod ni'n deall ei hystyr. Mewn geiriau eraill, mae'r geiriau rydyn ni'n eu clywed, neu'n eu dweud, yn weddol debyg i rywbeth o fewn ein profiad sy'n gysylltiedig â rhyw fath o realiti y gallwn ei ddiffinio. O'i roi yn symlach, ystyr rhywbeth yw ei 'wirionedd'.

Mewn termau athronyddol, mae dwy brif ddealltwriaeth o gysyniad gwirionedd. Y rhain yw cyfatebiaeth a chydlyniad.

Cyfeirir at ddeall gwirionedd drwy gyfatebiaeth yn aml gan rai athronwyr fel safbwynt y '**realydd**'. Yn y ddealltwriaeth hon o wirionedd, mae rhywbeth yn wir (neu'n 'ystyrlon') yn rhinwedd ei berthynas â'r byd allanol y gellir gwybod amdano. Mae'n bendant yn safbwynt empirig a byddai wedi bod yn olwg ar y gwirionedd sy'n cyd-fynd â safbwynt athronyddol y positifiaethwyr rhesymegol. Er enghraifft, os wyf i'n honni bod 'yr awyr yn las' yna mae modd gwirio gwirionedd y datganiad hwnnw drwy benderfynu beth a olygir gan y gair 'awyr' ac yna nodi a oedd yr enw hwnnw yn 'las' yn ystyr y lliw glas fel y cytunwyd arno gan y dehongliad safonol o'r sbectrwm golau. Os yw lliw'r awyr yn cyfateb i'r datganiad (h.y. mae'r awyr yn las), yna mae gwirionedd y datganiad hwnnw'n cael ei sefydlu. Os yw'r awyr yn unrhyw liw arall, yna ystyrir bod y datganiad yn 'anghywir' yn yr ystyr nad oes ystyr mewn dweud bod yr awyr yn las oherwydd ei fod yn rhyw liw arall.

Ffordd arall o werthfawrogi **damcaniaeth cyfatebiaeth gwirionedd** yw dyfynnu enghraifft o hanes. Er enghraifft, y gred bod y blaned rydyn ni'n byw arni yn siâp sffêr. Mae'r gred yn wir oherwydd rydyn ni'n gwybod ei bod yn cyfateb i union realiti siâp y blaned – fel sy'n cael ei wirio gan dystiolaeth ffotograffig, geoffisegol a mathemategol.

Mae **damcaniaeth cydlyniad gwirionedd** ychydig yn wahanol. Yn yr achos hwn (y cyfeirir ato weithiau fel safbwynt y '**gwrth-realydd**') mae gwirionedd rhywbeth yn cael ei bennu, nid drwy ei gyfatebiaeth i realiti allanol ond yn hytrach drwy ei ddehongliad gan grŵp penodol o bobl. Er enghraifft, gan gyfeirio at yr enghraifft flaenorol am liw'r awyr, pe bai grŵp o bobl, am ba reswm bynnag, yn penderfynu mai'r ansoddair 'coch' oedd yr ansoddair cywir ar gyfer lliw'r awyr, yna ni fyddai'r datganiad 'mae'r awyr yn las' yn wir, yn eu golwg nhw. Mae hyn oherwydd nad yw 'mae'r awyr yn las' yn 'cydlynu' (neu'n cyd-fynd) â'u dealltwriaeth nhw o beth mae'n ei olygu i'r awyr fod yn lliw penodol. Iddyn nhw, byddai'r datganiad 'mae'r awyr yn goch' yn ystyrlon ac felly'n wir, yn eu golwg nhw ar y byd. Nid yw gwirionedd yn cael ei bennu gan realiti allanol ond yn hytrach gan ddehongliad o'r realiti hwnnw a all fod (neu a all beidio â bod) yn wir.

Eto, byddai enghraifft o hanes yn ddefnyddiol yma. Cyn yr 17eg ganrif, nid oedd pobl yn derbyn yn gyffredinol bod y Ddaear yn siâp sffêr. Roedd llawer o bobl yn credu bod y Ddaear yn fflat ac roedd eu byd-olwg nhw'n cael ei ystyried i fod yn 'wir' oherwydd ei fod yn cyd-fynd â beth, yn eu barn nhw, oedd realiti mewn gwirionedd. Nid oedd ots bod y ffaith hon yn wyddonol anghywir. Iddyn nhw roedd yn 'gywir' oherwydd ei fod yn eu helpu i wneud synnwyr o'r byd roedden nhw'n byw ynddo. Roedd yn 'cydlynu' â'u dealltwriaeth o'r byd ffisegol ac felly roedd yn cynrychioli gwirionedd am beth oedd siâp y byd.

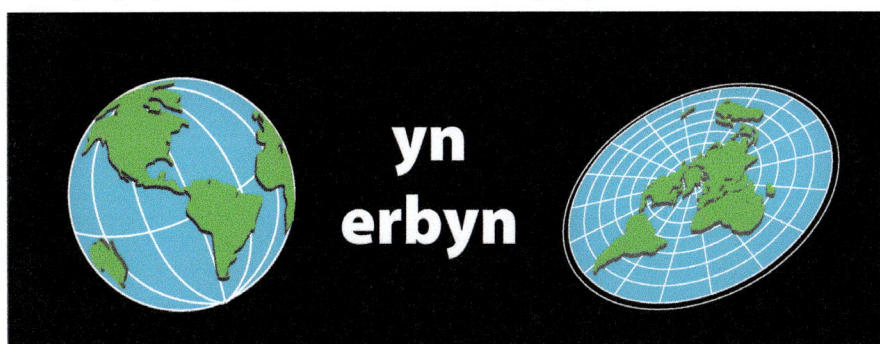

Daear wastad yn erbyn Daear grwn – Damcaniaeth cydlyniad gwirionedd yn erbyn damcaniaeth cyfatebiaeth gwirionedd

Mae'r ddau olwg hyn ar wirionedd yn arbennig o ddefnyddiol wrth edrych ar ystyrlonrwydd iaith.

Yn syml, safbwynt y gwrth-realydd neu ddamcaniaeth cydlyniad gwirionedd yw defnyddio gemau iaith i bennu sut mae iaith yn ystyrlon i'r bobl sy'n cymryd rhan yn y gêm ieithyddol honno.

I Wittgenstein, roedd yn hanfodol ein bod ni'n deall pa gêm rydyn ni'n ei chwarae wrth i ni ddefnyddio ffurfiau arbennig o iaith. Os nad ydyn ni'n gallu gwneud hyn, yna byddai'n anochel y gallen ni gael ein harwain i gamddeall sut mae'r gêm ieithyddol benodol honno yn cael ei chwarae.

Roedd iaith yn gyfleuster oedd yn cael ei ddefnyddio gan bobl i gyfathrebu syniadau oedd yn benodol i'w math arbennig nhw o fywyd – eu 'gêm' nhw. Mae iaith yn weithgaredd cymdeithasol a chyhoeddus. Drwy'r gweithgaredd hwn y mae iaith yn cael ei deall a'i hystyr yn cael ei sefydlu. Mae llawer o ffyrdd o ddefnyddio iaith, yn yr un modd ag y mae llawer o ffyrdd o chwarae gemau. Roedd y 'tebygrwydd teuluol' hwn yn syniad oedd yn treiddio drwy athroniaeth gemau ieithyddol Wittgenstein.

Th4 Iaith grefyddol

> **Termau allweddol**
>
> **Damcaniaeth cydlyniad gwirionedd:** cred bod rhywbeth yn wir pan mae'n cyd-fynd (cydlynu) â safbwyntiau'r rheini yn y gymuned
>
> **Damcaniaeth cyfatebiaeth gwirionedd:** cred bod rhywbeth yn wir oherwydd ei fod yn cysylltu â (cyfateb i) realiti allanol gwrthrychol
>
> **Gwrth-realydd:** rhywun sy'n arddel y safbwynt athronyddol sy'n mabwysiadu damcaniaeth cydlyniad gwirionedd

Dyfyniadau allweddol

Gallen ni ddweud bod Awstin yn disgrifio system o gyfathrebu; ond nad y system hon yw popeth rydyn ni'n ei alw'n iaith. Ac mae'n rhaid i rywun ddweud hyn mewn llawer o achosion lle mae'r cwestiwn yn codi 'A yw hwn yn ddisgrifiad addas neu beidio?' Yr ateb yw: 'Ydy, mae'n addas, eto dim ond ar gyfer y maes cyfyngedig cul hwn, nid ar gyfer y cyfan o'r hyn roeddech yn honni ei ddisgrifio.' Mae fel pe bai rhywun yn dweud: 'Mae gêm yn golygu symud gwrthrychau o gwmpas ar arwyneb yn ôl rheolau arbennig. . .' – ac y bydden ni'n ateb: 'Mae'n debyg eich bod chi'n meddwl am gemau bwrdd, ond mae gemau eraill. Gallwch chi wneud eich diffiniad yn gywir drwy ei gyfyngu'n benodol i'r gemau hynny.' (Wittgenstein)

Yma mae'r term '*gêm ieithyddol*' yn cael ei ddefnyddio i amlygu'r ffaith bod *siarad* iaith yn rhan o weithgaredd, neu yn fath o fywyd. (Wittgenstein)

cwestiwn cyflym

4.9 Beth yw gwrth-realydd?

CBAC Astudiaethau Crefyddol U2
Athroniaeth Crefydd

Dyfyniad allweddol

Ar gyfer dosbarth *mawr* o achosion – ond nid ar gyfer y cyfan – lle rydyn ni'n defnyddio'r gair 'ystyr' mae modd ei ddiffinio fel hyn: ystyr gair yw ei ddefnydd yn yr iaith. **(Wittgenstein)**

Mae'r cysyniad o ffyrdd gwahanol o chwarae gemau yn caniatáu i ni ddeall sut gallwn ni ddefnyddio iaith mewn ffyrdd gwahanol hefyd.

Felly, mae iaith yn y cyd-destun hwn yn cael ei deall fel rhywbeth anwybyddol, yn hytrach na gwybyddol. Mae'r ystyrlonrwydd yn dod o'r cyd-destun lle mae'r ffurf ar iaith yn cael ei defnyddio. Felly mae'n rhoi ystyr i'r rhai sy'n cymryd rhan yn y gêm, hyd yn oed os nad yw bob amser yn amlwg beth yw'r ystyr i'r rheini sydd y tu allan i'r gêm. Nid yw Wittgenstein yn dod i'r casgliad bod pob gêm ieithyddol yn gwbl unigryw gan y gall gemau gael eu 'dysgu', cyhyd â bod y rheolau'n gallu cael eu hesbonio a'u deall. Mae hyn oherwydd, fel gemau, mae gan y defnydd o iaith nodweddion cyffredin – 'tebygrwydd teuluol', fel y dywedwyd eisoes. Gan fod iaith bob amser yn weithgaredd cyhoeddus – gwadodd Wittgenstein yn gryf y gallai iaith byth gael ei hystyried yn weithgaredd preifat – roedd yn weithgaredd oedd â'r potensial i fod yn agored i bawb. I ailadrodd yr hyn a ddywedwyd yn barod: gallai pob gêm ieithyddol gael ei dysgu.

Wedi i'r unigolyn ddeall rheolau'r gêm ieithyddol bydd yn deall ystyr yr iaith. Neu, i'w roi yn yr un ffordd â Wittgenstein – mae ystyrlonrwydd yr iaith yn dod nid o'r geiriau eu hunain ond yn hytrach o'r ffordd y mae'r geiriau hynny'n cael eu defnyddio: 'Ar gyfer dosbarth *mawr* o achosion – ond nid ar gyfer y cyfan – lle rydyn ni'n defnyddio'r gair "ystyr" mae modd ei ddiffinio fel hyn: ystyr gair yw ei ddefnydd yn yr iaith.'

Gweithgaredd AA1

Mae syniadau Wittgenstein yn gymhleth a gall fod yn hawdd drysu. I gefnogi'ch gwybodaeth am ei gydweddiad gemau ieithyddol, lluniwch ddiagram gwybodaeth neu fap meddwl sy'n torri ei syniadau i lawr yn brif feysydd i ganolbwyntio arnyn nhw.

Wedi i chi orffen y dasg, cymharwch eich gwaith â rhywun arall yn y dosbarth. Ydych chi wedi dewis yr un syniadau? A oes rhywbeth ar goll yn eich gwaith sy'n bresennol ac yn gywir yng ngwaith y person arall? Dylech chi wedyn addasu'ch gwaith fel ei fod mor fanwl a chywir â phosibl. Ailadroddwch y broses wirio hon hyd at bump o weithiau. Bydd hyn yn eich helpu i gael dealltwriaeth dda o brif syniadau Wittgenstein, ac mae'n bodloni'r meini prawf canlynol ar gyfer AA1, Band 5:

- Gwybodaeth a dealltwriaeth drylwyr, gywir a pherthnasol
- Cydlyniad, eglurder a threfn o safon ragorol.

Darn allan o *Philosophical Investigations*

Yma rydyn ni'n dod wyneb yn wyneb â'r cwestiwn mawr sydd y tu ôl i'r holl ystyriaethau hyn. – Oherwydd gallai rhywun ddadlau yn fy erbyn: 'Rydych chi'n cymryd y ffordd hawdd allan! Rydych chi'n siarad am bob math o gemau ieithyddol, ond heb ddweud yn unman beth yw hanfod gêm ieithyddol, ac felly, hanfod iaith: beth sydd gan yr holl weithgareddau hyn yn gyffredin, a beth sy'n eu gwneud yn iaith neu yn rhannau o iaith. Felly rydych chi'n anwybyddu'r union ran o'r ymchwiliad a roddodd y cur pen mwyaf i chi ar un adeg, y rhan am *ffurf gyffredinol gosodiadau* ac iaith.'

Ac mae hyn yn wir. – Yn hytrach na chynhyrchu rhywbeth sy'n gyffredin i bopeth rydyn ni'n ei alw'n iaith, rwy'n dweud nad oes gan y ffenomenau hyn un peth yn gyffredin sy'n gwneud i ni ddefnyddio'r un gair ar gyfer pob un, – ond eu bod yn *perthyn* i'w gilydd mewn llawer o wahanol ffyrdd. Ac oherwydd y berthynas hon, neu'r perthnasoedd hyn, rydyn ni'n eu galw nhw i gyd yn 'iaith'. Ceisiaf esbonio hyn.

Ystyriwch, er enghraifft, y trafodion rydyn ni'n ei galw'n 'gemau'. Rwy'n golygu gemau bwrdd, gemau cardiau, gemau pêl, gemau Olympaidd, ac yn y blaen. Beth sy'n gyffredin iddyn nhw i gyd? – Peidiwch â dweud: '*Rhaid* bod rhywbeth yn gyffredin, neu na fydden nhw'n cael eu galw "gemau"' – ond *edrychwch i weld* a oes unrhyw beth yn gyffredin iddyn nhw i gyd. – Oherwydd os ydych chi'n edrych arnyn nhw ni welwch unrhyw beth sy'n gyffredin i *bob un*, ond pethau tebyg, perthnasoedd, a chyfres gyfan ohonyn nhw hefyd.

Th4 Iaith grefyddol

I ailadrodd: peidiwch â meddwl, ond edrychwch! – Edrychwch er enghraifft ar gemau bwrdd, gyda'u perthnasoedd amryfal. Nawr trowch at gemau cardiau; yma fe welwch rai cyfatebiaethau â'r grŵp cyntaf, ond mae llawer o nodweddion cyffredin yn mynd, ac mae eraill yn ymddangos. Pan awn ymlaen i gemau pêl, mae llawer o'r hyn sy'n gyffredin yn cael ei gadw, ond mae llawer yn cael ei golli. – Ydyn nhw i gyd yn "ddifyr"? Cymharwch wyddbwyll â gêm OXO. Neu a oes bob amser ennill a cholli, neu gystadleuaeth rhwng chwaraewyr? Meddyliwch am y gêm gardiau amynedd. Mewn gemau pêl mae ennill a cholli; ond pan fydd plentyn yn taflu ei bêl at y wal ac yn ei dal eto, mae'r nodwedd hon wedi diflannu. Edrychwch ar y rhannau mae medr a lwc yn chwarae; ac ar y gwahaniaeth rhwng medr mewn gwyddbwyll a medr mewn tennis. Meddyliwch nawr am gemau fel *ring-a-ring-a-roses*; yma ceir elfen o ddifyrrwch, ond faint o'r nodweddion eraill sydd wedi diflannu! A gallwn ni fynd drwy'r llawer, llawer o grwpiau eraill o gemau yn yr un ffordd; gallwn ni weld sut mae pethau tebyg yn ymddangos ac yn diflannu. A chanlyniad yr ymchwiliad hwn yw: gwelwn ni rwydwaith cymhleth o bethau tebyg yn gorgyffwrdd ac yn croesi ei gilydd: weithiau pethau tebyg yn gyffredinol, weithiau pethau tebyg o ran y manylion.

Wrth iddo archwilio'r gwahanol fathau o gemau y gall pobl fod yn gyfarwydd â nhw, mae Wittgenstein yn tynnu sylw at y ffaith bod gan y gemau lawer o elfennau y maen nhw'n rhannu â'i gilydd. Mae'n nodi hefyd y bydd yr elfennau hyn yn newid yn ôl y mathau o gêm sy'n cael ei chwarae. Mae'n nodi pethau tebyg mewn mathau arbennig o gemau nad ydynt yn bodoli wrth gymharu'r gemau hyn â mathau eraill o gemau, er bod pob un yn cael ei alw'n gêm. I Wittgenstein roedd y llanw a thrai hwn o nodweddion cyffredin yn ymddangos yn arbennig o berthnasol pan oedd y cydweddiad rhwng gemau a'r defnydd o iaith yn cael ei wneud. Roedd iaith, yn y ffordd roedd yn cael ei defnyddio gan yr empirwyr a'r positifiaethwyr rhesymegol yn rhannu perthynas agos iawn. Gallai perthynas gael ei gweld hefyd rhwng y ddau ddefnydd hyn o iaith a'r defnydd o iaith grefyddol – gan fod y ddau ddefnydd o iaith yn defnyddio geiriau, ymadroddion, patrymau siarad ac maen nhw'n cyfrathebu gwybodaeth arbennig i'w cynulleidfaoedd arbennig. Yn yr ystyr hwn roedden nhw'n debyg yn yr un ffordd ag yr oedd y gemau gwyddbwyll a chriced. Gemau yw'r ddwy, ond mae gwahaniaethau mawr rhyngddynt.

Mae'r pethau tebyg teuluol hyn yn 'gorgyffwrdd ac yn crisgroesi' a dyna beth sy'n achosi'r pethau tebyg. Ond nid yr un peth ydyn nhw. Camgymeriad fyddai eu trin yn yr un ffordd gan eu bod yn amlwg yn wahanol, er eu bod yn rhannu pethau cyffredin. Mae'n bosibl dweud yr un peth am y ffordd mae iaith yn cael ei defnyddio.

Nododd Wittgenstein ymhellach nad oedd deall iaith yn dasg syml bob amser. Dangosodd gyffelybiaeth rhwng hynny â beth roedd yn ei olygu i ddeall darlun. Pan ydyn ni'n gwrando ar eiriau a synau, yn y pen draw nid ydyn nhw'n golygu dim oni bai eu bod mewn cyd-destun. Dywedodd Wittgenstein fod yr un peth yn wir am ddarlun neu baentiad. Nid yw paentiad mewn gwirionedd yn ddim mwy na'r trefniant o liwiau, 'clytiau o liwiau ar y cynfas', ac ni ddylen nhw wneud synnwyr o gwbl ond, gan ein bod ni'n sylweddoli yr hyn mae'r llun yn gysylltiedig ag ef, rydyn ni'n gallu gwneud synnwyr ohono. Mae'r trefniant o liwiau yn troi yn siapiau a delweddau dealladwy ac yn golygu rhywbeth i ni, ac felly mae'r darlun yn dod yn ddarlun o rywbeth. Mae'r un peth yn wir am iaith: daw'r synau afreolus yn synau sy'n golygu rhywbeth i ni oherwydd y gallwn ni gysylltu â nhw. Rydyn ni'n eu deall oherwydd ein bod ni wedi dysgu eu deall. Rydyn ni'n eu cysylltu â'u hystyron yn ôl y ffordd rydyn ni wedi eu dysgu. I roi hyn mewn ffordd arall, wrth ddysgu rheolau'r gêm ieithyddol benodol rydyn ni'n cymryd rhan ynddi, rydyn ni'n gallu deall y synau a glywn ni neu'r geiriau a ddarllenwn ni oherwydd ein bod ni'n gallu deall rheolau'r gêm ieithyddol.

Dyfyniad allweddol

Beth yw ystyr gwybod beth yw gêm? Beth mae'n ei olygu, i'w wybod a heb allu ei ddweud? A yw'r wybodaeth hon rywsut yn cyfateb i ddiffiniad heb ei ffurfio? Felly pe bai'n cael ei ffurfio, dylwn i allu ei adnabod fel mynegiant o'm gwybodaeth? Onid yw fy ngwybodaeth, fy nghysyniad o gêm, yn cael ei fynegi'n llwyr yn yr esboniadau y gallwn eu rhoi? Hynny yw, wrth i mi ddisgrifio enghreifftiau o amrywiol fathau o gêm; gan ddangos sut y gall pob math o gemau eraill gael eu hadeiladu drwy gydweddiad â'r rhain; gan ddweud prin y byddwn i'n cynnwys hwn neu hon ymhlith gemau; ac yn y blaen. Pe bai rhywun yn tynnu ffin glir ni allwn ei chydnabod fel yr un roeddwn i hefyd bob amser eisiau ei thynnu, neu wedi ei thynnu yn fy meddwl. Oherwydd nid oeddwn i eisiau tynnu un o gwbl. Gellir dweud wedyn nad yw ei gysyniad ef yr un peth â'm un i, ond yn debyg iddo. Mae'r berthynas fel dau ddarlun, un ohonyn nhw'n cynnwys clytiau lliw ag amlinellau annelwig, a'r llall yn glytiau o siâp a dosbarthiad tebyg, ond ag amlinellau amlwg. Mae'r un mor amhosibl gwadu'r berthynas â'r gwahaniaeth. (**Wittgenstein**)

Pan fyddwn ni'n deall beth mae'r lliwiau a'r siapiau'n ei gynrychioli, gallwn ni ddeall y darlun. Yn yr un modd, pan fyddwn ni'n deall y synau sy'n cael eu gwneud neu'r siapiau ar y dudalen, gallwn ni ddeall yr iaith.

CBAC Astudiaethau Crefyddol U2
Athroniaeth Crefydd

Dyfyniad allweddol

Beth yw ystyr deall darlun, lluniad? Yma hefyd mae dealltwriaeth a methu â deall. Ac yma eto gall yr ymadroddion hyn olygu gwahanol fathau o beth. Efallai mai bywyd llonydd yw'r darlun; ond nid wyf yn deall yr un rhan ohono: Ni allaf weld gwrthrychau solet yno, dim ond clytiau o liw ar y cynfas. Neu fe welaf bopeth yn solet ond mae rhai gwrthrychau nad wyf yn gyfarwydd â nhw (maen nhw'n edrych fel offer ond ni wn at beth y'u defnyddir). Efallai, serch hynny, fy mod i'n gyfarwydd â'r gwrthrychau, ond mewn ystyr arall ni ddeallaf y ffordd maen nhw wedi cael eu trefnu.
(Wittgenstein)

cwestiwn cyplym

4.10 Pam roedd Wittgenstein yn meddwl bod iaith grefyddol yn ystyrlon?

Cynnwys y fanyleb

Heriau gan gynnwys gwrthod unrhyw osodiadau cywir ym maes crefydd y gellir eu gwirio mewn modd empirig; nid yw'n caniatáu ar gyfer sgyrsiau ystyrlon rhwng gwahanol grwpiau o ddefnyddwyr iaith; nid yw'n darparu ystyr digonol ar gyfer y gair 'Duw'.

Yn y pen draw, roedd Wittgenstein yn sylweddoli mai cwmpas ei ymchwiliadau i'r defnydd o iaith oedd cyflwyno golwg athronyddol ar sut roedd iaith yn cael ei defnyddio – ac nid dylanwadu ar ei defnydd neu newid sut rydyn ni'n defnyddio iaith, dim ond adnabod, drwy offer yr athronydd, beth oedd swyddogaeth iaith yng nghylch bodolaeth ddynol: 'Ni all athroniaeth mewn unrhyw ffordd ymyrryd â'r gwir ddefnydd o iaith; yn y diwedd ni all ond ei disgrifio. Oherwydd ni all roi sylfaen iddi chwaith. Mae'n gadael popeth fel y mae.'

Darn allan o *Philosophical Investigations*

Ond bellach gall ddechrau ymddangos fel pe bai yna rywbeth fel dadansoddiad terfynol o'n ffurfiau iaith, ac felly *un* ffurf wedi'i dadelfennu'n llwyr o bob ymadrodd. Hynny yw, fel pe bai pob un o'n ffurfiau mynegiant arferol, yn y bôn, heb eu dadansoddi; fel pe bai rhywbeth ynghudd ynddyn nhw y bu'n rhaid ei ddwyn i'r amlwg. Ar ôl gwneud hyn mae'r ymadrodd wedi cael ei egluro'n llwyr a'n problem wedi ei datrys. Gellir ei fynegi fel hyn hefyd: rydyn ni'n dileu camddealltwriaethau drwy wneud ein hymadroddion yn fwy manwl gywir; ond bellach gall ymddangos fel pe bydden ni'n symud tuag at gyflwr arbennig, cyflwr o gywirdeb llwyr; ac fel petai gwir nod ein hymchwiliad oedd hyn. Mae hyn yn cael ei fynegi mewn cwestiynau am *hanfod* iaith, *hanfod* gosodiadau, *hanfod* meddylfryd. – Oherwydd os ydyn ni hefyd yn yr ymchwiliadau hyn yn ceisio deall hanfod iaith – ei swyddogaeth, ei strwythur – eto nad *hyn* sydd gan y cwestiynau hynny mewn golwg. Oherwydd nad ydyn nhw'n gweld, yn yr hanfod, rhywbeth sydd eisoes yn agored i'w weld ac sy'n dod yn weladwy drwy aildrefnu, ond rhywbeth sy'n gorwedd *o dan* yr wyneb. Rhywbeth sy'n gorwedd oddi mewn, rhywbeth rydyn ni'n ei weld pan fyddwn ni'n edrych *i mewn i'r* peth, ac y mae dadansoddiad yn ei ddatgloddio.

Gweithgaredd AA1

Ar ôl darllen yr adran am Wittgenstein, nodwch dystiolaeth ac enghreifftiau a allai gael eu defnyddio i esbonio ei syniadau am gemau ieithyddol. Gallai hyn eich helpu i gyrraedd y lefel AA1 orau posibl mewn ateb arholiad (disgrifyddion lefel AA1 B5).

Heriau i ddamcaniaeth Wittgenstein am gemau ieithyddol

Yn anad dim, mae damcaniaeth gemau ieithyddol Wittgenstein yn ddamcaniaeth sy'n trin iaith mewn ffordd anwybyddol yn hytrach na ffordd wybyddol. Oherwydd hynny, gall llawer o'r beirniadaethau neu'r heriau sy'n cael eu taflu yn erbyn anwybyddoldeb fod yn wir hefyd am gemau ieithyddol. Felly, er enghraifft, pan ystyrir bod datganiad yn wybyddol, rydyn ni'n gwybod ei fod yn rhoi gwybodaeth i ni am y byd allanol y gallwn ei wirio, drwy ddefnyddio dulliau empirig. Golyga hyn y gall rhai o'r pethau rydyn ni'n siarad amdanyn nhw gael eu gwirio'n wrthrychol neu eu profi fel rhai cywir. Yn yr achos hwn, mae'r datganiad 'mae Duw yn bodoli', y mae llawer o theïstiaid yn mynnu ei fod yn ddatganiad y gellir ei wybod drwy brofiad, yn wir. Fodd bynnag, cyn gynted ag rydyn ni'n trin iaith yn anwybyddol, drwy'r union ffaith ein bod ni'n cydnabod nad yw iaith yn cael ei defnyddio mewn ffordd lle mae modd ei harchwilio'n wrthrychol, rydyn ni'n gwadu, drwy oblygiad, y gall datganiad mewn iaith grefyddol fod yn wrthrychol gywir – neu o leiaf, ni allwn ni brofi ei fod. Byddai llawer o theïstiaid yn ystyried y safbwynt hwn yn ddi-chwaeth ar y gorau ac yn atgas ar y gwaethaf. Mae'r datganiad 'mae Duw yn bodoli' yn wrthrychol gywir iddyn nhw. Yn yr un modd, mae unrhyw honiad ffydd, a ddefnyddir yn wybyddol, yn agored i'w wirio yn empirig, ond pan mae'n cael ei drin fel rhywbeth anwybyddol, nid yw'n agored i wirio o'r fath.

Daeth un o'r prif heriau i ddamcaniaeth gemau ieithyddol Wittgenstein gan un o'i gyfeillion agos, yr athronydd Rush Rhees, a nododd yn ei erthygl yn 1959, *Wittgenstein's*

Builders, fod cryfder damcaniaeth Wittgenstein yn gorwedd ar y dybiaeth bod y cysylltiad rhwng 'gemau' ac 'iaith' yn un cryf, mewn termau cydweddiadol. Fel y cofiwch o'ch astudiaethau o ddadl deleolegol Paley, mae cryfder cydweddiad yr oriadurwr yn hanfodol os yw'n mynd i lwyddo fel dull o berswadio bod y ddadl yn ddilys. Dechreuodd y rhan fwyaf o'r ymosodiadau ar ddadl deleolegol Paley drwy ddatgymalu effeithiolrwydd y cydweddiad rhwng dylunydd yr oriawr a dylunydd y bydysawd. Wrth archwilio dadl Paley, nododd David Hume fod cydweddiadau yn gweithio fel arfer ar y sail ganlynol: (i) mae X a Y yn debyg (ii) mae gan X nodwedd Z (iii) felly mae gan Y nodwedd Z. Ond, mae honni bod yr hyn sy'n gywir am Y yn seiliedig yn unig ar debygrwydd i X yn dibynnu ar ba mor debyg yw X ac Y. Os yw'r tebygrwydd rhyngddyn nhw yn wan, yna mae'r casgliad a geir drwy'r cydweddiad yn wan hefyd. Daeth Hume i'r casgliad, yn achos cydweddiad yr oriadurwr, gan fod y bydysawd yn unigryw, does dim cydweddiad sy'n ddigonol i esbonio ei ddechreuad. Cyflwynodd Rhees ei ddadl ef ar ffurf tair her i gydweddiad Wittgenstein:

1. Nododd fod yr iaith yn ymwneud â gwneud synnwyr i bobl eraill, nid yn unig dilyn set o brotocolau y cytunwyd arnyn nhw, fel dilyn rheolau gêm.
2. Er ei bod yn bosibl esbonio gêm i rywun nad yw erioed wedi profi gêm o'r blaen, nid yw'n bosibl esbonio cysyniad iaith i rywun nad yw erioed wedi siarad iaith, neu glywed iaith o'r blaen. Mae hyn oherwydd bod esboniad o iaith yn gorfod cael ei roi mewn iaith, ond nid yw hyn yn wir am esboniad o gemau.
3. Er mwyn gwybod beth mae'n ei olygu i chwarae gêm, mae angen i chi wybod beth mae pobl yn ei wneud wrth iddyn nhw chwarae gemau (nid oes angen i chi o reidrwydd ddeall y gêm er mwyn sylweddoli eu bod nhw'n chwarae gêm). Fodd bynnag, pan mae person yn defnyddio iaith nid yw'n ddigon gwybod dim ond yr hyn maen nhw'n ei wneud – mae'n rhaid i chi allu ei ddeall hefyd.

Un o'r beirniadaethau cyffredinol eraill o ddamcaniaeth Wittgenstein yw bod gan bob gêm ieithyddol ei rheolau ei hun sy'n berthnasol iddi ac sydd ddim yn estyn, yn gyfan gwbl, i unrhyw gêm arall (er y gall fod tebygrwydd mewn gemau ieithyddol eraill). Os felly, yna byddai'n awgrymu na fyddai'n bosibl cyfathrebu mewn ffordd gwbl ystyrlon rhwng dau ddefnyddiwr gemau ieithyddol gwahanol – gan y byddai pob un yn defnyddio iaith mewn ffordd oedd yn unigryw iddo. Nid yw safbwynt y gwrth-realydd, er ei fod yn amddiffyn y 'gwirionedd' o fewn pob grŵp, yn gallu gwrthychu'r gwirionedd hwnnw rhwng grwpiau ac felly gallai arwain at gamddealltwriaeth a dryswch. Os na all y naill grŵp na'r llall hawlio gwirionedd gwrthrychol (fel byddai'n wir gyda safbwynt y realydd) yna sut gallan nhw ddod o hyd i dir canol lle maen nhw'n gallu cyfathrebu'n ystyrlon â'i gilydd? Byddai cynwysoldeb ystyrlonrwydd ym mhob gêm ieithyddol yn ymddangos fel pe byddai'n arwain yn anochel at unigrywedd ystyr wrth i'r ddau (neu fwy) o grwpiau geisio cyfathrebu â'i gilydd.

Yn olaf, os nad oes gan y gair 'Duw' ystyr gwrthrychol, yna sut gallwn ni siarad yn ystyrlon am Dduw? Byddai ymagwedd gwrth-realydd at y gair Duw yn tanseilio ymdrechion i ddiffinio Duw, fel y rheini a gynigiwyd gan Anselm (Duw yw'r hwn na ellir meddwl am ddim byd mwy nag ef); Descartes (Duw yw'r Bod perffaith eithaf); neu Malcolm (Duw fel bod diderfyn). Os yw'r gair Duw yn dod yn destun gêm ieithyddol yna byddai hynny'n awgrymu nad oes un ffordd derfynol, wrthrychol, wybyddol o ddefnyddio'r gair, ac felly gallai arwain at ansicrwydd ynghylch beth mae'n ei olygu pan ddefnyddir y gair mewn unrhyw gyd-destun penodol. Er enghraifft, a fyddai'r gair Duw yn golygu'r un peth i'r thëist ac i'r atheist? Byddai Wittgenstein yn dweud eu bod yn chwarae gemau ieithyddol gwahanol. Felly, sut gallwn ni wybod mai'r hyn y mae'r atheist yn ei wadu yw'r un peth ag y mae'r thëist yn ei gadarnhau? Byddai llawer o gredinwyr crefyddol yn mynnu bod gan y gair Duw ystyr pendant, gwybyddol, a bydden nhw ei chael yn anodd derbyn unrhyw beth arall. Mae hyn yn awgrymu efallai nad yw gemau ieithyddol Wittgenstein yn caniatáu ystyr digonol i'r gair 'Duw'.

Th4 Iaith grefyddol

cydweddiad *eg* (cydwec
1 cyfatebiaeth mewn rl
pethau, sydd fel arall y
cyfatebiaeth, cymhari

Gall cydweddiadau fod yn ffyrdd defnyddiol o ddisgrifio'r pethau hynny nad ydyn ni'n gwybod llawer amdanynt – ond beth yw'r anfanteision?

A oes ffordd wybyddol o siarad am Dduw?

Gweithgaredd AA1

Mae'n hanfodol eich bod yn gallu gwneud defnydd trylwyr a chywir o iaith a geirfa arbenigol yn ei gyd-destun. Profwch eich gwybodaeth o dermau/enwau/ymadroddion allweddol rydych chi wedi eu hastudio drwy roi pob un mewn brawddeg yn eich geiriau eich hun. Gwnewch yn siŵr fodd bynnag, bod pob brawddeg yn berthnasol i'r materion a astudiwyd yn yr uned arbennig hon.

Sgiliau allweddol

Mae gwybodaeth yn ymwneud â:

Dewis ystod o wybodaeth (drylwyr) gywir a pherthnasol sydd â chysylltiad uniongyrchol â gofynion penodol y cwestiwn.

Mae hyn yn golygu:

- Dewis deunydd perthnasol i'r cwestiwn a osodwyd
- Canolbwyntio ar esbonio ac archwilio'r deunydd a ddewiswyd.

Mae dealltwriaeth yn ymwneud ag:

Esboniad helaeth, gan ddangos dyfnder a/neu ehangder gyda defnydd rhagorol o dystiolaeth ac enghreifftiau gan gynnwys (lle y bo'n briodol) defnydd trylwyr a chywir o destunau cysegredig, ffynonellau doethineb a geirfa arbenigol.

Mae hyn yn golygu:

- Defnydd effeithiol o enghreifftiau a thystiolaeth gefnogol i sefydlu ansawdd eich dealltwriaeth
- Perchenogaeth o'ch esboniad sy'n mynegi gwybodaeth a dealltwriaeth bersonol, NID eich bod yn ailadrodd darn o destun o lyfr rydych wedi ei baratoi a'i gofio.

Mae cynllunio'ch traethodau yn ffordd ardderchog o roi hwb i'ch hyder ynghylch techneg arholiad.

Datblygu sgiliau AA1

Nawr mae'n bwysig ystyried y wybodaeth sydd wedi'i chyflwyno yn yr adran hon; fodd bynnag, mae'r wybodaeth fel y mae yn llawer rhy helaeth ac felly mae'n rhaid ei phrosesu er mwyn bodloni gofynion yr arholiad. Gallwch wneud hyn drwy ymarfer y sgiliau uwch sy'n gysylltiedig ag AA1. Ar gyfer Amcan Asesu 1 (AA1), sy'n cynnwys dangos sgiliau 'gwybodaeth' a 'dealltwriaeth', rydyn ni am ganolbwyntio ar ffyrdd gwahanol o ddangos y sgiliau yn effeithiol, gan gyfeirio hefyd at sut bydd eich perfformiad ym mhob un o'r sgiliau hyn yn cael ei fesur (gweler disgrifyddion band cyffredinol AA1 ar gyfer U2).

▶ **Dyma eich tasg newydd:** Mae'n amhosibl ymdrin â'r holl draethodau yn yr amser sy'n cael ei ganiatáu gan y cwrs; fodd bynnag, mae **datblygu cynlluniau manwl y gallwch eu defnyddio o dan amodau wedi'u hamseru** yn ymarfer da. Fel ymarferiad olaf:

1. Lluniwch rai cynlluniau delfrydol gan ddefnyddio'r hyn rydyn ni wedi ei wneud hyd yn hyn yn adrannau Datblygu sgiliau Themâu 3 a 4.

2. Y tro hwn, ar ôl i chi lunio eich cynllun ewch ati i gyfnewid cynlluniau â phartner astudio.

3. Gwiriwch gynlluniau eich gilydd yn ofalus. Trafodwch unrhyw bethau na chafodd eu cynnwys neu ychwanegiadau a allai gael eu cynnwys, heb anghofio herio unrhyw ddeunyddiau amherthnasol.

4. Cofiwch, mae dysgu ar y cyd yn bwysig iawn wrth adolygu. Nid yn unig mae'n helpu i atgyfnerthu dealltwriaeth o'r gwaith a gwerthfawrogiad o'r sgiliau sy'n gysylltiedig, mae hefyd yn rhoi cymhelliant ac yn ffordd o feithrin hyder yn eich dysgu. Er bod ymgeiswyr yn sefyll yr arholiad ar eu pennau eu hunain, mae adolygu mewn pâr neu grŵp bach yn werthfawr iawn.

Ar ôl i chi orffen pob cynllun, fel pâr neu grŵp bach, cyfeiriwch at y disgrifyddion band ar gyfer U2 ac edrychwch yn benodol ar y gofynion sydd wedi'u disgrifio yn y disgrifyddion band uwch y dylech chi fod yn anelu atyn nhw. Gofynnwch i chi'ch hun:

- A yw fy ngwaith yn dangos gwybodaeth a dealltwriaeth drylwyr, gywir a pherthnasol o grefydd a chred?
- A yw fy ngwaith yn dangos cydlyniad (cysondeb neu synnwyr rhesymegol), eglurder a threfn o safon ragorol?
- A fydd fy ngwaith, ar ôl ei ddatblygu, yn ateb helaeth a pherthnasol sy'n bodloni gofynion penodol y dasg?
- A yw fy ngwaith yn dangos dyfnder a/neu ehangder sylweddol ac yn gwneud defnydd rhagorol o dystiolaeth ac enghreifftiau?
- Os yw'n briodol i'r dasg, a yw fy ateb yn cynnwys cyfeiriadau trylwyr a chywir at destunau cysegredig a ffynonellau doethineb?
- A ellir gwneud unrhyw gysylltiadau treiddgar ag elfennau eraill o fy nghwrs?
- A fydd fy ateb, ar ôl ei ddatblygu a'i ehangu i gyfateb i'r hyn sy'n ddisgwyliedig mewn ateb arholiad, yn cynnwys ystod eang o safbwyntiau ysgolheigion/ysgolion o feddwl?
- A yw'r defnydd o iaith a geirfa arbenigol yn drylwyr a chywir, pan geir enghreifftiau o hynny?

Materion i'w dadansoddi a'u gwerthuso

I ba raddau y mae gemau ieithyddol yn darparu ffordd addas o ddatrys problemau'n ymwneud ag iaith grefyddol

Iaith yw'r cyfrwng rydyn ni'n ei defnyddio ar gyfer y rhan fwyaf o'n cyfathrebu. Mae'n ein galluogi i fynegi ein dymuniadau, ein teimladau, ein gwybodaeth, ein credoau. Gan fod iaith yn gweithredu fel hyn er mwyn i ni lefaru, mae'n gweithredu hefyd mewn ffordd lle mae'r pethau hynny i gyd yn gallu cael eu dehongli gan y rhai sy'n derbyn y negeseuon. Mae iaith felly yn broses ddwy ffordd sy'n cynnwys trosglwyddyddion a derbynyddion – yn dibynnu ar y dybiaeth bod yr hyn sy'n cael ei drosglwyddo yn gallu cael ei dderbyn a'i ddeall. Pan mae rhywun yn dysgu iaith am y tro cyntaf, mae'n rhywbeth sy'n cael ei wneud yn ystod babandod ac sy'n llwyr ynghlwm wrth yr arferion diwylliannol a chymdeithasol lle mae'r iaith yn cael ei dysgu.

Oherwydd hyn, mae'r geiriau, yr ymadroddion a'r idiomau sy'n perthyn i bob iaith yn cael eu caffael mewn ffordd (yn y mwyafrif helaeth o achosion lle nad oes rhwystrau corfforol neu ddeallusol i gaffael yr iaith) sy'n golygu bod dealltwriaeth yn digwydd. Mae hyn yn golygu, unrhyw bryd yn y dyfodol pan fydd iaith o'r fath yn cael ei defnyddio, bydd yr arlliwiau a'r ystyron cynnil sy'n gysylltiedig â'r iaith, yn ogystal â'r ystyron syml, yn cael eu deall.

Fodd bynnag, pan ddysgir ail iaith, trydedd iaith neu iaith arall, mae hyn yn tueddu i ddigwydd yn hwyrach mewn bywyd – hyd yn oed os golyga hyn mewn babandod hwyrach, yn y diwylliannau hynny lle mae amlieithrwydd yn arferol. Yn sgil hynny, gall yr un dyfnder o werthfawrogi iaith gymryd mwy o amser i'w ddatblygu nag yn yr iaith a ddysgir gyntaf.

O ran defnyddio iaith arbenigol, dechnegol, mae hyn hyd yn oed yn fwy gwir. Mae iaith grefyddol yn un ffurf o iaith arbenigol o'r fath. Pa iaith frodorol bynnag sy'n cael ei defnyddio, mae iaith grefyddol yn gweithredu mewn modd sy'n trosglwyddo gwybodaeth am grefydd a chredoau ac arferion crefyddol. Caiff cysyniadau diwinyddol ac athronyddol sy'n gysylltiedig â'r grefydd eu trosglwyddo drwy'r un cyfrwng.

Mae problemau iaith grefyddol yn codi pan fydd rhywun o'r tu allan i'r traddodiad (yn debyg i rywun sy'n ceisio deall iaith nad yw wedi ei dysgu) yn ceisio deall beth sy'n cael ei ddweud. Os nad yw person wedi cael ei drwytho yn y ffurf ar iaith sy'n cael ei defnyddio yna mae'n annhebygol iawn y bydd yn gallu gwerthfawrogi beth mae'r person crefyddol yn ceisio ei ddweud. Mae esbonio cysyniadau crefyddol i rywun sydd heb unrhyw werthfawrogiad o'r grefydd sy'n cael ei thrafod yn debyg i ymgais i gyfathrebu rhwng dau unigolyn sy'n defnyddio dwy iaith wahanol.

Gall cyfathrebu fod yn broblemus pan nad ydych chi'n deall beth mae'r person arall yn ei ddweud.

Th4 Iaith grefyddol

Mae'r adran hon yn cwmpasu cynnwys a sgiliau AA2

Cynnwys y fanyleb

I ba raddau y mae gemau ieithyddol yn darparu ffordd addas o ddatrys problemau'n ymwneud ag iaith grefyddol.

Fel arfer mae iaith yn cael ei dysgu yn ifanc iawn.

Gweithgaredd AA2

Wrth i chi ddarllen drwy'r adran hon ceisiwch wneud y pethau canlynol:

1. Dewiswch y gwahanol ddadleuon sy'n cael eu cyflwyno yn y testun a nodwch unrhyw dystiolaeth gefnogol a roddir.
2. Ar gyfer pob dadl a gyflwynir, ceisiwch werthuso a yw'r ddadl yn un gryf neu wan yn eich barn chi.
3. Meddyliwch am unrhyw gwestiynau yr hoffech chi eu gofyn wrth ymateb i'r dadleuon.

Bydd y gweithgaredd hwn yn eich helpu chi i ddechrau meddwl yn feirniadol am yr hyn rydych chi'n ei ddarllen, ac yn eich helpu i werthuso effeithiolrwydd dadleuon gwahanol, gan ddatblygu eich sylwadau, a'ch barn a'ch safbwyntiau eich hun. Bydd hyn yn eich helpu wrth ddod i gasgliadau y byddwch yn eu gwneud yn eich atebion i'r cwestiynau AA2 sy'n codi.

Ai nonsens yw iaith grefyddol?

Mae hyn yn anochel wedi arwain at rai pobl yn ystyried bod iaith grefyddol yn 'nonsens', gan awgrymu nad oes gan y gosodiadau oddi mewn iddi le yn y byd 'real'. Mewn llawer o'r achosion hyn mae iaith crefydd yn cael ei dehongli drwy lygad empirig. Mae geiriau ac ymadroddion y person crefyddol yn cael eu harchwilio trwy gyfrwng gwrthrychau sy'n gysylltiedig â'r byd ffisegol allanol ac eto, yn anochel, nid yw'n bosibl eu deall yn y fath fodd. Mae'r byd empirig yn delio â'r byd sydd ohoni, y pethau mae'n bosibl eu profi drwy ddefnyddio'r pum synnwyr. Ond mae datganiadau crefyddol, yn enwedig rhai sy'n gysylltiedig â chred, yn gysylltiedig yn bennaf â'r byd trosgynnol, y realiti metaffisegol nad yw'n bosibl ei bennu drwy ddulliau empirig. Nid yw'n bosibl cael deialog ystyrlon felly, ac mae'n anochel y bydd tasg yr anghredinwyr crefyddol i ddeall y crediniwr crefyddol yn fethiant. Mae hyn wedyn yn arwain at ddiystyru credoau crefyddol a'r iaith sy'n eu mynegi, fel pethau diystyr yn y pen draw – ond a yw hyn yn deg?

Mae gwaith Wittgenstein am gemau ieithyddol yn arwain at wadu'r honiad olaf yn bendant. Mae honiad Wittgenstein na ddylen ni fod yn chwilio am ystyr geiriau ond am sut maen nhw'n cael eu defnyddio yn borth hanfodol i ddeall byd iaith grefyddol. Yn yr un modd, mae'r syniad bod iaith yn gallu cael ei dosbarthu yn gyfres o 'gemau' yn ôl y ffurf o fywyd maen nhw'n ei chynrychioli (yn yr achos hwn y ffurf grefyddol o fywyd) yn arbennig o ddefnyddiol wrth ein helpu i ddeall rheolau gêm yr iaith grefyddol drwy ddefnyddio rheolau gêm ieithyddol arall (yn achos y positifiaethwyr rhesymegol, y gêm empirig).

Felly, mae adnabod iaith grefyddol fel gêm benodol yn golygu y sylweddolir bod ganddi reolau arbennig sydd i'w defnyddio ynddi. Drwy ddefnyddio'r rheolau hyn a dod i'w deall, mae rhywun o leiaf yn gallu gwerthfawrogi beth sy'n cael ei gyfleu o fewn y 'gêm'. Wrth gwrs, os nad oes parodrwydd i fynd ati i ddysgu'r rheolau, yna gall y gêm aros 'ar gau' i'r gwyliwr – ond nid bai y rhai sy'n 'chwarae' ac yn byw'r gêm yw hynny. Gall yr heriau i iaith grefyddol sy'n dod gan y positifiaethwyr rhesymegol gael eu datrys felly i raddau helaeth.

Yn olaf, gall problemau iaith grefyddol gael eu datrys drwy ddefnyddio gemau ieithyddol Wittgenstein gan fod deall bod gan rywbeth ddilysrwydd i'r rheini sydd yn y gêm – hyd yn oed os nad oes i'r rhai sydd y tu allan iddi – yn golygu mabwysiadu damcaniaeth cydlyniad gwirionedd. Mae ystyrlonrwydd yn cael ei sefydlu drwy gymryd rhan. Gall fod yr hyn sy'n ystyrlon i'r rheini yn y grŵp yn nonsens i'r rheini y tu allan, ond ni ddylai'r safbwynt hwnnw dynnu oddi ar y pwynt bod syniad gwirioneddol o ystyr ynghlwm wrth y defnydd o'r iaith arbennig honno yn y grŵp. Efallai nad wyf i'n deall yr iaith a ddefnyddir gan y rheini sy'n gweithio ym maes adeiladu, ond rwy'n sylweddoli ei bod yn golygu rhywbeth iddyn nhw, a bod strwythur a chyfanrwydd y tŷ rwy'n byw ynddo yn dibynnu ar y ffaith bod gan eu hiaith nhw ystyr real iawn i bawb sy'n gysylltiedig â'r gwaith maen nhw'n ei wneud. Ni ddylai fy nealltwriaeth i o'u hiaith dynnu oddi ar yr ystyrlonrwydd sydd ganddi iddyn nhw. Gellir dweud yr un peth ynghylch y positifiaethwyr rhesymegol a'r bobl eraill hynny sy'n honni bod iaith grefyddol yn broblemus ac yn ddiystyr yn y bôn. Mae'n bosibl nad yw iaith grefyddol yn ystyrlon iddyn nhw neu i eraill y tu allan i faes gweithgaredd crefyddol, ond cyhyd â'i bod yn llwyddo i ddod ag ystyr a chydlyniad i'r gymuned sy'n ei defnyddio, yna mae iaith grefyddol yn ffurf ddilys ac ystyrlon ar iaith. Mae mabwysiadu safbwynt o'r fath yn dangos bod problemau iaith grefyddol felly yn cael eu datrys drwy ddefnyddio gemau ieithyddol Wittgenstein.

Awgrym astudio

Mae gwneud yn siŵr eich bod yn gwybod y wybodaeth allweddol am bob athronydd a'i safbwyntiau yn hanfodol os ydych chi eisiau cyrraedd y bandiau uwch yn AA1 ac AA2. Felly beth am ysgrifennu cyfres o gardiau fflach sy'n crynhoi prif bwyntiau pob athronydd ac ailedrych arnynt a'u hailddarllen yn rheolaidd fel eich bod yn gallu galw'r wybodaeth hon i gof yn hawdd mewn asesiad.

Gweithgaredd AA2

Rhestrwch rai casgliadau y byddai'n bosibl dod iddynt ar sail y rhesymeg AA2 yn y testun uchod; ceisiwch gyflwyno o leiaf dri chasgliad gwahanol posibl. Ystyriwch bob un o'r casgliadau a chasglwch dystiolaeth gryno i gefnogi pob casgliad o'r deunydd AA1 ac AA2 ar gyfer y testun hwn. Dewiswch y casgliad sy'n argyhoeddi fwyaf yn eich barn chi ac esboniwch pam mae hyn yn wir. Ceisiwch gyferbynnu hyn â'r casgliad gwannaf ar y rhestr, gan gyfiawnhau eich dadl gyda rhesymu clir a thystiolaeth.

A oes mwy o gryfderau na gwendidau yn perthyn i gemau ieithyddol

Mae cyfraniad Wittgenstein i'r ddadl am iaith grefyddol yn arwyddocaol. Her gychwynnol y positifiaethwyr rhesymegol oedd datgan bod iaith grefyddol yn ddiystyr, gan ei bod yn fetaffisegol yn ei hanfod. Honiad beiddgar iawn oedd hwn. Achosodd hyn ymateb gan y rheini oedd yn dymuno amddiffyn uniondeb y defnydd iaith mewn crefydd, ac yna cafodd y ddadl am iaith ei helaethu. Roedd y positifiaethwyr rhesymegol wedi trin iaith fel rhywbeth cwbl wybyddol – rhywbeth y byddai modd ei archwilio'n wrthrychol. Roedd hyn yn golygu y byddai'n bosibl profi ei bod naill ai'n gywir neu'n anghywir ac, o ganlyniad, yn ystyrlon neu'n ddiystyr. Gan na allai iaith grefyddol, wrth ei deall fel hyn, gael ei gwirio na'i hanwirio, cafodd ei chondemnio fel rhywbeth diystyr a'i hanfon i fflamau Hume fel dim byd mwy na thwyllresymeg.

Datblygodd Wittgenstein, a oedd yn wreiddiol yn gysylltiedig â'r positifiaethwyr rhesymegol, ei athroniaeth gynharach ac yn y pen draw gwrthododd lawer o'i waith cynharach. Sylweddolodd mai'r defnydd o iaith oedd yr hyn oedd yn rhoi ystyr iddi, nid yn unig drwy ei diffinio a'i gwneud yn destun profion empirig. Yn y dehongliad hwn, roedd Wittgenstein yn ystyried bod iaith yn anwybyddol – roedd ganddi ystyr i'r rheini oedd yn ei defnyddio: ystyr dwfn, ystyr oedd yn gysylltiedig â datganiadau angerddol, ymlyniadau emosiynol sylweddol ac ymrwymiadau oedd yn newid bywyd. Hon felly oedd un o gryfderau'r ddamcaniaeth gemau ieithyddol, sef ei bod yn gallu cydnabod bod iaith grefyddol yn dod yn ystyrlon drwy'r ffaith bod y credîniwr crefyddol yn ei defnyddio. Roedd y ffordd yr oedd y credîniwr crefyddol yn cael mynediad at yr iaith ac yn ei defnyddio yn rhoi ystyr i'r geiriau. Roedd y geiriau hynny'n cael effeithiau trawsffurfiol amlwg ar fywydau credinwyr crefyddol, felly sut gallai rhai beidio â'u hystyried yn ystyrlon? Wrth sefydlu iaith grefyddol fel gêm ieithyddol arbennig, sylweddolodd Wittgenstein ei bod yn ymwneud â math o fywyd oedd yn unigryw; ffordd o fyw oedd yn ei diffinio ei hun drwy weithgaredd crefyddol. Felly, gan fabwysiadu cydweddiad Wittgenstein fel un cywir, roedd ystyrlonrwydd iaith grefyddol yn ddiamheuaeth.

Fel gêm ieithyddol, roedd gan iaith grefyddol ei rheolau ei hun, yr un peth â phob gêm ieithyddol arall. Roedd modd felly i gredinwyr crefyddol addysgu credinwyr eraill am y rheolau hyn, eu rhannu a thrwy hynny dangos ystyrlonrwydd yr iaith. Roedd cryfder gemau ieithyddol yn amlwg gan ei fod yn dangos nid yn unig sut gallai ystyrlonrwydd iaith grefyddol gael ei rannu ymysg y gymuned ond hefyd sut gallai'r rheolau gael eu dysgu i'r rheini oedd eisiau dysgu. Oherwydd hynny roedd iaith grefyddol yn gallu dod yn system hunangynhaliol.

Mae gan bob gêm ei rheolau ei hun a all ymddangos yn ddryslyd iawn i'r bobl nad ydynt yn ei chwarae. Er mwyn deall y gêm mae'n bwysig eich bod yn dysgu'r rheolau.

Th4 Iaith grefyddol

Cynnwys y fanyleb

A oes mwy o gryfderau na gwendidau yn perthyn i gemau ieithyddol.

Cwestiynau allweddol

A yw gemau ieithyddol yn ymateb dilys i heriau positifiaeth resymegol?

A yw syniadau Wittgenstein yn gwneud synnwyr?

A yw iaith grefyddol yn mynegi syniadau am y byd neu ddim ond agwedd tuag at y byd?

Gweithgaredd AA2

Wrth i chi ddarllen drwy'r adran hon ceisiwch wneud y pethau canlynol:

1. Dewiswch y gwahanol ddadleuon sy'n cael eu cyflwyno yn y testun a nodwch unrhyw dystiolaeth gefnogol a roddir.

2. Ar gyfer pob dadl a gyflwynir, ceisiwch werthuso a yw'r ddadl yn un gryf neu wan yn eich barn chi.

3. Meddyliwch am unrhyw gwestiynau yr hoffech chi eu gofyn wrth ymateb i'r dadleuon.

Bydd y gweithgaredd hwn yn eich helpu chi i ddechrau meddwl yn feirniadol am yr hyn rydych chi'n ei ddarllen, ac yn eich helpu i werthuso effeithiolrwydd dadleuon gwahanol, gan ddatblygu eich sylwadau, a'ch barn a'ch safbwyntiau eich hun. Bydd hyn yn eich helpu wrth ddod i gasgliadau y byddwch yn eu gwneud yn eich atebion i'r cwestiynau AA2 sy'n codi.

A yw'n bosibl cymharu'r iaith a ddefnyddir mewn crefydd â rheolau gêm?

Un o'r beirniadaethau sy'n cael eu taflu at gemau ieithyddol yw nad ydyn nhw'n caniatáu i'r rheini y tu allan i'r gêm ddeall y ffordd y mae iaith yn gywir. Byddai hyn yn awgrymu bod cydweddiad y gêm ieithyddol yn wan. Fodd bynnag, mae'r feirniadaeth hon yn rhannol gywir yn unig. Os oes parodrwydd i ddysgu, a pharodrwydd i gymryd rhan yn y gweithgaredd, yna mae'n bosibl dysgu rheolau'r gêm ieithyddol ac felly ennill dealltwriaeth o ystyr yr iaith. Roedd Wittgenstein yn cydnabod y gallai'r rheini sydd y tu allan i gemau arbennig, heb unrhyw brofiad ohonyn nhw, eu gweld nhw'n rhyfedd o ran deall beth oedd yn mynd ymlaen. Ni wnaeth byth honni bod gemau o'r fath yn gwbl unigryw, dim ond na allai'r rheini oedd heb gael y profiad neu'r cyfle i ddysgu rheolau'r gêm eu deall nhw.

Er bod sawl cryfder i'r cydweddiad gemau ieithyddol, nid yw heb ei wendidau. Mae'r gwendid cyntaf o fewn y cydweddiad ei hun. Os bydd rhywun yn gwrthod y pethau sy'n debyg rhwng gemau ac iaith yna bydd cydweddiad gemau ieithyddol Wittgenstein yn cael ei wanhau yn ddifrifol. Fel gydag unrhyw gydweddiad, mae ei gryfder yn dibynnu'n llwyr ar i ba raddau mae'r ddau beth sy'n cael eu cymharu yn debyg. Er y gall fod tebygrwydd arwynebol rhwng y ddau, byddai'n bosibl dadlau hefyd bod Wittgenstein yn ymestyn y tebygrwydd yn rhy bell. Mae'n bosibl esbonio gêm i rywun nad yw erioed wedi profi gêm o'r blaen; fodd bynnag, nid yw'n bosibl esbonio cysyniad iaith i rywun nad yw erioed wedi cael mynediad at iaith o'r blaen. Mae hyn oherwydd bod yn rhaid i esboniad am iaith gael ei roi mewn iaith, ond nid yw hyn yn wir am esboniad o gemau. Gwendid pellach yn y cydweddiad yw, er mwyn gwybod beth mae chwarae gêm yn ei olygu, mae angen i chi wybod beth mae pobl yn ei wneud pan maen nhw'n chwarae gemau. Fodd bynnag, wrth i rywun ddefnyddio iaith nid yw'n ddigon iddo wybod beth mae'n ei wneud yn unig, mae'n rhaid iddo allu deall yr iaith hefyd.

Daw gwendid arall yn y ddamcaniaeth gemau ieithyddol o'i safbwynt anwybyddol. Os na all iaith mewn crefydd gael ei thrin yn wybyddol, a yw'n golygu nad yw datganiadau fel 'mae Duw yn bodoli' yn fynegiant o realiti allanol ond yn hytrach yn ddim mwy na barn neu fynegiant o emosiwn? Byddai hyn yn tanseilio'n sylweddol unrhyw sail resymegol y gallai crefydd ei hawlio pe bai hyn yn wir. Yn dilyn hyn, sut byddai credniwr crefyddol yn gwybod beth mae'n ei olygu drwy ddefnyddio'r gair 'Duw' pe bai'n golygu rhywbeth gwahanol ym mhob gêm ieithyddol oedd yn cael ei chwarae? Mae'n bosibl awgrymu hefyd, er y gallai'r gêm iaith grefyddol gael ei dysgu, y gallai'r ffaith ei bod yn aneglur i ddechrau gael ei weld fel rhywbeth fyddai'n troi pobl i ffwrdd yn hytrach na denu pobl o'r tu allan i'r gêm. Byddai agwedd o'r fath yn sicr yn ymddangos yn groes i genhadaeth rhai o grefyddau'r byd sy'n ceisio lledaenu eu ffydd y tu hwnt i'w haelodaeth bresennol.

Byddai'n ymddangos bod gwendidau gemau ieithyddol yn sylweddol ac na ellir eu diystyru'n hawdd. Gall y cwestiwn ai diffyg dybryd yng nghydweddiad Wittgenstein ydyn nhw fod yn fater o farn bersonol, yn hytrach na dadl academaidd gytbwys. Mae hyn oherwydd bod gwaith Wittgenstein yn seiliedig ar dybiaethau arbennig (bod iaith yn anwybyddol a bod rheolau gêm a'r defnydd o iaith yn debyg) a allai gael eu derbyn neu eu gwrthod. Yn dibynnu ar ba safbwynt a ddewisir, bydd hyn yn effeithio ar a fydd rhywun yn derbyn bod mwy o gryfderau na gwendidau yn perthyn i'w gydweddiad gemau ieithyddol.

Gweithgaredd AA2

Rhestrwch rai casgliadau y byddai'n bosibl dod iddynt ar sail y rhesymeg AA2 yn y testun uchod; ceisiwch gyflwyno o leiaf dri chasgliad gwahanol posibl. Ystyriwch bob un o'r casgliadau a chasglwch dystiolaeth gryno i gefnogi pob casgliad o'r deunydd AA1 ac AA2 ar gyfer y testun hwn. Dewiswch y casgliad sy'n argyhoeddi fwyaf yn eich barn chi ac esboniwch pam mae hyn yn wir. Ceisiwch gyferbynnu hyn â'r casgliad gwannaf ar y rhestr, gan gyfiawnhau eich dadl gyda rhesymu clir a thystiolaeth.

Datblygu sgiliau AA2

Nawr mae'n bwysig ystyried y wybodaeth sydd wedi'i chyflwyno yn yr adran hon; fodd bynnag, mae'r wybodaeth fel y mae yn llawer rhy helaeth ac felly mae'n rhaid ei phrosesu er mwyn bodloni gofynion yr arholiad. Gallwch wneud hyn drwy ymarfer y sgiliau uwch sy'n gysylltiedig ag AA2. Ar gyfer Amcan Asesu 2 (AA2), sy'n cynnwys dangos sgiliau 'dadansoddi beirniadol' a 'gwerthuso', rydyn ni am ganolbwyntio ar ffyrdd gwahanol o ddangos y sgiliau yn effeithiol, gan gyfeirio hefyd at sut bydd eich perfformiad ym mhob un o'r sgiliau hyn yn cael ei fesur (gweler disgrifyddion band cyffredinol AA2 ar gyfer U2).

▶ **Dyma eich tasg newydd:** Mae'n amhosibl ymdrin â'r holl draethodau yn yr amser sy'n cael ei ganiatáu gan y cwrs; fodd bynnag, mae'n arfer da **datblygu cynlluniau manwl y gallwch eu defnyddio dan amodau wedi'u hamseru**. Fel ymarferiad olaf:

1. Lluniwch rai cynlluniau delfrydol gan ddefnyddio'r hyn rydyn ni wedi ei wneud hyd yn hyn yn adrannau Datblygu sgiliau Themâu 3 a 4.

2. Y tro hwn, ar ôl i chi lunio eich cynllun ewch ati i gyfnewid cynlluniau â phartner astudio.

3. Gwiriwch gynlluniau eich gilydd yn ofalus. Trafodwch unrhyw bethau na chafodd eu cynnwys neu ychwanegiadau a allai gael eu cynnwys, heb anghofio herio unrhyw ddeunyddiau amherthnasol.

4. Cofiwch, mae dysgu ar y cyd yn bwysig iawn wrth adolygu. Nid yn unig mae'n helpu i atgyfnerthu dealltwriaeth o'r gwaith a gwerthfawrogiad o'r sgiliau sy'n gysylltiedig, mae hefyd yn rhoi cymhelliant ac yn ffordd o feithrin hyder yn eich dysgu. Er bod ymgeiswyr yn sefyll yr arholiad ar eu pennau eu hunain, mae adolygu mewn pâr neu grŵp bach yn werthfawr iawn.

Ar ôl i chi orffen y dasg, cyfeiriwch at y disgrifyddion band ar gyfer U2 ac edrychwch yn benodol ar y gofynion sydd wedi'u disgrifio yn y disgrifyddion band uwch y dylech chi fod yn anelu atyn nhw. Gofynnwch i chi'ch hun:

- A yw fy ateb yn ddadansoddiad beirniadol hyderus a gwerthusiad craff o'r mater?
- A yw fy ateb yn nodi'r materion a godwyd gan y cwestiwn yn llwyddiannus ac yn mynd i'r afael â nhw'n drylwyr?
- A yw fy ngwaith yn dangos cydlyniad, eglurder a threfn o safon ragorol?
- A fydd fy ngwaith, ar ôl ei ddatblygu, yn cynnwys safbwyntiau trylwyr, cyson a chlir wedi'u cefnogi gan resymeg a/neu dystiolaeth helaeth, fanwl?
- A yw safbwyntiau ysgolheigion/ysgolion o feddwl yn cael eu defnyddio'n helaeth a phriodol, ac yn eu cyd-destun?
- A yw fy ateb yn cyfleu dadansoddiad hyderus a chraff o natur unrhyw gysylltiadau posibl ag elfennau eraill o'm cwrs?
- A yw'r defnydd o iaith a geirfa arbenigol yn drylwyr a chywir, pan geir enghreifftiau o hynny?

Sgiliau allweddol

Mae dadansoddi'n ymwneud â:

Nodi materion sy'n cael eu codi gan y deunyddiau yn adran AA1, ynghyd â'r rhai a nodwyd yn adran AA2, ac mae'n cyflwyno safbwyntiau cyson a chlir, naill ai gan ysgolheigion neu safbwyntiau personol, yn barod i'w gwerthuso.

Mae hyn yn golygu:

- Bod eich atebion yn gallu nodi meysydd trafod allweddol mewn perthynas â mater penodol
- Eich bod yn gallu nodi'r gwahanol ddadleuon a gyflwynir gan eraill, a rhoi sylwadau arnyn nhw
- Bod eich ateb yn rhoi sylwadau ar effeithiolrwydd cyffredinol pob un o'r meysydd neu ddadleuon hyn.

Mae gwerthuso'n ymwneud ag:

Ystyried goblygiadau amrywiol y materion sy'n cael eu codi, yn seiliedig ar y dystiolaeth a gafwyd wrth ddadansoddi ac mae'n rhoi dadl fanwl eang gyda chasgliad clir.

Mae hyn yn golygu:

- Bod eich ateb yn pwyso a mesur canlyniadau derbyn neu wrthod y dadleuon amrywiol a gwahanol a gafodd eu dadansoddi
- Bod eich ateb yn dod i gasgliad drwy broses rhesymu clir.

Cwestiynau ac Atebion

Thema 1 Heriau i Gred Grefyddol

Maes cwestiynau AA1

Ateb cryf yn archwilio safbwynt Freud bod crefydd yn fath o niwrosis.

Diffiniodd Freud niwrosis fel arwyddion o orbryder sy'n cynhyrchu deunydd anymwybodol y mae'n rhy anodd meddwl amdano'n ymwybodol, ond mae'n rhaid iddo gael ei fynegi rywsut. Y mynegi oedd yr ymddygiad niwrotig. Felly, canolbwyntiodd ar orffennol y claf, gan weld achos y niwrosis mewn trawmâu neu ddigwyddiadau ataliedig. Roedd hefyd yn gweld cyffelybiaethau rhwng niwrosis a chrefydd. Roedd pobl oedd yn dioddef o niwrosis obsesiynol yn ailadrodd gweithredoedd drwy orfodaeth. Dadleuodd Freud fod pobl grefyddol yn dangos patrymau ymddygiad tebyg fel dweud y rosari neu'r ddefod ymolchi a gweddïo benodedig mewn Islam. Roedd y rhai crefyddol a'r rheini oedd yn dioddef o niwrosis yn fanwl iawn am y ffordd yr oedd yn rhaid i'r gweithredoedd gael eu gwneud. Felly, roedd Freud yn gweld crefydd, gyda'i defodau ailadroddus sydd i'w cael ym mhob man, yn niwrosis obsesiynol hollgyffredinol. Ei gasgliad oedd bod crefydd felly yn ganlyniad trawmâu ataliedig oedd wedi tarddu yn y gorffennol. [1]

Roedd Freud yn gweld esboniad am darddiad y trawmâu yn namcaniaethau Darwin, yn enwedig damcaniaeth Darwin am y llu gwreiddiol. Tybiaeth Darwin oedd bod bodau dynol yn arfer byw mewn 'lluoedd' bach. Roedd Freud yn damcaniaethu bod y llu, dros nifer o genedlaethau, wedi cael ei ddominyddu gan wrywod trechol sengl oedd wedi cipio'r menywod i gyd iddyn nhw'u hunain ac wedi gyrru i ffwrdd neu ladd eu holl cystadleuwyr, yn cynnwys eu meibion. Ar ryw adeg roedd grŵp o'r rheini a yrrwyd i ffwrdd wedi dychwelyd i ladd eu tad yr oedden nhw'n ei ofni a hefyd ei barchu. Nhw wedyn oedd y rhai trechol ond roedden nhw hefyd yn gystadleuwyr â'i gilydd. Yn llawn euogrwydd ac yn sylweddoli y gallai eu trefn gymdeithasol chwalu unrhyw funud, fe unon nhw, a daeth totem i gymryd lle eu tad. Daeth y totem i gael ei addoli a hwnnw oedd y duw. I Freud, roedd hyn yn esbonio'r syniad o euogrwydd rydyn ni i gyd wedi ei etifeddu. Roedd hefyd yn esbonio defod Gristnogol y Cymun Bendigaid. [2]

Roedd Freud yn honni bod ffynhonnell y trawmâu a arweiniodd at niwrosis yn rhywiol fel arfer. Felly, yn ogystal ag esboniad y llu gwreiddiol am grefydd, datblygodd hefyd y cymhleth Oedipws. Eto roedd yn golygu'r mab yn gweld ei dad fel cystadleuydd am gariad ei fam, ond yn ofni'r effeithiau pe bai'n ceisio cymryd lle ei dad. Mae'r atalnwyd hwn yn arwain at ymddygiad niwrotig ac mae'n esboniad posibl arall dros yr euogrwydd a'r trallod ataliedig ond sy'n cael ei ei fynegi drwy gred ac arferion crefydd. Yn ei lyfr *The Future of an Illusion*, ysgrifennodd Freud 'Mae crefydd yn debyg i niwrosis plentyndod.' [3]

Felly, daeth Freud i'r casgliad bod crefydd yn rhywbeth negyddol – afiechyd, ac roedd angen gwella pobl ohono. Yn *Civilization and its Discontents* dywedodd Freud fod '[Crefydd] mor amlwg o blentynnaidd, mor estron i realiti ... Mae'n codi hyd yn oed mwy o gywilydd i ddarganfod sut mae nifer mawr o bobl sy'n byw heddiw, na allant weld bod y grefydd hon yn anghynaliadwy, ond eto maen nhw'n ceisio ei hamddiffyn ddarn wrth ddarn mewn cyfres o weithredoedd enciliol truenus.' [4]

Sylwadau arholwyr

1. Paragraff agoriadol da oedd yn canolbwyntio ar ffocws y cwestiwn yn syth. Roedd yn gwneud cysylltiad clir rhwng niwrosis a chrefydd. Trueni na chymerwyd y cyfle i gysylltu â damcaniaeth Freud am y seice. Rhoddir enghreifftiau defnyddiol ond efallai bod angen eu hesbonio yn llawnach. Wedi cyrraedd cam priodol ar ddiwedd y paragraff ar gyfer symud ymlaen at ddamcaniaethau Freud am darddiadau crefydd

2. Datblygiad clir o'r paragraff blaenorol yn dangos strwythur rhesymegol da. Eto, crynodeb cryno o ddamcaniaeth y llu gwreiddiol. Diffyg esboniad o'r totem. Mae angen mwy o esboniad o enghraifft y Cymun Bendigaid er mwyn dangos y cysylltiad ag euogrwydd etifeddol.

3. Caiff y cyfeiriad at y Cymhleth Oedipws ei gyflwyno heb esboniad clir. Roedd angen cysylltu mynegiant niwrosis y Cymhleth Oedipws yn fwy â chredoau ac arferion crefyddol. Fodd bynnag, mae hanfod damcaniaeth Freud wedi cael ei fynegi'n gywir.

4. Dyfyniad defnyddiol ond mae byrdwn y casgliad ynghylch crefydd fel rhywbeth negyddol ychydig i ffwrdd o ffocws teitl y traethawd.

Crynodeb

Yn yr ateb hwn, ei wendidau yw nad yw rhai elfennau'n cael eu hesbonio'n llawn, fel totemau, y cysylltiad â'r Cymun Bendigaid a'r cymhleth Oedipws. Ni cheir chwaith unrhyw drafodaeth ar y seice, yn arbennig yr id, sef rhan gyntefig a greddfol ein seice. Fodd bynnag, rhoddir rhai enghreifftiau o grefydd ac mae'r ddwy brif elfen (y Llu Gwreiddiol a Chymhleth Oedipws) sy'n gysylltiedig â niwrosis wedi cael eu nodi a'u hesbonio ar y cyfan. Ceir rhai dyfyniadau ond dim cyfeiriad at ysgolheigion heblaw Darwin.

Maes cwestiwn AA2

Ateb gwannach yn gwerthuso a yw safbwynt Freud yn berswadiol.

Daeth Freud i'r casgliad bod crefydd yn afiechyd - niwrosis, sy'n cael ei achosi gan ddigwyddiadau ataliedig neu analluo i wynebu realiti'r byd, felly roedd yn mynegi cyflawniadau dymuniad ac yn ymateb yn erbyn diymadferthedd. P'un ai niwrosis neu gyflawni dymuniad, roedd crefydd yn ffug ac roedd angen i feddwl gwyddonol a byd-olwg iawn gymryd ei le. Ond a oedd Freud yn gywir? Yn sicr mae'n ymddangos bod rhyw debygrwydd i agweddau o ymddygiad niwrotig a defodau mewn crefydd. Rhaid cydnabod hefyd bod rhyw yn reddf fyrbwll, wael sy'n gysylltiedig â'r id. [1]

Mae eraill yn cwestiynu ei gasgliadau, gan ei gyhuddo o ddiffyg tystiolaeth. Agwedd allweddol yw damcaniaeth llu gwreiddiol Darwin. Fodd bynnag byddai'r rhan fwyaf o ysgolheigion yn gwrthod y ddamcaniaeth ac nid yw hyd yn oed yn glir bod Darwin ei hun yn credu ynddi. Er bod Freud yn ei ystyried ei hun yn wyddonydd ac yn gweld seicdreiddiad fel gwyddoniaeth, mae llawer yn ystyried ei fethodoleg yn unrhyw beth ond gwyddoniaeth. Mae'n anwiriadwy oherwydd eu bod yn troi at achosion na ellir eu gwirio. Mae'r cyfan yn oddrychol. Mae hyd yn oed damcaniaeth Cymhleth Oedipws yn cael ei amau, o ganlyniad i waith Malinowski. [2]

Efallai mai'r ymosodiad cryfaf ar Freud yw ei ddealltwriaeth o grefydd. Roedd e'n ei gweld yn nhermau gweithredoedd defodol yn hytrach na set o gredoau a allai gael eu trafod yng nghyd-destun tystiolaeth.

Felly a yw Freud yn berswadiol? Na, nid ydyw yn sicr. [3]

Sylwadau arholwyr

1. Er bod dadl yn cael ei chyflwyno i gefnogi safbwynt Freud, dim ond crynodeb sylfaenol iawn sydd yma, heb esboniad gwirioneddol. Mae'n brin o dystiolaeth, trafodaeth neu ddadl.
2. Mae hyn yn fwy o restr o bwyntiau nag unrhyw ymgais glir i werthuso. Nid ydyn nhw wedi cael eu datblygu. Nid oes pwyso a mesur y dadleuon neu unrhyw ymgais i drafod a yw safbwyntiau Freud yn berswadiol.
3. Mae'n unochrog iawn gan mai dim ond nodi'r dadleuon a wneir. Ni cheir dadansoddiad. Nid yw'r dadleuon yn cael eu hesbonio mewn gwirionedd. Ceir casgliad, ac mae hwnnw'n cyd-fynd â'r hyn a gafodd ei ysgrifennu.

Crynodeb

Mae'r ateb hwn yn fyr, mae'n tueddu i fod yn unochrog ac mae diffyg esboniad a thrafodaeth. Mae ganddo rai pwyntiau allweddol ond nid ydyn nhw'n cael eu datblygu neu eu dadansoddi neu eu trafod mewn unrhyw ddyfnder o gwbl. Nid oes trafodaeth wirioneddol am ba mor berswadiol yw Freud, a dyna yw prif ffocws y cwestiwn, wedi'r cyfan.

Thema 2 Profiad Crefyddol

Maes cwestiynau AA1

Ateb gwannach yn archwilio diffiniad Hume o wyrth.

Yn ei lyfr 'On Miracles', roedd Hume yn diffinio gwyrth fel rhywbeth sy'n torri deddf natur drwy ddewis penodol y Duwdod. Felly gwyrthiau yw digwyddiadau sy'n torri deddfau natur ac mae ganddyn nhw achos dwyfol. Enghraifft fyddai iacháu'r gwahanglwyfus.

Ond nid yw'n glir a oedd Hume yn credu bod gwyrthiau'n bosibl. Os yw deddfau'n sefydlog ni all gwyrthiau ddigwydd. Os gellir deddfau torri, sut gallwn wybod os yw'r ddeddf honedig yn ddeddf go iawn? Efallai byddai disgrifiad arall o'r ddeddf yn cynnwys y digwyddiad sy'n ymddangos yn groes iddi. Yn sicr ymddengys fod Hume yn meddwl na all gwyrthiau ddigwydd. Pan ddisgrifiodd y digwyddiadau yn Abbé Paris, y cyfan a wnaeth oedd eu diystyru fel pethau amhosibl heb ystyried y dystiolaeth. [1]

Mae'r mwyafrif o athronwyr yn meddwl ei bod yn wrthddywediad siarad am ddeddfau natur yn cael eu torri. Nid yw Duw yn torri ei ddeddfau ei hun. Os Duw ydyw, rhaid y byddai'n gwneud deddfau fyddai'n addas i bob digwyddiad. Os oes rhaid iddo dorri ei ddeddfau ei hun mae'n awgrymu nad yw Duw yn hollwybodus. [2]

Mae Holland a Swinburne yn rhoi diffiniadau gwell. Roedd Holland yn dadlau dros wyrthiau amodoldeb oedd yn gofyn am wyliwr i adnabod bod digwyddiad yn un gwyrthiol. Mae'r gwyliwr yn ei weld fel arwydd crefyddol. Defnyddiodd enghraifft y bachgen mewn car tegan oedd wedi'i ddal mewn traciau trên. Mae trên yn nesáu ac nid yw'r bachgen yn gallu gweld y trên ac nid yw'r gyrrwr yn gallu gweld y bachgen. Fodd bynnag, mae'r fam yn gallu gweld y ddau. Stopiodd y trên cyn taro'r bachgen ac roedd y fam yn gweld hynny fel gwyrth er bod y trên wedi stopio oherwydd i'r gyrrwr gael trawiad ar y galon ac felly stopiodd y trên yn awtomatig. Ni chafodd deddfau natur eu torri ond nid oedd hynny'n atal y fam rhag ei gweld fel gwyrth yr un fath. Yn yr achos hwn mae penderfynu a yw digwyddiad yn wyrth yn oddrychol. Os yw rhywun yn ei ystyried yn wyrth yna mae yn wyrth. Mewn cyferbyniad mae Swinburne yn dal i feddwl ei fod yn wrthrychol ond yn cynnwys pwrpas. Yn gyffredinol, mae diffiniad Hume yn wallus a diwerth. [3]

Sylwadau arholwyr

1. Mae'r paragraff yn cynnwys gwallau fel teitl llyfr Hume, a dim ond rhan o ddiffiniad Hume a ddyfynnir. Nid esbonnir yr enghraifft ac mae angen enghreifftiau eraill.
2. Mae'r paragraff hwn yn fwy o feirniadaeth o ddiffiniad Hume ac nid dyna ffocws y cwestiwn.
3. Mae'r cwestiwn am Hume ond yma trafodir diffiniadau eraill Holland a Swinburne. Felly nid yw'n berthnasol.

Crynodeb

Mae diffyg dyfnder ac ehangder yn y traethawd hwn wrth drafod diffiniad Hume. Mae'r datganiadau sylfaenol yma ac mae'n dangos ymwybyddiaeth o'r elfen sy'n ymwneud â thorri deddfau natur. Ceir cyfeiriad byr at enghreifftiau i egluro ond nid yw'r rhain yn cael eu hesbonio na'u datblygu. Ychydig o dystiolaeth sydd yma o astudio diffiniad Hume. Ni wneir unrhyw gyfeiriad at y dealltwriaethau caled a meddal o'r diffiniad. Ni chyfeirir at ysgolheigion perthnasol eraill sydd wedi gwneud sylwadau am ddiffiniad Hume. Mae rhan sylweddol o'r traethawd yn amherthnasol i'r cwestiwn a ofynnwyd.

Maes cwestiwn AA2

Ateb cryf yn gwerthuso a yw gwyrthiau yn amhosibl.

Mae deall beth yn union yw ystyr 'gwyrth' wedi bod yn destun trafodaeth eang. Bydd y casgliad, ynghylch a all gwyrthiau ddigwydd neu beidio, yn dibynnu ar ba un o'r ystyron rydych yn cyfeirio ato. Efallai mai'r diffiniad mwyaf syml o ran hyn yw'r un gan Holland. Roedd e'n dadlau dros 'wyrthiau amodoldeb'. Drwy hyn, roedd yn golygu y gallai digwyddiad manteisiol annisgwyl gael ei ystyried yn wyrth er nad oedd unrhyw ddeddf natur wedi cael ei thorri. Yn ôl y dehongliad hwn, mae gwyrthiau yn oddrychol ac yn amlwg ddim yn amhosibl. Fodd bynnag, mae llawer yn teimlo bod y fath ddiffiniad o 'wyrth' ymhell o fod yn foddhaol a bod yn rhaid i hanfod gwyrth gynnwys rhyw fath o ymyriad gan gyfrwng goruwchnaturiol. Mae'n wir ei bod yn dal yn bosibl gweld Duw ar waith yn amseriad digwyddiadau sy'n ffurfio gwyrth amodoldeb. Efallai fod Duw yn ymyrryd i sicrhau'r amseru hwn – os felly mae'n anwiriadwy ac er nad yw'n amhosibl, mae'n ymddangos y byddai'n amhosibl gwybod. [1]

Os nad oes Duw na goruwchnaturiol, yna byddai gwyrthiau drwy ddiffiniad yn amhosibl. Fodd bynnag, mae profi rhywbeth negyddol (h.y. nad oes goruwchnaturiol) braidd yn broblemus. Felly byddai'n anodd dweud bod gwyrthiau'n amhosibl. Byddai'n fwy cywir dweud eu bod yn annhebygol neu nad oedd tystiolaeth. Ond mae hynny ymhell o ddweud eu bod yn amhosibl. Yn wir, byddai llawer yn cynnig dadleuon a thystiolaeth i gefnogi bodolaeth Duw, fel y dadleuon traddodiadol dros Dduw neu'r dystiolaeth dros atgyfodiad Iesu. [2]

Un dull, wrth ystyried gwyrthiau fel mae Hume a Swinburne yn eu deall, fyddai canolbwyntio ar y syniad o ddeddfau natur yn cael eu torri. Gallai gwyddoniaeth herio cysyniad o'r fath, gan wneud gwyrthiau (wedi'u diffinnio fel hyn) yn amhosibl felly. Yn yr un modd, mae Alastair McKinnon yn gwrthod y syniad o wyrthiau wrth ddadlau mai'r cyfan yw deddfau natur yw disgrifiadau cryno cyffredinol o sut mae pethau'n digwydd mewn gwirionedd.

Efallai fod 'gwir gwrs digwyddiadau' yn well dealltwriaeth o'r term 'deddf natur'. Felly, mae'n rhaid i beth bynnag sy'n digwydd gael ei gynnwys yn y ddealltwriaeth o ddeddfau naturiol. Fodd bynnag, byddai llawer yn gwrthod ymagwedd o'r fath ac yn cefnogi safbwynt Swinburne o aralleirio 'torri deddf natur' yn 'gwrth-achos i ddeddf natur sy'n an-ailadroddadwy'. Byddai hyn yn diogelu'r syniad o ymyriad goruwchnaturiol i ddigwyddiadau arferol. Byddai pobl eraill yn anghytuno â hyn ac yn nodi ei bod yn ymddangos bod gwyddoniaeth fodern yn ffafrio rhyw raddau o fod yn anrhagweladwy, gyda chanfyddiadau ffiseg cwantwm. Er nad yw hyn yn gwneud gwyrthiau'n amhosibl, mae yn bwrw amheuaeth ar sut gall rhywun byth wybod bod ymyriad goruwchnaturiol wedi digwydd yn hytrach na dim ond natur anrhagweladwy y bydysawd. Byddai Swinburne yn dadlau, os yw'n cyd-fynd â natur Duw, os oes iddo arwyddocâd crefyddol ac os ateb i weddi ydyw, yna mae'n edrych yn debyg ei fod yn waith Duw. [3]

Mae'n eithaf amlwg ei bod yn anodd cefnogi'r honiad bod gwyrth yn amhosibl. Byddai'r honiad llai, sef bod gwyrth yn annhebygol yn safbwynt gwell i'w ddal. Serch hynny, mae'n anodd iawn dangos bod gwyrth wedi digwydd a bydd yn dibynnu'n fawr ar fyd-olwg blaenorol unigolyn – p'un ai yw'n naturiolaethol neu'n oruwchnaturiol. [4]

Sylwadau arholwyr

1 Dechrau addawol i'r traethawd gydag ymwybyddiaeth o oblygiadau'r gwahanol ddiffiniadau o wyrthiau. Rhoddir sylw yn syth i'r ffocws ar 'posibilrwydd'. Mae'n gryno ac yn cynnwys elfennau gwerthusol sy'n cynnwys llinyn rhesymegol.

2 Mae'r paragraff hwn yn rhoi sylw i'r agwedd 'amhosibl' yn y cwestiwn. Mae angen esbonio pam mae profi rhywbeth negyddol yn broblemus.

3 Mae'r traethawd yn datblygu'n rhesymegol drwy symud ymlaen o'r ddealltwriaeth oddrychol o wyrthiau i'r un wrthrychol a ddangoswyd gan Hume a Swinburne. Defnydd da o ysgolhaig a datganiad clir am ei gyfraniad i'r drafodaeth.

Eto mae'r sgiliau gwerthuso yn bresennol gyda dadleuon yn cael eu cloriannu a gwrth-ddadleuon yn cael eu hystyried.

4 Ceir casgliad sy'n cael ei gefnogi gan y paragraffau blaenorol. Ystyriwyd safbwyntiau gwahanol ac aseswyd gwrth-ddadleuon.

Crynodeb

Dangosir sgiliau gwerthuso da. Mae gan y traethawd linyn rhesymegol sy'n gorffen gyda barn resymegol ac wedi'i chefnogi. Fodd bynnag, dim ond ychydig o gyfeiriadau sydd at ysgolheigion eraill ac ychydig iawn o ddyfyniadau a roddir.

Thema 3 Iaith Grefyddol

Maes cwestiynau AA1

Ateb cryf sy'n archwilio problemau athronyddol cynhenid iaith grefyddol.

Mae rhai athronwyr yn credu bod iaith grefyddol yn gynhenid broblemus am lawer o resymau. Y rheswm cyntaf yw bod ein cyfathrebu yn dibynnu ar iaith. Os ydyn ni naill ai'n darllen neu'n siarad, rydyn ni'n gwneud llawer o dybiaethau am natur y cyfathrebu. Y brif dybiaeth yw y gallwn ni gael ein deall ac os na allwn ni gael ein deall yna mae'n cyfathrebu ni'n aneffeithiol. Mae'n cyfathrebu ni yn seiliedig yn llwyr ar hap-synau a hap-siapiau mae'n cynulleidfa ni'n gallu eu dehongli. Os nad ydyn ni'n meddu ar y gallu i ddeall yr hyn rydyn ni'n ei glywed neu'i ddarllen, yna mae'n cyfathrebu ni'n aneffeithiol eto. [1]

Problem arall yw bod ein hiaith ni'n seiliedig ar brofiad. Er mwyn i'n hiaith a'n cyfathrebu fod yn ystyrlon, mae'n rhaid i ni allu gwneud cysylltiad mewn rhyw ffordd â'r hyn rydyn ni'n ei ddweud neu sy'n cael ei ddweud wrthym. Neu, er mwyn i ddatganiad fod yn ystyrlon, mae'n rhaid bod gennym ryw fath o brofiad i ddangos ein dealltwriaeth o'r iaith. Wrth i ni gyfathrebu am brofiadau cyffredin (e.e. car glas sydd gen i), nid oes anhawster yn ein dealltwriaeth gan fod y dehongliad yn brofiad wedi'i rannu. Ar y llaw arall, mae trafod ystyr a yw dŵr yn wlyb neu beidio yn wahanol, gan fod yn rhaid i ni allu deall y cysyniad o beth yw 'gwlyb'. Ar ôl i ddealltwriaeth gyffredin gael ei sefydlu yna mae'r datganiad yn ystyrlon ac yn ddealladwy. Os na fyddai gennym y gallu neu'r wybodaeth am beth yw 'gwlyb', yna byddai'r datganiad yn ddiystyr a byddai'n rhaid i ni wedyn weithio allan sut gallen ni gael profiad ar gyfer y sefyllfa. [2]

Problem arall ynghylch iaith grefyddol yw bod y rhan fwyaf o'n cyfathrebu ni'n ymwneud â'r byd ffisegol. Gallwn ni gyfathrebu'n hawdd am y pethau o'n cwmpas yn y byd ffisegol ond mae rhai pethau rydyn ni'n eu profi sy'n fwy anodd eu cyfleu drwy iaith. Mae unrhyw iaith am emosiynau, syniadau, trafodaethau moesegol ac iaith am grefydd yn cael ei diystyru gan na chredir ei bod ar yr un lefel o ystyr ag iaith am y byd ffisegol. Golyga hyn fod unrhyw iaith sydd am emosiynau neu grefydd yn cael ei ystyried yn ddiystyr. Dyma broblem gynhenid iaith grefyddol. Mewn oes lle mae gwybodaeth ffeithiol a gwyddonol yn cael lle blaenllaw, mae datganiadau y gellir eu profi a'u gwirio yn llawer mwy credadwy ac ystyrlon na datganiad sy'n dangos agwedd haniaethol o ffydd rhywun. Y broblem yma yw'r gwahaniaeth rhwng iaith wybyddol ac iaith anwybyddol. Gwybyddiaeth yw'r weithred o wybod rhywbeth, drwy brofiad a dealltwriaeth. Mae'r datganiadau hyn fel arfer yn ffeithiol eu natur, yn seiliedig ar empiriaeth, ac felly maen nhw'n wiriadwy ac i'w gweld yn ystyrlon. Yn gyffredinol mae iaith grefyddol yn anwybyddol, yn ymwneud â barnau, teimladau ac ymagweddau unigol. O ganlyniad, yn aml nid oes profiad wedi'i rannu o'r hyn sy'n cael ei drafod, ac nid oes gan y derbynnydd ddealltwriaeth o'r hyn sy'n cael ei drafod. Mae dweud 'mae Duw yn bodoli' yn creu problemau ar sawl lefel: ni allwn ni brofi ei fod yn bodoli, nid ydyn ni'n gwybod a yw'n dealltwriaeth ni o Dduw yr un peth â'r person rydyn ni'n siarad ag ef, a sut rydyn ni'n gwybod bod yr hyn rydyn ni'n ei ddweud yn gywir o gwbl? Y cyfyngiadau clir hyn i iaith grefyddol sydd wedi sbarduno ei beirniaid a'i hamheuwyr lu. [3]

Un grŵp o'r fath oedd y positifiaethwyr rhesymegol, mudiad a dyfodd allan o waith Cylch Vienna yn ystod yr 20fed ganrif. Yn y bôn, nod y positifiaethwyr rhesymegol oedd lleihau pob ffurf o iaith i fformiwleiddiadau gwyddonol, empirig sylfaenol. Iddyn nhw, dim ond rhai datganiadau a allai gael eu derbyn fel rhai gwir, os oedden nhw'n cydymffurfio â'r meini prawf a osodwyd. Mae'n rhaid i ddatganiadau fod yn dawtolegol, mathemategol, dadansoddol a synthetig. Roedd unrhyw beth y tu allan i hyn yn cael ei ystyried yn ddiystyr a gwag. Yn naturiol, roedd iaith grefyddol yn dod y tu allan i'r meini prawf cyfyngedig hyn. Yn wir, roedd unrhyw beth nad oedd yn wiriadwy yn syth yn uniongyrchol ar y pryd yn cael ei weld yn ddiystyr. Galwyd hyn 'yr egwyddor wirio': roedd ystyr datganiad, i'r positifiaethwyr rhesymegol, yn y dull o wirio'r datganiad hwnnw. Gallwn ni ddeall ystyr datganiad os gallwn ni ddeall a gwirio'r amodau lle mae'n gywir neu'n anghywir. Nid oedd datganiadau crefyddol, sy'n delio â chysyniadau haniaethol, yn wiriadwy, ac felly roedden nhw'n ofer. Nid yw dadlau elfen o'ch ffydd yn esboniad ynddo'i hun, ac nid yw chwaith yn cael ei gefnogi gan brofiad neu dystiolaeth. Nid yw'n fathemategol, ac nid yw'r diffiniad wedi'i gynnwys yn y datganiad. [4]

Mae'n hiaith ni'n seiliedig ar brofiad ond mae hefyd yn gyfyngedig i amser sy'n golygu bod ein profiadau ni wedi'u cyfyngu o fewn amser. Mae'n rhaid i iaith sydd wedi'i chyfyngu mewn amser fod o'r gorffennol, o'r presennol neu o'r dyfodol. Felly, mae siarad am unrhyw beth y tu hwnt i'n profiad o amser yn golygu bod yn rhaid i ni symud i ffwrdd o'r hyn sy'n hysbys i ni. Mae siarad am fod dwyfol sydd â chynllun penodol i ni, yn ddiystyr gan nad oes gennym unrhyw fath o dystiolaeth ac iaith empirig i siarad amdano. [5]

Wrth drafod Duw nid oes profiad cyffredin neu wedi'i rannu sy'n berthnasol yn hollgyffredinol i'r rheini sydd ag ymrwymiad ffydd a'r rheini sydd heb un. Pe bai man addoli'n cael ei ddisgrifio gan ffactorau fel ei leoliad a'i nodweddion ffisegol yna gallai pobl eraill wybod beth yw'r rhain drwy ystyron empirig a seiliedig ar brofiad. Ar y llaw arall, pe bai rhywun yn disgrifio Duw anfeidraidd, trosgynnol sydd yn hollgariadus, ac sydd â chynllun penodol i bawb ar y Ddaear, ni fyddai ganddyn nhw dystiolaeth empirig i gefnogi'r honiad hwn neu brofiad wedi'i rannu ag eraill i bennu gwirionedd y datganiad hwn. Dyma broblem gynhenid iaith grefyddol. [6]

Sylwadau arholwyr

1. Mae'r ateb yn agor drwy gydnabod y broblem ac yna'n awgrymu rhesymau pam y gallai cyfathrebu fod yn aneffeithiol (ac felly arwain at faterion problemus gyda defnydd iaith). Mae hwn yn ddeunydd cywir a pherthnasol ac mae'n dangos bod gan yr ymgeisydd ddealltwriaeth dda o leiaf o'r pwnc.
2. Yna ceir ymchwiliad pellach i sut mae iaith yn seiliedig ar brofiad. Er y gallai'r ymgeisydd fod yn gliriach yn eu hymateb, y thema gyffredinol yw bod gwerth iaith a'i hystyrlonrwydd yn dibynnu'n llwyr ar y ffaith bod gan y rheini sy'n ei siarad ryw fath o brofiad cyffredin sy'n gwneud yr iaith yn berthnasol ac felly'n ystyrlon.
3. Mae'r ateb yn cyfeirio'n anuniongyrchol at y ddadl wybyddol/anwybyddol i ddechrau, ond yna mae'r ateb yn cael ei ddatblygu i gyfeirio'n uniongyrchol ati. Mae'r ateb yn gwneud cyfeiriadau gwybodus at y ddadl ac yn tynnu ar dystiolaeth a rhesymu addas i gefnogi'r pwynt sy'n cael ei wneud.
4. Mae ystyriaeth o'r mudiad positifiaeth resymegol yn rhoi ffocws arbennig i ymdriniaeth yr ateb hwn â pham mae iaith grefyddol yn aml yn cael ei hystyried yn broblemus. Mae'r wybodaeth sydd yma yn gywir ac wedi'i mynegi'n dda, ac mae'n dangos safon ragorol o gydlyniad, eglurder a threfn.
5. Yna mae'r ateb yn dychwelyd at bwnc penodol sy'n gysylltiedig â phroblemau cynhenid honedig iaith grefyddol ac yn esbonio pam mae hyn yn codi problem arbennig. Byddai'r ateb wedi elwa o gael mwy o enghreifftiau i fodloni meini prawf defnydd da o dystiolaeth/enghreifftiau.
6. Mae'r ateb yn gorffen gyda chrynodeb byr o'r wybodaeth sy'n cael ei chyflwyno ac yn ystyried pam mae'r pwnc yn cael ei weld fel problem. Mae'r ymgeisydd wedi dangos yn glir ymateb perthnasol sy'n ateb gofynion penodol y cwestiwn a osodwyd.

Crynodeb

Mae hwn yn ateb sydd wedi'i ysgrifennu'n dda ac yn dangos yn amlwg ddealltwriaeth dda o'r pwnc. Mae'r ymateb yn eglur gan mwyaf ac yn datblygu pob pwynt yn dda, gyda thystiolaeth a ddewiswyd yn ddoeth a lefel dda o ddyfnder yn yr ateb. Mae eglurder a chydlyniad yn amlwg, ynghyd â safbwyntiau ysgolion o feddwl athronyddol wedi'u cynrychioli'n gywir. Ni roddwyd sylw i bob un o'r meysydd mae'n draddodiadol eu hystyried. Fodd bynnag, mae'r rheini sy'n cael sylw yn ddigon dwfn i gael clod.

Maes cwestiwn AA2

Ateb gwannach yn gwerthuso a yw athronwyr crefyddol wedi llwyddo i ddatrys problemau cynhenid iaith grefyddol.

Mae problemau iaith grefyddol yn niferus ac fel pe baent yn awgrymu bod iaith grefyddol yn ddiystyr yn y pen draw. Mae athronwyr fel y positifiaethwyr rhesymegol wedi profi na all iaith grefyddol gael ei gwirio neu ei hanwirio ac felly mae'n golygu na all gael ei gweld yn ystyrlon. Dyma oherwydd eu bod yn trin iaith mewn ffordd wybyddol. [1]

Fodd bynnag, mae athronwyr eraill, fel Richard Swinburne, athronydd crefyddol adnabyddus, wedi profi bod yna bethau weithiau rydyn ni'n eu gweld yn ystyrlon hyd yn oed pan na allwn eu profi'n uniongyrchol; defnyddiodd ef enghraifft y teganau yn y cwpwrdd lle mae'r teganau'n dod yn fyw pan nad oes neb yn eu gwylio ac yn symud o amgylch yr ystafell. Maen nhw'n gwneud hyn a phan ddaw rhywun i mewn i'r ystafell, drwy hud maen nhw'n mynd yn ôl i ble roedden nhw. Dywedodd Swinburne, oherwydd ein bod ni'n deall beth fyddai hyn yn ei olygu, fod hyn yn ystyrlon i ni hyd yn oed os na allwn ni brofi iddyn nhw symud. [2]

Dywedodd Aquinas fod siarad am Dduw drwy gydweddiad yn ffordd dda o ddatrys y problemau a gyflwynwyd gan y positifiaethwyr rhesymegol, oherwydd dywedodd ef, gan mai Duw yw'n creawdwr, pan ydyn ni'n siarad amdanon ni'n hunain ac yn dweud pethau fel 'rydyn ni'n bwerus' neu 'mae Sioned yn berson da', ac yna mae'n golygu y gallwn ni ddeall beth mae'n ei olygu i ddweud bod Duw yn bwerus neu fod Duw yn dda oherwydd bod yna gysylltiad rhwng y ddau. Mae hyn yn dangos bod Aquinas wedi llwyddo i ddatrys problemau cynhenid iaith grefyddol. [3]

Yn olaf, gallwn ni ddweud nad ydynt wedi datrys y problemau oherwydd o hyd nad yw'n bosibl i chi allu gwirio datganiadau fel 'mae Duw yn bodoli' oherwydd nid ydyn ni'n gwybod beth rydyn ni'n ei olygu wrth Dduw – ac ni allwn ni ddweud chwaith bod yna fywyd ar ôl marwolaeth oherwydd nid oes neb erioed wedi profi a yw hynny'n gywir neu'n anghywir i sicrwydd. [4]

Sylwadau arholwyr

1. Mae'r paragraff agoriadol yn dangos dealltwriaeth gyfyngedig o'r pwnc. Mae'n ymddangos bod yr ymgeisydd yn deall bod y ddadl yn rhannol gysylltiedig â'r materion a godwyd gan bositifiaeth resymegol ond nid yw'n rhoi unrhyw ystyriaeth i'r materion a godwyd y tu hwnt i hyn. Mae'r rhesymu yn or-syml.
2. Mae dameg y teganau yn y cwpwrdd yn ddarn o dystiolaeth a ddewiswyd yn gywir, er ei bod yn cael ei hadrodd yn wael, i gefnogi'r ddadl bod athronwyr crefyddol wedi cyflwyno ateb i broblemau iaith grefyddol.

3 Mae'r wybodaeth am Aquinas yn dangos camddealltwriaeth o ran llinellau amser cymharol y ddadl athronyddol. Mae cysylltu'n anghywir Aquinas â phositifiaeth resymegol yn dangos tystiolaeth o gywirdeb cyfyngedig yn yr ateb. Fodd bynnag, mae'r cysyniad o gydweddiad fel ffordd o siarad am Dduw yn gywir.

4 Mae'r paragraff olaf yn dangos ymgais i gyflwyno safbwynt croes ond nid yw wedi'i ddatblygu ddigon ac mae wedi'i fynegi'n wael. Nid oes tystiolaeth o gasgliad terfynol yn ymateb yr ymgeisydd.

Crynodeb

Mae'r ateb hwn yn dangos lefel sylfaenol o ddealltwriaeth gan yr ymgeisydd. Er bod y wybodaeth a ddewiswyd yn berthnasol yn gyffredinol, mae bron bob tro heb ei datblygu'n ddigon a bron bob tro wedi'i mynegi'n wael. Mae diffyg cydlyniad yn gwneud y gwerthusiad yn llai effeithiol, ac mae diffyg casgliad terfynol yn hepgoriad difrifol mewn ymateb AA2.

Thema 4 Iaith Grefyddol

Maes cwestiynau AA1

Ateb rhesymol yn esbonio dealltwriaeth Randall a Tillich o iaith grefyddol yn symbolaidd.

Athronydd Americanaidd oedd J. H. Randall oedd eisiau dod â syniadau o fyd diwinyddiaeth, athroniaeth a seicoleg ynghyd â gwyddoniaeth. Roedd yn cydnabod bod gan wyddoniaeth a chrefydd swyddogaethau gwahanol ond bod gan y ddwy ran hanfodol i'w chwarae ym mywyd bodau dynol. Roedd eisiau archwilio sut roedd iaith grefyddol yn cymharu â gwybodaeth ac ystyr gwyddoniaeth cyn edrych i mewn i'r berthynas rhwng crefydd ac athroniaeth. Darganfu sut roedd athronwyr Groeg wedi dylanwadu ar feddylwyr Cristnogol y cyfnod a sut roedd athroniaeth yn cysylltu ag iaith grefyddol. 1

Daeth Randall i sylweddoli bod diwinyddiaeth naturiol a gwyddoniaeth naturiol ill dau yn ceisio ennill dealltwriaeth o'r byd naturiol y mae bodau dynol yn byw ynddo. Dechreuodd sylweddoli bod syniadau crefyddol a darganfyddiadau gwyddonol wedi datblygu ochr yn ochr â'i gilydd. Roedd y ddau beth yn uno grwpiau o bobl yn eu ffyrdd o feddwl ac yn rhoi ymdeimlad o hunaniaeth i bobl, yn yr ystyr eu bod yn ffurfio eu gwerthoedd a'r iaith roedden nhw'n ei defnyddio i gyfathrebu. 2

Roedd Randall yn nodi mai mytholeg oedd credoau crefyddol a symbolau oedd iaith grefyddol, oherwydd ei fod yn ystyried mai cyfathrebu profiadau crefyddol a chyfleu hunaniaeth credinwyr crefyddol oedd eu swyddogaeth. Credai fod iaith grefyddol yn rhoi i fodau dynol ddealltwriaeth o'u bodolaeth a'i bod yn rhoi iddyn nhw bersbectif ehangach ar y byd, er nad oedd yn credu ei bod yn datguddio unrhyw wirioneddau am y byd ei hun. 3

Ei ddealltwriaeth o symbolau oedd eu bod yno dim ond i gynrychioli eu hunain ac i gyflawni pwrpas. Bwriad y swyddogaeth hon oedd ennyn ymateb gan y rheiny oedd yn gweld y symbol, oherwydd y natur a'r hunaniaeth oedd ynghlwm ag ef. Mae symbolau'n gallu cyfleu profiadau, ac mae symbolau crefyddol yn gallu datgelu profiad rhywun o'r byd o safbwynt crefyddol. 4

Ar y llaw arall, roedd Tillich yn gweld cred grefyddol fel cyflwr o wybod beth sy'n bwysig i ni yn y pen draw. Ochr yn ochr â'r anghenion sylfaenol y mae ar bobl eu hangen er mwyn goroesi, nododd Tillich fod angen mater pwysig ysbrydol, ac roedd hyn yn arwain at fater pwysig eithaf. Roedd e'n deall bod mater pwysig ysbrydol yn gallu cael ei fynegi drwy symbolau cred grefyddol a'u bod nhw'n rhoi i'r credinwr ei hunaniaeth ysbrydol. 5

Esboniodd Tillich fod chwe nodwedd i symbolau. Mae'r rhain yn cynnwys y syniad bod symbolau'n pwyntio y tu hwnt i'w hunain at rywbeth arall, sy'n golygu bod ganddynt ystyr dyfnach na'r hyn sy'n cael ei ddangos yn llythrennol drwy'r symbol ei hun. Mae symbolau'n agor lefelau o realiti sydd fel arall ar gau i ni, sy'n disgrifio lefelau'r ystyr o fewn y symbolau a dehongliad pobl o'r ystyr hwnnw. Gall symbolau ddatgloi dimensiynau ac elfennau o'n henaid sy'n cyd-fynd â realiti, ac mae hyn yn cynnig gwell dealltwriaeth o'r profiad dynol a'r byd. Hefyd ni all symbolau gael eu cynhyrchu'n fwriadol, gan eu bod yn tyfu allan o ymwybyddiaeth ac ni allan nhw weithredu heb fod yn berthnasol, sy'n dangos bod rhai symbolau'n fwy pwerus nag eraill ac yn cadw eu hystyr ym mywydau pobl. 6

Roedd Tillich yn gweld symbolau fel iaith pŵer. Mae iaith symbolau yn anwybyddol oherwydd yr ymateb emosiynol mae'n ei ennyn gan gredinwyr, o ganlyniad i ymagweddau a theimladau person. Roedd Tillich yn cydnabod bod symbolau yn ymwneud â mythau hefyd, oherwydd roedd gan y ddau ran mewn bywyd a diwylliant dynol, yn cynnal eu presenoldeb mewn traddodiadau a chredoau diwylliannol. 7

Sylwadau arholwyr

1 Paragraff agoriadol clir sydd wedi'i ysgrifennu'n dda, yn mynegi ffiniau cychwynnol gwaith Randall.

2 Eto, mae hwn wedi'i ysgrifennu'n dda ac mae'n dangos yn glir sut dechreuodd Randall ddatblygu ei syniadau a'r sylfaen ar gyfer y syniadau hyn. Mae'r wybodaeth yn gywir iawn ac yn berthnasol i'r cwestiwn.

3 Mae hyn yn parhau i ddatblygu thema'r traethawd yn effeithiol ac yn cysylltu'n glir â sut roedd Randall yn ystyried iaith grefyddol yn symbolaidd.

4 Pwynt wedi'i wneud yn dda ond mae angen ei ehangu gryn dipyn os yw am fodloni'r gair sbardun 'esbonio'.

5 Pwynt cywir ond gallai fod wedi cael ei ddatblygu i ddangos bod Tillich yn adnabod hyn fel bod â ffydd yn Nuw.

6. Collwyd dau o'r chwe esboniad, h.y.: yr ail yw bod symbolau'n cymryd rhan yn y realiti maen nhw'n pwyntio tuag ato, sy'n golygu bod symbolau'n cyfrannu yn y diwylliant maen nhw'n gysylltiedig ag ef. Yn olaf, mae symbolau'n tyfu ac yn marw wrth i sefyllfaoedd newid, gan ddatblygu ochr yn ochr â'r gymdeithas a'r diwylliannau maen nhw'n dibynnu arnynt.
7. Colli'r cyfle i nodi, i Tillich, mai'r symbol sylfaenol am y mater pwysig eithaf oedd Duw ei hun.

Crynodeb

Mae'r myfyriwr yn amlwg yn deall y pwnc ac mae wedi ysgrifennu traethawd sy'n dangos hyn. Mae rhai rhannau wedi'u hesbonio'n dda ond nid oes cydbwysedd yma bob amser. Byddai esboniad gwell o safbwynt Randall am symbolau a'u swyddogaeth mewn cymdeithas a diwylliant wedi caniatáu rhoi marciau ychwanegol i'r ateb ac wedi codi safon yr ateb yn gyffredinol. Byddai'r gwaith ar Tillich wedi elwa hefyd o ddatblygu ei syniadau ymhellach.

Maes cwestiwn AA2

Ateb cryf yn gwerthuso a yw iaith grefyddol symbolaidd yn gwbl ystyrlon.

Sut rydyn ni'n pennu beth sy'n ystyrlon? Ydyn ni'n mynd i ddosbarthu ystyr drwy gyfres o brofiadau empirig (seiliedig ar y synhwyrau) neu a ddylen ni gymryd ymagwedd wahanol? Os ydw i'n dadlau, fel y gwnaeth David Hume, y dylai pethau na ellir eu profi gael eu 'taflu i'r tân gan nad ydynt yn cynnwys unrhyw beth ond twyllresymeg a rhith' yna onid ydw i'n euog o leihau ystyr i ddim mwy na digwyddiadau ffisegol? Os felly, beth mae hynny'n ei ddweud am fy emosiynau? Ydyn nhw'n ddiystyr? Ac os ydyn nhw, pam felly mai fy emosiynau sy'n tanio fy mhenderfyniad a'm hangerdd mewn bywyd? Siawns nad yw ymagwedd o'r fath yn rhy leihaol? **1**

Mae ystyried ein hymagwedd at iaith yn arwyddocaol yma: ydyn ni'n trin iaith fel rhywbeth sydd â swyddogaeth gwbl ymwybyddol – yn trosglwyddo ffeithiau a gwybodaeth wiriadwy wrthrychol am y byd lle rydyn ni'n byw. Mae'n wir wrth gwrs bod iaith yn cyflawni'r swyddogaeth hon – ond a yw wedi'i chyfyngu i hyn yn unig? Byddai'r positifiaethwyr rhesymegol yn dweud mai felly y mae – ond mae eu meini prawf eu hunain yn gallu cael eu tanseilio'n hawdd gan iddyn nhw fethu â sefydlu maen prawf a allai gael ei wirio ei hun! **2**

Beth am swyddogaethau anwybyddol? Dyma iaith y mae ei hystyr yn cael ei sefydlu drwy fynegi meddyliau, teimladau, emosiynau a chredoau. Mae hyn yn sicr yn ymddangos fel pe bai'n adleisio swyddogaeth symbolau yn agosach. Yn yr ystyr hwn, pe bydden ni'n credu y dylid trin iaith yn anwybyddol yn unig yna gallen ninnau hefyd gael ein cyhuddo o fod yn lleihaol ein hymagwedd. Os ydyn ni'n mynd i wneud synnwyr empirig o'n byd ni, mae yna le i wybodaeth wrthrychol a'r iaith sy'n ei throsglwyddo. Byddai'n ymddangos bod gan y ddwy ymagwedd at iaith rôl bwysig i'w chwarae wrth sefydlu maen prawf ystyr sy'n adlewyrchu cyfanrwydd y profiad dynol. **3**

Wedi sefydlu'r perspectifau hyn, sut wedyn gallwn ni sefydlu ystyrlonrwydd iaith symbolaidd? Ar y naill law, mae honiad Tillich bod gan symbolau nodweddion y gellir eu diffinio'n glir yn awgrymu bod ganddynt ystyr y gellir ei ddeall. Mae'r ffaith y gellir gwahaniaethu rhwng symbolau ac arwyddion yn arwyddocaol hefyd. Os oes gan symbolau ar eu pennau'u hunain y gallu i ddatgloi dimensiynau ac elfennau o'n henaid sy'n cyd-fynd â dimensiynau ac elfennau realiti, yna mae eu gwerth yn arwyddocaol yn yr un modd. Mae iaith grefyddol, sy'n delio â dimensiynau cred ac arferion crefyddol, yn mynegi syniadau a chysyniadau sy'n cael effaith uniongyrchol ar unigolion a grwpiau fel ei gilydd. Os ydw i'n arddel cred, sy'n deillio o iaith symbolaidd, y bydd bod yn garedig i'm cymydog yn diweddu mewn gwobr dragwyddol ym mharadwys, yna mae gen i gymhelliant cryf i ymddwyn yn y fath fodd. Nid yw'r iaith sy'n fy nghymell yn wybyddol. Mae'n disgrifio pethau sydd y tu hwnt i'm bodolaeth gorfforol uniongyrchol, eto mae'n achosi i mi fyw fy mywyd mewn modd na ellir ond ei ddisgrifio fel ystyrlon. Yn y ffordd hon mae iaith grefyddol symbolaidd yn gwbl ystyrlon. **4**

Yn yr un modd, fodd bynnag, mae'n rhaid cydnabod bod iaith symbolaidd yn dibynnu ar ddehongliad. Nododd Randall a Tillich y gall dehongliad symbolau newid dros amser – yn enwedig mewn perthynas â gwerthoedd a syniadau diwylliant a chymdeithas. Os yw hyn yn wir, yna mae sefydlu syniad cyson o ystyr drwy iaith symbolaidd yn mynd yn anodd, os nad yn amhosibl. Os ydw i'n cymryd y safbwynt bod ystyrlonrwydd yn wrthrychol neu'n llwyr wybyddol, yna mae iaith symbolaidd ymhell o fod yn ystyrlon ac yn wir gallai hyd yn oed gael ei disgrifio fel camarweiniol a diystyr. Roedd Tillich yn cydnabod hyn hefyd. Ond ni wnaeth hyn ei atal rhag credu bod iaith symbolaidd o hyd yn gallu cynnig mewnwelediadau ystyrlon i wirioneddau dwfn a phwerus. Ond, os bydd rhywun yn cymryd symbol ac yn newid ei ystyr, yna ni fydd yn newid y symbol yn unig ond hefyd yn newid rhywbeth hyd yn oed yn fwy sylfaenol – hynny yw, cysylltiad y symbol hwnnw oddi wrth ac i'r diwylliannau mae'n gysylltiedig â nhw. **5**

Mae'r honiad gwreiddiol bod iaith symbolaidd yn gwbl ystyrlon yn broblemus felly. Gellir ei disgrifio yn gadarnhaol a negyddol mewn ymateb i'r honiad. Bydd yn dibynnu yn bennaf ar eich tueddiad eich hun o ran sut mae trin iaith – yn wybyddol neu'n anwybyddol – yn ogystal â'r tueddiad naturiol tuag at ddilysrwydd ac ystyrlonrwydd ffurfiau o iaith symbolaidd fel y rheini sy'n cael eu mynegi mewn crefydd. Efallai byddai'r credinwr crefyddol yn cytuno â'r honiad gan ei fod yn cadarnhau ffordd o fyw fwriadol a set o gredoau; byddai'r atheist empirig ei feddwl, efallai, yn ystyried ei bod yn ddim mwy na rhywbeth sy'n tynnu sylw o ddisgrifio realiti fel y mae mewn gwirionedd. **6**

Sylwadau arholwyr

1. Mae'r ymateb yn dechrau drwy edrych ar y cysyniad o ystyrlonrwydd. Mae hyn yn gosod y ffiniau ar gyfer yr ymateb i gyd ac mae'n rhoi sylw i bwnc y cwestiwn, sy'n gofyn am werthusiad o'r cysyniad hwn mewn perthynas ag iaith symbolaidd. Mae'r iaith yn atyniadol, ac mae defnyddio dyfyniad Hume wedi'i aralleirio yn dangos gallu i gymhwyso gwybodaeth yn synoptig, yn ogystal â defnyddio safbwynt ysgolhaig mewn cyd-destun priodol.

2. Mae'r ymateb yn datblygu ymhellach wedyn drwy dynnu ar berthnasedd y ddadl gwybyddol yn erbyn anwybyddol ochr yn ochr â honiadau positifiaeth resymegol wrth benderfynu beth sy'n gwneud iaith ystyrlon. Eto, mae hyn yn cymhwyso gwybodaeth o'r tu allan i'r ffocws uniongyrchol ar iaith symbolaidd er mwyn cefnogi gwerthusiad o'r honiad a wneir yn y cwestiwn. Gellid ystyried hyn yn ddull treiddgar o drafod y mater, gan fod pwnc ystyrlonrwydd yn ymestyn y tu hwnt i ystyried a ellir gweld bod iaith grefyddol yn ystyrlon os yw'n cael ei derbyn fel iaith symbolaidd.

3. Caiff safbwynt gwahanol ei gyflwyno a'i herio mewn gwrth-ymateb i'r paragraff blaenorol. Mae hyn yn dangos ymagwedd hyderus at ddadansoddi beirniadol.

4. Caiff cyfeiriad cywir at Tillich, yn ogystal â gwerthusiad gofalus o pam y gellir ystyried bod iaith symbolaidd yn ystyrlon. Ceir casgliad addas ar ôl cyfeirio at dystiolaeth briodol – a thrwy hynny dangosir rhesymu soffistigedig a manwl.

5. Eto, caiff safbwynt arall ei gyflwyno a'i herio mewn gwrth-ymateb i'r paragraff blaenorol. Mae hyn yn cynnig dull haenog i'r gwerthusiad sy'n cymryd darn o dystiolaeth o bob ochr i'r ddadl ac yn ei ystyried, cyn herio'r tybiaethau sydd ynddo a dod i gasgliad yn seiliedig ar y rhesymu a ddefnyddiwyd.

6. Nid yw'r paragraff terfynol yn dod i gasgliad terfynol fel y cyfryw ond mae'n dilyn ffordd ganol. Mae'n rhoi datganiadau crynodol ar gyfer pob ochr i'r ddadl ac yn gwahodd y darllenydd i gymryd safbwynt yn seiliedig ar eu tueddiad personol. Er nad yw'n rhoi ymateb terfynol, o ran cytuno'n llwyr neu'n diystyru'r honiad yn y cwestiwn cychwynnol, mae'r ymagwedd hon yn cefnogi thema gyffredinol y gwerthusiad ac felly gellir ei hystyried yn effeithiol.

Crynodeb

Ateb cytbwys a diddorol. Nad yw'n tynnu'n unig ar wybodaeth o adran y fanyleb am iaith symbolaidd, ac mae'n gwneud defnydd deallus a chytbwys o rannau eraill y ddadl am iaith grefyddol sy'n cefnogi ystyriaeth aeddfed o'r drafodaeth.

Atebion i'r cwestiynau cyflym

Th1 ABC

1.1 Yr id, yr ego a'r uwch-ego

1.2 Roedd y ddau yn ailadrodd gweithredoedd oedd yn achosi pryder os oedden nhw'n eu hesgeuluso.

1.3 Nid oedd y rheini oedd yn dioddef o niwrosis obsesiynol yn deall ystyr eu gweithredoedd ond roedd y credinwyr crefyddol yn eu deall.

1.4 Mae totem yn symbol o'r teulu neu'r llwyth, fel arfer anifail neu blanhigyn.

1.5 Cymeriad yn y ddrama *Oedipus Rex* gan Soffocles

1.6 Grymoedd naturiol natur a grymoedd mewnol natur

1.7 Daniel Schreber, Hans Bach, Y Dyn Blaidd

1.8 Bronislaw Malinowski

1.9 Delweddau cychwynnol sy'n tarddu o hanes cynnar dynoliaeth

1.10 Yr ego (ymwybod), yr anymwybod personol, yr anymwybod cyffredinol

1.11 Patrwm gwreiddiol

1.12 Y Persona, y Cysgod, yr Anima neu Animus, yr Hunan

1.13 Ymunigoli

1.14 Crist, yr Ewcharist, y drindod

1.15 Oherwydd ei fod yn cael ei gyflawni drwy ddelweddau crefyddol

1.16 Roedd Freud yn ei weld fel afiechyd meddwl; roedd Jung yn meddwl ei bod yn helpu iechyd meddwl.

1.17 Roedd yr un Gorllewinol yn chwilio am realiti allanol, yr un Asiaidd am y seice.

1.18 Cafodd ei gyhuddo o lygru ieuenctid Athen drwy eu hannog i beidio â chredu yn nuwiau'r ddinas.

1.19 Y Dadeni a'r Diwygiad Protestannaidd

1.20 Yr Esgob John Robinson

1.21 Atheïstiaeth Newydd

1.22 Thomas Huxley

1.23 Sam Harris, Richard Dawkins, Christopher Hitchens, Daniel Dennett

1.24 Di-feddwl, byd-olwg plentynnaidd, yn rhwystro cynnydd gwyddonol

1.25 John Polkinghorne, Alister McGrath

Th2 ABC

2.1 Alister Hardy

2.2 Mae cred-bod yn ymwneud â ffeithiau gwrthrychol ond mae cred-yn yn agwedd o ymddiriedaeth neu ymrwymiad.

2.3 Guru Nanak

2.4 Ei dröedigaeth ar y Ffordd i Ddamascus, yn gweld yr Iesu atgyfodedig

2.5 Bwdhaeth

2.6 Pererindod yn Islam

2.7 Rosh Hashanah yn gorffen yn Yom Kippur

2.8 Y diffiniad, y sail dros benderfynu a oes gwyrth wedi digwydd

2.9 Mae'r posibiliadau cudd mewn natur sy'n gwneud gwyrthiau'n bosibl wedi cael eu gosod yno gan Dduw.

2.10 Roedd Hume yn gweld ymddygiad pethau yn nhermau deddf naturiol yn hytrach na'r pŵer sy'n byw yn natur y gwrthrych.

2.11 *Enquiry Concerning Human Understanding*

2.12 Deddf natur yn cael ei thorri oherwydd bod y Duwdod eisiau hynny'n benodol, neu oherwydd bod rhyw gyfrwng anweledig yn ymyrryd

2.13 Gall fod eithriadau i ddeddfau natur, fel pan fydd Duw yn ymyrryd.

2.14 Gwyrth amodoldeb

2.15 Aralleiriodd 'torri deddf natur'; arwyddocâd crefyddol y wyrth

2.16 Credu bod Duw yn bodoli felly mae unrhyw dystiolaeth gref dros wyrthiau yn gredadwy; mae'n dilysu datguddiad; mae'n unol â natur Duw; mae'n ateb i weddi (unrhyw 3)

2.17 Ystyrir ei bod yn cadarnhau awdurdod a honiadau gwirionedd sydd gan draddodiad ffydd arbennig.

2.18 Dim ond tystiolaeth mor gryf fel y byddai ei anwiredd ei hun yn fwy gwyrthiol na'r wyrth honedig

2.19 Diffyg nifer digonol o dystion; pobl yn dueddol o chwilio am ryfeddodau a phethau syfrdanol; straeon yn tarddu o bobl anwybodus

2.20 Mae tystiolaeth dros un grefydd oherwydd gwyrth yn dystiolaeth yn erbyn crefydd arall sydd hefyd yn hawlio gwyrth, felly maen nhw'n gwrth-ddweud ei gilydd.

2.21 Mae tystiolaeth hanesyddol yn aml yn troi at ddigwyddiad hynod yn y gorffennol nad oes modd ei archwilio'n uniongyrchol bellach.

2.22 Roedd natur wyrthiol y digwyddiad yn ddigon i'w gwrthod.

2.23 Dylid rhoi pwysau gwahanol i dystiolaeth o fathau gwahanol; dylid rhoi pwysau gwahanol i ddarnau gwahanol o dystiolaeth yn ôl eu dibynadwyedd yn y gorffennol; dylid rhoi mwy o bwysau i dystiolaeth debyg luosog gan dyston gwahanol o'i chymharu â thystiolaeth groes gan nifer llai o dyston (unrhyw 1).

Th3 ABC

3.1 Mae cyfathrebu, ymhlith pethau eraill, yn ymwneud â rhannu syniadau, profiadau a realiti gyda'n gilydd. Er mwyn i'r rhain fod yn ystyrlon mae'n rhaid i ni allu ymdeimlo mewn rhyw ffordd â'r hyn sy'n cael ei ddweud wrthym. Mewn geiriau eraill, mae angen i ni gael rhyw fath o sail profiad er mwyn datblygu ein dealltwriaeth o'r iaith rydyn ni'n ei rhannu.

3.2 Mae siarad am bethau y tu hwnt i amser, gyda chysyniadau fel anfeidredd neu natur oesol, yn golygu siarad am syniadau na ellir byth eu mynegi ond mewn termau haniaethol. Ar y pwynt hwn, mae'r ddealltwriaeth empirig o iaith yn methu. Mae'n hiaith ni'n seiliedig ar brofiad ac mae iaith grefyddol yn delio â phethau y tu hwnt i'n profiad.

3.3 Unrhyw fath o iaith sy'n gwneud honiad, sydd fel arfer yn ffeithiol ei natur, yn yr ystyr bod modd profi ei fod yn gywir neu'n anghywir drwy ddulliau gwrthrychol

3.4 Mudiad athronyddol a dyfodd allan o waith Cylch Vienna

3.5 Lleihau pob gwybodaeth yn systematig i fformiwleiddiadau gwyddonol a rhesymegol sylfaenol

3.6 'Ystyr datganiad yw'r dull o wirio'r datganiad hwnnw'.

3.7 Nid oedd yn gallu ystyried y datganiadau hynny oedd yn cael eu gwneud am bethau oedd yn cael eu derbyn fel rhai ystyrlon er nad oedden nhw'n wiriadwy'n ymarferol yn syth.

3.8 Roedd anwirio yn dweud, er mwyn i rywbeth fod yn ystyrlon, bod yn rhaid cael tystiolaeth a allai gyfrif yn erbyn y datganiad (h.y. ei wrthod yn empirig).

3.9 Roedd e'n credu na fyddai credinwyr crefyddol yn caniatáu i unrhyw dystiolaeth gyfrif yn erbyn eu credoau.

3.10 Mitchell a Hare

3.11 Yn ddiamwys ac yn amwys

3.12 Cydweddiad cyfrannedd yw lle mae datganiad yn ystyrlon oherwydd ein bod ni'n gallu gweld y cysylltiad rhwng y ddau beth sy'n cael eu cymharu, ond rydyn ni'n deall bod yna wahaniaeth – mewn cyfrannedd â'r realiti y mae'r peth y siaredir amdano yn meddu arno.

3.13 Geiriau neu ymadroddion a allai gael eu hychwanegu at y termau cynharach hyn er mwyn rhoi iddynt yr ansawdd a'r syniad eu bod yn fwy na'r hyn yr oedd eu realiti arferol yn ei gynrychioli

Th4 ABC

4.1 John Randall a Paul Tillich

4.2 Roedd yn cynnig ffordd gyffredin o gyfathrebu, gan ddarparu set gyffredin o werthoedd.

4.3 Syniadau Platonaidd

4.4 Cynnig mewnwelediadau i nifer o elfennau sy'n arwyddocaol i bob cymdeithas

4.5 Mae'n ffurf gymhleth iawn ar iaith a all gael ei dehongli mewn llawer o wahanol ffyrdd, sy'n ei gwneud yn anodd ei chategoreiddio ar adegau.

4.6 Dŵr

4.7 Arwr sy'n cynrychioli duw yr Haul mewn rhyw ffordd

4.8 Y ffordd o siarad y mae cymuned neu gymdeithas benodol yn ei deall yn gyffredin

4.9 Rhywun sy'n arddel damcaniaeth cydlyniad gwirionedd

4.10 Roedd yn weithgaredd oedd yn perthyn i ffurf arbennig o fywyd – ac roedd felly yn 'gêm ieithyddol' a allai gael ei deall gan y rheini oedd yn cymryd rhan ynddi.

Geirfa

Addoli carismataidd: ffurfiau gorfoleddus ac afieithus o addoli, yn aml yn cynnwys profiadau crefyddol ecstatig fel siarad mewn 'tafodau' a gwyrthiau iacháu

Agnosticiaeth gref: yr honiad ei bod yn amhosibl gwybod a yw Duw yn bodoli neu beidio

Agnosticiaeth wan: y gred nad oes neb yn gwybod ar hyn o bryd a yw Duw yn bodoli ond nid yw o reidrwydd yn amhosibl ei wybod.

Alffa-wryw: y gwryw trechol mewn cymuned neu grŵp

Amrit: enw'r dŵr cysegredig sy'n cael ei yfed yn y seremoni fedyddio i mewn i'r Khalsa mewn Sikhiaeth – mae'r gair 'amrit' yn golygu 'anfarwoldeb' yn llythrennol

Yn amwys: lle mae mwy nag un ystyr, fel arfer yng nghyd-destun gair neu ymadrodd

Anwirio: profi bod rhywbeth yn anghywir drwy ddefnyddio tystiolaeth sy'n cyfrif yn ei erbyn

Anymwybod cyffredinol: elfennau o anymwybyddiaeth sy'n cael eu rhannu â phawb arall

Anymwybod personol: atgofion sydd wedi cael eu hanghofio neu eu hatal

Anwybyddol: iaith nad yw'n bosibl ei gwirio na'i hanwirio yn empirig ond yn hytrach sy'n mynegi agwedd tuag at rywbeth

Archdeip: yn ôl Jung, cysyniad cyntefig, wedi'i etifeddu oddi wrth y cyndadau dynol cynharaf, sydd i'w ganfod yn yr anymwybod cyffredinol

Archdeipiau: yn golygu 'patrwm gwreiddiol' yn llythrennol – maen nhw'n cyfeirio at ffurfiau symbolaidd y mae pawb yn eu rhannu yn eu hanymwybod cyffredinol. Mae'r archdeipiau yn rhoi bodolaeth i ddelweddau yn y meddwl ymwybodol ac yn egluro'r themâu sy'n digwydd drosodd a throsodd. Mae'r rhain yn mowldio ac yn dylanwadu ar ymddygiad dynol

Atheïstiaeth brotest: gwrthryfel yn erbyn Duw ar sail foesol

Atheïstiaeth gadarnhaol (cryf): mae'n credu bod yn rhaid i'r atheist a'r theïst roi rhesymau i amddiffyn eu cred

Atheïstiaeth negyddol (gwan): lle nad yw'r atheist yn dweud yn blaen nad yw Duw yn bodoli

Atheïstiaeth Newydd: cyfeirir ati hefyd fel gwrth-theïstiaeth. Dyma'r gred bod crefydd yn fygythiad i oroesiad yr hil ddynol

Blic: term a ddefnyddiwyd gan R. M. Hare i ddisgrifio'r safbwynt y gall rhywun ei arddel fydd yn dylanwadu ar y ffordd mae'n byw ei fywyd

Bwdhaeth Theravada: ysgol o Fwdhaeth sy'n cael ei hysbrydoliaeth ysgrythurol o Ganon Pali

Cred-bod: cred sy'n honni ei bod yn ffaith wrthrychol

Cred-yn: cred sy'n cyfleu ymagwedd o ymddiriedaeth neu ymrwymiad

Cychwynnol: yn bodoli o'r dechrau

Cydweddiad: lle mae rhywbeth (sy'n hysbys) yn cael ei gymharu â rhywbeth arall (fel arfer rhywbeth anhysbys), er mwyn esbonio neu egluro

Cyfrannedd: yn ymwneud â gwerth cymharol rhywbeth yn ôl ei natur

Cymhleth Oedipws: y ddamcaniaeth bod bechgyn ifanc yn cael eu denu'n rhywiol at eu mamau ond yn dal dig wrth eu tadau. Mae'r teimladau'n cael eu hatal gan fod arnyn nhw ofn y tad. Mae Oedipws yn cyfeirio at gymeriad mewn chwedl Roegaidd a laddodd ei dad yn ddiarwybod a phriodi ei fam ei hun.

Dadadeiladu: dadansoddi testun drwy ei dynnu yn ddarnau er mwyn gweithio allan beth mae'n ei feddwl

Dadansoddiad rhesymegol: y dull o egluro problemau athronyddol

Y Dadeni: cyfnod o hanes Ewrop rhwng y 14eg a'r 17eg ganrif oedd yn adeg o adfywiad mawr mewn celf, llenyddiaeth a dysg

Daliadau: credoau neu egwyddorion allweddol

Damcaniaeth cydlyniad gwirionedd: cred bod rhywbeth yn wir pan mae'n cyd-fynd (cydlynu) â safbwyntiau'r rheini yn y gymuned

Damcaniaeth cyfatebiaeth gwirionedd: cred bod rhywbeth yn wir oherwydd ei fod yn cysylltu â (cyfateb i) realiti allanol gwrthrychol

Datgelu: lle mae rhywbeth yn cael ei wneud yn hysbys lle o'r blaen roedd yn gudd neu'n anhysbys

Datguddiad: datgeliad goruwchnaturiol i fodau dynol

Diwinyddiaeth naturiol: rhesymegu athronyddol wedi'i seilio ar wybodaeth mae'n bosibl ei chael yn rhesymegol am y byd ffisegol ac sy'n arwain at ddatguddiad am y dwyfol

Y Diwygiad Protestannaidd: y mudiad crefyddol yn Ewrop yn yr 16eg ganrif a arweiniodd at greu ac esgyniad Protestaniaeth

Duw Theïstiaeth Glasurol: Duw fel mae'n cael ei ddisgrifio mewn crefyddau fel Cristnogaeth, Islam ac Iddewiaeth – Duw y credir ei fod yn meddu ar briodoleddau arbennig fel hollalluogrwydd, hollwybodaeth a natur hollgariadus

Yn ddiamwys: lle mae gan rywbeth un ystyr hollgyffredinol a diamwys

Ego: y rhan o'r seice sy'n byw yn bennaf yn yr ymwybod ac sy'n realiti gyfeiriedig. Mae'n cyfryngu rhwng dyheadau'r id a'r uwch-ego

Empirig: arsylwi, profi neu arbrofi yn seiliedig ar y pum synnwyr corfforol

Geirfa

Empirydd: rhywun sy'n credu bod pob gwybodaeth yn seiliedig ar brofiad drwy'r synhwyrau

Ewcharist: y seremoni Gristnogol sy'n seiliedig ar swper olaf Iesu Grist gyda'i ddisgyblion, ac mae hefyd yn cael ei alw'n Offeren neu Gymun Bendigaid

Ex nihilo: yn llythrennol 'allan o ddim' – term Lladin sy'n cael ei gysylltu'n aml â mythau'r creu

Gemau ieithyddol: cydweddiad Wittgenstein oedd yn dweud bod iaith yn ystyrlon i'r rheini oedd yn ei defnyddio yn eu math nhw'u hunain o fywyd/gêm ieithyddol

Goleddfwr: term a ddefnyddiwyd gan Ramsey lle mae gair neu ymadrodd yn cael ei ddefnyddio i roi ystyr dyfnach i'r model y mae'r goleddfwr fel arfer yn ei ddilyn yn Gymraeg neu yn mynd o'i flaen yn Saesneg

Goleuedigaeth: mewn Bwdhaeth, y profiad o ddeffro i fewnwelediad i wir natur pethau

Gosodiadau diwinyddol: credoau neu syniadau sy'n cael eu cyflwyno yng nghyd-destun athrawiaethau neu athroniaethau crefyddol

Y Grawys: mewn Cristnogaeth, mae'n gyfnod o 40 diwrnod o weddïo ac ymprydio cyn y Pasg

Gwirio eschatolegol: honiad John Hick y gall rhai datganiadau crefyddol fod yn wiriadwy yn y dyfodol (h.y. ar ôl marwolaeth). Yn yr ystyr hwn, maen nhw'n 'wiriadwy mewn egwyddor' ac felly dylid eu hystyried fel rhai ystyrlon

Gwirio: profi bod rhywbeth yn wir drwy ddefnyddio tystiolaeth sy'n cyfrif o'i blaid

Gwrth-realaeth: y cysyniad athronyddol bod gwirionedd rhywbeth yn cael ei bennu drwy wneud iddo gyd-fynd â safbwyntiau/credoau'r grŵp sy'n ei arddel

Gwrth-realydd: rhywun sy'n arddel y safbwynt athronyddol sy'n mabwysiadu damcaniaeth cydlyniad gwirionedd

Gwybodaeth empirig: gwybodaeth sy'n cael ei chaffael (neu a all gael ei chaffael) drwy'r pum synnwyr. Mae'n wybodaeth sy'n darparu gwybodaeth am y byd allanol, ffisegol

Gwybyddol: iaith y mae'n bosibl ei gwirio'n empirig ac sy'n gwneud honiadau am realiti gwrthrychol

Gwyrth amodoldeb cyd-ddigwyddiad hynod a manteisiol sy'n cael ei ddehongli mewn modd crefyddol

Iaith anwybyddol pan nad yw iaith yn cael ei defnyddio i fynegi ffeithiau y gwyddom amdanyn nhw'n empirig am y byd allanol. Nid yw'n rhywbeth y mae modd ei archwilio'n wrthrychol. Mae hyn oherwydd bod iaith anwybyddol yn iaith sy'n mynegi safbwyntiau, agweddau, teimladau a/neu emosiynau

Yr Iawn: gwneud yn iawn am ddrygioni; cymodi bodau dynol â Duw drwy fywyd, dioddefaint a marwolaeth aberthol Crist

Id: y rhan o'r seice sy'n byw yn yr anymwybod ac sy'n gysylltiedig ag anghenion a dyheadau sylfaenol

Khalsa: yr enw am y rheini sydd wedi mynd drwy seremoni'r Amrit – mae'r gair 'khalsa' yn golygu 'pur' yn llythrennol

Mandala: patrymau geometrig sy'n symbolaidd o'r bydysawd, yn cael eu defnyddio'n aml mewn Bwdhaeth fel cymorth i fyfyrio; maen nhw fel arfer ar ffurf cylch gydag un pwynt amlwg yn y canol

Mater pwysig eithaf: diffiniad Tillich o Dduw – yr hyn a ddylai fod yn bwysig i bobl yn y pen draw a bod yn ganolbwynt eu bywydau, gan roi ystyr a chymell ymddygiadau ac ymagweddau

Metaffisegol: yr hyn sydd y tu hwnt i'r byd ffisegol, neu sydd ddim i'w gael ynddo

Myth: ffurf gymhleth o ysgrifennu sy'n cynnwys symbolau a throsiadau ac sy'n llawn dychymyg. Barn gyffredin am fythau yw eu bod yn cynnwys gwirioneddau am y bydysawd a rôl dynoliaeth oddi mewn iddo

Naturiolwr: rhywun sy'n credu mai dim ond deddfau a grymoedd naturiol (yn hytrach na rhai goruwchnaturiol neu ysbrydol) sydd ar waith yn y byd

Nirvana: goleuedigaeth Fwdhaidd

Niwrosis cyffredinol: afiechyd niwrotig sy'n effeithio ar bawb

Niwrosis obsesiynol: weithiau'n cael ei alw'n niwrosis cymhellol; obsesiynau na ellir eu rheoli a all greu defodau dyddiol penodol

Oes y Goleuo mudiad deallusol ac athronyddol yn Ewrop yn y 18fed ganrif

Partisan: person sy'n dal safbwynt gwleidyddol arbennig – fel arfer yn cael ei ddefnyddio mewn cysylltiad â'r rheini sy'n dal safbwynt gwrthwynebus i'r pwerau gwleidyddol sy'n rheoli. Yn achos Mitchell yn fwy na thebyg mae'n cyfeirio at y partisaniaid ym mudiad y Gwrthsafiad yn yr Ail Ryfel Byd

Positifiaeth resymegol: mudiad athronyddol a dyfodd allan o waith Cylch Vienna. Ei nod oedd lleihau pob gwybodaeth i fformiwleiddiadau gwyddonol a rhesymegol sylfaenol

Positifiaethydd rhesymegol: yn disgrifio'r athronwyr oedd yn cefnogi'r honiad y gallai iaith fod yn ystyrlon dim ond pe gallai gael ei gwirio drwy ddulliau empirig

Priodoli: yn ymwneud â'r nodwedd neu'r priodoledd y mae gwrthrych yn meddu arno

Realydd: rhywun sy'n arddel y safbwynt athronyddol sy'n mabwysiadu damcaniaeth cyfatebiaeth gwirionedd

Rosh Hashanah: y Flwyddyn Newydd Iddewig

Sacrament: un o'r defodau Cristnogol yr ystyrir iddi gael ei chychwyn gan Grist i roi neu symboleiddio gras

Seicdreiddiad: dull o astudio'r meddwl a thrin anhwylderau meddyliol ac emosiynol yn seiliedig ar ddatgelu ac ymchwilio i rôl y meddwl anymwybodol

Seice: strwythur meddyliol neu seicolegol unigolyn

Seicoleg: astudiaeth o'r meddwl ac ymddygiad

Seicotherapi: trin afiechyd meddwl neu emosiynol drwy siarad am broblemau yn hytrach na thrwy ddefnyddio meddyginiaeth neu gyffuriau

Sitz im Leben: ymadrodd Almaeneg sy'n golygu 'Sefyllfa mewn Bywyd'. Mae'n cael ei ddefnyddio fel term diwinyddol i gyfeirio at gyd-destun ysgrifennu testun, sydd fel arfer yn dylanwadu ar yr awdur oherwydd amgylchiadau arbennig y cyd-destun hwnnw

Soffyddwyr: athrawon a llenorion Groegaidd oedd yn arbennig o ddawnus mewn rhesymu

Sraddha: y term agosaf at 'ffydd' mewn Bwdhaeth sy'n cael ei gyfieithu o'r Sanskrit weithiau fel 'ymddiriedaeth' neu 'hyder'

Symbol: rhywbeth sy'n pwyntio y tu hwnt iddo ef ei hun i lefel ddyfnach o realiti

Symposiwm: cynhadledd a gynhelir i drafod pwnc neu destun arbennig

Syniadau Platonaidd: syniadau sy'n gysylltiedig ag athroniaeth yr athronydd Groegaidd clasurol, Platon, fel ei ddamcaniaeth o 'ffurfiau'

Tabernacl: llestr siâp blwch i'w ddefnyddio'n unig ar gyfer cadw'r Ewcharist cysegredig

Tawtolegol: datganiad hunanesboniadol, h.y. lle mae rhywbeth yn cael ei ddweud ddwywaith mewn geiriau gwahanol, er enghraifft 'y machlud haul gyda'r nos'

Totem: rhywbeth (fel anifail neu blanhigyn) sy'n symbol i'r teulu neu'r llwyth

Totemiaeth: system gred lle dywedir bod gan fodau dynol ryw berthynas gyfriniol gyda bod ysbrydol, fel anifail neu blanhigyn

Traethu: dweud neu honni rhywbeth sy'n gychwyn neu'n sail i ddadl

Traws-sylweddiad: yr athrawiaeth Gatholig sy'n dweud bod sylwedd cyfan y bara a'r gwin yn newid yn sylwedd corff a gwaed Crist yn yr Ewcharist

Tystiolaeth empirig: gwybodaeth a dderbynnir drwy gyfrwng y synhwyrau, yn enwedig drwy arsylwi ac arbrofi

Uwch-ego: rhan o'r meddwl anymwybodol

Ymgnawdoliad: ymgorfforiad Duw y Mab mewn cnawd dynol fel Iesu Grist

Yom Kippur: mewn Iddewiaeth, mae'n cyfeirio at Ddydd y Cymod a dyma ddiwrnod mwyaf sanctaidd y flwyddyn

Ymunigoli: y broses o gyrraedd cyfanrwydd a chydbwysedd

Ysgogiadau greddfol: greddf sydd yn yr anymwybod ond yn weithredol yn y seice

Mynegai

adnewyddu ymrwymiad/ffydd 52–54
addoli carismataidd 47, 51, 66
agnosticiaeth 35–36, 115
    agnosticiaeth gref 36
    agnosticiaeth wan 36
alffa-wryw 8
Amrit 52–53, 57
anima/animus (archdeip) 22–23
anthropolegol *gweler* tystiolaeth
anwirio 13, 30, 41, 70, 72, 79, 87, 89, 97–101, 116–117, 125, 131, 143, 145, 157
    beirniadaethau 99–101
anwybyddol *gweler* iaith anwybyddol
anymwybod
    cyffredinol 20, 23–26, 28, 30, 124, 139–140
    personol 20
apolegydd 33, 39
Aquinas, Sant Thomas 46, 61–62, 66, 68, 70, 89–90, 108–113, 144
archdeip 20–26, 28–30, 139–140
arwr/arwrol *gweler* mythau
atalnwyd 7, 9, 11–12, 15, 17, 20–23, 28–29, 33
atgofion ataliedig 11–12, 15, 17, 20
atgyfodiad 10, 42, 47, 49–50, 56–58, 64–65, 72, 79, 81, 138–140
atheïstiaeth/atheist 10, 15, 18, 26, 33-39, 41–44, 92, 115, 146, 153
    protest 35
    cadarnhaol (cryf) 35
    negyddol (gwan) 35
    Newydd 34-39, 41–44
athroniaeth, diffiniad 6
Ayer, A. J. 60, 89, 95–98, 106, 115–116, 131, 146
bliciau 90, 99–100, 104, 116, 118
Braithwaite, R. B. 91, 104, 116–117
Bwdha 22, 29, 47, 49–51, 57–58, 64–65, 140
Bwdhaeth 13, 18, 22, 26, 33, 42, 44, 47, 49, 56, 64–65, 130
Bwdhaeth Theravada 26
cred-bod 46–47
cred-yn 46–47
crefydd
    angenrheidiol ar gyfer twf personol 20-24
    anghydnaws â gwyddoniaeth 38–39
    fel bygythiad 34–35
    fel cysur 24–25
    gwrthod 33–39, 41–44
    hyrwyddo meddylfryd sy'n deillio o gred grefyddol 25
    llesteirio cynnydd gwyddonol 38
    fel niwrosis 6–9, 15–18, 28
    fel rhith 10
creu, y *gweler* mythau
Crist (Iesu) 8, 22–23, 26, 31, 42, 47, 49–53, 56–58, 62, 64–65, 72, 76, 79, 81, 92, 116, 140–141

Cristnogaeth 8, 13, 17, 22–23, 26, 29, 31, 33–34, 37–39, 42–44, 46–47, 49–52, 54, 56–58, 64–66, 73–74, 76, 78, 81, 86, 98–100, 109, 111, 121, 126, 129, 132, 134–137, 139–141, 146
cychwynnol 20, 23, 28, 136, 139
cydweddiad 37, 75, 89, 99, 109–110, 112–113, 144, 148, 151, 153, 157–158
    cyfrannedd 110
    heriau 112
    priodoli 110
cyflawni dymuniadau 10, 17
Cylch Vienna 94–95, 105, 108, 112, 125, 131
cymhleth Oedipws 9, 11–13, 15–18, 28
cysgod (archdeip) 21, 23
dadadeiladu 134, 141
Dadeni, y 33
daioni yn erbyn drygioni *gweler* mythau
daliadau 44, 94
damcaniaeth cydlyniad gwirionedd 122, 149, 156
damcaniaeth cyfatebiaeth gwirionedd 148-149
damcaniaeth Daear wastad 149
Darwin, Charles/Darwiniaeth 8, 12, 15–18, 36, 41, 43, 140
datganiad dadansoddol 95, 105, 115, 117–118, 125, 131, 144–145
datganiad mathemategol 95, 105, 125, 131
datganiad synthetig 95, 105, 115, 117–118, 125, 131, 144–145
datgelu 47, 111–112
datguddiad 42, 46–50, 57–58, 60, 64–65, 113, 121, 123
Dawkins, Richard 34, 39, 41–43
deddf natur 62–63, 67–72, 74–76, 79–81
defodau 7–8, 15–18, 21, 23, 28–29, 46, 50–53, 58, 76, 85–86, 121–122, 127, 143
Dennett, Daniel 36
di-feddwl 37, 41
diwinyddiaeth naturiol 41, 64, 121, 132
Diwygiad Protestannaidd, y 33
diymadferthedd 10, 17
Duw, cyfyngiadau iaith grefyddol 84–85
Duw oddi mewn 24
Duw Theïstiaeth Glasurol 98
Dyn Blaidd, y 11
dysgeidiaeth grefyddol 10, 42, 113, 126–128
ego 6, 10, 20, 23
ego-delfrydol 6, 10
empirig
    gwybodaeth 112, 123
    tystiolaeth 26, 30–31, 77, 95, 98, 101
empirydd 30, 42, 73, 75, 81–83, 105, 146, 148, 151
erledigaeth 51–53
esblygiad 12, 15, 20, 37, 43, 68, 96, 131, 139–140
etifeddeg 12, 18, 20, 37
euogrwydd 7–9, 11–12, 15, 17–18, 28, 78
Ewcharist 15, 23, 51–52, 56, 76

ex nihilo 134, 136
Flew, Antony 35, 76, 89, 97–100
Freud, Sigmund 6–20, 24, 28–29
    heriau 12–13
    crefydd fel niwrosis 6–9, 15–18, 28
    crefydd fel rhith 10
    tystiolaeth gefnogol 11–12
ffwndamentaliaeth 38–39, 43–44, 135
ffydd ddall 38, 41
gemau ieithyddol 91, 115, 148–150, 152–153, 155–158
goleddfwyr 111–113
goleuedigaeth (nirvana) 25, 29, 47, 49–51, 58, 140
gosodiadau diwinyddol 122
Grawys, y 54
Grunbaum, Adolf 13
Guru Nanak 48, 58
gweddïo 7, 17, 46–47, 50–54, 56, 58–59, 64, 66, 68, 80, 82, 121, 127, 143, 146
gwirio 16–17, 26, 30–31, 41, 44, 65, 85–87, 89–90, 94–99, 103, 105–106, 115–118, 123, 125, 131, 140, 143–146, 148–149, 152, 157
    beirniadaethau 98
    eschatolegol 44, 99, 106, 116
gwrth-realaeth/gwrth-realydd 91, 122, 149, 153
gwrth-theïstiaeth *gweler* Atheïstiaeth Newydd
gwybyddol *gweler* iaith wybyddol
gwyddoniaeth/gwyddonol 6, 11, 13, 15–16, 18, 24, 30–31, 34, 37–39, 41–44, 46, 65, 68, 70–71, 75–76, 80–81, 87, 94–95, 97–98, 104–106, 115, 120–123, 129–132, 135, 138–141, 145, 149
gwyddoniaeth a chrefydd, anghydnawsedd 38–39
gwyrthiau 61–66, 68–71, 73–77, 79–82
    amodoldeb 63, 70, 79
    diffiniadau 61–66, 68–71
    iacháu 51, 62, 65–66, 70
    tystion 73–74, 76–77, 79, 81–82
Hans Bach 11, 15
Hare, Richard M. 90, 99–100, 104, 116, 118
Harris, Sam 36, 41, 44
Hen Destament 42, 48
Hick, John 34, 98–99, 106, 116
Hindŵaeth 15–16, 22, 44, 56, 58, 76, 81, 86, 130, 140, 146
Hitchens, Christopher 34, 36–37, 39, 42
Holland, Ray F. 63, 68, 70–71
Hume, David 60, 62–63, 67, 69–71, 73–77, 79, 81–82, 86, 89, 105, 112, 121, 144, 146, 153, 157
    astudiaeth gymharol gyda Swinburne, Richard 73–77, 79, 81–82
Hunan (archdeip) 22–25, 29
iaith anwybyddol 87, 91, 104, 108, 116–118, 120, 123–125, 127, 129–132, 138, 140, 143–145, 150, 152, 157–158
iaith grefyddol 84–158
    annealladwy 85–86
    anwybyddol 87, 91, 104, 108, 116–118, 120, 123–125, 127, 129–132, 138, 140, 143–145, 150, 152, 157–158
    cyfyngiadau 84–85
    a chred grefyddol 91–92
    defnydd amwys 108–110, 112
    defnydd diamwys 108–110
    gwybyddol 87, 94, 104, 116–118, 120, 123–125, 127, 131, 138, 143–144, 150, 152–153, 157–158
    heb sail a phrofiad cyffredin wedi'u rhannu 86
    positifiaeth resymegol 85, 89–91, 94–96, 103–106, 115–116, 118, 125–126, 131–132, 141, 143–148, 151, 156–157
    problemau 84–87, 89–92
    symbolaidd 120–127
    ystyrlonrwydd 103–104, 117–118, 129–130
iaith symbolaidd 123–126, 129–130, 132, 141
iaith wybyddol 87, 94, 104, 116–118, 120, 123–125, 127, 131, 138, 143–144, 150, 152–153, 157–158
Iawn, yr 8, 54, 132
id 6, 9, 29
Iddewiaeth/Iddewon 6, 13, 22, 47, 50–51, 54, 58, 86, 98, 129, 146
Iesu *gweler* Crist
Islam/Mwslim 17, 36–37, 39, 43–44, 46–47, 50–52, 56–58, 65, 74, 76, 78, 81, 92, 98, 146
Jung, Carl Gustav 18, 20–32, 59, 129, 138–140
    anymwybod cyffredinol 20, 23–26, 28, 30, 139–140
    archdeipiau 20–26, 28–30, 139–140
    Duw oddi mewn 24
    heriau i 26
    tystiolaeth gefnogol i 24–25
    ymunigoli 23–25, 29
Khalsa 52–53
lotws, symbol y 23
lleihaol 26, 90, 104, 115, 134
llu gwreiddiol 8–9, 12, 15–18, 28
Malinowski, Bronislaw 12–13, 16, 18
mandala 22
mater pwysig eithaf 120, 124–125, 127, 138
McGrath, Alister 35–36, 38, 43–44
metaffisegol/metaffiseg 30, 35, 47, 84–86, 94–96, 105, 115–116, 126, 131, 143, 145, 156–157
Mitchell, Basil 89–90, 99–101
moesol/moesoldeb 6, 33, 35, 38–39, 41–42, 44, 50, 69, 75, 91, 98, 115, 117
monotheïstiaeth 15
Moses 47, 50, 58, 64, 116
Muhammad 46–48, 50–51, 57–58, 65
Mwslim *gweler* Islam
myfyrdod 22, 25, 47, 49–50, 52–53, 56
mythau/mytholeg 15, 20–21, 24, 26, 29–31, 37, 57–58, 60, 120, 122, 125, 134–141, 144
    arwrol 138–140, 144
    creu, y 136–138, 140, 144
    daioni yn erbyn drygioni 138, 140, 144
    heriau 140–141
naturiolwr 70, 79, 81–82
nirvana 25, 47; *gweler hefyd* goleuedigaeth
niwrosis
    cyffredinol 6–7
    obsesiynol 7, 15, 28–29
Oes y Goleuo 34

Paul (Apostol) 49–50, 56–57, 64, 79, 129
Pedwar Angel 36–37, 39
pererindod 51–54, 57–58, 99
persona (archdeip) 21, 23
Popper, Karl 13, 26, 97, 131, 145
positifiaeth resymegol 85, 89–91, 94–96, 103–106, 115–116, 118, 125–126, 131–132, 141, 143–148, 151, 156–157
positifiaethwyr 38, 85, 89–91, 94–96, 103–106, 115–116, 118, 125–126, 131–132, 141, 143–148, 151, 156–157
priodoli 90, 108–110
profiad crefyddol 42, 44, 46–83
    ac arferion crefyddol 46, 56–57
    cadarnhad o system gred 48–49
    a datguddiad 47–48
    a ffydd 46–47
    a'r gymuned grefyddol 50–51, 58–59
    gwerth i'r unigolyn 52–54
    hyrwyddo system gwerth ffydd 50
Qur'an 46–48, 50–51, 57–58, 65
Ramsey, Ian 111–113
Randall, John H. 120–127, 129–132, 145
realaeth/realydd 10, 91, 122, 148, 153
Rosh Hashanah 54
rhesymoledd 37, 42–44
sacrament 76, 86, 92
Schlick, Moritz 94–95, 131
Schreber, Daniel 11
seicdreiddiad 6–8, 11–13, 15, 17–18
seice 6–9, 20–23, 25, 28, 30–31, 140
seicotherapi 11, 25, 30
Sikhiaeth 48, 52–54, 57–58, 130
Sitz im Leben 134
Socrates 33, 108–109
soffydd 33
soffyddiaeth 84, 86, 103, 157
sraddha 47
Swinburne, Richard 44, 59–60, 63–64, 66, 69–71, 75–77, 79, 81–82, 89, 91, 101, 116
    astudiaeth gymharol gyda Hume, David 75–77, 79, 81–82
symbolaeth/symbolaidd 20–24, 57–58, 60, 76, 94, 120–127, 129–130, 132, 134–138, 140–141, 144
symbolau 8, 11, 21–26, 28–30, 34, 120–127, 129–130, 132, 136–138
    lotws 23
    nodweddion 124
    swyddogaethau 121–123
symposiwm 98–101
syniadau Platonaidd 123
tabernacl 76
tawtolegol 94–95, 103, 105, 131, 145
Testament Newydd 33, 49, 74, 134, 140–141
testunau sanctaidd, tystiolaeth o wyrthiau 64–65
Tillich, Paul 120, 123–127, 129, 131–132, 137–138, 145
totem 8, 12, 17
totemiaeth 8, 15, 17, 28

traws-sylweddiad 56, 76, 92
Trindod 23
tystiolaeth 9, 11–13, 15–18, 24–26, 29–31, 35–39, 41–44, 57, 62, 64–65, 69, 73–77, 79–83, 87, 89–90, 95–98, 100–101, 116, 129, 139, 149
    anthropolegol 12, 17–18, 129–130
tystion *gweler* gwyrthiau
uwch-ego 6, 10, 29
Wittgenstein, Ludwig 91, 94, 115, 131, 145–146, 148–153, 156–158
ymgnawdoliad 49, 132
ymprydio 46, 51, 54
ymunigoli 23–25, 29
ymyrryd, un sy'n (Duw) 69–70, 80
Yom Kippur 54
ysgogiadau greddfol 7